云南省规划教材

云南警官学院规划系列教材

禁毒法学

主　编：孙学华

副主编：张　蓓　张永晖　王海珺

中国人民公安大学出版社

·北　京·

图书在版编目（CIP）数据

禁毒法学 / 孙学华主编. —北京：中国人民公安大学出版社，2020. 5

ISBN 978-7-5653-3925-7

Ⅰ. ①禁…　Ⅱ. ①孙…　Ⅲ. ①禁毒 - 法的理论 - 中国　Ⅳ. ①D922. 141

中国版本图书馆 CIP 数据核字（2020）第 048751 号

禁毒法学

孙学华　主编

出版发行：中国人民公安大学出版社
地　　址：北京市西城区木樨地南里
邮政编码：100038
经　　销：新华书店
印　　刷：北京市科星印刷有限责任公司

版　　次：2020 年 6 月第 1 版
印　　次：2020 年 6 月第 1 次
印　　张：13.25
开　　本：880 毫米 × 1230 毫米　1/32
字　　数：381 千字

书　　号：ISBN 978-7-5653-3925-7
定　　价：48.00 元

网　　址：www.cppsup.com.cn　www.porclub.com.cn
电子邮箱：zbs@cppsup.com　zbs@cppsu.edu.cn

营销中心电话：010-83903254
读者服务部电话（门市）：010-83903257
警官读者俱乐部电话（网购、邮购）：010-83903253
教材分社电话：010-83903259

禁毒法学

主　　编：孙学华

副 主 编：张　蓓　张永晖　王海珺

参编人员：王　萍　马才华　黄　琪　李光懿

宋珊珊　潘素梅　牛何兰　马靖然

陈　青　骆寒青　刘仁菲　张　涛

张　洁　杨黎华　郭　萍　王建伟

杨志芳　郝　薇　白　伟　钟　华

昂　钰　王竞可

序

毒品问题是一个全球社会问题，禁毒是人类共同的使命。在现代社会治理中，毒品治理也必须法治化、规范化。受全球毒品蔓延和国内多种因素影响，目前，我国处于毒品问题蔓延期、毒品犯罪高发期，毒品来源持续增多，合成毒品滥用突出，毒品种类加速变异，毒品犯罪组织化、网络化、暴力化明显增强，毒品问题的复杂程度和治理难度进一步加大。

禁毒工作事关国家安危、民族兴衰、人民福祉，厉行禁毒是党和政府的一贯主张和立场。自党的十八大以来，以习近平同志为核心的党中央提出了一系列禁毒工作的新理念、新思想、新战略，为新时代禁毒工作指明了前进方向，为走中国特色的毒品治理之路提供了根本遵循。坚持“四禁并举”、多管齐下，加强毒品问题的依法治理、综合治理、源头治理，着力构建同国家治理体系和治理能力现代化要求相适应的毒品治理体系，构建系统完备、科学规范、运行有效的禁毒法律体系，具有十分重要的现实意义。

依法禁毒是依法治国理念在禁毒工作中的体现，禁毒活动的开展只有严格依照法律才能形成长久的制度保障。党的十八大将依法治国上升至国家治理体系和治理能力现代化的制度保障层面，党的十九大报告重申了依法治国的重要地位并指出“全面依法治国是国家治理的一场深刻革命”，党的十九届四中全会明确了“坚持和完善中国特色社会主义制度、推进国家治理体系和治理能力现代化的总体目标”，强调“建设中国特色社会主义法治体系、建设社会主义法治国家是坚持和发展中国特色社会主义的内在要求”。清醒认识当前毒品形势的严峻性、复杂性，进一步增强开展禁毒斗争的使命感、紧迫感，坚持解放思想、实事求是、改革创新，全面提升毒品治理能力和治理水平刻不容缓。

毒品问题关乎公共利益，对其防范和控制有赖于公共权力的介入。2008 年 6 月 1 日实施《禁毒法》是中国禁毒史上的重要里程碑，对于预防和打击毒品违法犯罪行为、维护社会治安秩序、保护公民身心健康具有重要意义。十多年来，我国针对禁毒工作的新情况、新问题和新要求不断总结、积累经验，出台、补充、修订了相关禁毒法律规范，禁毒工作取得了举世瞩目的成就。在当前形势下，认真学习并贯彻落实党的十九大报告及十九届二中、三中、四中全会精神，推进国家毒品治理体系和治理能力现代化建设，加强研究禁毒基础理论研究，学习借鉴国内外成功的禁毒经验，规范和约束禁毒公权力的行使，健全完善我国禁毒法律体系十分重要和必要。

云南警官学院是全国率先开设禁毒课程和成立禁毒系的高等学校，多年来积极开展禁毒理论研究和社会服务，在国家及地方的禁毒立法、政策制定、政府咨询等方面发挥了重要作用，目前禁毒学科专业建设及教学科研走在全国高校前列，是我国禁毒教学科研和人才培养的主阵地。为加强禁毒法律研究工作，该院禁毒教学科研团队在总结多年禁毒斗争实践经验、吸收国内外禁毒法律规定、广泛听取各方意见的基础上领衔担纲编撰《禁毒法学》，以实际行动对健全完善我国禁毒法律体系，促进依法禁毒工作做出了积极贡献。

《禁毒法学》具有明显的理论创新性和实践指导性。传统的禁毒法律理论研究通常是针对狭义的《禁毒法》所涉理论和实践问题进行，而《禁毒法学》则从法学视角对我国广义的禁毒法律规范进行系统研究。相对其他禁毒法律教材及研究成果，本书最大的特色亮点在于:（1）专业性。以《禁毒法》为基础，对禁毒法实施以来的理论与实践问题进行分析研究。（2）系统性。以禁毒法律规范及其发展规律为研究对象，内容涵盖禁毒基础理论，禁毒历史，禁毒法律、法规、规章及国际条约惯例等。（3）应用性。对禁毒基础理论、禁毒行政法律、禁毒刑事法律、国际禁毒法律进行综合研究，对禁毒司法实践具有较强的适用性和指导性。（4）创新性。首次从法学研究视角对广义的禁毒法律规范进行系统研究，对禁毒法律的理论框架、基本原则、执法实务、前沿问题、发展前景进行深入探讨。（5）内容新。吸纳了《禁毒法》实施十多年来的理论与实践经验以及近年来出台或修订的禁毒法律新内容，体现了与时俱进、兼收并蓄。（6）前瞻性。总结和积累我国长期的禁毒工作经验，为立法机关修订《禁毒法》进一步健全完善我国禁毒法律体系提供理论支撑和实践依据。

我们相信并期待《禁毒法学》的出版发行，能够对加强我国禁毒理论研究、指导基层禁毒执法、促进禁毒国际合作、推进依法禁毒工作全面开展提供理论依据和实践素材，对完善我国禁毒法律体系抛砖引玉，对探索中国特色的毒品治理之路提供强有力的人才支撑和智力支持。

是为序。

《禁毒法学》编写组

2020 年 2 月 9 日

目　　录

第三编　禁毒刑事法律

第四编　禁毒国际法与禁毒国际执法合作

导　论

一、禁毒法学的研究对象

禁毒法学是以禁毒法这一特定的社会现象及其发展规律为研究对象的一门社会科学。

每一门科学都有自己的研究对象，研究对象的不同是区分学科的标准，因此，作为法学一门分支科学的禁毒法学，也必然具有和其他学科不同的研究对象。禁毒法学必须对其研究对象进行全方位的梳理，既要对禁毒法进行历史性研究，考察其产生、发展及规律，又要将禁毒法放到不同的法律制度当中去考察，分析它们的性质、特点以及相互关系，包括禁毒法学与禁毒法的关系与区别，禁毒法与行政法律、刑事法律等其他法律的关系与区别等；既要研究禁毒法的内部联系和调整机制等，又要研究禁毒法的法律规范，法律体系的内容和结构以及法律关系、法律责任，还要研究禁毒法的实际效力、效果、作用和价值。就其内容来看，禁毒法学对禁毒法的研究主要包括以下三个方面。

（一）禁毒法的基础理论

禁毒法是人类社会发展到一定阶段的产物，其产生与发展有其内在的规律，因此，禁毒法学需要研究禁毒法的内涵与外延，研究禁毒法产生和发展的规律，形成禁毒法的基础理论。这些理论当然涉及禁毒法的目的、价值和作用，禁毒法的基本原则，禁毒法的体系框架、发展模式，禁毒法与政治、经济、社会、文化等方面的关系等。当然，对禁毒法基础理论的深入研究，必将对禁毒法的发展与完善起到积极的巨大作用。

（二）禁毒法律制度

总体而言，禁毒法律制度可分为如下几大部分：禁毒行政法律制度；禁毒刑事法律制度；国际禁毒与禁毒国际执法合作制度等。无论是对国内禁毒法律制度的研究还是对国际禁毒法律制度的借鉴和吸收，都将有助于从制度层面发展和完善禁毒法。

（三）禁毒法律规范及适用

禁毒法律规范数量众多，效力等级不同，而且涉及面十分广泛，不仅包括行政、刑事，如毒品的管制、毒品犯罪与毒品滥用的预防、控制与惩治，也涉及许多自然科学包括医学的内容（如毒品的鉴定、迷幻剂药物学等），还包括社会学方面的内容（如社区康复、学校，家庭毒品预防教育等）。因而，研究禁毒法律规范有相当难度。但是，禁毒法学对禁毒法律规范的研究不外乎理论和实践两个方面。在理论上，应去粗取精、去伪存真，深入探讨禁毒法律规范背后的基本精神和价值取向。在实践方面，要充分认识到禁毒法学是一门实践性很强的应用型学科，因此必须研究禁毒法律规范在司法和行政乃至社会实践中的实施和适用情况，总结经验，研究禁毒法律规范的界定、适用条件和实施中的问题等，发现和解决具体贯彻实施禁毒法过程中存在的问题，提出改进立法的意见和建议。

二、禁毒法学和禁毒法的区别与联系

禁毒法，是指由国家制定的调整禁毒主体与公民、法人和其他组织由于禁毒而发生的各种关系的法律规范的总称。其有广、狭两义之分。狭义的禁毒法即 2008 年 6 月 1 日实施的《禁毒法》。广义的禁毒法是一切有关禁毒活动的法律、法规、规章的总称。

禁毒法学是以禁毒法这一特定的社会现象及其发展规律为研究对象的一门社会科学，因此，禁毒法学是一门社会科学，属于法学范畴，简言之，是研究禁毒法的科学，是理论，是一门学问。而禁毒法是实践，是通过权利和义务的规范调整人们生活中关于禁毒的各种行为。禁毒法学不仅研究禁毒法这一特定的社会现象，而且还要对禁毒法进行历史性研究，考察其产生、发展及规律，是禁毒这一法律现象及其发展规律的科学活动和认识成果的总称，具有学科体系的完整性。

两者是相辅相成、互为前提和基础的关系。具体表现为：

从禁毒法律规范制定、修改或者废除的角度来看，禁毒法学通过对禁毒法及其发展规律的不断研究和发展，本着禁毒法学的使命和目的，从公平、正义、秩序，符合国家和人民根本利益的高度，对禁毒实践中不断出现的新问题、新课题进行深入细致的研究，探索进一步健全、完善禁毒法律制度的措施、途径和方法，必将对禁毒法的产生和发展起到纲领性作用，即对禁毒法律规范制定或者修改具有较大的理论指导意义，从而为禁毒法创造有力的理论支撑条件。从这个角度来讲，作为理论基础的禁毒法学是禁毒法、禁毒法律规范的制定、修改或者废除的前提和基础。

从禁毒法的具体实施来看，必须以事实为依据，以法律为准绳，以合理为标准。特别是在行使自由裁量权的时候，更要以合理与否作为唯一的判断标准。该合理的标准在确定犯罪时往往作为裁量决定刑罚的酌定情节加以适用，这些都是禁毒法适用的前提和基础。但是，在作为良法的贯彻实施过程中必然会遇到疑难复杂案件，如在具体法律条款适用发生争议的时候，禁毒法学理论将为此问题的解决提供方向、指导和补充，从而有效地服务于禁毒法实践。而禁毒法律规范的修改完善以及在适用过程中出现的新问题，也必将促进禁毒法学研究的进一步深入和发展，使禁毒法学的发展层层深入，不断向更高、更强、更好的方向迈进。

三、禁毒法与行政法、刑法等其他法律的交叉关系及其区别

禁毒工作关系到国家和民族的兴衰存亡，党和国家对此一贯高度重视。1950 年 2 月，中央人民政府政务院发布了《关于严禁鸦片烟毒的通令》，在全国范围禁种了罂粟，从 20 世纪 50 年代到 70 年代末，我国以“无毒国”享誉世界近 30 年；1985 年，我国

加入了联合国《经〈修正1961年麻醉品单一公约的议定书〉修正的1961年麻醉品单一公约》和《1971年精神药物公约》；1989年，我国成为首批加入《联合国禁止非法贩运麻醉品和精神药物公约》的国家之一；1990年12月，全国人大常委会通过了《全国人民代表大会常务委员会关于禁毒的决定》；1995年1月、2005年7月和2005年8月，国务院又先后制定了《强制戒毒办法》、《麻醉药品和精神药品管理条例》和《易制毒化学品管理条例》；1997年3月，第八届全国人民代表大会对《刑法》进行了修订，进一步明确了毒品犯罪的种类，为惩治各种毒品犯罪提供了有效的刑法保障。与之相适应，不少地方人大还制定了禁毒的地方性法规。此外，禁毒法律规范还散见于许多法律文件（如《治安管理处罚法》《道路交通安全法》《刑事诉讼法》《行政诉讼法》《刑事诉讼法》）以及许多司法解释（如《最高人民法院关于办理死刑案件审查判断证据若干问题的规定》等）中。

2007年12月29日，第十届全国人民代表大会常务委员会第三十一次会议通过了《禁毒法》。2011年6月26日国务院发布实施了《戒毒条例》。一个以《禁毒法》为核心，以禁毒行政法规为主体，以地方性禁毒法规为补充的我国禁毒法律体系基本形成。

综合上述法律、法规、规章、司法解释和相关国际条约可知，禁毒法的涉及面十分广泛，但总体来讲，主要由实体法和程序法两部分组成。包括行政法、刑法、刑事诉讼法、行政复议法、行政诉讼法等。因此，禁毒法和上述基本法在内容方面既有交叉的关系，又有不同于上述基本法的新的法律规范，如社区戒毒、社区康复等。

从交叉关系来讲，禁毒法和上述基本法是一般法与特别法的关系，其区别就是一般法和特别法的不同，其联系就是一般法和特别法的联系。根据特别法和一般法关系的原理，在具体适用法律规范的时候，必须优先适用特别法，特别是一般法和特别法发生冲突的时候，特别法的效力高于一般法。当然，一般法是特别法的基础，当特别法没有具体规定或者规定不是十分明确和具体的时候，仍然应该适用一般法之规定去调整相对应的禁毒法律关系。比如，当行政主体对相对人作出强制隔离戒毒决定的时候，由于强制隔离戒毒是行政行为，其行政行为的生效要件、合法要件、公定力等在禁毒法中找不到具体规范，当然要根据行政法的规定去适用。因为强制隔离戒毒是行政行为，根据《行政复议法》和《行政诉讼法》的规定，相对人或者同行政行为具有利害关系的人均可以按照《行政复议法》和《行政诉讼法》之规定申请行政复议或者提起行政诉讼，具体的操作规程当然要按复议法、诉讼法的规定去完成。我国《禁毒法》在第 1 条中开宗明义地规定："为了预防和惩治毒品违法犯罪行为，保护公民身心健康，维护社会秩序，制定本法。"由此可见，涉及毒品违法和犯罪的行为，除优先适用《禁毒法》之相关规定外，还必须根据《刑法》和《治安管理处罚法》等进行调整。如何认定和追究犯罪，当然要依据我国《刑法》和《刑事诉讼法》完成。如何认定和惩治违法行为，当然要根据《治安管理处罚法》和其他相关法律规范去进行。

从禁毒法独特的不同于基本法的新的规范来讲，如果符合上述一般法的规定从而满足其调整对象的，仍然应该适用上述基本法进行调整。

总之，无论是从交叉关系还是禁毒法独特的不同于一般法的新的法律规范来讲，禁毒法和行政法、刑法、刑事诉讼法、行政诉讼法、行政复议法甚至民事诉讼法等都有十分密切的关系，这些法都是禁毒法的基础和保障，它们同禁毒法一道共同完成预防和惩治毒品违法犯罪行为，保护公民身心健康，维护社会秩序的重要任务。

具体来说，禁毒法和其他法律的交叉关系及其区别主要表现在如下方面。

（一）禁毒法与行政法

行政法是调整行政主体在行政活动中发生的社会关系的法律规范的总称，是我国法律体系中独立的一个法律部门，内容涉及行政权力的授予、行使、监督及救济等方面。从法律渊源的角度来讲，行政法和禁毒法具有相同性，即法律渊源相同，都包含宪法、法律、行政法规、地方性法规、民族自治条例、单行条例、部门规章和地方性规章、法律解释、国际条约与协定。然而，两者的调整对象是不尽相同的。虽然禁毒法所调整的大量内容都属于行政法的范畴，禁毒法属于行政法的一个分支，但是，如前所述，禁毒法调整的范围十分广泛，除了涉及行政法调整的范围外，还包括刑法、刑事诉讼法乃至行政诉讼法等方面的内容。从法律责任的角度来讲，禁毒法还包括劳动法方面乃至民事责任的内容，如《禁毒法》第70条规定："有关单位及其工作人员在入学、就业、享受社会保障等方面歧视戒毒人员的，由教育行政部门、劳动行政部门责令改正；给当事人造成损失的，依法承担赔偿责任。"这里的赔偿，不仅包括国家赔偿，还应该包括民事赔偿。因此，禁毒法和行政法虽然有共性（法律渊源相同），但是它们的调整对象不尽相同，这是它们的区别之处。

从涉及交叉的行政主体在实施行政权的行政活动中发生的法律关系来讲，禁毒法和行政法是特别法和一般法的关系。禁毒法有具体的调整因禁毒法授权而产生的行政主体在实施授权行政行为同相对人产生、变更或者消灭的法律关系时，当然要按照禁毒法的规定适用。在禁毒法没有具体规定的时候，就必须按行政法的原理、原则乃至理论进行适用，如行政合法合理性原则，尊重和保障人权的原则，信赖利益的原则、相对人的救济权利乃至不得违反法定程序等。

总之，禁毒法与行政法的关系既有共同性也有因调整对象不一致的区别，更有因特别法和一般法关系而产生的联系，了解和掌握禁毒法和行政法的关系，无论是在理论研究还是在行政实践中都具有十分重大的价值和意义。

（二）禁毒法与刑法

刑法是规定犯罪、刑事责任及刑罚的法律，有三个最基本的范畴或者调整对象，即犯罪、刑事责任和刑罚。整个刑法就是围绕着罪、责、罚而展开的，是由公检法和监察委员会分工负责，互相制约，互相配合，最终由人民法院定罪和量刑。

禁毒法和刑法既有交叉关系，又互为独立。

刑法包含了毒品犯罪的定罪和量刑，但是，随着毒品形势的日益严峻，国家专门制定了《禁毒法》（2008 年 6 月 1 日实施），用以预防和惩治毒品违法犯罪行为。

禁毒法与刑法最大的区别在于调整范围非常广泛，它不像刑法仅仅是对犯罪及其承担责任以及承担何种形式的责任进行规定，而是围绕禁毒工作，通过法律形式规定了禁毒的工作方针，各级各部门如何开展禁毒宣传教育、毒品管制、戒毒措施、禁毒国际合作等。

关于禁毒法与刑法的关系，考虑到法律责任问题是定性和处罚的关键问题或者桥梁，本书从法律责任的角度谈它们之间的关系。

综观禁毒法关于法律责任的规定，可以概括为四种情形：其一，必然构成犯罪或者尚不构成犯罪而依法给予治安管理处罚的情形，如《禁毒法》第 59 条、第 60 条列举的 11 项规定。其二，必然构成犯罪或者尚不构成犯罪而依法给予行政处罚的情形，如《禁毒法》第 63 条至第 68 条的规定。其三，不能构成犯罪，只能给予行政处分的行为，如《禁毒法》第 69 条的规定。其四，禁毒法独立规定的治安管理处罚的内容，如《禁毒法》第 61 条和第 62 条关于容留他人吸食、注射毒品或者介绍买卖毒品以及吸食、注射毒品的情形。

我国刑法规定的关于毒品犯罪主要是指《刑法》第 347 条到第 357 条“走私、贩卖、运输、制造毒品”“非法持有毒品”“包庇毒品犯罪分子”“窝藏、转移、隐瞒毒品、毒赃”“走私制毒物品”“非法买卖制毒物品”“非法买卖、运输、携带、持有毒品原植物种子、幼苗”“引诱、教唆、欺骗他人吸毒”“强迫他人吸毒”“容留他人吸毒”“非法提供麻醉药品、精神药品”等。

进一步讲，有关毒品的非法行为，不管其是否触犯了刑法都可谓违反了禁毒法。但是，刑法仅将有关毒品的非法行为的部分上升为毒品犯罪。因此，有关毒品的非法行为，都具有多重性质，一是违反了刑法；二是违反了治安管理处罚法（还可能违反其他法）；三是违反了禁毒法（与此同时还可能违反其他法）。在此情况下，刑法与禁毒法对几种类型的行为表述完全一致，凡是符合了刑法犯罪构成要件的有关毒品的非法行为，就成立毒品犯罪。这就是所谓的交叉关系，而这种交叉关系，只能按照禁毒法所规定的“构成犯罪的，依法追究刑事责任；尚不构成犯罪的，依法给予治安管理处罚”的情形进行处理。但是，如果某种行为不能在刑法上找到处罚根据，就不能直接以禁毒法的规定为根据追究刑事责任。例如，《禁毒法》第59条第7项规定了兜底条款“向他人提供毒品”的行为，但刑法并没有向他人提供毒品罪的规定。因此，只能以刑法规定的“非法提供麻醉药品、精神药品”的毒品犯罪追究刑事责任。

总之，禁毒法虽然调整范围极其广泛，有别于刑法，但是，相对独立的禁毒法中涉及刑事犯罪行为问题，需要依据刑法来解决。刑法是禁毒法的保障法，它同禁毒法一道，共同为预防和遏制毒品犯罪现象起到积极的作用。

（三）禁毒法与其他法律

首先是禁毒法同宪法的关系，其关系表现为根本法和基本法的关系，在此不再赘述。下面简要阐述禁毒法同诉讼法、复议法的关系。

1. 禁毒法同行政复议法和行政诉讼法。行政复议法和行政诉讼法都是因国家通过法律的形式规定给予行政相对人或者相关人（与行政行为具有利害关系的人）救济的权利而产生的法律规范的总称。其是指行政相对人或者相关人认为行政主体及其工作人员的行政行为侵犯其合法权益，依法向有关国家机关申请行政复议或者提起行政诉讼，由有关国家机关对行政争议进行审查并作出裁决的活动。

当禁毒法调整的大量的行政实体法律关系发生争议时，因为是行政行为，当然得依行政复议法和行政诉讼法进行调整。没有救济就没有权利，相对人或者相关人当然可以根据行政复议法或者行政诉讼法申请行政复议或者提起行政诉讼，以使自己的合法权益得到救济，同时也有效地监督行政主体依法依理行政。这充分表明禁毒法同行政复议法和行政诉讼法的关系是实体法和程序法的关系，表现为实体是程序的基础，程序是实体的保障。

《禁毒法》第40条第2款规定：“被决定人对公安机关作出的

强制隔离戒毒决定不服的，可以依法申请行政复议或者提起行政诉讼。”这一规定充分表明了强制隔离戒毒人员享有的法律救济手段，有助于保障公民的合法权益，维护和促进强制戒毒机关的依法依理行政。我国新修订的行政诉讼法同行政复议法相衔接，明确规定对明显不合理的行政行为，人民法院也有了同行政复议法规定的复议机关一样的合理审查权。因此，禁毒法既要依据行政法，也要依靠行政复议法和行政诉讼法作保障。

需要特别指出的是，并非禁毒法明文规定可以提起行政复议或者行政诉讼的行政行为才可以行使救济权利，如前所述，禁毒法没有明文规定的，只要符合禁毒法的保障法规定的，仍然应该按照相应的保障法之规定进行调整。具体到相对人或者相关人的救济权利而言，本着“对私权人之法无禁止即可为，对公权人之法无授权不可为”的基本原理，法律、法规、规章授权的行政主体所为的行政行为，只要符合行政复议法和行政诉讼法的受案范围，相对人均可以行使救济权，有权提起行政复议或者行政诉讼。对公权力而言，不能因为禁毒法没有可以提起行政复议或者行政诉讼的明确规定而作任意的扩大性解释，进而否定私权人的救济权。因此，严格依照上述原理适用禁毒法，对行政主体依法依理行使行政职权，贯彻全心全意为人民服务的宗旨意识，建立良好的行政秩序，充分体现我国宪法规定的尊重和保障人权，将有着重大而深远的历史意义。

2. 禁毒法同刑事诉讼法。在禁毒法的规定和实施过程中，除了一般的毒品违法活动之外，对社会危害性比较严重的就是毒品犯罪问题。在对毒品犯罪的打击过程中，主要依据刑法和刑事诉讼法来进行。而禁毒法中所涉及的毒品犯罪问题，如前所述，属于广义的刑法，而刑法的保障法就是刑事诉讼法。刑法与刑事诉讼法的关系就是实体法和程序法的关系，所以，禁毒法与刑事诉讼法的关系也是实体法和程序法的关系。毒品活动的罪与非罪，此罪与彼罪，重罪与轻罪，一罪与数罪，属于实体法范畴，由禁毒法和刑法共同完成；对于证实犯罪、揭露犯罪、追究犯罪的程序、步骤、方式方法等问题，则属于程序法即刑事诉讼法的范畴，由刑事诉讼法来完成。公检法三机关乃至执行机关如何一步一步地从立案侦查、审查起诉、审判到判决的执行等活动，都必须严格按照刑事诉讼法之程序规定进行。因此，对毒品犯罪的打击离不开刑事诉讼法，禁毒法与刑事诉讼法相互依赖，密不可分。

此外，无论是禁毒法规定的行政行为、司法行为或者其他行为，只要相对人（相关人）、犯罪嫌疑人（被告人）或者其他受害人因违法的公行为或者其他行为造成损害的，均有权依据国家赔偿法或者民法如侵权责任法之相关规定要求赔偿。因此，禁毒法和国家赔偿法、民法乃至民事诉讼法也有十分密切的关系。

四、禁毒法学的地位与主要作用

禁毒法是由全国人大常委会通过，以国家主席令的形式发布的我国社会主义法律体系中的一部基本法。如前所述，基于特别法的地位，其效力居于其他禁毒法律、法规、规章、民族自治条例之上，具有统领我国禁毒工作的最高效力。禁毒法学以禁毒法作为自己的研究对象之一，必然处于除宪法学以外的其他法学之上的地位。但是禁毒法学绝不仅仅限于禁毒法的研究，它还将禁毒法的历史发展及其禁毒法律规范及适用纳入自己的研究范围，通过比较、归纳演绎、社会调查、统计等方法进行研究，从而形成一整套独特的理论体系和指导实践的方法，无论是对禁毒法的制定和实施，还是修改乃至建立公平正义的禁毒秩序，都有非常重大的作用。

具体来说，禁毒法学的作用主要表现为：对禁毒立法和司法行政实践有重要指导意义，为禁毒立法的进一步发展提供科学根据。

改革开放40多年来，我国逐步建立了以禁毒法律为核心，以禁毒行政法规和部门规章为主体，以禁毒地方立法为补充，以《刑法》为保障，相互配套的禁毒立法体系。这些制度的建立，同长期以来禁毒法学的研究而形成的理论体系特别是借鉴国外反毒的研究理论分不开。但是，受国际毒潮泛滥和国内涉毒因素的影响，我国的禁毒工作仍然面临着十分严峻的形势：一是境外毒品特别是“金三角”的毒品大量流入我国境内，对我国的禁毒工作带来严重威胁。二是国内制贩毒品特别是冰毒、“摇头丸”等新型毒品的违法犯罪活动呈上升趋势，非法种植毒品原植物的情况屡禁不止。三是国内吸毒人员规模不断扩大，并因此导致艾滋病等多种严重传染病的扩散。面对上述种种情况，摆在禁毒法学面前的任务是必须进行深入研究，探索进一步健全完善禁毒法律制度的措施、途径和方法，从而对禁毒法律规范制定或者修改进行指导，为禁毒法成为良法提供科学依据。从禁毒法具体实施来看，禁毒理论能够在一定程度上弥补法律的不足，特别是可为禁毒实践中的疑难杂症提供方向和指导，有效地服务于禁毒法实践。实践经验表明，没有科学的理论指导就没有符合社会发展规律的立法和实践。因此，不断丰富的禁毒法学，必将对禁毒立法和司法行政实践的进一步发展起到积极的重要作用。

五、禁毒法学的研究方法

如前所述，禁毒法律规范数量众多，效力等级不同，而且涉及面十分广泛，从而形成了研究对象极为广泛、内容极为庞大的法律分支学科。因而掌握适当的研究方法，对这一学科的研究有着重大意义。具体来说，禁毒法学主要包括下述研究方法。

（一）理论联系实际的方法

所谓理论联系实际就是从禁毒法学的理论与禁毒法的实践结合上来进行。禁毒法学是一门实践性较强的学科，禁毒法学的理论来源于禁毒法的实践。从形态学上讲，禁毒法与禁毒法的适用是作为一种事实而存在的，因此禁毒法学在一定程度上是一种事实学，只有通过禁毒法实践的研究，结合法学的基本理论才能理解、阐明和把握禁毒的法律现象，从而用于指导禁毒实践。因此，在学习和研究禁毒法学理论的过程中，一定要紧密联系实际。

（二）比较分析的方法

对两个或者两个以上的事物进行比较研究，应该是所有学科都经常使用的方法，禁毒法律学科应该遵循这样的研究方法。禁毒的世界性，要求禁毒学既要比较不同国家之间禁毒的规定和实践，也要比较同一国家不同时期的规定和实施，站在一定的价值立场上，用特定的价值标准和框架去评价该法律制度、法律规则和法律现象，从中发现禁毒法制定和运行中的规律，结合我国禁毒实际合理地加以借鉴和吸收。需要特别指出的是，在这种比较分析的方法中，经常要用哲学的方法来诠释禁毒法律制度的真谛，因此，要研究禁毒法学的价值分析方法，还要密切注视哲学的新发展。

（三）案例分析的方法

在禁毒法的司法与行政乃至社会实践中，有大量鲜活的案例特别是疑难复杂案件，通过对这些案例的分析和研究，能对禁毒法的抽象原理、原则有具体的、形象的认识，能够对禁毒法律规范的立法本意和精神有更深刻的理解，从而上升为更高层次的理论，进而更好地指导禁毒实践。

（四）其他研究方法

归纳与演绎、比较与分类、科学抽象法、社会调查法、统计法等，以及经济学、社会学、政治学、管理学以及自然科学的某些研究方法，在禁毒法学研究中都有其独特的作用。在进行禁毒法学研究过程中究竟采用何种方法，不能一概而论，而应该具体问题具体分析，根据具体情况可采用一种或者多种方法综合考量，多方位、多角度地进行研究，往往殊途同归地得出同一结论，从而达到较强的科学性和说服力。

第一编　禁毒法基础理论

第一章　禁毒法概述

【本章摘要】本章内容主要包括禁毒法的概念和特征；禁毒法的调整对象；禁毒法的国内法渊源和国际法渊源；禁毒法律关系的概念与内涵；禁毒法律关系的性质；禁毒法律关系的要素。

第一节　禁毒法的概念及其调整对象

一、禁毒法的概念和特征

（一）禁毒法的概念

毒品一般是指使人形成瘾癖的药物。按医学上的标准，世界范围内的毒品（医学上称为滥用的药物，医学学术术语为精神活性物质或成瘾物质）主要分为三大类。第一类是麻醉药品，主要包括阿片类、可卡因、大麻等；第二类是精神药物，主要包括镇静安眠药、中枢神经兴奋剂、致幻剂等；第三类是其他物质，主要包括酒、烟草、挥发性有机溶媒等。按照毒害社会和成瘾性的严重程度分类，可以分为硬性毒品（hard drug）和软性毒品（soft drug）。海洛因是硬性毒品的代表，称为“毒品之王”，而大麻则是软性毒品的代表。按毒品的产生方式分类，可分为自然生长的毒品和人工合成的毒品。鸦片、可卡因和大麻都是从生长的植物中提取，属于前一类毒品，而“摇头丸”、冰毒等中枢神经兴奋剂等则是人工合成的毒品。

我国法律认定的毒品在《刑法》和《禁毒法》中进行了明确，

按照两部法律的规定，毒品是指鸦片、海洛因、甲基苯丙胺（冰毒）、吗啡、大麻、可卡因，以及国家规定管制的其他能够使人形成瘾癖的麻醉药品和精神药品。从毒品的自然属性来说，法律意义上的毒品通常分为麻醉药品和精神药品两大类。《麻醉药品及精神药品品种目录》中列明了121种麻醉药品和130种精神药品。其中最常见的主要是麻醉药品中的大麻类、鸦片类和可卡因类。除鸦片、吗啡、海洛因、大麻等传统毒品之外，一些人工合成的致幻剂、兴奋剂类新型毒品自20世纪末21世纪初在我国开始出现并流行，包括冰毒、“摇头丸”、“K粉”、三唑仑等。

毒品作用于人体之后，就会造成吸食者对毒品的身体依赖和精神依赖。吸食者一旦对毒品产生依赖性，便会不断地、不可自制地对其进行追求，以感受毒品带来的强烈快感和松弛宁静感，这种感觉能够满足吸食者的心理需要，而一旦断药则不可避免地产生难以忍受的身体损害和内心痛苦，吸食者为避免这种身体和内心的痛苦，只能选择继续使用毒品。对毒品强烈的内心渴求又称为“心瘾”，这是许多吸食者在对毒品的身体依赖消除之后，精神依赖依然长期存在而导致复吸的主要原因。对毒品的吸食不仅危害吸食者本人身心健康，吸毒也必然导致大量家庭悲剧产生，继而对整个社会的经济发展和进步带来威胁。近年来，毒品问题更是与恐怖主义、洗钱和贩卖人口等跨国有组织犯罪相互交织，对人类社会的破坏力剧增，形势日趋严峻。目前毒品问题作为全球性的灾难，已成为国际社会不得不面对的严重社会问题，因此对毒品的预防、控制和对毒品违法犯罪的打击、惩治工作刻不容缓。

禁毒，是指预防和惩治毒品违法犯罪行为，保护公民身心健康，维护社会秩序的工作。在法治化的大背景下，我国禁毒事业的推进和禁毒工作的开展应当依法进行，形成规范统一的禁毒法。

在我国，禁毒法有广义和狭义之分。广义上的禁毒法包括所有规定毒品和禁毒活动的法律规范。从法的表现形式上来看，广义的禁毒法既包括法律（如《禁毒法》《刑法》《治安管理处罚法》），又包括行政法规（如《麻醉药品和精神药品管理条例》《戒毒条例》）和地方性法规（如《云南省禁毒条例》《贵州省禁毒条例》），还包括行政规章（如《公安机关强制隔离戒毒所管理办法》《吸毒成瘾认定办法》）、国际公约和国际条约（如《禁止非法贩运麻醉药品和精神药物公约》《东盟和中国禁毒合作行动计划》）等。狭义上的禁毒法则仅指2007年12月29日第十届全国人大常委会第三十一次会议通过的《禁毒法》。

本书所指的禁毒法是广义上的禁毒法，即禁毒法是指所有规定禁毒活动的法律规范的总称。禁毒活动主要是指包括禁毒宣传教育、毒品管制、戒毒措施、涉毒违法处罚等在内的禁毒行政管理、禁毒刑事司法和禁毒国际合作等活动。

（二）禁毒法的特征

1. 禁毒法以禁毒活动中产生的社会关系作为主要的调整对象。禁毒法调整的是国家禁毒机关在开展禁毒工作过程中与其他主体间产生的社会关系，具体包括：禁毒行政管理机关与禁毒管理行政相对人之间在禁毒宣传教育工作中形成的社会关系；在毒品管制工作中形成的社会关系；在戒毒工作中因对戒毒对象采取戒毒措施而形成的社会关系；因对相对人的涉毒违法行为进行行政处罚而形成的社会关系；在对涉毒犯罪进行刑事制裁的过程中形成的社会关系；在禁毒国际合作工作中形成的社会关系。

2. 将一些禁毒工作方式、经验上升为法律。在中华人民共和国成立之前的100多年里，中华民族曾经饱受鸦片烟毒的祸害。中华人民共和国成立之后，中国共产党和中国政府领导全国人民，采取坚决、严厉、持久的禁毒、戒毒措施，仅用了3年左右的时间就使烟毒问题在中国内地基本禁绝。在之后的近30年中，中国一直以无毒国的形象享誉世界。进入20世纪80年代后，由于复杂的国际因素和国内原因，毒品在我国又死灰复燃，自此，禁毒工作成为一件事关国家兴衰、民族兴旺的大事，我国政府将禁毒工作作为一项基本国策纳入国民经济和社会发展规划，并规定为中央和地方各级人民政府的一项重要职责，逐级建立工作责任制，保证禁毒工作常抓不懈。在《禁毒法》出台之前，我国已经开展了多年的禁毒工作，各地方、各部门均积累了许多行之有效的禁毒经验，实践了众多好的禁毒工作方式，很多禁毒工作方针和经验在禁毒法中得以明确规定下来。例如，2004 年全国禁毒工作会议上确定的坚持禁吸、禁贩、禁种、禁制“四禁”并举，预防为本，严格执法，综合治理的禁毒工作方针在禁毒法中就有明确规定，《禁毒法》第 4 条规定：“禁毒工作实行预防为主，综合治理，禁种、禁制、禁贩、禁吸并举的方针。”

3. 具有多样化的表现形式。由于毒品形势的严峻性，我国从中央到地方无不重视禁毒工作，禁毒工作的有序开展首先需要反映在立法中，因此禁毒法的内容在多个规范性法律文件中都有体现。从内容上看，我国有专门的禁毒法律法规，如《禁毒法》《戒毒条例》《麻醉药品和精神药品管理条例》等，也有包含禁毒内容的其他法律，如《刑法》《治安管理处罚法》《药品管理法》等。从禁毒法的表现形式上看，有法律、行政法规、地方性法规和民族自治地方的单行条例，还有行政规章、国际条约和国际公约等。

二、禁毒法的调整对象

法律的调整对象是人们在社会生活中形成的人与人之间的关系，即社会关系，这也是法律所需要解决的问题。每个部门法均有自己需要处理和解决的问题，因此每个部门法都有自己的调整对象。禁毒法的调整对象也就是在禁毒活动中形成的社会关系，具体包括禁毒行政管理关系、禁毒刑事司法关系和禁毒国际合作关系三个方面。

（一）禁毒行政管理关系

禁毒首先就是一种重要的国家管理活动，因此禁毒执法即禁毒管理活动，这种管理活动是国家行政管理的重要组成部分。禁毒法首先要调整发生在禁毒管理活动中主体间的社会关系，这一社会关系经禁毒法的调整之后即具有了权利义务内容。行政管理法律关系是发生在行政主体与行政相对人之间的权利义务关系，而禁毒管理法律关系则是发生在禁毒行政主体与行政相对人之间的权利义务关系。禁毒管理关系因其管理内容的不同，可具体分为禁毒宣传教育关系、毒品管制关系、戒毒关系和涉毒违法行为行政处罚关系。

1. 禁毒宣传教育关系。毒品预防是禁毒工作有效开展的前提和基础，因此我国的禁毒方针一直是预防为主，把禁毒预防教育作为禁毒工作的治本之策来抓，禁毒宣传教育则是预防为主禁毒方针的体现。禁毒工作需要通过各种形式的宣传教育来提高公民自觉抵制毒品的能力。《禁毒法》第 11 条规定："国家采取各种形式开展全民禁毒宣传教育，普及毒品预防知识，增强公民的禁毒意识，提高公民自觉抵制毒品的能力。国家鼓励公民、组织开展公益性的禁毒宣传活动。"毒品危害的事实表明，多数吸毒者是在对毒品危害不了解或知之甚少的情况下经不起诱惑而误入歧途的。开展禁毒宣传教育的一项重要任务就是普及毒品预防知识，揭示吸毒对个人、家庭、社会的严重危害，增强全民尤其是青少年的禁毒意识，教育公民同毒品违法犯罪行为作斗争，构筑全社会防范毒害侵袭的有效体系，将新增吸毒人员的比例降到最低。可以说，以预防教育为主要任务的禁毒宣传教育工作是禁毒工作的治本之策，是事半功倍之举，是减少毒品需求乃至整个禁毒工作极其重要的一环，其在禁毒工作中的重要性不言而喻。

根据《禁毒法》的规定，承担禁毒宣传教育义务的主体较为广泛。从国家整体来看，国家对全体公民具有禁毒宣传教育的义务，国家开展全民禁毒宣传教育的目的是通过普及毒品预防知识，使公民真正了解毒品对人体健康的危害，进一步认识到远离毒品的意义，提高公民自觉抵制毒品的能力，并培养同毒品违法犯罪行为作斗争的自觉性。国家采取各种形式开展全民禁毒宣传教育，广泛传播"健康人生、绿色无毒"理念，包括通过媒体宣传、举办展览、文艺创作和演出等多种形式，进行全民禁毒宣传教育，力求达到使禁毒工作的重要性家喻户晓、人人皆知的效果。国家还鼓励公民、组织开展公益性的禁毒宣传活动，"开展公益性的禁毒宣传活动"是指宣传者不以营利为目的的禁毒宣传活动。禁毒工作关系到我们每个公民和家庭的切身利益，国家鼓励公民个人和组织开展公益性的禁毒宣传活动，正是为了调动全社会的积极因素让每个公民都来关心并参加禁毒宣传工作，从而提高广大人民群众特别是青少年识毒、防毒、拒毒的能力，以减缓新吸毒人员滋生、创造和谐稳定的社会环境。

从各级政府和整个社会的禁毒宣传教育责任来说，《禁毒法》规定，中央和地方各级人民政府及有关社会团体组织也需要广泛性地开展禁毒宣传教育工作，各宣传部门需要面向社会进行禁毒宣传教育。在具体的禁毒宣传教育工作中，政府应承担起主导责任。无论是城市还是农村，各级政府部门都应主动承担起禁毒宣传教育的领导职责，将禁毒宣传教育纳入工作目标体系，并借助行政力量推动该项工作的有效开展。基层组织需要协助政府和公安机关等部门加强禁毒宣传教育，落实禁毒防范措施。政府还需要动员本辖区的社会团体和组织参与到禁毒宣传教育工作中来，充分发挥社会各界的资源优势，力求形成“共建、共管、共享”格局。公共场所需要具体负责本场所的禁毒宣传，各单位需要针对本单位人员进行禁毒宣传教育，落实好禁毒防范措施和毒品犯罪预防。

禁毒工作的根本在于宣传教育，禁毒教育的主阵地是学校。正在学校接受教育的青少年正处于人生观、价值观的形成阶段，且好奇心强，随着社会环境的不断发展变化，青少年接触新型毒品的机会日益增多，容易受到毒品的侵袭。青少年一旦吸毒后就容易与社会上一些不法分子有所接触，进而走上犯罪道路。预防教育是防止青少年滥用毒品的最有效方法，对在校青少年学生进行科学、系统的禁毒教育，可以帮助他们养成良好的生活方式，提高其对毒品的抵御能力，有效降低我国新吸毒人员的滋生。因此，《禁毒法》规定教育部门和学校需要对学生进行禁毒宣传教育。

家庭教育是孩子心灵健康成长的基础，毒品宣传进家庭是整个社会毒品预防不可缺少的一环，对于每个家庭来说，孩子如何成长，父母及其他监护人的引导与教育至关重要。《禁毒法》规定，未成年人的父母及其他监护人承担对未成年人的禁毒宣传教育义务。

2. 毒品管制关系。除了毒品预防之外，禁毒工作的有效开展离不开对毒品的管制和毒品违法犯罪活动的打击。毒品管制，是指国家对麻醉药品药用原植物种植实行管制，禁止非法种植罂粟、古柯植物、大麻植物以及国家规定管制的可以用于提炼加工毒品的其他原植物，禁止走私或者非法买卖、运输、携带、持有未经灭活的毒品原植物种子或者幼苗。《禁毒法》第三章对毒品管制的措施及其具体开展方式作出了明确规定。包括对麻醉药品药用原植物种植的管制，对国家确定的麻醉药品药用原植物种植企业和储存仓库的管理，对麻醉药品、精神药品和易制毒化学品生产、经营、运输、进口、流通等环节的管制。规定了公安机关等有关部门依法查缉毒品的职权和职责，并要求建立健全毒品检测和禁毒信息系统，开展毒品检测和禁毒信息的收集、分析、使用、交流、处理工作。此外，针对合成毒品变异加快、新精神活性物质不断出现的现实问题，国家还采取一系列措施持续推进易制毒化学品和新精神活性物质领域法律法规建设进程，强化易制毒化学品的监管工作，严厉打击制毒物品犯罪和新精神活性物质犯罪，进一步提升易制毒化学品和新精神活性物质管制工作在国际禁毒领域中的地位和作用，以遏制易制毒化学品和新精神活性物质流入非法渠道。

3. 戒毒关系。戒毒，是指吸毒人员戒除吸食、注射毒品的恶习及毒瘾。当毒品预防和毒品管制工作未能有效发挥作用，毒品已经实际流入社会之后，对吸毒人员的教育和挽救就成为禁毒工作的当务之急。对吸毒者进行戒毒治疗，一般应包括三个阶段：脱毒—康复—重新步入社会的辅导。《禁毒法》明确规定了对吸毒成瘾人员应当进行戒毒治疗，并具体规定了戒毒治疗措施，包括对涉嫌吸毒人员的检测和登记，自愿戒毒、社区戒毒、强制隔离戒毒和社区康复四种戒毒措施的具体操作方法，卫生等行政部门组织开展的戒毒药物维持治疗工作等，其最终目的是切实帮助吸毒人员彻底戒断毒瘾，恢复身心健康，重新融入正常的社会生活。

4. 涉毒违法行为行政处罚关系。对涉毒违法行为进行行政处罚是禁毒行政执法的一个必要环节。涉毒行政处罚是具有行政处罚权的禁毒管理行政主体对违反禁毒法律尚未构成犯罪的行政相对人依法追究行政责任并对其进行行政制裁的活动。涉毒违法属于违反社会治安的行为，因此对涉毒违法行为进行处罚的依据除了《禁毒法》和《治安管理处罚法》之外，还包括《麻醉药品和精神药品管理条例》、《易制毒化学品管理条例》及《娱乐场所管理条例》等法律法规，具体涉毒违法行为的情形、承担行政责任的方式和制裁措施等均由这些规范性法律文件加以规定。《禁毒法》对涉毒违法行为的处罚主要规定在第六章，共 12 条。《治安管理处罚法》对涉毒违法行为的处罚规定在第三章第 71 条至第 74 条。

（二）禁毒刑事司法关系

自毒品进入我国境内以来，毒品给我国人民群众的身体健康和社会治安秩序的稳定造成严重危害，20 世纪 80 年代以后，毒品走私、运输、制造、贩卖等犯罪活动日渐猖獗，通过刑事立法严厉打击具有严重社会危害性的毒品刑事犯罪成为国家管理社会秩序的必然手段。禁毒刑事司法关系是产生于禁毒刑事司法主体和毒品犯罪人之间的权利义务关系。在我国，禁毒刑事司法主体是公安司法机关，具体包括承担毒品刑事案件侦查职能的公安机关、承担毒品刑事案件审查起诉职能的人民检察院、承担毒品刑事案件审判职能的人民法院，以及承担一部分毒品刑事案件执行职能的司法行政部门。禁毒刑事司法的对象是触犯刑事法律规定、实施严重危害社会治安秩序的毒品犯罪行为、应当受到刑事处罚的毒品犯罪人。目前我国毒品刑事司法的依据主要是《刑法》，该法第六章“妨害社会管理秩序罪”中第七节专门规定了“走私、贩卖、运输、制造毒品罪”。其中第 347 条规定了走私、贩卖、运输、制造毒品罪；第 348 条规定了非法持有毒品罪；第 349 条规定了包庇毒品犯罪分子罪和窝藏、转移、隐瞒毒品、毒赃罪；第 350 条规定了走私制毒物品罪和非法买卖制毒物品罪；第 351 条规定了非法种植毒品原植物罪；第 352 条规定了非法买卖、运输、携带、持有毒品原植物种子、幼苗罪；第 353 条规定了引诱、教唆、欺骗他人吸毒罪和强迫他人吸毒罪；第 354 条规定了容留他人吸毒罪；第 355 条规定了非法提供麻醉药品、精神药品罪；第 356 条规定了毒品犯罪的再犯；而第 357 条则规定了毒品的范围及毒品数量的计算原则。除此之外，毒品刑事司法的依据还包括《公安机关执法细则》《公安部关于毒品案件立案标准的通知》，最高人民法院、最高人民检察院的相关司法解释、会议纪要，如《最高人民法院关于审理毒品犯罪案件适用法律若干问题的解释》《全国法院毒品犯罪审判工作座谈会纪要》等，以及最高人民法院、最高人民检察院会同公安部等部门制定的联合解释，如《办理毒品犯罪案件适用法律若干问题的意见》《关于规范毒品名称表述若干问题的意见》《办理毒品犯罪案件毒品提取、扣押、称量、取样和送检程序若干问题的规定》《最高人民检察院、公安部关于公安机关管辖的刑事案件立案追诉标准的规定》等。

（三）禁毒国际合作关系

毒品问题是一个全球性问题，特别是当前国际面临毒潮持续泛滥，全球制造、走私、贩运、滥用毒品问题更加突出，毒品来源、种类、吸毒人数不断扩大的现实问题，需要国际社会共同努力，联手开展禁毒工作，因此禁毒工作的国际合作必不可少。我国政府历来重视参与国际禁毒事务，并在国际禁毒领域认真履行三项主张：坚持广泛参与、责任共担的原则；全面实施综合、均衡的国际禁毒战略；高度重视替代发展，促进从根本上解决毒品问题。进入21世纪以来，中国禁毒机关紧紧围绕国家安全、外交战略和国际执法合作大局，统筹境内、境外两个战场，积极发展稳定、持续、互信、共赢的对外合作关系，全方位开展禁毒国际合作，在推动境外替代种植发展、禁毒情报交流、联合打击跨国毒品犯罪等方面取得实质性进展，为禁毒人民战争的开展创造了良好的国际和周边环境。具体措施包括以实现境外除源为战略目标，推动“金三角”地区毒品原植物罂粟种植卫星遥感监测和替代发展；加强与“金新月”周边国家合作，为堵截该地区毒品创造条件；积极参加多边禁毒会议和国际禁毒项目；主动对外宣传我国各项禁毒措施及成效；积极开展跨国跨境缉毒执法合作；积极开展对外交流和培训，推动对周边重点国家的禁毒援助等。

作为我国开展禁毒工作重要的一部分，《禁毒法》将禁毒国际合作作为一项制度规定下来。依照《禁毒法》的规定，国务院授权国家禁毒委员会负责开展国际禁毒合作事宜。就国际禁毒合作如何具体开展的问题，《禁毒法》除了规定禁毒国际合作的基本原则、合作的内容以及工作机制之外，还规定了通过对外援助等渠道，支持有关国家实施毒品原植物替代种植、发展替代产业等措施。

第二节　禁毒法法律渊源

一、禁毒法的法律渊源概述

法的渊源，简称法源，指法的来源或根源。[①]关于法律渊源概念的界定，我国理论界有不同的认识。现有两种观点：一是从立法的角度出发，认为法的渊源是指法的效力来源，包括法的创造方式和法律规范的外部表现形式。[②]二是从司法的角度出发，认为法律渊源也称法官渊源，是指法官发现法律的特定领域，即法官在判案的时候寻找法律的地方或方向。[③]

本书采用第一种观点，认为禁毒法的渊源主要是指与禁毒相关的法之效力来源及外部表现形式。研究和了解禁毒法的渊源既有利于从效力层级的角度系统地了解禁毒法律的体系，也有利于解决禁毒法适用过程中出现的法律冲突问题。

禁毒法的法律渊源包括国内法和国际法两个部分。国内法渊源是指与禁毒相关的国内法律规范，在我国主要表现为各种形式的制定法。国际法渊源是指与禁毒相关的国际法律规范，在我国主要表现为我国缔结或参加的各项国际条约。

二、禁毒法的国内法渊源

我国禁毒法的国内法渊源非常丰富。广义的禁毒法内容上包括毒品犯罪行为和涉毒违法行为的惩治、毒品管理制度、戒毒制度、禁毒宣传教育制度等，形式上涉及我国各种类型的规范。本书主要

---

① 张文显，信春鹰，许崇德，夏勇．法理学（马克思主义理论研究和建设工程重点教材）．人民出版社，高等教育出版社，2010：95.

② 孙国华，朱景文．法理学．中国人民大学出版社，1999：257.

③ 陈金钊．法理学．北京大学出版社，2010：431.

从立法机关的角度来梳理禁毒法的国内法渊源。

（一）宪法

宪法是我国的根本法，规定的是国家政治、经济和社会制度的基本原则，公民的基本权利和基本义务，国家机关的组织和活动原则等国家和社会生活中最基本、最重要的问题。宪法在我国法律渊源体系中居于首要地位，具有最高的法律效力。宪法是我国全部立法工作的基础、根据和最基本的效力来源，一切法律、法规和其他规范性文件，都不得与宪法的规定相抵触。因此，宪法是禁毒法的首要渊源。

（二）法律

作为法律渊源之一的法律是指由全国人民代表大会及其常务委员会制定的法，它的内容通常涉及国家主权、基本制度及公民基本权利等。法律的效力仅次于宪法并高于其他立法机构制定的法。涉及禁毒内容的法律主要包括以下几类。

1. 禁毒专门单行法。《禁毒法》是我国第一部全面规范禁毒工作的专门单行法律，由第十届全国人民代表大会常务委员会第三十一次会议于2007年12月29日通过，自2008年6月1日起施行。《禁毒法》全文共71条，分为7章，分别是总则、宣传教育、毒品管制、戒毒措施、国际合作、法律责任及附则。主要内容包括六个方面：（1）规定了禁毒工作的领导体制、工作机制和保障机制；（2）规定了“预防为主、综合治理、禁种、禁制、禁贩，禁吸并举”的禁毒工作方针；（3）规定了麻醉药品、精神药品和易制毒化学品管制的种类、范围、措施和办法；（4）规定和改革了戒毒体制和措施；（5）规定了加强禁毒国际合作的措施；（6）规定了违反《禁毒法》及相关法律法规的法律责任。《禁毒法》的地位十分重要，这是中国第一部全面规范禁毒工作的重要法律，是指导中国禁毒工作的基本法，彰显了中国厉行禁毒的一贯立场和坚定决心，完善了禁毒法律体系，具有里程碑的意义。

2. 禁毒刑事法律。禁毒刑事法律主要是指对毒品犯罪、刑事责任及刑罚进行规定的法律规范总和，包括刑事实体法和刑事程序法。

《刑法》（1979年7月1日第五届全国人民代表大会第二次会议通过，1997年3月14日第八届全国人民代表大会第五次会议修订，自1997年10月1日起施行）及其修正案对毒品犯罪的罪状、刑事责任及刑罚进行了详细规定。首先，《刑法》分则第六章第七节“走私、贩卖、运输、制造毒品罪”中通过第347条至第357条集中对相应的毒品犯罪行为及刑罚进行了规定。其次，在《刑法》的其他条文中也会涉及与毒品犯罪有关的规定，如《刑法》第17条第2款规定：“已满十四周岁不满十六周岁的人，犯故意杀人、故意伤害致人重伤或者死亡、强奸、抢劫、贩卖毒品、放火、爆炸、投放危险物质罪的，应当负刑事责任。”《刑法》第191条有关洗钱罪的规定中将毒品犯罪定为洗钱罪的上游犯罪。最后，《刑法》修正案中也有关于毒品犯罪的规定，如《刑法修正案（九）》（中华人民共和国第十二届全国人民代表大会常务委员会第十六次会议于2015年8月29日通过，自2015年11月1日起施行）第41条规定：“将刑法第三百五十条第一款、第二款修改为：‘违反国家规定，非法生产、买卖、运输醋酸酐、乙醚、三氯甲烷或者其他用于制造毒品的原料、配剂，或者携带上述物品进出境，情节较重的，处三年以下有期徒刑、拘役或者管制，并处罚金；情节严重的，处三年以上七年以下有期徒刑，并处罚金；情节特别严重的，处七年以上有期徒刑，并处罚金或者没收财产。明知他人制造毒品而为其生产、买卖、运输前款规定的物品的，以制造毒品罪的共犯论处。’”

《刑事诉讼法》（1979年7月1日第五届全国人民代表大会第二次会议通过，1996年3月17日第八届全国人民代表大会第四次会议第一次修正，2012年3月14日第十一届全国人民代表大会第五次会议第二次修正，2018年10月26日第十三届全国人民代表大会常务委员会第六次会议第三次修正，自2018年10月26日起施行）中对毒品犯罪案件的侦查、起诉和审判程序以及相关人员的诉讼权利保障进行了规定，为准确、及时地查明犯罪事实，正确应用法律，惩罚犯罪分子，保障无罪的人不受刑事追究提供了法律保障。除了对刑事犯罪追究的一般规定外，《刑事诉讼法》中还有涉及毒品犯罪案件侦查的特殊规定，如第 150 条第 1 款规定，公安机关在立案后，对于危害国家安全犯罪、恐怖活动犯罪、黑社会性质的组织犯罪、重大毒品犯罪或者其他严重危害社会的犯罪案件，根据侦查犯罪的需要，经过严格的批准手续，可以采取技术侦查措施。第 153 条规定，为了查明案情，在必要的时候，经公安机关负责人决定，可以由有关人员隐匿其身份实施侦查。但是，不得诱使他人犯罪，不得采用可能危害公共安全或者发生重大人身危险的方法。对涉及给付毒品等违禁品或者财物的犯罪活动，公安机关根据侦查犯罪的需要，可以依照规定实施控制下交付。

3. 禁毒行政法律。禁毒行政法律主要是指禁毒工作中各类行政性质法律规范的总和。这其中主要是行政管理类的规范，内容涉及涉毒违法行为的处罚和麻醉药品、精神药品的管理等。

《治安管理处罚法》（2005 年 8 月 28 日第十届全国人民代表大会常务委员会第十七次会议通过，2012 年 10 月 26 日第十一届全国人民代表大会常务委员会第二十九次会议修正，于 2013 年 1 月 1 日起施行）主要针对不构成毒品犯罪但涉毒的违法行为作了规定。该法第 71 条至第 74 条分别对非法种植罂粟不满 500 株或者其他少量毒品原植物的；非法买卖、运输、携带、持有少量未经灭活的罂粟等毒品原植物种子或者幼苗的；非法运输、买卖、储存、使用少量罂粟壳的；非法持有鸦片不满 200 克、海洛因或者甲基苯丙胺不满 10 克或者其他少量毒品的；向他人提供毒品的；吸食、注射毒品的；胁迫、欺骗医务人员开具麻醉药品、精神药品的；教唆、引诱、欺骗他人吸食、注射毒品的；旅馆业、饮食服务业、文化娱乐业、出租汽车业等单位的人员，在公安机关查处吸毒、赌博、卖淫、嫖娼活动时，为违法犯罪行为人通风报信的各类涉毒违法行为的治安处罚作了具体规定。

《药品管理法》（1984 年 9 月 20 日第六届全国人民代表大会常务委员会第七次会议通过，2001 年 2 月 28 日第九届全国人民代表大会常务委员会第二十次会议第一次修订，2013 年 12 月 28 日第十二届全国人民代表大会常务委员会第六次会议第一次修正，2015

年4月24日第十二届全国人民代表大会常务委员会第十四次会议第二次修正，2019年8月26日第十三届全国人民代表大会常务委员会第十二次会议第二次修订，自2019年12月1日起施行）对麻醉药品、精神药品、医疗用毒性药品要进行特殊管理作了原则性的规定。

《广告法》（1994年10月27日第八届全国人民代表大会常务委员会第十次会议通过，2015年4月24日第十二届全国人民代表大会常务委员会第十四次会议修订，2018年10月26日第十三届全国人民代表大会常务委员会第六次会议修正，自2018年10月26日起施行）第15条第1款规定，麻醉药品、精神药品、医疗用毒性药品、放射性药品等特殊药品，药品类易制毒化学品，以及戒毒治疗的药品、医疗器械和治疗方法，不得做广告。

《预防未成年人犯罪法》（1999年6月28日第九届全国人民代表大会常务委员会第十次会议通过，2012年10月26日第十一届全国人民代表大会常务委员会第二十九次会议修正，自2013年1月1日起施行）第34条、第35条规定了未成年人“吸食、注射毒品”为严重不良行为，应当及时予以制止，其父母或者其他监护人和学校应当相互配合，采取措施严加管教，也可以送工读学校进行矫治和接受教育。

（三）行政法规

行政法规，是指国务院在法定职权范围内为实施宪法和法律而制定的有关国家行政管理的规范性文件，其效力仅次于宪法和法律。[①] 禁毒领域的行政法规从内容上看主要涉及易制毒化学品、麻醉药品、精神药品管理；戒毒管理；娱乐场所管理；拘留所管理以及艾滋病防治管理等多个领域。

《易制毒化学品管理条例》（2005年8月26日国务院令第445号公布，根据2014年7月29日《国务院关于修改部分行政法规的决定》第一次修改，根据2016年2月6日《国务院关于修改部分行政法规的决定》第二次修改，根据2018年9月18日国务院令第

① 朱景文．法理学．中国人民大学出版社，2015：234.

703号《国务院关于修改部分行政法规的决定》修正）规定了易制毒化学品管理制度，规范了易制毒化学品的生产、经营、购买、运输和进口、出口行为，防止易制毒化学品被用于制造毒品。

《麻醉药品和精神药品管理条例》（2005年8月3日中华人民共和国国务院令第442号公布，根据2013年12月7日《国务院关于修改部分行政法规的决定》第一次修订，根据2016年2月6日《国务院关于修改部分行政法规的决定》第二次修订）规定了麻醉药品和精神药品的管理制度，保证麻醉药品和精神药品的合法、安全、合理使用，防止流入非法渠道。

《戒毒条例》（2011年6月26日国务院令第597号公布，根据2018年9月18日国务院令第703号《国务院关于修改部分行政法规的决定》修正）是在《禁毒法》改革了戒毒体制和措施后，为规范戒毒工作，帮助吸毒成瘾人员戒除毒瘾，维护社会秩序而制定的。该条例规定了戒毒工作坚持以人为本、科学戒毒、综合矫治、关怀救助的基本原则，并对自愿戒毒、社区戒毒、强制隔离戒毒、社区康复等多种措施以及相应的法律责任作出了规定，以建立起戒毒治疗、康复指导、救助服务兼备的工作体系。

《娱乐场所管理条例》（2006年1月18日国务院第122次常务会议通过，2006年1月29日发布，自2006年3月1日起施行，根据2016年2月6日国务院令第666号修订）是为了加强娱乐场所管理，保障娱乐场所的健康发展而制定的法规。条例中规定娱乐场所及其从业人员不得实施贩卖、提供毒品，或者组织、强迫、教唆、引诱、欺骗、容留他人吸食、注射毒品的行为，也不得为进入娱乐场所的人员实施上述行为提供条件。曾犯有走私、贩卖、运输、制造毒品罪的，因吸食、注射毒品曾被强制戒毒的人员不得开办娱乐场所或者在娱乐场所内从业。

《拘留所条例》（2012年2月15日国务院第192次常务会议通过，2012年2月23日国务院第614号令公布，自2012年4月1日起施行）第31条第3项规定，被拘留人在解除拘留时依法被决定社区戒毒、强制隔离戒毒的，拘留所应当向有关机关或者单位移交被拘留人。

《艾滋病防治条例》(2006年1月18日国务院第122次常务会议通过，2006年1月29日国务院第457号令公布，自2006年3月1日起施行)对吸毒成瘾者的药物维持治疗及经注射吸毒传播艾滋病的美沙酮维持治疗等行为干预措施作了规定。

(四)地方性法规、自治条例和单行条例

地方性法规是指我国地方国家权力机关及其常设机关在宪法和法律规定的立法权限内制定的适用于本地区的规范性文件。[①]根据《宪法》《立法法》及相关组织法的规定，省、自治区、直辖市的人民代表大会及其常务委员会根据本行政区域的具体情况和实际需要，在不同宪法、法律、行政法规相抵触的前提下，可以制定地方性法规。设区的市的人民代表大会及其常务委员会根据本市的具体情况和实际需要，在不同宪法、法律、行政法规和本省、自治区的地方性法规相抵触的前提下，可以对城乡建设与管理、环境保护、历史文化保护等方面的事项制定地方性法规。经济特区所在地的省、市的人民代表大会及其常务委员会根据全国人民代表大会的授权决定，制定法规，在经济特区范围内实施。民族自治地方的人民代表大会有权依照当地民族的政治、经济和文化的特点，制定自治条例和单行条例。自治条例和单行条例可以依照当地民族的特点，对法律和行政法规的规定作出变通规定，但不得违背法律或者行政法规的基本原则，不得对宪法和民族区域自治法的规定以及其他有关法律、行政法规专门就民族自治地方所作的规定作出变通规定。

禁毒领域的地方性法规、自治条例和单行条例主要是对禁毒法律、禁毒行政法规在各地方行政区域内的具体实施和执行作出规定，其中最为重要和常见的是各地方的禁毒条例。在《禁毒法》实施之前，《禁毒条例》是比较常见的用于规范地方的禁毒工作的地方性法规。1991年5月27日云南省第七届人民代表大会常务委员会第十八次会议通过的《云南省禁毒条例》是较早的省级地方性禁毒法规。截至2019年12月，全国共有21个省、自治区和直辖市

---

① 朱景文.法理学.中国人民大学出版社，2015：235.

颁布了省级地方禁毒条例或禁毒法实施办法，分别是河北、江西、山东、天津、吉林、四川、山西、云南、海南、贵州、浙江、宁夏、江苏、重庆、广西、湖南、福建、广东、上海、黑龙江和安徽。在《禁毒法》实施之前制定有禁毒条例的省、自治区在《禁毒法》实施之后部分修改了禁毒条例，部分颁布新的禁毒条例。

在设区的市中，有武汉市、沈阳市、鞍山市和包头市颁布过《禁毒条例》，在《禁毒法》实施之后，沈阳市、鞍山市和包头市分别废止了原来的禁毒条例。武汉市修订了《武汉市禁毒条例》（2019 年 6 月 26 日实施）。珠海经济特区制定了《珠海经济特区禁毒条例》（2019 年 12 月 1 日实施）。

在民族自治地方，目前有 7 个民族自治地方颁布了禁毒自治条例和单行条例，分别是（1）凉山彝族自治州禁毒条例（2019 年 8 月 1 日实施）；（2）云南省大理白族自治州禁毒条例（2016 年 5 月 27 日实施）；（3）云南省德宏傣族景颇族自治州禁毒条例（2016 年 6 月 1 日实施）；（4）云南省宁蒗彝族自治县禁毒条例（2015 年 3 月 26 日实施）；（5）云南省孟连傣族拉祜族佤族自治县禁毒条例（2013 年 8 月 1 日实施）；（6）云南省澜沧拉祜族自治县禁毒条例（2011 年 9 月 1 日实施）；（7）云南省西双版纳傣族自治州禁毒条例（1991 年 7 月 1 日实施）。

在禁毒地方性法规中，除了专门的禁毒条例外，还有很多涉及禁毒其他领域的地方性法规，如《新疆维吾尔自治区禁止大麻毒品条例》（1991 年 11 月 2 日通过，1997 年 12 月 11 日修改）、《无锡市社区戒毒康复条例》（2015 年 10 月 1 日实施）等。

（五）规章

规章，是指为了执行法律、行政法规和地方性法规，国务院所属部门和有规章制定权的地方人民政府在法定职权范围内制定、实施有关本部门行政管理活动的规范性文件。[①] 按照制定主体的不同，规章分为部门规章和地方政府规章。

① 朱景文. 法理学. 中国人民大学出版社，2015：235.

国务院各部、委员会、中国人民银行、审计署和具有行政管理职能的直属机构，在本部门的权限范围内，制定的规范称为部门规章。部门规章规定的事项应当属于执行法律或者国务院的行政法规、决定、命令的事项。禁毒部门规章内容涉及禁毒各个领域，从形式上看，有单一部门制定发布的规章，如2016年5月19日公安部发布的《公安机关缴获毒品管理规定》（公禁毒〔2016〕486号）；2011年9月28日发布的《公安机关强制隔离戒毒所管理办法》（公安部令第117号）；2013年4月3日中华人民共和国司法部令第127号发布《司法行政机关强制隔离戒毒工作规定》；2010年3月18日卫生部发布的《药品类易制毒化学品管理办法》（卫生部令第72号）等。也有多部门联合制定的规章，如《吸毒成瘾认定办法》（2011年1月30日中华人民共和国公安部令第115号发布，根据2016年12月29日公安部、国家卫生和计划生育委员会令第142号《关于修改〈吸毒成瘾认定办法〉的决定》修订）；2015年9月24日，公安部、国家食品药品监督管理总局、国家卫生计生委和国家禁毒委员会办公室联合制定了《非药用类麻醉药品和精神药品列管办法》；2015年6月29日，国家禁毒办、中宣部、中央网信办、最高人民法院、最高人民检察院、公安部、工信部、国家工商总局、国家邮政局、中国互联网协会联合制定的《中国互联网禁毒公约》等。

省、自治区、直辖市和设区的市、自治州的人民政府，可以根据法律、行政法规和本省、自治区、直辖市的地方性法规，制定规章。制定的规范称为地方政府规章。禁毒地方政府规章有很多，如2013年12月17日云南省政府发布的《云南省戒毒规定》（云南省人民政府令第188号）；2013年12月28日贵州省政府发布的《贵州省社区戒毒社区康复人员就业促进办法》（贵州省人民政府令第147号）；2010年8月4日吉林省吉林市政府发布的《吉林市特种行业及娱乐场所禁毒管理办法》（吉林市人民政府令第206号）等。

（六）正式法律解释

正式的法律解释，又称法定解释，是指被授权的国家机关（或国家授权的社会组织）在其职权范围内对法律文本所作的具有法律效力的解释。根据作出解释的主体不同，法定解释可分为立法解释、司法解释和行政解释。[①]禁毒法定解释，是指上述主体在其职权范围内对禁毒相关法律文本进行的有效解释。禁毒法定解释是正式的法律解释，具备法律效力。

禁毒立法解释，是指立法机关对其制定的禁毒法律规范所进行的解释。在我国，严格意义上的立法解释是指全国人大常委会根据宪法和法律的规定对其制定的法律所作的解释。[②]目前，我国与禁毒相关的立法解释主要涉及对《禁毒法》、《刑法》、《刑事诉讼法》和《治安管理处罚法》等法律的解释。例如，《全国人民代表大会常务委员会关于〈中华人民共和国刑法〉第三十条的解释》(2014年4月24日第十二届全国人民代表大会常务委员会第八次会议通过）规定："公司、企业、事业单位、机关、团体等单位实施刑法规定的危害社会的行为，刑法分则和其他法律未规定追究单位的刑事责任的，对组织、策划、实施该危害社会行为的人依法追究刑事责任。"我国刑法对毒品犯罪的规定，有明文规定单位犯罪的情形，也有未明文规定单位犯罪的情形。该项解释可用于后一种情形中由单位实施的毒品犯罪行为的认定和处罚。

禁毒司法解释，是指国家司法机关在法律适用过程中，对具体应用与禁毒有关的法律规范的有关问题所进行的解释。在我国，司法解释主要由最高人民法院和最高人民检察院作出。最高人民法院作出的司法解释采用"解释"、"规定"、"批复"和"决定"四种形式。最高人民检察院作出的司法解释采用"解释"、"规则"、"规定"、"批复"和"决定"五种形式。[③]司法解释在我国司法实践中应用非常普遍。在禁毒领域也有很多司法解释，如《最高人民法院关于审理毒品犯罪案件适用法律若干问题的解释》(2016年

---

① 朱景文.法理学.中国人民大学出版社，2015：315.

② 朱景文.法理学.中国人民大学出版社，2015：316.

③ 最高人民法院关于司法解释工作的规定：第六条；最高人民检察院关于司法解释工作的规定：第六条.

1月25日最高人民法院审判委员会第1676次会议通过，自2016年4月11日起施行，法释〔2016〕8号）详细解释了《刑法》第347条第2款第1项、第348条规定的“其他毒品数量大”所指的毒品类型及重量。《最高人民法院关于统一行使死刑案件核准权有关问题的决定》（2006年12月13日由最高人民法院审判委员会第1409次会议通过，自2007年1月1日起施行，法释〔2006〕12号）废止了最高人民法院关于授权云南、广东、广西、贵州省高级人民法院核准部分毒品犯罪死刑案件的规定，规定死刑案件核准权统一由最高人民法院行使。

禁毒行政解释，是指国家行政机关对不属于审判和检查工作的其他禁毒法律如何具体应用的问题以及自己依法制定的与禁毒有关的行政法规、规章的理解和适用进行的解释。例如，《公安部关于执行〈中华人民共和国禁毒法〉有关问题的批复》（公复字〔2008〕7号）和公安部关于印发《公安机关执行〈中华人民共和国治安管理处罚法〉有关问题的解释（二）》的通知（公通字〔2007〕1号）等。

（七）其他规范性文件

除了上述几种渊源外，还有在形式上不属于法律、行政法规、地方性法规、自治条例和单行条例、规章、法律解释的一些具有权利义务内容和普遍约束力的规范性文件，它们通常由行政机关单独或联合制定和发布。以强制隔离戒毒为例，与此有关的规范性文件包括司法部发布的《司法行政强制隔离戒毒所强制隔离戒毒人员行为规范》（司发通〔2014〕136号）；国家卫生计生委办公厅、公安部办公厅、司法部办公厅《关于加强戒毒药物维持治疗和社区戒毒、强制隔离戒毒、社区康复衔接工作的通知》（国卫办疾控发〔2016〕934号）；公安部、司法部、国家卫生和计划生育委员会《关于印发〈强制隔离戒毒诊断评估办法〉的通知》（公通字〔2013〕32号）；住房和城乡建设部、国家发展和改革委员会《关于批准发布〈强制隔离戒毒所建设标准〉的通知》（建标〔2014〕184号）等。

三、禁毒法的国际法渊源

近年来，涉毒国家和地区进一步扩大，毒品种类多元化、吸毒人数持续增多，都显示出毒品问题不再是单一国家的问题，而是全球各国共同面临的问题。要打击毒品犯罪，减少毒品需求和供应，根除毒品对全世界造成的严重危害，需要国际社会的共同努力，需要国家间的合作。因此，调整国家间关系的国际法在禁毒法渊源中也占有很重要的地位。

国际法主要是指国家在其相互交往中形成的，主要调整国家间关系的有法律约束力的原则、规则、规章制度的总称。《国际法院规约》第 38 条将国际法的渊源归结为条约、国际习惯及一般法律原则。国际条约是当代国际法最重要的渊源，在禁毒法领域也如此。因此，本书所称禁毒法的国际法渊源主要是指对我国有约束力的各类禁毒国际法的总和，其中主要是我国缔结或参加的与禁毒有关的国际条约。以缔约方数量为依据，禁毒国际条约又可分为禁毒多边条约与禁毒双边条约两类。

（一）禁毒多边条约

禁毒多边条约，是指两个以上国际法主体之间缔结的有关禁毒的国际条约。大部分禁毒多边条约旨在建立全球性或区域性的多边法律框架。

1909 年在中国上海召开“万国禁烟会”之后，国际禁毒领域第一个具有法律约束力的国际文件——《国际鸦片公约》于 1912 年在海牙签署。这一公约在 20 世纪上半叶得到广泛接受和认可，为当时各国开展禁毒合作奠定了法律基础，在国际禁毒史上具有里程碑式的重要意义。我国也是该公约的缔约国。在“海牙公约”基础上，国际社会在禁毒领域不断开展合作，形成了以联合国《经〈修正 1961 年麻醉品单一公约的议定书〉修正的 1961 年麻醉品单一公约》、《1971 年精神药物公约》和 1988 年《联合国禁止贩运麻醉药品和精神药物公约》为核心的现代国际禁毒体制。

1.《经〈修正 1961 年麻醉品单一公约的议定书〉修正的 1961

年麻醉品单一公约》(简称《单一公约》)。1961年1月24日至3月25日在纽约召开的联合国公议通过该公约，并开放签署，1972年3月6日至24日在日内瓦召开的联合国审议《1961年麻醉品单一公约》修正案的会议，通过了《修正1961年麻醉品单一公约的议定书》，并开放签署。公约于1975年8月8日生效，截至2017年10月，该公约共185个缔约国。该公约意在缔结一项可被普遍接受的国际公约，以替代现行各项麻醉品条约，将麻醉品限于供医药及科学用途，并规定相应的管制办法及国家间合作义务以实现此目标。1985年6月18日，第六届全国人民代表大会常务委员会第十一次会议决定中华人民共和国加入《单一公约》，并声明对其第48条第2款予以保留。

2.《1971年精神药物公约》(简称《71公约》)。1971年1月11日至2月21日在维也纳召开的联合国关于通过一项精神药物议定书的会议，通过了《1971年精神药物公约》，并开放签署。公约于1976年8月16日生效，截至2017年10月，该公约共183个缔约国。该公约旨在预防并制止精神药物之滥用及非法生产和销售，国际社会应当就此进行协调和普遍行动。1985年6月18日，第六届全国人民代表大会常务委员会第十一次会议决定中华人民共和国加入《1971年精神药物公约》，并声明对该公约第31条第2款予以保留。

3. 1988年《联合国禁止贩运麻醉药品和精神药物公约》(简称《八八公约》)。1988年11月25日至12月20日在维也纳召开的联合国关于通过一项禁止非法贩运麻醉药品和精神药物公约的会议，通过了该公约，并开放签署。公约于1990年11月11日生效，截至2017年10月，该公约共189个缔约国。公约认为根除非法贩运是所有国家的共同责任，为此，有必要在国际合作范围内采取协调行动，加强并增进国际刑事合作的有效法律手段，取缔国际非法贩运的犯罪。中华人民共和国政府于1988年12月20日签署本公约，于1989年12月25日交存加入书，并声明对公约第32条第2款和第3款予以保留。

除了上述3个缔约国数量较多的多边条约外，还有很多区域性的禁毒多边条约，如2004年6月17日，上海合作组织成员国间签订的《上海合作组织成员国关于合作打击非法贩运麻醉药品、精神药物及其前体的协议》；2015年7月10日，上合组织成员国在俄罗斯缔结的《上海合作组织成员国元首关于应对毒品问题的声明》等。

（二）禁毒双边条约

禁毒双边条约，是指两个国际法主体所缔结的与禁毒有关的国际条约。中国与许多国家都缔结有多种形式的禁毒双边条约，旨在加强打击国际毒品犯罪的国际合作。中国分别与越南、缅甸、泰国和老挝签订有关于加强禁毒合作谅解备忘录。中国分别与柬埔寨、吉尔吉斯斯坦、阿富汗、老挝、菲律宾、马耳他、墨西哥、俄罗斯、塔吉克斯坦等国签订有关于禁止非法贩运和滥用麻醉药品和精神药物的合作协议。

这些双边条约体现缔约国在打击和控制毒品犯罪进行国际合作上的共识。合作内容包括预防和打击非法贩运麻醉药品和精神药物及非法转移、使用化学品前体的违法犯罪；控制种植毒品原植物和替代发展措施；管理麻醉药品、精神药物、化学品前体和基本化学品的措施；减少毒品需求措施，包括戒毒治疗和康复；开展禁毒和缉毒执法领域的技术和业务合作，包括情报交流、协助调查、收缴毒品和毒资、协助缉捕和遣返重大毒品罪犯并送回所属一方、设立边境禁毒联络机制、人员培训等。

第三节　禁毒法律关系

一、禁毒法律关系的概念与内涵

（一）禁毒法律关系的概念

法律关系是法律在调整人们行为的过程中形成的特殊的权利和义务关系。法律关系是以法律为前提而产生的社会关系，没有法律的规定，就不可能形成相应的法律关系。禁毒法律关系也是一种法律关系，也是以法律为前提而产生的社会关系，没有相关法律的规定，就不可能形成禁毒法律关系。因此，禁毒法律关系是由禁毒法律规范调整而形成的，在禁毒活动中各禁毒法律关系主体之间产生的具有权利与义务关系内容的社会关系。法律关系通常由主体、客体和内容构成，禁毒法律关系也是如此，包括禁毒法律关系的主体、客体和内容。

（二）禁毒法律关系的内涵理解

对禁毒法律关系概念内涵的理解需要把握以下几点：

第一，禁毒法律关系是一种社会关系。社会关系是人们在相互交往过程中形成的人与人之间的联系，不同于人与自然或人与物之间的关系。禁毒法律关系是一种社会关系，意味着禁毒法律关系并非人与毒品之间的关系，而是围绕预防和惩治毒品违法犯罪行为而产生的关系，是代表国家的各主管部门和公民、其他组织之间，以及公民与其他社会组织之间因禁毒产生的关系。

第二，这种社会关系是受禁毒法律规范调整而形成的。一定的社会关系经法律的调整就形成了法律关系，同一社会关系可能受不同的法律调整，从而形成不同的法律关系。我们这里所说的禁毒法律关系，是受禁毒法律规范调整形成的法律关系。禁毒法律规范不仅指禁毒法、禁毒条例，还包括与禁毒相关的其他法律、法规，如刑法、行政处罚法等。

第三，这种法律关系是发生在禁毒活动中的社会关系。是否发生在禁毒活动中是判断一个法律关系是否属于禁毒法律关系的重要标准。如果一种社会关系发生在日常生活中，如家庭、夫妻、邻里之间，那么这种社会关系不可能形成禁毒法律关系。

第四，这种关系是以禁毒权利义务为内容的社会关系。以权利义务为内容也是所有法律关系的共同特征。由于禁毒活动的复杂性，在毒品预防宣传、毒品与易制毒物品管制、戒毒管理与服务等不同领域，禁毒法律关系主体的权利与义务内容是不同的。

第五，禁毒法律关系的实现是以国家强制力作为保障手段。禁毒法律关系反映了国家对社会秩序的一种维持态度，与其他通过社会舆论和道德约束来实现的社会关系不同，当禁毒法律关系受到破坏时，为了维护国家意志所授予的权利以及所设定的义务，国家机关就会运用强制力，保护禁毒权利，同时责令侵害方履行义务并承担相应的法律责任。这种责任可能是民事赔偿，也可能是行政处罚，还可能是刑罚的处罚。

二、禁毒法律关系的性质

对于禁毒法律关系的性质，从部门法的视角来看，通常认为这是一种行政法律关系。不过，禁毒法律关系十分复杂，我们认为，不能把禁毒法律关系理解为单一的法律关系。它是兼具行政法律关系和刑事法律关系的复杂体。在一般情况下，禁毒法律关系具有行政法律关系的性质；在特定情况下，禁毒法律关系还具有刑事法律关系的性质。具体如下：

其一，在通常情况下，禁毒法律关系具有行政法律关系性质。行政法律关系是由行政法律规范调整的，因行政主体行使行政职权而形成的。根据我国禁毒法律规范的规定，在毒品和易制毒物品管制、戒毒管理活动中，禁毒法律关系是一种行政法律关系，这可以从五个层面进行理解：第一，毒品预防教育、管制和戒毒管理活动由禁毒行政法律规范进行调整；第二，禁毒法律规范调整的对象主要是毒品管控和戒毒关系；第三，毒品管制由公安机关负责，而戒毒管理则由公安机关、司法行政和卫生计生部门等行政机关共同负责，这些行政机关履行的是行政职权；第四，毒品管制和戒毒管理关系的产生、变更和消灭主要以政府和卫生行政部门的单方意思表示为根据；第五，毒品管制和戒毒管理关系是由国家强制力保证实现的。

其二，在特定情况下，禁毒法律关系也具有刑事法律关系性质。例如，在公安机关、人民法院、人民检察院履行打击犯罪的法定职责，依法惩处毒品犯罪的活动中，公安机关、人民法院、人民检察院与毒品犯罪嫌疑人之间形成了刑事法律关系。

三、禁毒法律关系的主体

在任何一种法律关系中，主体都是十分重要的核心要素。因为没有主体，就没有社会关系，就没有法律调整的对象，所以明确禁毒法律主体的含义和类型非常重要。

（一）禁毒法律关系主体的含义

法律关系的主体有三个层面的含义，一是法律关系的参加者；二是法律主体制度本身；三是根据法律主体制度设立的主体。本书所指的禁毒法律关系的主体，是指禁毒法律关系的参加者，也就是禁毒法律关系中权利的享有者和义务的承担者。禁毒法律关系的参加者，可以是禁毒法律规范所规定的主体，如禁毒委员会；也可以是其他法律法规所规定的主体，如民法所规定的自然人、法人、非法人组织。

我国《禁毒法》第3条规定："禁毒是全社会的共同责任。国家机关、社会团体、企业事业单位以及其他组织和公民，应当依照本法和有关法律的规定，履行禁毒职责或者义务。"据此，禁毒法律关系的主体包括了国家机关、社会团体、企业事业单位以及其他组织和公民。这些主体中，大部分是依据宪法或组织法所产生，如人民政府、公安、人民法院、人民检察院、公民等；也有依据民法的主体制度所产生，如自然人、企业、事业单位。

这里值得关注的是，禁毒委员会是否能成为禁毒法律关系主体的问题。按照法理学来说，判断一个法人、组织或个人能否成为法律关系的主体，主要看其是否具备主体能力。所谓主体能力是指是否具有权利能力和行为能力，权利能力是指能够参与一定的法律关系享有一定权利和承担一定义务的法律资格，行为能力指能够通过自己的行为实际取得权利和履行义务的能力。《禁毒法》第5条规定："国务院设立国家禁毒委员会，负责组织、协调、指导全国的禁毒工作；县级以上地方各级人民政府根据禁毒工作的需要，可以设立禁毒委员会，负责组织、协调、指导本行政区域内的禁毒工作。"从法律规定来看，禁毒委员会只是政府的一个内设机构，并不具备权利能力和行为能力，不能独立享有权利、承担义务。比如，国家禁毒委员会由公安部、外交部等38个中央和国家部委组成，禁毒委员会的主任是国务委员，公安部部长。虽然禁毒委员会的工作主要由公安机关来承担，但是，我们认为，责任应当由设立禁毒委员会的各级人民政府来承担，因为禁毒委员会没有相应的权利能力和行为能力。所以，禁毒委员会并不是禁毒法律关系的主体，设立禁毒委员会，并承担领导禁毒工作职责的各级人民政府才是禁毒法律关系的真正主体。

（二）禁毒法律关系主体的类型

依据禁毒法律法规所调整的对象，我们认为，禁毒法律关系的主体主要有三类：一是代表国家从事禁毒管理与规制的机构和部门，可称之为禁毒管理主体；二是从事禁毒教育和戒毒服务的组织、机构，可称之为禁毒服务主体；三是接受毒品预防宣传教育、毒品管制和戒毒管制的主体，可称之为禁毒管理受体。

1. 禁毒管理主体。禁毒管理主体，是指对毒品和毒品违法犯罪分子进行管理和规制的机构和部门。其属性体现为：第一，禁毒管理主体主要是享有对毒品和毒品违法犯罪分子进行管制的职权，可以采取行政措施甚至是刑事措施的国家机构。包括各级政府、公安机关、人民检察院、人民法院、司法行政机关、卫生行政机关等。第二，禁毒管理主体应具有权威性。禁毒管理机构的设置应当具有法律依据，也就是要有法律的授权。禁毒管理主体必须具有一定的权威性，令人信服，才能做到令行禁止。第三，禁毒管理主体应当具有专业性。毒品及易制毒化学品的识别、管理与规制，需要相关主体具有相应专业知识，并通过专业手段才能达到禁毒的目的。

2. 禁毒服务主体。禁毒服务主体，是指进行禁毒预防、宣传教育，以及提供自愿戒毒服务的组织和机构。第一，禁毒服务主体可以是国家机构，也可以是公民、法人、其他社会组织。毒品问题是复杂的社会问题，禁毒宣传教育以及戒毒康复需要全社会的共同参与。第二，禁毒服务主体应当具备专业知识。在禁毒宣传教育中，服务主体应当具备毒品及其危害性的专业知识，并结合其他主题教育进行宣传教育方能达到一定的教育效果。

按照提供服务类型的不同，禁毒服务主体可以分为禁毒宣传教育服务主体和戒毒康复服务主体。其中，禁毒宣传教育服务主体不但包括各级政府，还包括工会、共青团、妇联等社团组织，教育行政部门和学校，新闻、出版、文化、广播、电影、电视等单位，飞机场、火车站、长途汽车站、码头以及旅店、娱乐场所等公共场所的经营者和管理者，居委会和村委会，未成年人的父母或者其监护人。戒毒康复服务主体不只包括国务院卫生行政部门、药品监督管理部门、公安部门，还包括戒毒医疗机构等。要注意的是，在强制戒毒过程中，采取强制戒毒措施的机构具有双重身份，既是禁毒管理主体，又是禁毒服务主体。在自愿戒毒过程中，提供戒毒服务的机构仅是禁毒服务主体，而不是禁毒管理主体。同样，在禁毒宣传教育中，承担禁毒宣传教育职责的机构，既是禁毒服务主体，又是禁毒管理主体，如各级教育行政部门。那些不承担禁毒宣传教育职责，而又加入禁毒宣传教育的公民、法人、组织，仅是禁毒服务主体，而不是禁毒管理主体。

3. 禁毒管理受体。禁毒管理受体，是指接受毒品预防宣传教育，接受毒品管制，接受戒毒管制的各类主体，包括自然人、法人和其他社会组织。

按照禁毒管理类别不同，禁毒管理受体可以分为禁毒宣传教育受体、毒品管制受体、戒毒管制受体。按照《禁毒法》第 11 条的规定："国家采取各种形式开展全民禁毒宣传教育，普及毒品预防知识，增强公民的禁毒意识，提高公民自觉抵制毒品的能力。"由此可知，禁毒宣传教育受体主要指公民。毒品管制，是指国家对麻醉药品药用原植物种植实行管制，禁止非法种植罂粟、古柯植物、大麻植物以及国家规定管制的可以用于提炼加工毒品的其他原植物，禁止走私或者非法买卖、运输、携带、持有未经灭活的毒品原植物种子或者幼苗。据此，毒品管制受体不仅包括从事毒品违法犯罪活动的自然人、法人和其他组织，还包括国家确定的麻醉药品药用原植物种植企业，麻醉药品和精神药品以及易制毒化学品生产、经营、使用、运输等企业或组织等。我国《禁毒法》（第四章戒毒措施）第 31 条第 1 款规定："国家采取各种措施帮助吸毒人员戒除毒瘾，教育和挽救吸毒人员。"因此，戒毒管制受体是指吸毒成瘾人员。

四、禁毒法律关系的内容

禁毒法律关系的内容可以从不同角度来进行分析，从形式意义上看，禁毒法律关系主体享有的权利和承担的义务可以看作禁毒法律关系的内容；从实际意义上看，禁毒法律关系与其他任何社会关系一样，是人们之间的一种相互作用，是人们的实际行为，因此，禁毒法律关系的内容是禁毒法律关系主体依其享有的权利可以完成的行为，以及禁毒法律关系主体按照其承担的义务应当完成的行为。一般而言，禁毒法律关系的内容是指形式意义上的内容。

禁毒法律关系主体权利与义务的分配与组合，即禁毒法律关系主体的“权义结构”是禁毒法律制度中的核心问题，包含了禁毒法律关系主体所享有的职权和权利，以及应当履行的职责和义务。

（一）禁毒管理主体的职权和职责

禁毒管理主体的职权是指依照禁毒法律规定，禁毒管理主体具有自己作为或不作为，以及要求他人作为或不作为的资格。按照禁毒管理环节不同，禁毒管理主体的职权可以分为禁毒管理立法权、禁毒管理执法权和禁毒管理司法权。

禁毒管理主体的职责是指依照禁毒法律规定，禁毒管理主体必须作为或不作为的责任。按照禁毒管理环节不同，禁毒管理主体的职责可以分为禁毒管理立法职责、禁毒执法管理职责和禁毒司法管理职责。

作为禁毒管理主体，必须依法履行其职权，既不能放弃，也不能超越。事实上，禁毒管理主体应以行使立法权、执法权和司法权为己任，其是集职权与职责为一体的管理主体，如果禁毒管理主体不履行或未充分履行其职权，就违反了其作为或不作为的职责，应当追究其法律责任。

（二）禁毒服务主体的权利与义务

禁毒服务主体的权利，是指依照禁毒法律规定，禁毒服务主体具有自己作为或不作为的资格。禁毒服务主体的义务，是指依照禁毒法律规定，禁毒服务主体必须作为或不作为的责任。禁毒服务主体的权利与义务通常是对等的。比如，在禁毒宣传教育中，提供禁毒服务的公民、法人和组织的权利是为公民普及毒品及相关预防知识，其义务就是其提供的知识和技能必须是正确的、可行的。在戒毒和康复服务中，提供服务的机构有权要求自愿戒毒人员服药、接受一定的身体束缚，同时也承担一定的义务，即所提供的服务是正确的、适当的，不会给吸毒人员造成不必要的身体和精神伤害。

（三）禁毒管理受体的权利与义务

禁毒管理受体的权利，是指依照禁毒法律规定，禁毒管理受体具有自己作为或不作为的资格。比如，公民享有举报毒品违法犯罪行为的权利。禁毒管理受体的义务，是指依照禁毒法律规定，禁毒管理受体必须作为或不作为的责任。比如，接受禁毒宣传教育、接受毒品管制、接受戒毒管制的义务等。在禁毒管理与规制过程中，禁毒管理受体的义务往往较权利多，但是，这并不意味着其没有权利，事实上，该类主体权利的享有与义务的承担往往是相辅相成的，如举报毒品犯罪是公民的权利，事实上也是公民的一种义务。国家确定的麻醉药品药用原植物种植企业，麻醉药品和精神药品以及易制毒化学品生产、经营、使用、运输等企业或组织按照毒品管制的相关规定履行义务，其实也是在保障自己的合法权益。比如，《禁毒法》第 27 条规定："娱乐场所应当建立巡查制度，发现娱乐场所内有毒品违法犯罪活动的，应当立即向公安机关报告。"娱乐场所在履行法定巡查和报告义务的同时，也是在保障其权益免受侵害。吸毒人员接受戒毒管理服务是其义务的体现，更是其享有生命和健康权的一种体现。

五、禁毒法律关系的客体

法律关系的客体，是指法律关系主体权利、义务所指向的对象。在法学上，客体有两层含义，首先是指独立于人的意识之外并能为人的意识所感知和人的行为所支配的客观世界中各种各样的现象；其次是指其能满足主体物质或精神的需求，得到法律规范确认和保护的客观现象。法律关系的客体可以概括为物、人身、行为、精神产品等。法律意义上的物是指受法律关系主体支配的，在生产和生活中所需要的客观实体，具有法律上之认可、为人类所认识和控制、经济价值、独立性等特点；人身是由各个生理器官组成的生理整体，在一定范围内成为法律关系的客体，但是活人的身体不能视为法律上的“物”，人身权利的行使必须依法进行，不得超出法律授权的界限；行为，不同于行为结果，如裁缝做一件衣服，衣服是行为结果，裁缝做衣服的过程是行为；精神产品是人通过某种物体或大脑记载下来并加以流传的思维成果，精神产品不同于有体物，其价值和利益在于物中所承载的信息、知识、技术、标识和其他精神文化。

如上所述，禁毒工作主要包括了毒品预防、管制和戒毒管理与服务。在毒品预防宣传工作中，禁毒法律关系的主体权利与义务指向的对象是毒品预防知识，是一种精神产品；在毒品和易制毒物品管制中，禁毒法律关系主体权利与义务所指向的对象则是毒品和易制毒物品，是一种物；而在戒毒管理和服务中，禁毒法律关系主体权利与义务指向的对象则是戒毒行为，而非吸毒人员的人身。

【思考题】

1. 试述禁毒法的特征。
2. 禁毒法的渊源有哪些？
3. 简述禁毒法律关系三要素。

第二章　中国禁毒立法历程

【本章摘要】本章重点讲述了中国禁毒立法的历史进程。旧中国的禁毒立法始于鸦片开始泛滥的清朝，清朝雍正七年（1729年）颁布了世界上第一部禁烟法令，明确规定了要打击鸦片的贩售行为，这是我国乃至世界上第一部有关禁毒的立法，是禁毒史的开端，也标志着禁毒立法史的开始。20世纪上半叶的旧中国，由于烟毒流行、危害极大，所以无论是国民党政府在国统区，还是中国共产党在解放区革命根据地，都制定有关刑事法律，禁止鸦片烟毒。中国共产党历来重视禁毒工作，并为中国和世界禁毒事业做出了重大贡献，从中华人民共和国成立初期3年时间禁绝毒品，创造了世界禁毒史上的“奇迹”，到2008年《禁毒法》的颁布实施，中国禁毒立法体系逐步完善。

第一节　中国近代禁毒立法

1840年中英鸦片战争爆发，1842年，清政府被迫与英国政府签订了中国近代史上第一个不平等条约中英《南京条约》。鸦片战争的失败和一系列不平等条约的签订，使中国社会性质发生根本性的变化，鸦片战争标志着中国近代史的开端，鸦片问题也是近代中国一个严重的社会问题。近代中国由于鸦片泛滥和吸食成风，给人民的身心健康和整个社会经济的发展带来了难以估量的危害，为革除鸦片积弊，挽救社会颓风，中华民族的仁人志士提出不少切实可行的禁止鸦片的主张，历届政府出于自身利益的考虑，在民众的推动下，采取禁烟毒措施，并制定颁布了许多禁毒法律法规，禁毒取得一定成效。

一、清朝禁毒立法历程

（一）鸦片战争以前的禁毒立法

在明代以前，鸦片是作为药材合法输入我国的，由于当时鸦片烟毒没有泛滥成灾，所以种植、运输、贩卖鸦片等行为都是合法的，不存在毒品违法犯罪，也就没有禁毒立法。到了清朝，鸦片成为西方列强打开我国国门的敲门砖，由于以英国为代表的西方列强大量向中国倾销鸦片，导致鸦片在我国大地上肆意横行，吸食成瘾者众多。清朝的鸦片泛滥，给中国社会和人民带来了严重的灾难，为了抑制烟毒的进一步泛滥，从雍正到道光年间，清政府最高统治者多次下令禁烟。

清政府于雍正七年（1729 年）开始禁烟，颁布了我国乃至世界上第一部有关禁毒的立法——《惩办兴贩鸦片烟及开设烟馆条例》，条例“兴贩鸦片者，照收买违禁货物例，枷号一月，发近边充军”“私开鸦片烟馆，引诱良家弟子者，照邪教惑众律，拟绞监候”[①] 的规定，首次提出用刑罚手段来惩治贩卖、教唆或引诱他人吸食鸦片的行为，并加重了官吏的责任。禁烟令的颁布，为清政府及以后历届中国政府的禁烟禁毒提供了可资借鉴的经验。它是我国也是世界上第一部有关禁毒的立法，这是禁毒史的开端，也标志着禁毒立法史的开始。

乾隆和嘉庆年间，清政府又多次发布禁止贩运、进口、种植以及吸食鸦片的法令。嘉庆元年（1796 年）嘉庆帝颁布了禁烟令：裁鸦片税额，禁止鸦片入口。嘉庆继承了雍正以来对“兴贩鸦片”和“开设烟馆”的处罚规定。1810 年，发布禁烟上谕，指出鸦片戕生，通令督抚断其来源。规定“禁从外洋输鸦片和在国内种植”，第一次把矛头指向了外国的对华鸦片贸易，从关税表中剔除了鸦片，禁止鸦片进口，并采取一系列措施打击外商走

① 朱谐汉 . 鸦片战争史话 . 社会科学文献出版社，2011：16.

私鸦片的活动。此外，1813 年嘉庆帝还令刑部制定了《吸食鸦片治罪则律》，严禁吸食鸦片，对吸食鸦片的行为进行严惩，把禁烟范围从过去的单纯禁止贩卖扩大到禁止吸食，首开以刑罚手段制裁吸毒者的先河。1815 年又颁布了《查禁鸦片章程》，规定逐船查验来澳门等西洋货船，并规定了对官吏禁烟奖惩办法，同时明确规定禁止在国内种植罂粟，任何购买、运输或者销售鸦片的行为都是非法行为。[①] 嘉庆帝先后发布禁止鸦片令总计 20 多次。

1821 年，道光皇帝继位，清政府的统治已出现严重的危机，吏治腐败，军备废弛。日益泛滥的鸦片问题，引起了道光皇帝的高度重视，道光皇帝继续推行禁烟政策，多次下令禁止鸦片，在禁烟、立法方面都有作为。道光三年（1823 年）颁布了《失察鸦片条例》，之后年年下达禁烟上谕。道光十一年（1831 年）颁布了《禁种条例》，该条例共 6 条，规定了自首立功者从宽处理，对毒品犯罪附加没收财产刑等内容。

1839 年，道光皇帝颁布《钦定查禁鸦片章程》，将清朝历次发布的有关禁贩、禁吸、禁种的规定合编为 39 条，成为我国历史上第一部综合性的禁烟法典，把道光年间的禁烟运动推向了高潮。章程的特点是：（1）量刑较以往重。清政府于 1729 年开始禁烟，直到 1815 年查禁鸦片章程为止，近百年中多次颁布禁烟谕旨，对烟贩判处绞监候已经属于最重刑，而新订章程中，绞监候仅为最低刑，重则斩立决。[②]（2）增加了新内容。例如，开设窑口、沿海员兵收受窑口财务、寄囤鸦片烟于外夷船、得财卖放鸦片烟案犯之官役人等、禁卒人等传递鸦片烟、栽烟诬赖等，以前的禁烟章程没有，这次的章程专条规定了不同程度的加以治罪。（3）对于主管禁烟的文武官员忠于职守要求较严。章程规定，凡是主管禁烟的官员，有得规故纵者革职，失于察觉者罚俸或降级。在 39 条中，就有 16 条附加这种规定。《钦定查禁鸦片章程》的特点，反映了 19

① 王金香．中国禁毒史．上海人民出版社，2005：37.

② 王金香．中国禁毒史．上海人民出版社，2005：45.

世纪 30 年代后期鸦片泛滥的特点，说明窑口在走私中起着极坏的作用，同时反映了吸食鸦片、设立烟馆、贩卖鸦片的陋习已经积重难返，不用重刑不足以奏效，所增加之新内容，反映出这个时期鸦片走私方式更加诡秘，同时在鸦片泛滥中，各级官员贪赃枉法者确实大有人在。

（二）鸦片战争以后的禁毒立法

清朝晚期，由于英法等国家对清政府禁烟政策的干涉，清朝自咸丰、同治以后禁烟越来越宽，全国很多省份大面积种植罂粟，各地方官吏也都把鸦片税作为地方财政的一大经济来源，鸦片走私问题并没有得到解决。咸丰八年（1858 年）清政府分别与英、法、美签订了《通商章程善后条约》，规定洋药即鸦片“每百斤纳税银三十两”即可公开入口。从此，鸦片贸易开始走向合法化。咸丰九年（1859 年）清朝颁布《弛禁洋药章程》，请求民间允许买用鸦片、土产鸦片与进口鸦片一律收税抽厘，这标志着鸦片贸易的合法化，随后又解除了禁吸、禁贩、禁种、禁制的法令，清政府从禁烟到承认鸦片贸易合法化，说明从道光十年开始的以林则徐虎门销烟为顶点的道光年间的禁毒运动，落到了零点。从此，鸦片犹如黑色的流毒，随着中国社会半殖民地半封建社会的加深，泛滥于整个中国近代，形成了一个难以解决的社会问题。

20 世纪初，在中外有识之士的呼吁下，终于形成了全国性的大规模禁烟运动。1906 年 9 月，清政府提出“十年禁烟”计划，规定禁烟上谕、严定章程、设立机构，采取了一系列切实可行的禁烟措施，保证了禁烟的成功。清政府颁布了《禁烟章程十条》，其主要内容为：第一，杜绝鸦片来源。规定种罂粟者不准再种，以下种者则发给凭照，令每年减种九分之一，提前禁种者奖，过期不禁者地亩充公。同时严禁洋药进口。第二，严禁新吸。规定官绅、举贡、生监中抽鸦片者先行断绝，私自吸食者惩罚。第三，戒除烟瘾。第四，规定烟馆、烟店在 6 个月内一律停歇改业，逾期不改者封禁，否则惩办主管官员。章程对官员吸食作了严格规定，要求官员做民众的表率，以利于 6 个月内戒烟。

以后清政府又连续发布了《稽核禁烟章程》（九章二十三条）、《禁烟查验章程》（十条）、《购烟执照章程》、《管理售卖膏土章程》等专门法令；1907 年的《新刑律》，专门列举了鸦片烟罪。1908 年 7 月，法部制定《有关贩卖吗啡及制造施打吗啡针治罪专条》；1909 年 10 月，民政部与修订法律大臣共同制定了《禁烟惩罚条例》。此外，清政府还加强了禁烟国际合作，如 1907 年签订了《中英禁烟条约》，1909 年在上海召开的由美国发起的万国禁烟会形成了九款决议。自此，相对完备的禁毒法律体系初步形成。1907 年修订并颁布的《新刑律》第二十一章专章规定了鸦片罪罚，其特点共有以下几点：（1）全面规定了鸦片犯罪；（2）处罚鸦片罪的犯罪未遂；（3）从经济上制裁毒品犯罪；（4）对烟毒犯罪处罚偏轻；（5）官吏犯罪从重处罚。[①]

1909 年，继位的宣统皇帝重新审查禁烟令，要求各级官员“务必认真纠察”。宣统二年（1910 年），清朝颁布了新的禁烟条例，新条例将以前的禁令视为定章，有违背者按照新条例治罪：栽种罂粟、制造鸦片烟及兴贩图利者，处四等有期徒刑；制造及贩卖鸦片烟者，处五等有期徒刑；开设鸦片烟馆供人吸食者，处四等有期徒刑或 1000 元以下罚金；吸食鸦片烟者处罚 20 元以上 500 元以下罚金，停止其选举权，如系官员，一律革职，永不叙用。

从 1729 年到民国初年，我国的毒品种类主要是鸦片，所以，这个阶段的禁毒立法主要是针对禁烟展开的，具体包括禁种、禁运、禁售、禁吸四个方面。这些禁毒立法除了专门的单行法规，如 1813 年颁布的《吸食鸦片治罪则律》，1831 年颁布的《禁种条例》，1839 年颁布的《查禁鸦片章程》等，在 1907 年冬制定的《新刑律》中，第二十一章专章规定了鸦片罪。此后，随着禁毒形势的变化，1909 年又制定了《禁烟罚惩条例》，规定凡栽种罂粟制贩大烟，设烟馆、制烟具等均处有期徒刑。《禁烟罚惩条例》的实施使禁烟章程的贯彻执行有了法律保障。

---

① 苏智良．中国毒品史．上海社会科学院出版社，2017：171.

二、民国时期的禁毒立法

（一）民国初期的禁毒立法

1909 年万国禁烟会在上海召开，国际社会开始联合禁毒，并支持中国禁毒。民国建立之后继续严禁鸦片，也得到国际舆论的支持。辛亥革命之后，一些省区又重新禁烟，南京临时政府和北京政府都曾多次下令禁烟。1912 年中华民国成立，以孙中山为首的南京临时政府继续推行严厉的禁烟政策。继南京临时政府之后建立的袁世凯的北京政府也迫于国内外舆论，严厉禁烟。

以袁世凯为核心的北洋政府，在南京临时政府禁烟政策的影响下，总体主张禁烟。1912 年 7 月，袁世凯宣布原有法律继续沿用，严禁种烟，在事实上承认了清朝末年禁烟法令的有效性。5 月，迁移到北京的参议院提议实施禁烟法，公开表达了禁烟的决心，颁布了《通告禁止鸦片文》、《禁烟法案》、《吗啡治罪条例》（十二条）、《关于禁烟奖惩条例》、《禁种罂粟条例》（十一条）、《参议院提议实行禁烟法案》、《烟案罚金充赏办法》等禁烟毒法规。

民国初年（1911 年）颁布的《中华民国暂行新刑律》（以下简称《新刑律》）对于鸦片犯罪列有 10 条规定，宣布凡是现任官吏触犯刑法鸦片烟罪刑律规定的，除依法惩办外，免去现职；开设烟馆或栽种罂粟者，处四等以下有期徒刑、拘役或 300 元以下的罚金；凡制造、贩卖、收藏鸦片烟及鸦片烟具者，处以三至五等有期徒刑，并科以 500 元以下的罚款；吸食鸦片烟者处以五等有期徒刑、拘役或 1000 元以下的罚金，凡犯上述各条之罪者，均削夺其公民权，官员触犯者给予免职。《新刑律》对鸦片烟犯的治罪体现了以传播恶习引诱良家子弟堕落为重，个人吸食较轻的原则。1912 年 10 月 28 日，袁世凯再次申令民政机关，必须禁绝种植，违者一律治罪，官员故纵容者，按其情节严惩不贷。

1912 年 5 月，北京政府警察厅发出通告，5 月 16 日之前各种土膏店一律停止营业，此后，有私卖、私吸均按新刑律递交司法部门究办。北京政府颁布了《重申鸦片禁令》，规定吸食者立即戒除，贩卖者分别停歇，种者若不将其烟田改种他物，一律治罪。凡是官员故纵者，按情节轻重予以惩治。关于禁吸，颁布了《众议院议员选举法》和《省议会议员选举法》等法律，规定吸食鸦片者不得有选举权和被选举权。

1913 年 2 月，在北京召开了全国禁烟联合会，各省均派代表参加，研究合作禁止鸦片问题。会议决定，全国的禁烟机关统一定名为禁烟局，以 1913 年 6 月 30 日为全国最后禁绝罂粟种植日期；要求司法部专设烟犯法庭，办理各种鸦片案件。会议决定派遣一个代表团到英国，要求英国无条件停止鸦片贸易，废除《中英禁烟条件》，归还中国自由禁烟主权。会议还认真讨论了成立全国禁烟联合会的事宜，全国禁烟联合会的成立是中国禁烟运动深入开展的重要标志之一。[①]1914 年，北京政府颁布《禁种罂粟条例十条》，关于禁种规定了各种处罚情形。

从 20 世纪初开始，吸食吗啡者不断增多。由于吗啡的危害比鸦片更大，所以，此后的毒品除了鸦片之外，还包括吗啡。民国政府于 1914 年 4 月公布《吗啡治罪条例》共 12 条，严惩制造、运输、贩卖吗啡的毒犯。规定：制造专供施打吗啡之器具或贩卖、意图贩卖而收藏，或自外国贩运者，处四等以下有期徒刑或者拘役；税关人员，自外国贩运吗啡或专供施打吗啡器具，或纵令他人贩运者，处二等或三等有期徒刑，并科 1000 元以下罚金；施打吗啡者处四等以下有期徒刑或者拘役，并科 300 元以下罚金；请人施打或自己施打吗啡者，处五等有期徒刑或拘役或 1000 元以上罚金等。[②]

此外，国民政府还规定了一系列禁烟奖惩条例，详细规定了对有关行政长官、缉私官员和警察的奖励和处罚。1914 年 5 月，北洋政府制定了《烟案罚金及赌案没收钱财充赏办法》，该办法共分 5 条内容，如规定京外衙门破获烟案赌案，须将没收财物随案送交该管司法衙门，各该行政衙门不得自行截流；烟案之处罚金者，或赌案之没收钱财者，得以该罚金之一部或该钱财之全部或部分赏

---

① 胡金野，齐磊 . 中国禁毒史 . 上海社会科学出版社，2017：184.

② 苏智良 . 中国毒品史 . 上海社会科学院出版社，2017：189.

给发觉各该案的警察等行政人员。1914 年 9 月，司法部又制定了《拿获吗啡案充赏办法》，后来又制定了《查获罂粟种植奖赏办法》，这些奖励办法，可以调动查缉人员的积极性，减少放纵鸦片贩运、吸食的机会，对于查禁烟的各级官吏恪尽职守起了一定作用。

（二）南京国民政府时期的禁毒立法

1. 南京国民政府初期“寓禁于征”的禁毒立法。此阶段从 1927 年 9 月《国民政府财政部禁烟暂行章程》到 1928 年 4 月《修订禁烟条例》的 21 条，主要颁布了十大章程，十大章程围绕的一个重心，就是用增加税收的办法进行禁烟，也就是通常说的“寓禁于征”，这些禁烟章程和条例多由财政部出面制定和颁布，特点是对税收和罚款规定较为严格详密。

1927 年 8 月，国民政府任命李基鸿为财政部禁烟处长，9 月颁布的《禁烟暂行章程》（共 13 条）和《修正禁烟条例》开始禁烟。《禁烟暂行章程》规定：（1）由财政部设立禁烟处管理全国禁烟，从 1928 年起 3 年内禁绝鸦片烟毒；（2）贩卖鸦片抽以重税，第一年 70%，第二年 100%，第三年 200%；（3）进口的戒烟药品需交财政部禁烟机关，贴印花税票，统一运输，贩卖者必须持有特许证。[①] 同年 11 月，又颁布了《修正禁烟条例》，规定由财政部特设禁烟处专管全国禁烟事宜。该条例主要内容与《禁烟暂行章程》大同小异，其中补充了对戒烟药品须经检验化验领特许证后方准出卖，目的仍然在抽税。其对领执照、特许证、印花税以及罚金和没收财产等规定既详细且严格，如规定不领特许证而擅自贩卖者科 3000 元以下罚金，并没收商店财产；不领戒烟执照私自吸食者，处 3 年以下有期徒刑或 3000 元以下罚金；犯者加重本刑三分之一。

1928 年 3 月至 4 月，国民政府财政部分别颁布了《征收戒烟药料特税章程》等有关税收的章程，并颁布了《审理烟案简易程序》等具体实施过程中的程序规定，规定鸦片以戒烟药料名义准许贩卖、吸食，罂粟种植以 3 年为限禁绝，吸食及贩卖吗啡绝对禁

① 王金香．中国禁毒史．上海人民出版社，2005：137.

止。由此可见，这时期的禁毒立法无不以经济利益为中心。

2. 由“寓禁于征”向以禁烟为主的过渡时期的禁毒立法。1928年9月南京国民政府颁布了禁烟法实施条例对禁烟机关、禁种、禁运、禁售、禁吸等作了规定。

1928年3月，国民政府还颁布了《中华民国刑法》，其中鸦片罪规定：制造、贩卖、吸食毒品和开烟馆、种植罂粟以及打吗啡针等行为均为犯罪，应分别处以有期徒刑或罚款，如制造和贩卖毒品者处5年以下徒刑，得并科500元以下罚金。鸦片罪中最轻者为意图供给毒品或毒具，要处500元以下罚金，罚金是很重的。其内容和特点主要有：一是规定的毒品犯罪种类繁多；二是罚金刑在惩治毒品犯罪中得到广泛适用；三是对毒品犯罪处罚进一步轻刑化。

1929年7月，根据《中华民国刑法》鸦片罪制定并颁布了《禁烟法》（共4章22条），作为禁烟的根本大法，有一个显著特点，即对公务员毒品犯罪从严惩治。1929年7月，国民政府颁布了《修正禁烟法》，该法针对以前刑罚过宽以致烟毒流行的状况，更进一步明确规定了禁烟的范围、责任和方法等。

1929年1月到1930年12月国民政府还颁布了14个重要的禁烟法律法规：《修正禁烟法》《麻醉药品管理条例》《禁烟法实施细则》《县长履职勘烟苗章程》《检查邮件私递麻醉药品办法》《中央及各省市调研所规程》《审议告发文件简章》《市县立戒烟所章程》《戒烟经费支销办法》《禁烟考绩条例》《禁烟罚奖规则》《医院监理戒烟事宜简则》《各地水陆公安机关考察烟贩办法》《公务员调验规则》①。此时期不仅有禁烟法等法律指导全面禁毒，而且有一系列法规规章对禁毒法律作补充，使这一时期的禁毒立法更加完善。特别是《市县立戒烟所章程》以及《中央及各省市调研所规程》，对禁绝吸食毒品具有较大的促进作用。1932年到1934年又制定了《严禁种烟注意事项》《严禁烈性毒品暂行条例》等一系列法规、办法，为南京国民政府进行大规模禁毒工作做好了准备。

3.“二年禁毒，六年禁烟”时期的禁毒立法。在强大的国际禁

---

① 胡金野，齐磊．中国禁毒史．上海社会科学院出版社，2017：207.

毒压力下，1935年4月蒋介石提出了“二年禁毒，六年禁烟”的计划，规定1935年到1936年年底为禁绝烈性毒品之期限，1935年至1940年年底为六年禁烟期限。

1935年11月，军事委员会又设立了新的禁烟机构——禁烟总会，以代办总监部事务，同时各省市设立了禁烟委员会，县设立了禁烟委员会分会。1936年2月，禁烟总会召开第一次常会，通过议案40件，成立禁烟法规编审委员会，对各级禁烟机构的组织规程详加修正。6月3日颁布了《行营禁烟委员会总会组织规程》和《各省市禁烟委员会及县分会组织通则》，对各级禁烟委员会的组成等职责作了规定。各省、市、县禁烟委员会和分会成立之后，分别与民政厅、公安局、县长，负责禁吸、禁种事宜，各省市取缔运售事宜均由禁烟督察处办理。

禁止烟毒法规是禁烟禁毒政策的具体体现。第一次常会后，禁烟总会将十几种关于禁止烟毒的章程删繁就简，修订为《禁烟禁毒实施规程》，又附订了《禁烟禁毒查缉章程》《取缔商运烟土暂行规则》《取缔土膏行店暂行规程》，并以此四种法规代替以前的十几种法规。[①] 在整个六年禁烟期间，国民政府为实施禁烟计划还制定颁行了一系列具体的禁烟法规。其中，前三年主要有行政法规和治罪法规两大类，后三年主要制定了一些补充措施。

这些法律规范涉及禁种、禁贩、禁售、禁吸等禁毒政策的各个方面，与以前的禁烟法令相比更为详细周密，内容系统全面，并能从实际出发，循序渐进，利于开展禁烟斗争，为禁烟禁毒提供了全面、系统的法律保障。特别是《禁烟治罪暂行条例》和《禁毒治罪暂行条例》的制定、颁布及修正对禁烟禁毒具有重要的意义。

《禁烟治罪暂行条例》对种植罂粟和运售吸食鸦片的治罪作了规定，其主要内容包括：第一，种罂粟及抗拒铲烟苗者处死刑；为制鸦片而种罂粟者处死刑、无期徒刑或10年以上有期徒刑。聚众抗铲者、首谋在场指挥者处死刑、无期徒刑或3年以上10年以下徒刑。第二，运售鸦片者处无期徒刑或死刑。数量在500两以上者

① 苏智良．中国毒品史．上海社会科学院出版社，2017：277.

处死刑。持有罂粟种子者处 3 ～ 10 年徒刑，得并科 1000 元以下罚金。第三，开烟馆者处无期徒刑或 10 年以上有期徒刑，并科 5000 元以下罚金。第四，吸食者处半年到 2 年徒刑，得并科 5000 元以下罚金，有瘾者限期交医令戒绝，三犯者处死。①

《禁毒治罪暂行条例》主要内容是：制运毒品处死刑；贩卖或意图贩卖而持有毒品者处死刑或无期徒刑。1935 年和 1936 年吸毒者分初犯、再犯和三犯分别加重惩罚，1936 年三犯处死，1937 年吸毒者处死；帮助他人犯本条例者处死。

1935 年 1 月 1 日，国民政府颁布了新的《中华民国刑法》，新刑法第二十章为鸦片罪，其在 1928 年《中华民国刑法》规定的罪名的基础上删除了走私吸食鸦片器具罪，增加了包庇烟毒分子罪，运输烟毒罪，运输吸食鸦片器具罪，公务员强迫他人种植罂粟和贩卖、运输罂粟种子等罪。

1935 年 4 月，南京国民政府军事委员会颁布了《禁毒实施办法》和《禁烟实施办法》，这标志着南京国民政府的六年禁烟计划开始确立。在二年禁毒期间各铁路、航运等交通部门和各海关口岸严厉查缉毒品的走私，各省市设立戒毒所及戒毒医院，对吸毒者进行勒戒，已过禁毒期限仍然吸毒者，按律严惩。1935 年全国查获吗啡、海洛因、红白丸等毒品 1 万多公斤，1936 年有 1294 名毒贩被判处死刑。②

六年禁烟取得了较大成果，但随着日本侵华国内政局不稳，禁毒有再次泛滥之势。1940 年南京国民政府宣布从 1941 年 1 月开始进行禁烟善后工作，以巩固六年禁烟所取得的成就。

三、1949 年以前中国共产党的禁毒立法

（一）土地革命战争时期

面对 20 世纪 20 年代末 30 年代初中国历史上鸦片烟毒的泛滥，

① 胡金野，齐磊 . 中国禁毒史 . 上海社会科学院出版社，2017：213.

② 王金香 . 中国禁毒史 . 上海人民出版社，2005：177.

中国共产党以人民利益为重，在红色政权和红军的创建与发展中，始终重视禁烟毒工作。

在整个土地革命战争时期，无论条件多么艰苦，中国共产党都注意执行禁烟政策，通过发布通告、制定法律、进行社会改革等多种措施，领导开展了广泛而深入的禁烟斗争。禁绝鸦片是中国共产党成立以后对待鸦片问题的一贯态度，在领导创建根据地、开展轰轰烈烈的土地革命的同时，中国共产党第一次在自己的管辖范围内开展了禁烟毒活动。各革命根据地严禁种烟，都不同限度地建立健全了打击吸毒、贩毒行为的法律制度。

土地革命战争时期，中国共产党已经在部分地区建立了苏维埃政权，有了自己控制的区域，在这些地区实行禁烟成为可能。于是，在各苏维埃政府颁布的政治纲领中，明确提出了禁烟的主张。

1927 年 8 月 20 日，中共广东省委会议决议案《暴动后各县市工作大纲》，在财政与税收方面提出了“禁烟禁赌”；9 月 23 日，中共广东省委通过第十号《我们目前的任务与政策》一文，重申了这一政策。1928 年 3 月，湘西北红色苏维埃政权宣布的建设苏维埃的基本纲领中，就有“禁止吃鸦片”的内容。1928 年 6 月 30 日，江西莲花县苏维埃政府成立，提出的各项政治纲领中也有禁烟规定。[①]

这一时期根据地政权多对贩毒、种毒采取严刑峻法，存在较多死刑罪名，苏维埃政府颁布的政治纲领明确提出禁烟，在土地法规中明令禁种罂粟。

1931 年 5 月发布的《赣东北特区苏维埃暂行刑律》第九章共 6 条规定了鸦片罪：制造贩运或者意图贩卖而私藏鸦片烟者；制造、贩卖、吸食鸦片之器具；自苏区外贩运鸦片烟和吸食器具者；开设烟舍供人吸食鸦片烟者；意图制造鸦片烟而栽种罂粟者；吸食鸦片烟者，均属于犯罪的行为，必须给予严肃法办。该刑律对毒品犯罪分子的处罚不是注重给予经济上的制裁，而是注重对其公权的剥夺，这是中国共产党第一次在自己管辖的区域内设立了鸦片犯

---

① 胡金野，齐磊 . 中国共产党禁烟禁毒史 . 经济科学出版社，2016：52.

罪，并对制造、贩卖、开设烟馆、意图制造鸦片烟而栽种罂粟者等罪行设置了处死刑的最严厉处罚，体现了从重治罪的精神，反映了中国共产党人与毒品犯罪进行坚决斗争的态度。

湘赣省苏维埃根据地，1932 年 9 月在永新城颁布了第 6 号通令《禁烟戒赌条例》，共 12 条。指出：为彻底消灭吃食鸦片烟、赌博的恶现象，维持社会秩序，健全革命群众的身体，提高农村生产，加强群众的斗争力量，特颁布禁烟禁赌条例。条例规定了拘留、警告、劝告 3 个处罚等级。并分别对 3 个处罚等级的处罚对象作了明确规定。适用拘留办法处理的有三种情形：第一，凡吃食鸦片自颁布禁令之日起 1 个月后而不自行戒绝被拿获有据者；第二，专以贩运鸦片为业或栽种者；第三，开设烟馆、赌场或以赌钱为业者。用警告办法处理的有两种情形：第一，经过劝告后仍未戒烟或戒赌者；第二，青年吸食鸦片及赌钱者。用劝告办法处理的有三种情形：第一，被人控告而有吃鸦片之嫌疑者；第二，借治疾病而吸烟未成瘾者；第三，藏有烟具赌具不缴出毁灭者。[①] 条例严格禁止种烟与运烟。规定自颁布禁令之日起 1 个月以后开始，凡由白区运输烟土与烟具、赌具到苏区来的，没收并予以应得的处分；凡属于阶级异己分子违反该条例者加重处罚。这一禁烟戒赌条例对吸食、贩运鸦片以及种植罂粟、开设烟馆等行为规定了不同的适用情节，区别对待，具有较强的可操作性，便于在实践中适用。

绝大多数根据地虽没有成立专门的禁烟机构，但已由内务部、民警局等兼管禁烟事宜。不吸鸦片烟，成为入党的标准之一，违纪者要受处分。在近代中国社会烟毒极为流行、吸食鸦片者人数众多、公职人员都不能幸免的情况下，这无疑在人民群众中树立了一个全新形象，给了毒祸横流的中国一线希望。

中国共产党在土地革命战争时期开展的禁毒斗争，为抗日战争时期、解放战争时期的禁毒工作提供了宝贵的经验。

---

① 胡金野，齐磊 . 中国共产党禁烟禁毒史 . 经济科学出版社，2016：54.

（二）抗日战争时期

从 1937 年 9 月陕甘宁边区政府成立，到抗日战争结束，全国共建立过 19 块抗日根据地，这些抗日根据地不仅是抵抗日本侵略的坚强堡垒，也是中国共产党开展禁烟禁毒斗争的主战场。

各边区政府都制定了惩治毒品犯罪的法律。各根据地都将鸦片列为禁品，严禁输入。各根据地十分注重建立和健全禁烟禁毒的法规与制度。在建立较早的陕甘宁边区、晋察冀边区都建立了一整套完整的禁烟禁毒的法律制度，其他建立较晚、较小的根据地，也参照大根据地的法规，结合自己根据地的实际情况制定了相应的禁烟禁毒法规。

陕甘宁边区在制定禁烟毒法规方面比较突出。陕甘宁边区颁布的部分禁烟禁毒法规、规章如下：《陕甘宁边区禁烟禁毒条例（草案）》（1941 年）、《陕甘宁边区政府关于成立陕甘宁边区禁烟督察处的命令》（1942 年 1 月 14 日）、《陕甘宁边区禁烟督察处组织规程》（1942 年 1 月）、《陕甘宁边区查获鸦片毒品暂行办法》（1942 年 1 月）、《陕甘宁边区查获鸦片毒品修正办法》（1942 年 9 月 16 日）、《陕甘宁边区禁烟督察分处组织规程》、《陕甘宁边区政府关于查禁鸦片烟苗的命令》（1943 年 1 月 17 日）、《陕甘宁边区政府关于再申禁种鸦片烟苗的命令》（1943 年 3 月 12 日）、《陕甘宁边区禁烟督察处修正组织规程》（1943 年 5 月 30 日）、《陕甘宁边区查获鸦片毒品第三次修正办法》（1943 年 5 月 30 日）、《陕甘宁边区政府禁烟督察处查获鸦片毒品奖金办法》（1943 年秋季）、《陕甘宁边区政府为加强缉私工作的命令》（1943 年 11 月 24 日）、《陕甘宁边区政府严禁料面入境的命令》（1945 年 5 月 11 日）。

陕甘宁边区制定和颁布的上述各项禁毒法令、法规，涉及禁种、禁贩、禁售、禁吸等各方面，较为全面系统地反映了中国共产党在抗战时期的禁烟禁毒政策，概括起来其主要内容有以下方面：第一，规定了毒品犯罪的种类；第二，严禁种植罂粟；第三，严禁制造毒品；第四，严禁买卖或贩运烟毒；第五，禁止或限制吸食及注射烟毒；第六，依法设立查禁烟毒机构；第七，奖励查获烟毒者和举报人；第八，严禁在禁烟禁毒中徇私舞弊、栽赃陷害；第九，政府公务员、军人、学校教职员从事毒品犯罪活动要从重处罚；第十，严禁与日寇勾结，以烟毒危害民族抗战。

陕甘宁边区政府根据边区特殊情形制定的《陕甘宁边区禁烟禁毒条例（草案）》于1941年颁布。此条例共24条，是中国共产党制定的第一部较为全面的禁烟禁毒法令。《陕甘宁边区禁烟禁毒条例（草案）》规定，凡有吸食或注射、种植、制造、抗禁、庇护他人吸食、买卖或贩运、设立传毒场所等行为之一者，即以违犯禁烟禁毒条例论罪。即该条例所规定的毒品犯罪种类有：吸食或注射烟毒罪，种植鸦片烟苗罪，制造吸食或注射烟毒器具罪，抗拒执行禁烟禁毒职务罪，帮助或庇护他人吸食、注射及买卖烟毒罪，买卖或贩运烟毒罪，设立传布烟毒商店机关罪等7种。

在《陕甘宁边区禁烟禁毒条例（草案）》中，对于买卖或贩运烟毒者，视其买卖及贩运价值，规定了详细刑罚：第一，烟毒价值在10元以内者，罚1个月以下苦役，并科10元以下罚金；第二，烟毒价值在10元以上者，罚6个月以下苦役，并科100元以下之罚金；第三，烟毒价值在50元以上100元以下者，处1年以下有期徒刑，并科200元以下之罚金；第四，烟毒价值在100元以上300元以下者，处1年以上3年以下有期徒刑，并科500元以下之罚金；第五，烟毒价值在300元以上500元以下者，处3年以上5年以下有期徒刑，并科1000元以下之罚金；第六，烟毒价值在500元以上者，处死刑，并没收其家产。[①]刑罚的轻重与贩卖运输烟毒的价格数量成正比，主刑最重可处死刑。这个规定详细准确、处罚有力，具有较强的可操作性。

抗日战争时期各个根据地都制定颁布了禁毒法规、规章。例如，1939年的《晋察冀边区行政委员会关于严禁播种罂粟的命令》、1941年的《晋察冀边区毒品治罪暂行条例》、1941年的《晋西北禁烟治罪暂行条例》、《山东省禁烟治罪暂行条例》、1941年苏州县人民抗日自卫会颁布的《禁毒暂行条例》和《禁烟办法》、

① 胡金野，齐磊．中国共产党禁烟禁毒史．经济科学出版社，2016：85.

1944年苏中行政委员会制定的《苏中禁烟禁毒治罪暂行条例》、1945年4月的《苏北区禁毒办法》，淮北抗日根据地的《烟民领照自戒办法》、《领照烟民分期戒绝实施办法》等。[①]

总之，在抗日战争时期，各抗日根据地的禁烟禁毒工作取得了显著的效果。各根据地通过禁种罂粟、铲除敌伪迫种之烟苗等措施，减少了鸦片原料的来源，从而使烟田减少、粮田增多，有利于农业生产的恢复和发展。在党和政府的领导下，各地鸦片的走私被有效遏制，大批烟民戒除多年烟瘾，放下烟枪参加生产，贩毒吸毒现象得到基本控制。抗日根据地的禁烟禁毒斗争对于抑制日本帝国主义的毒化政策、保障人民群众的身心健康、维护抗日根据地的安定团结、积极支援抗战起到了十分重要的作用。

（三）解放战争时期

在整个解放战争期间，各解放区出台大量法规、规章，建立专门的禁毒机构。

各个解放区都制定了大量的法规、规章，如辽吉区行政公署公布的《辽吉区禁烟禁毒条例》、华北人民政府颁布的《华北区禁烟禁毒暂行办法》以及《苏北区禁烟禁毒暂行办法》等。其中，《辽吉区禁烟禁毒条例》将毒品区分为鸦片和烈性毒品，确立了重处毒品犯罪重犯的制度，体现了对毒品犯罪累犯从严制裁的精神，是该条例的两大鲜明特点。《华北区禁烟禁毒暂行办法》是华北解放区所有禁烟禁毒法律中最为全面、最为完善、最具代表性的规章，在中国共产党禁烟禁毒史上占有一席之地。与禁烟禁毒工作相配套的各级禁毒专门机构也随之组建，如陕甘宁边区的查缉毒品委员会、晋察冀边区的禁烟督察局、晋冀鲁豫边区的禁烟局和中原区的禁烟督察总局等。1945年10月13日以后成立的晋察冀边区行政委员会禁烟督察局，率先揭开了中国共产党领导下的华北解放区禁烟禁毒活动的序幕。

正是由于各解放区政府较为重视禁毒工作，以相关的禁毒法律

---

① 齐霁．中国共产党禁毒史．中共党史出版社，2013：47.

法规为依据，在各级禁毒专门机构的统一指挥下，禁止鸦片的栽种以及烟毒的制造、运输、贩卖、吸食、走私等行为，在一定程度上打击了毒品犯罪的嚣张气焰，还把法律惩治与劳动改造、教育帮助相结合，建立戒烟所，齐抓共管自戒与强制戒毒。老解放区罂粟种植面积有所减少，吸毒贩毒的现象普遍减少，使以前较为猖獗的毒品犯罪行为得到有效的控制，对于新解放区打击严重的烟毒犯罪起到较好的作用，使吸毒贩毒现象也有了一些改观。

各根据地规定的毒品犯罪种类不尽相同，但都对种植、贩卖毒品等罪处以死刑等重刑，并科以罚金刑，强调对偷种烟苗的，要严厉查铲。对吸毒者，将严厉惩处与分期禁绝两种措施相结合，采取宽严相济的政策：对吸食吗啡、海洛因者严厉惩处，而对吸食鸦片者采取缓和的分期禁绝办法。

总之，解放战争时期，中国共产党在各解放区领导的禁烟禁毒斗争，不仅延续了抗日战争时期在各抗日民主根据地的做法，又不断总结经验，结合本地区的实际有所发展与创新。所有这些禁烟禁毒活动，为中华人民共和国成立之后在全国范围内开展大规模的禁毒斗争并取得辉煌的胜利奠定了良好的基础。

第二节　中国现代禁毒立法

自清朝中期禁烟后，在长达200年的时间里，旧中国历届政府高喊禁毒，中国不仅是发布禁烟令最早的国家，也是发布禁烟令最多的国家。但正是在形形色色、五花八门的禁烟令中，烟毒走向了泛滥达到了高潮。因此，尽管延续百年的禁烟运动曲折悲壮、可歌可泣，但毒品问题一直没能解决。这项事关中华民族生存与发展的任务历史性地落到了中国共产党人的肩上。中华人民共和国成立后，中国共产党和中央人民政府领导人民在全国范围内向毒品宣战，开始了声势浩大的禁毒斗争，用3年时间就把弥漫中国的毒品治理成功，成为举世无双的“无毒国”。中华人民共和国成立后到2008年《禁毒法》的颁布实施，我国禁毒立法逐步完善。

一、20世纪50年代初期到1978年：政策和地方立法相配合的禁毒立法阶段

加强禁毒立法，完善禁毒法制，是禁毒斗争成功的法律保证。禁毒必须有法可依。中国共产党和人民政府一贯重视禁毒法制建设。早在土地革命战争时期，一些苏维埃政府就颁布过颇具威力的禁烟法令。抗战时期和抗战胜利以后，各抗日民主政府和各解放区政府陆续制定和颁布了数十个关于禁毒的专门性法规、法令，内容较为系统和完备，涉及禁种、禁贩、禁售、禁吸等禁毒工作的主要方面。中华人民共和国成立后，党和政府继续重视禁毒立法工作，中央人民政府和一些大行政区的政府为了彻底禁绝毒品，开展了一系列声势浩大的禁毒运动，并发布了一系列禁毒法规法令。①

中华人民共和国初期的禁毒立法以中国共产党和各级政府的相关政策、文件为主要法律形式，以各大行政区的立法为重心，立法秉承革命根据地革命法制的传统，也是法律体系尚未建立之前社会现实的客观要求。当时禁毒立法中规定内容最详细、数量最多的是各大行政区的立法，立法权的重心放在地方而非中央，具有一定的分散性，但优势是能够因地制宜，充分发挥各地方政府的积极性和主动性，这对在较短时间内完成禁绝毒品的任务是完全必要的。

这个时期的立法主要有以下几类：

第一类：中国共产党的政策、指示。其主要有：1952年4月中央《关于肃清毒品流行的指示》、1952年3月中央批转铁道部党组《关于运毒走私情况及处理意见向中央的报告》、1952年4月15日中央批转公安部《关于开展全国规模的禁毒运动的报告》、1963年2月中央批转卫生部党组《关于加强去氧麻黄素等剧毒药品管理的报告》、1963年5月26日中央《关于严禁鸦片、吗啡等毒害的通知》与1973年1月13日《关于严禁私种罂粟和贩卖、吸

① 齐雯．中国共产党禁毒史．中共党史出版社，2013：227.

食鸦片等毒品的通知》。[①]

第二类：国务院及其所属部门的通令、通知、指示。其主要有：1950 年 2 月 24 日政务院《关于严禁鸦片烟毒的通令》、1952 年 5 月 21 日政务院《关于严禁鸦片烟毒的通令》、1952 年 12 月 12 日政务院《关于推行戒烟、禁种鸦片和收缴农村存毒的工作指示》、1950 年 9 月 12 日内务部《关于贯彻严禁烟毒工作的指示》、1952 年 10 月 3 日政务院通过的《中华人民共和国惩治毒贩条例（草案）》与 1951 年 2 月 10 日卫生部公布的《麻醉药品临时登记处理办法》《管理麻醉药品暂行条例》和《管理麻醉药品暂行条例实施细则》。

第三类：大行政区的条例、指示、命令、通知、办法。其主要有：1950 年 7 月 31 日通过、1950 年 12 月 19 日修正的西南军政委员会《关于禁绝鸦片烟毒的实施办法》，1950 年 11 月 16 日西南军政委员会《关于开展禁烟禁毒工作的指示》，1952 年 12 月 28 日西南军政委员会颁布的《西南区禁绝鸦片烟毒治罪暂行条例》，1950 年 10 月 13 日东北人民政府发布的《东北区禁烟禁毒贯彻实施办法》，1952 年 2 月 9 日东北人民政府《关于严禁鸦片烟毒及其他毒品的命令》，1952 年 5 月 3 日东北人民政府《关于根绝烟毒流害处理贩毒分子的决定》，1952 年 4 月东北公安部《关于打击烟毒贩的具体指示》，1951 年 6 月 28 日西北军政委员会《关于切实注意进行没收烟毒的通知》《西北区禁烟禁毒暂行办法》，1950 年 5 月中南军政委员会发布的《中南区禁烟禁毒实施办法》等。

第四类：省、市、自治区政府的公告、决定、办法。例如，1951 年 4 月 14 日内蒙古自治区人民政府颁布的《内蒙古自治区禁绝鸦片烟毒实施办法》，1950 年 3 月武汉市政府《关于禁烟禁毒的公告》、4 月发布《烟毒瘾民登记办法》《处理烟毒案件暂行办法》，1950 年 3 月甘肃省发布《禁烟禁毒公告》、1951 年 1 月发布《关于严禁鸦片烟毒的布告》，1952 年 8 月 4 日山东省政府《关于

① 胡金野，齐磊．中国共产党禁烟禁毒史．经济科学出版社，2016：555.

贯彻开展全省禁毒运动的决定》等。[①]

第五类：最高人民法院的司法文件。1950 年 10 月针对一些地区对烟毒犯处罚过轻，最高人民法院发布《处理烟毒犯应坚决废止专科与易科罚金办法》，规定应根据具体情况，处以徒刑或强制劳动，仅仅在必要时，为铲除犯罪的资本，才得以并科罚金。

上述禁毒法律、法规、规章，尽管由于历史的原因，大多数显得比较粗糙和单薄，但是因为结合了当时禁毒斗争形势和毒品犯罪情况，并制定了与之相适应的较为完整的禁毒治罪体系，从而为打击毒品犯罪分子、顺利开展禁毒斗争提供了有力的法律保障。

各大行政区的立法是中华人民共和国成立初期禁毒立法的重心。党中央的政策、指示，政务院（国务院）及其所属部门的通令、通知、指示均是宏观性、运动性的部署，原则性的规定较多，内容比较概括和简略。上述法律中规定内容最详细、数量最多的是各大行政区的立法，如《西南区禁绝鸦片烟毒治罪暂行条例》既有罪状描述，又有具体罪刑规定，考虑得比较周全。[②]

中华人民共和国成立初期的禁毒工作虽然取得了明显的效果，但是法律制度尚未建立，运动中“人治”倾向严重。中华人民共和国初期禁烟禁毒运动的开展，并没有随着通令的公布立即制定和颁行一套详细的禁烟禁毒法律法规。这是由于共和国初期的行政体系基本上仍是军事化的或是准军事化的操作系统，重大政策措施的推行主要依靠行政命令。自 1950 年 2 月到 1953 年 2 月，以中共中央、中央人民政府及其所属的相关部门名义发布的通令、指示等共 16 项，其中包括 6 个指示、4 个条例、3 个办法、2 个通令、1 个命令，从总体上看，行政管理法规多，而具体的禁烟禁毒法律几乎没有。

中华人民共和国成立初期，我国通过政策性的毒品治理活动，基本扫清了毒品所带来的危害，在一定程度上禁绝了毒品的制造、贩卖和消费，创造了世界禁毒史上的奇迹，成为“无毒国”。从

---

① 齐雯．中国共产党禁毒史．中共党史出版社，2013：190.

② 梅传强．回顾与展望：我国禁毒立法之评析．西南民族大学学报，2008（1）．

20世纪50年代初禁毒肃毒到改革开放，长达30年的时间里我国的毒品犯罪几乎绝迹。在这一历史时期，我国禁毒立法是中央政府立法与大区政府立法的结合，所立之法都是以禁毒通令、暂行条例的形式出现的。禁毒法律的一个特点是仅规定了对某些行为予以治罪，但没有规定对具体的犯罪处以何种刑罚。[①]

二、1978年到1990年：中国禁毒立法体系的建立与形成阶段

1978年到1990年我国政府以严打为政策导向，逐渐建立了以刑法为主，行政法与地方立法为辅的禁毒立法体系。主要法律形式有刑事法律、行政法规、民事法规、部门规章及其他规范性文件，如“两高”（最高人民法院和最高人民检察院）司法文件，[②]签署的禁毒国际公约和条约等。这一时期我国禁毒立法从起步到逐渐完善，禁毒立法的核心是刑法典及特别刑法，辅之以严格的行政处罚与管制，整个立法体系的精神核心是对毒品犯罪进行持续的严打。“打击”作为毒品政策的关键词决定了整个禁毒立法是建立在刑法、行政法基础上的。

20世纪80年代以后，毒品犯罪在我国大陆死灰复燃，并且愈演愈烈，正因如此，在1979年7月1日第五届全国人民代表大会第二次会议通过、1980年1月1日实施的中华人民共和国的第一部《刑法》中，第171条规定：“制造、贩卖、运输鸦片、海洛因、吗啡或者其他毒品的，处五年以下有期徒刑或者拘役。可以并处罚金。一贯或者大量制造、贩卖、运输前款毒品的，处五年以上有期徒刑，可以并处没收财产。”1982年3月8日，第五届全国人大常委会通过了《关于严惩严重破坏经济的罪犯的决定》，对《刑法》第171条进行了修改补充：“情节特别严重的，处十年以上有期徒刑、无期徒刑或者死刑，可以并处没收财产。”这样的修改，大大加强了打击毒品犯罪的力度。

① 褚宸舸．我国禁毒立法的历史演进（1949—1998）．江苏警官学院学报，2008（3）．

② 金伟峰．禁毒法律制度研究．浙江大学出版社，2009：9.

1981 年 8 月 27 日，国务院发布了《关于重申严禁鸦片烟毒的通知》。该通知指出，近些年来，由于国内外种种原因，在少数边境地区和一些历史上烟毒流行的地方，私种罂粟，制造、贩卖和吸食鸦片等毒品的情况又不断发生，特别是从国外走私贩运的鸦片大量流入内地，情况日趋严重，鉴于此，国务院重申：对于私种罂粟和吸食鸦片的，必须限期铲除和戒绝；对于制造、贩卖、偷运鸦片和其他毒品的违法犯罪活动，必须坚决打击，依法严惩。

1982 年 7 月 16 日，中共中央、国务院发布了《关于禁绝鸦片烟毒问题的紧急指示》，主要内容如下：第一，严禁私种罂粟。第二，坚决打击制毒贩毒的犯罪活动。第三，严禁吸食毒品，取缔地下烟馆。第四，加强医疗用麻醉药品和剧毒药品的管理。第五，切实加强领导，放手发动群众。特别强调对"共产党员、共青团员和国家工作人员吸食鸦片、日久成瘾又不肯戒除的，要分别开除党籍、团籍和撤销行政职务，直至开除公职"，这是对共产党员、共青团员和国家工作人员吸食鸦片又不肯戒除者的最严厉的组织处理和行政处罚。

1984 年 9 月 20 日，第六届全国人大常委会第七次会议通过了《药品管理法》，该法第 39 条、第 40 条对麻醉、精神、毒性、放射性药品的管理作出了新规定，指出："麻醉药品、包括原植物，只准由国务院卫生行政部门会同有关部门指定的单位生产，并由省、自治区、直辖市卫生部门会同有关部门指定的单位按照规定供应。"

1986 年 9 月 5 日，国务院颁布了《治安管理处罚条例》，并于 1987 年 1 月 1 日施行，明确规定"违反政府禁令，吸食鸦片、注射吗啡等毒品"是违反社会治安管理条例的行为，要受到处罚。1986 年 12 月 3 日颁布的《外国人入境出境管理法实施细则》，1987 年 1 月 22 日颁布的《海关法》等，都从出入境及海关管理的各个角度对毒品犯罪作出了打击和处理的规定。

1988 年 1 月 21 日，第六届全国人大常委会第二十四次会议通过了《关于惩治走私罪的补充规定》，强调："走私鸦片等毒品、武器、弹药或者伪造货币的，处七年以上有期徒刑并处罚金或者没收财产；情节特别严重的，处无期徒刑或者死刑，并处没收财产；情节较轻的，处七年以下有期徒刑，并处罚金。”[①]3月26日，公安部、卫生部下发《关于严禁非法种植罂粟的通知》，要求各地公安、卫生部门将本地私种罂粟的情况摸清并如实向党委、政府报告，采取有力措施查禁。

1990年12月28日，全国人民代表大会常务委员会制定并通过了《关于禁毒的决定》[②]（共16条），对1979年《刑法》作了进一步的修改和补充。其主要内容有：（1）对毒品犯罪规定了严厉的刑罚。例如，走私、贩卖、运输、制造鸦片1000克以上，海洛因50克以上或者其他毒品数量大的，处15年有期徒刑、无期徒刑或死刑，并处没收财产；走私、贩卖、运输、制造鸦片200克以上不满1000克，海洛因10克以上不满50克或者其他毒品数量较大，处7年以上有期徒刑，并处罚金。（2）关于从重处罚和对立功者从宽处理的规定。《关于禁毒的决定》指出，国家工作人员犯《关于禁毒的决定》规定之罪，从重处罚；因走私、贩卖、运输、制造、非法持有毒品罪被判过刑，又犯《关于禁毒的决定》规定之罪的亦从重处罚，体现了对毒品犯罪从严、从重打击的精神。对于立功者，《关于禁毒的决定》增加了如犯罪者有检举与揭发其他毒品犯罪立功表现的，可以从轻、减轻处罚或者免除处罚。这一规定有利于瓦解犯罪团伙，查获毒品，并集中打击罪大恶极的犯罪分子。（3）关于管辖。《关于禁毒的决定》规定，中国公民在中国领域外犯走私、贩卖、运输、制造毒品罪的，适用《关于禁毒的决定》而不再受刑法规定的“最高刑为三年以上有期徒刑”的限制。关于外国人在中国领域外犯上述罪后进入中国领域的，不论其是否针对中国犯罪，亦不受“法定最低刑为三年以上有期徒刑”的限制，中国司法机关对其采取刑事强制措施，除依据国际公约、双边条约予以引渡的以外，应适用《关于禁毒的决定》处以刑罚。（4）关于戒毒措施。

---

① 褚宸舸．中国禁毒立法三十年——以立法体系的演进与嬗变为视角．中国人民公安大学学报（社会科学版），2008（3）．

② 关于禁毒的决定．1990年12月28日第七届全国人民代表大会常务委员会第十七次会议通过．

《关于禁毒的决定》除规定了对吸毒者予以较重的治安处罚外，还对吸毒成瘾的规定予以强制戒除，进行治疗、教育。强制戒除后又复吸的，可以实行劳动教养，并在劳动教养中强制戒除。

《关于禁毒的决定》的颁布与实施，与当时我国所面临的严峻的禁毒形势紧密相连，有以下显著特点：（1）明确了对毒品的界定，弥补了1979年《刑法》中的模糊概念。《关于禁毒的决定》对毒品定义为："毒品，是指鸦片、海洛因、吗啡、大麻、可卡因以及国家规定管制的其他能够使人形成瘾癖的麻醉药品和精神药品。"（2）《关于禁毒的决定》在法律适用的空间效力范围内有重大突破。一是规定中国公民在中国领域外犯走私、贩卖、运输、制造毒品罪的，适用《关于禁毒的决定》，这就增加了我国刑法属人管辖权规定的犯罪种类。二是规定外国人在中国领域外犯走私、贩卖、运输、制造毒品罪后进入我国领域的，也可以适用《关于禁毒的决定》。这是第一次在我国刑事法律规范中规定了有限普遍管辖权，不仅对《关于禁毒的决定》的适用具有现实意义，而且对我国刑法理论的发展也有深远影响。（3）《关于禁毒的决定》弥补了1979年《刑法》在毒品犯罪有关规定上的不足，规定了新罪名，依次是：非法持有毒品罪；包庇毒品犯罪分子罪；窝藏毒品犯罪所得财物罪；走私制造麻醉药品和精神药品罪；非法种植毒品原植物罪；引诱、教唆、欺骗他人吸食、注射毒品罪；强迫他人吸食、注射毒品罪；容留他人吸食、注射毒品罪；非法提供毒品罪。（4）《关于禁毒的决定》从两个方面体现了对未成年人的保护：一是规定从重打击利用未成年人犯罪行为；二是重点保护未成年人的身心健康。

《关于禁毒的决定》这部具有中国特色的禁毒法律的颁布，为严厉打击毒品犯罪、减少并最终消灭毒品犯罪提供了有力的法律依据。它的实施对于严惩毒品犯罪分子、保护公民的身心健康、维护社会治安秩序、保障现代化建设事业有重要意义。

这一时期，主要立法工作分为：

立法机关制定和修订的禁毒刑事法律。1979年制定《刑法》时由于毒品犯罪问题不突出，对毒品犯罪的规定不细，量刑较轻。

从20世纪80年代初期开始，过境贩毒引发的毒品违法犯罪活动愈演愈烈，禁毒形势日益严峻，在这种情况下立法者以特别刑法的形式对刑法连续作了三次补充修订。1982年3月第五届全国人大常委会第二十二次会议通过的《关于严惩破坏经济的犯罪的决定》第1条补充规定：对于制造、贩卖、运输毒品，情节特别严重的处10年以上有期徒刑、无期徒刑或者死刑，可以并处没收财产。这一决定将毒品犯罪的法定最高刑从10年有期徒刑提高到死刑，并且规定对于国家工作人员进行贩毒情节严重的从重处罚。1987年通过的《海关法》以及1988年1月第六届全国人大常委会第二十四次会议通过的《关于惩治走私罪的补充规定》，也将走私毒品犯罪的法定最高刑从10年有期徒刑提高到了死刑，明确了走私毒品罪的量刑档次。①

立法机关制定的非禁毒专门法中涉及禁毒的法律规范。例如，1984年9月通过的《药品管理法》第39条规定国家对麻醉品、精神药品实行特殊的管理办法。

国务院制定的禁毒行政法规。1986年9月国务院颁布的《治安管理处罚条例》（已废止）对涉毒违法行为的行政处罚作了规定。1978年9月、1987年11月和1988年12月，国务院先后发布了《麻醉药品管理条例》、《麻醉药品管理办法》和《精神药品管理办法》三部行政法规，分别对麻醉药品和精神药品的生产、运输、使用、进出口管理作出了明确规定，确立了对麻醉药品和精神药品实行严格的行政管制的基本立场，限制其生产、经营、使用和进出口，防止其流入非法渠道。

行政机关关于禁毒的行政规章和规范性文件。公安部、卫生部、对外经济贸易部等部门在部门规章及其他规范性文件中都对本部门相关的涉及毒品的管理业务作了严格的管制规定，制定了具体的管制与管理办法。

“两高”关于禁毒的司法解释。最高人民法院和最高人民检察院对禁毒法律和涉毒案件适用等都作出过相关司法解释。

---

① 金伟峰．禁毒法律制度研究．浙江大学出版社，2009：10.

地方立法机关制定的禁毒的地方法规。云南、广西、贵州、四川、甘肃、陕西、重庆等一些省、自治区、直辖市以及人大或政府制定了相应的地方性禁毒法规、地方禁毒规章和其他规范性文件。云南、四川一些民族自治地方也结合本地区、本民族实际，制定了民族自治地方的禁毒立法。①

加入禁毒国际公约。1985 年 6 月中国批准加入经 1972 年议定书修正的联合国《单一公约》《1971 年精神药物公约》。1989 年 9 月中国批准加入《联合国禁止非法贩运麻醉药品和精神药物公约》。

立法机关制定的禁毒单行法。1990 年 12 月，全国人大常委会通过了《关于禁毒的决定》，这是一部专门针对毒品的单行法，是 20 世纪 90 年代以后打击毒品犯罪的主要法律武器。这部法律的通过说明我国针对毒品的立法进入了一个重要阶段，标志着我国禁毒工作开始进入有法可依的阶段。

此后，以“禁绝毒品”作为最终目标，对毒品犯罪保持了 20 多年的高压政策。从 1982 年开始，禁毒在“严打”的总体布局下逐步展开。

三、1991 年到 2008 年：中国禁毒立法体系逐渐完善的阶段

从 1991 年开始，我国禁毒立法逐步完善，围绕严厉打击毒品犯罪行为，形成社会广泛参与的禁毒工作格局。进一步完善刑法，完善行政处罚与管制，制定禁毒教育法律，制定完备统一的禁毒基本法律。

1997 年 3 月 14 日，第八届全国人民代表大会第五次会议通过了《刑法》修订案。修订后的《刑法》适应现实的需要，在吸收、保留《关于禁毒的决定》原有合理性条文的基础上，对于毒品犯罪的法条规定作了较为严谨、务实、合理的修改和补充，充分体现了从严惩处毒品犯罪这一中国禁毒刑事立法的显著特点。其一，对毒

① 褚宸舸．中国禁毒立法三十年——以立法体系的演进与嬗变为视角．中国人民公安大学学报（社会科学版），2008（3）.

品犯罪种类规定齐全，确保各种毒品犯罪行为受到法律制裁。该法规定了走私、贩卖、运输、制造毒品罪；非法持有毒品罪；窝藏、转移、隐瞒毒品、毒赃罪；走私制毒物品罪；非法买卖制毒物品罪；非法种植毒品原植物罪；非法买卖、运输、携带、持有毒品原植物种子、幼苗罪；非法提供麻醉药品、精神药品罪等12个罪名及刑罚，并对毒品洗钱犯罪行为作出处罚规定。其二，规定走私、贩卖、运输、制造毒品，无论数量多少，都要追究刑事责任，予以刑事处罚。毒品的数量以查证属实的走私、贩卖、运输、制造、非法持有毒品的数量计算，不以纯度折算，体现了从严惩处的坚决态度。其三，对毒品犯罪从经济上予以制裁。规定了对毒品犯罪并处没收财产或罚金，旨在剥夺毒品罪犯的非法收益，摧毁其再次实施毒品犯罪的经济能力。其四，对利用、教唆未成年人走私、贩卖、运输、制造毒品或者向未成年人出售毒品的，引诱、教唆、欺骗或者强迫未成年人吸食、注射毒品的，因走私、贩卖、运输、制造、非法持有毒品罪被判过刑，又有毒品犯罪行为的，从重处罚。其五，对犯走私、贩卖、运输、制造毒品等罪行严重的罪犯处以死刑。中国在立法上对毒品犯罪从严惩处，是现实禁毒斗争的需要，表明了中国政府严厉禁毒的立场。

《刑法》进一步完善对加大打击毒品犯罪行为的规定。1997年3月第八届全国人民代表大会第五次会议对《刑法》作了修订，[①]修订的《刑法》将《关于禁毒的决定》中刑事部分内容全部吸收入律，在总结禁毒斗争实践经验的基础上，又增加了一些新规定，并且明确《关于禁毒的决定》中有关行政处罚和行政措施的规定继续有效。修订后的《刑法》充分体现了我国禁毒刑事的立法“从严惩处毒品犯罪”的显著特点，自1997年以来，我国禁毒立法中的刑事法律基本稳定下来。

这一时期立法机关逐步完善了行政处罚与毒品管制立法。1994年5月12日对《治安管理处罚条例》进行修订。2005年8月28日经过第十届全国人民代表大会第十七次会议审议公布了《治安

① 金伟峰．禁毒法律制度研究．浙江大学出版社，2009：10.

管理处罚法》。该法第71条、第72条、第73条对各种涉毒违法行为作出了行政处罚的规定。2005年7月26日，国务院制定发布了《麻醉药品和精神药品管理条例》，我国将对麻醉药品和精神药品的管理纳入了法制化的轨道。1995年1月，国务院公布《强制戒毒办法》，规定强制戒毒和劳教戒毒是我国最主要的戒毒方法，对吸毒人员的戒毒管制有了明确依据。

2000年6月20日，最高人民法院作出了《关于审理毒品案件定罪量刑标准有关问题的解释》的司法解释，对《刑法》有关规定进行了细化，明确规定了各类苯丙胺类毒品、大麻油、大麻脂、大麻叶、大麻烟、可卡因、吗啡、杜冷丁、咖啡因、罂粟壳等为毒品，并对走私、贩卖精神药品、麻醉药品、易制毒化学品违法犯罪活动规定了具体量刑标准，明确了具有国家工作人员身份的人走私、制造、运输、贩卖毒品的，在戒毒监管场所贩卖毒品的，向多人贩毒或者多次贩毒的，都可以被认定为《刑法》第347条规定的“情节严重”。这项司法解释为司法机关依法严惩毒品犯罪提供了更加完善的法律依据。

从2003年起，国家禁毒办就《禁毒法》立项工作与全国人大法工委、国务院法制办进行沟通，并起草了《禁毒法》草案提纲。2004年，国家禁毒委员会成立《禁毒法》起草领导小组，成立专门办公室，基本完成草案，开始全面征求意见和修订草案。2006年8月，《禁毒法》第一次审议稿经国务院常务会议通过，提请第十届全国人大常委会审议。

2007年10月24日，《禁毒法》第二次审议稿提请人大常委会审议。2007年岁末《禁毒法》第三次审议，并于12月29日由第十届全国人大常委会第三十一次会议通过首部专门禁毒法典——《禁毒法》，并于2008年6月1日起施行。《禁毒法》是系统的禁毒法律及专门禁毒法典。是我国禁毒法制建设的一个里程碑，标志着我国禁毒法律体系得到进一步完善，为在新形势下全面加强禁毒工作提供了有力的法律保障。该法的颁布实施，对于进一步预防和打击毒品违法犯罪行为，维护社会秩序，保护公民身心健康，发挥了重要作用。该法共7章71条，分为总则、禁毒宣传教育、毒品管制、戒毒措施、禁毒国际合作、法律责任、附则。[①]《禁毒法》对我国禁毒工作的方针和工作机制、禁毒宣传教育、毒品管制、戒毒措施、禁毒国际合作以及公安机关的责任等作了明确具体的规定。

《禁毒法》与以往禁毒法律规范相比较，有六大亮点：一是第一次以立法的形式明确了“预防为主，综合治理，禁种、禁制、禁贩、禁吸并举”的禁毒工作方针；二是明确规定“禁毒是全社会的共同责任”，确立了“政府统一领导、有关部门各负其责，社会广泛参与”的禁毒工作机制，并且第一次在法律层面上明确了各部门、各组织和公民的禁毒宣传教育责任；三是第一次将禁毒委员会作为专门的禁毒组织领导机构写入法律，明确规定了各级禁毒委员会的职责，依法确立了禁毒工作的组织机构和领导体制；四是明确规定了禁毒的保障机制，规定“县级以上各级人民政府应当将禁毒工作纳入国民经济和社会发展规划，并将禁毒经费列入本级财政预算”；五是坚持以人为本的理念，立足吸毒者具有病人、违法者、受害者三重属性，对吸毒人员要惩罚、更要教育和救治的基本思路，首次将社区戒毒、社区康复、戒毒药物维持治疗以法律形式加以规定，对戒毒工作作出了重大改革；六是以专章将国际禁毒公约要求的国际合作义务法律化，并第一次将分享犯罪所得资产写入法律，加大了对毒品违法犯罪的惩治力度。

《禁毒法》的出台，是我国实施依法治国基本方略的又一重大立法成果，既充分表明了党和国家厉行禁毒的坚定决心，彰显了党和国家重视与加强禁毒工作的鲜明态度，也更深层次地表明，我们对毒品问题和禁毒工作的认识已经达到了更高水平，已经把毒品问题作为我国经济社会发展过程中将长期存在的一个社会问题，把禁毒工作作为一项长期开展的重要工作。针对毒品问题已经成为我国一个社会问题和国际毒品问题的一部分的现实，我们必须树立毒品问题需要长期面对、禁毒工作需要长远规划和依法治理的理念。

此外，各地方立法机关和人民政府根据禁毒工作的需要，也制定颁布了一系列关于禁毒的地方性法规。

---

① 金伟峰．禁毒法律制度研究．浙江大学出版社，2009：10.

云南省委、省政府在1989年除“六害”时，结合省情将禁毒作为“严打”的首要任务来抓，并于1989年8月26日制定了全国第一个关于禁毒的地方性法规——《云南省严禁毒品的行政处罚条例》，该法规于1990年1月1日生效。1990年6月，云南省人民代表大会通过了《关于云南省严禁吸食毒品的实施办法》，该办法加重了对吸毒者的处罚，使禁吸工作有法可依。1991年5月27日，云南省第七届人民代表大会常务委员会第十八次会议审议通过了《云南省严禁毒品条例》，并正式开始实施。

这一时期民族自治地方禁毒立法工作逐渐完善。我国云南、四川一些民族自治地方也结合本地区、本民族实际，制定了一些立法。20世纪80年代末至90年代上半叶，在云南省受毒品侵害最严重的滇西滇南的一些少数民族地区，也相继颁布了有关禁毒的地方性规章。1989年12月28日，德宏傣族、景颇族自治州人民代表大会通过了《德宏傣族、景颇族自治州禁止吸食毒品的行政处罚规定》；1990年8月16日，德宏傣族、景颇族自治州第九届人民代表大会第四次会议通过了《德宏傣族、景颇族自治州禁毒条例》；1991年5月1日，西双版纳傣族自治州第七届人民代表大会第五次会议通过了《西双版纳傣族自治州禁毒条例》；1994年3月24日，澜沧拉祜族自治县第十届人民代表大会第二次会议通过了《澜沧拉祜族自治县禁毒条例》；1995年4月1日，大理白族州第九届人民代表大会第三次会议通过了《大理白族自治州禁毒条例》。[①]

不断出台地方性禁毒法规和相关规定。1993年10月28日，《四川省禁毒条例》开始施行。1994年3月20日，广西壮族自治区人民政府发布了《关于禁毒的通告》，要求各级党委、政府以及有关部门的领导迅速行动起来，扎扎实实地把禁毒斗争不断推向深入。1994年11月29日，《贵州省禁止吸毒条例》颁行。四川、广东、广西、甘肃、陕西、黑龙江、宁夏、江苏等省（区）的地方立法机构以及其他一些毒害严重的县市，也从实际出发，制定了地方

---

① 齐霁．中国共产党禁毒史．中共党史出版社，2013：333.

性禁毒法规，这使我国的禁毒立法形成了一套自上而下的法律规范体系，其内容得到了健全和完善，为新时期禁毒工作提供了法律保障。

在非禁毒专门法中制定禁毒教育法律规范。1991 年 9 月颁布的《未成年人保护法》明确要求父母或其他监护人应当预防和制止未成年人吸毒。1997 年国家教育委员会会同国家禁毒委员会下发通知，规定把禁毒教育作为国民素质教育的组成部分，正式纳入中小学德育教育教学大纲。

四、2008 年至今：中国禁毒立法体系全面发展阶段

2009 年，为进一步完善与《禁毒法》相配套的法律法规，公安部、司法部、卫生部联合制定了《吸毒人员登记办法》，公安部制定并发布了《吸毒检测程序规定》，卫生部制定出台了《戒毒医疗服务管理暂行办法》、《阿片类药物依赖诊断治疗指导原则》和《苯丙胺类药物依赖诊断治疗指导原则》，公安部禁毒局还组织浙江、江苏、上海、福建等地公安机关深入开展调查研究，全面梳理了禁毒执法工作环节、工作流程、立法需求，起草了《毒品犯罪案件立案追诉标准》《公安机关查缉毒品工作规范》《公安机关毒品犯罪立案调查规定》《娱乐场所涉毒处理规范》等文件。

2010 年，我国继续加强和完善与《禁毒法》相关配套的法规建设。2011 年，国务院颁布了《戒毒条例》，为我国的戒毒措施规范化提供了法律依据。卫生部出台了《药品类易制毒化学品管理办法》；卫生部、公安部、司法部联合制定了《戒毒医疗服务管理暂行办法》《吸毒检测装备配置标准》等规范性文件；公安部起草了《吸毒成瘾认定办法》《公安机关强制隔离戒毒所管理办法》《公安机关强制隔离戒毒所等级评定办法》《强制隔离戒毒诊断评估办法》等规范性文件；围绕禁毒执法的基本环节和流程，公安部法制局制定了《公安机关执法细则》（禁毒分册），提高禁毒执法规范化、专业化、标准化水平。

为应对不断衍生的新精神活性物质，公安部、国家卫生计生委、食品药品监管总局、国家禁毒办于 2015 年颁布了《非药用类

麻醉药品和精神药品列管办法》，其附设的《非药用类麻醉药品和精神药品管制品种增补目录》成为我国管制新精神活性物质的依据，并且在不断更新当中为国际禁毒工作提供了重要的参考。

2015 年 5 月 18 日，最高人民法院颁布了《全国法院毒品犯罪审判工作座谈会纪要》（武汉会议纪要法〔2015〕129 号）；2016 年 1 月 25 日，最高人民法院审判委员会颁布了《关于审理毒品犯罪案件适用法律若干问题的解释》（法释〔2016〕8 号）；2018 年，公安部、财政部联合颁布了《毒品违法犯罪举报奖励办法》。

围绕青少年毒品预防教育“6・27”工程和社区戒毒社区康复“8・31”工程等专项工作，相关主体颁布了《全国社区戒毒社区康复工作规划》（2016—2020 年）等规范性文件，将禁毒工作推向多元化和社会化，也进一步丰富了我国的禁毒立法体系。

中华人民共和国成立以来，禁毒立法工作随着毒情形势的发展不断完善，从政策性治理到部门规章，从行政法规到单行法，从针对性立法到前瞻的规范性立法，我国的禁毒法律在不断进化的立法理念与立法技术推动之下不断修正着自身的体系，形成了层次分明、规范合理的法律制度，为推动禁毒工作发展起到积极作用。

【思考题】

1. 简述清朝《钦定查禁鸦片章程》的主要内容与立法特点。
2. 简述中华人民共和国成立后的禁毒立法历程。
3. 简述《禁毒法》制定的背景。

第三章　禁毒法的基本原则

【本章摘要】本章重点讲述了禁毒法的基本原则。首先介绍了禁毒法基本原则的概念和特征，并阐述了禁毒法基本原则的重要作用。其次介绍了禁毒法的五个基本原则：依法禁毒原则；预防为主原则；以人为本原则；综合治理原则；国际合作原则。

第一节　禁毒法基本原则概述

一、禁毒法基本原则的概念和特征

对于禁毒法的基本原则，我国学者鲜有论及，究其原因，其一，禁毒法体系内涵丰富，包括了大量的行政立法、刑事立法和国际法，各个部门法有自己的立法原则；其二，禁毒法律体系的完善是一个逐步渐进的过程，立法机关、学界对于禁毒法基本原则的认识也是一个逐步深入的过程。目前《禁毒法》中并没有对立法基本原则作明确规定，其中第4条规定了禁毒工作的方针和工作机制，本书认为这与禁毒法基本原则还是有所区别的。基于禁毒法基本原则的重要性，本章对禁毒法的基本原则进行了归纳阐述，本章所归纳的禁毒法基本原则也是建立在广义的禁毒法基础上，是对所有关于禁毒工作方面的立法进行认真梳理并结合禁毒工作中所需要贯彻的方针、政策归纳得出。

法律原则是法的重要组成部分，通常认为法的原则能够起到“统率着法律概念与法律规则”，“奠定了整个法律结构的性质和基础”的作用。而法的基本原则应当是“对法律最基本的价值与精神的总体反映和概括”。故而，禁毒法的基本原则是指贯穿于禁毒法律活动的所有领域，具有普遍指导意义，是禁毒法律的精神统领及禁毒法律的基本价值追求。根据这一定义，禁毒法的基本原则应当具备以下特征：

第一，贯穿于禁毒法律活动的所有领域。禁毒法的基本原则不是某一个禁毒领域的具体的法律原则，而必须是贯穿于禁毒法的各个领域，对于我国的禁毒法律活动具有全局性指导意义的法律原则，即从禁毒立法活动，到禁毒执法活动，再到禁毒司法活动以及禁毒宣传活动等所有禁毒领域都能够适用的法律原则。

第二，具有普遍指导意义。禁毒法的基本原则应当对禁毒领域的所有活动具有普遍的指导意义，因此，禁毒法的基本原则需要具备高度的概括性，使其能够适用于禁毒法律活动的所有领域，既能指导立法机关的禁毒立法活动，也能指导人民法院和人民检察院的禁毒司法工作、职能部门的禁毒执法活动、禁毒宣传工作。总之，只有能够对禁毒法律活动起到全局性普遍指导意义的法律原则才能成为禁毒法的基本原则。

第三，统领禁毒法律的基本精神并体现禁毒法律的基本价值追求。禁毒法的基本原则不是具体的法律规则或者法律概念，而是禁毒法律应当体现的基本精神和价值追求所在。它应当体现当代我国对禁毒工作的基本立场和基本态度，是人们对禁毒活动的一种普遍价值观念的法律表达，彰显了我们在禁毒活动中所要达至的目标。如果不具有这样的高度概括性，不体现出禁毒法律应当具备的基本精神和价值追求，则不能成为禁毒法的基本原则。

第四，构成了禁毒法的基础。禁毒法的基本原则构成了禁毒法的法律基础，即是禁毒领域具体法律原则、法律规则和法律制度的法律基础。这里表达了两层含义，首先，禁毒领域具体的法律原则、法律规则和法律制度是以禁毒法基本原则为基础派生出来的；其次，禁毒领域具体的法律原则、法律规则和法律制度都不能与禁毒法的基本原则相冲突、相抵触，如果这些具体的法律原则、法律规则和法律制度违背了禁毒法的基本原则，应当视为无效。

需要说明的是，禁毒法的基本原则与禁毒工作的方针和工作机制既有联系又有区别。禁毒法以禁毒工作为基础和核心，是调整禁毒工作中产生的各种社会关系的法律规范的总和，因此，《禁毒法》中对禁毒工作的方针和工作机制的规定也是禁毒法基本原则的核心，但是禁毒法的基本原则并不仅仅局限于《禁毒法》第4条规定的禁毒工作方针和工作机制的内容。除了需要指导禁毒工作以外，禁毒法的基本原则还要在禁毒领域的各个方面发挥作用，包括指导禁毒立法活动、禁毒司法活动等。

二、禁毒法基本原则的作用

禁毒法的基本原则在禁毒法律活动中发挥着重要的作用，具体表现在以下两个方面。

（一）禁毒法基本原则的指引性作用

禁毒法基本原则的指引作用，是指禁毒法基本原则中体现的这些基本的精神和价值追求，能够指引我们的禁毒活动，避免禁毒活动的不稳定性和无目的性，使我国禁毒活动始终朝着禁毒法基本原则中所体现的普适性标准发展，避免其偏离方向，违背禁毒法基本原则所确立的立法意图和目的。禁毒法基本原则的指引性作用具体表现在以下几个领域中：

第一，指引禁毒立法活动。目前我国已基本形成以《禁毒法》等法律为核心，以禁毒行政法规、地方性禁毒法规、部门规章和规范性法律文件为配套支撑的禁毒法律体系，但禁毒的立法工作仍然不够完善，需要我们结合禁毒的实际工作进行调整和规范，因此禁毒立法工作仍然显得十分重要。在今后的禁毒立法活动中，禁毒法的基本原则应成为基本的指导思想和价值标准，引导禁毒立法活动，使禁毒立法活动更加科学高效。

第二，指引禁毒执法活动。禁毒工作是一项复杂的系统工程，执法工作复杂，执法部门众多，如果缺乏禁毒基本原则的指引，容易出现不同部门执法工作人员在禁毒执法工作中对于禁毒法律法规理解上的偏差，从而导致执法工作与禁毒基本理念、基本精神相偏离，从而背离了禁毒法的基本价值追求。禁毒法基本原则可以统一思想认识，避免执法偏差，有效地指引禁毒执法活动。

第三，指引禁毒司法活动。禁毒司法活动包括公安机关对毒品案件的侦查活动、人民检察院对毒品案件的公诉活动以及人民法院对毒品案件的审理活动，在每一个司法环节中，办案人员运用国家法律来评判案件的证据事实，确定犯罪嫌疑人是否违背法律构成犯罪，在这个过程中，每个办案人员对国家法律的理解直接影响对案件的处理结果。禁毒法基本原则为办案人员提供了基本的精神要求和价值标准，指引办案人员在理解相关法律和看待案件证据事实的时候作出正确的决定。

第四，指引其他禁毒活动。除了上述立法、执法、司法活动，其他禁毒活动的内容也很丰富，随着我国毒品问题治理能力现代化的推进，不同领域的禁毒活动的内涵和外延还将不断扩展。禁毒是全社会的责任，社会团体、社会组织、企业、个人都会参与到禁毒活动中，如我们常见的毒品预防教育就是一项宣传活动，需要多元主体的参与；麻醉药品、精神药品、易制毒化学品的生产、销售、运输、进出口是一系列经济活动，除了监管部门，大量的企业和从业人员会参与其中；新型缉毒设备和新型戒毒药物的研发是科研活动，科研机构、企业、院校、个人都会成为科研的主体。类似活动都与禁毒工作息息相关，因此也可以纳入禁毒活动的范畴，禁毒法基本原则同样指引着此类活动的开展。

（二）禁毒法基本原则的弥补性作用

相对于社会关系的变化而言，法的滞后性是不可避免的，禁毒工作会随着毒情形势的变化而发展变化。因此，新形势、新情况随时有可能出现，可能出现法律无法调整和约束的情形，即法律暂时没有规定或者规定不是十分完备的时候。此时，禁毒法基本原则的弥补性作用就能够充分发挥了，即禁毒法基本原则中的原则性规定对这些法律的断层或空白状态予以弥补，为新产生的禁毒领域社会关系调整提供法律依据。

第二节　我国禁毒法基本原则

1979年，我国首次提出依法治国理念。1997年党的十五大报告明确规定“实行依法治国，建设社会主义法治国家”。1999年我国宪法修订时将依法治国正式写入宪法，使其具有了最高的法律地位。党的十八大将依法治国上升至国家治理体系与治理能力现代化的制度保障层面，党的十九大报告中重申了依法治国的重要地位，并指出“全面依法治国是国家治理的一场深刻革命”。党的十九届四中全会提出“必须坚定不移走中国特色社会主义法治道路，全面推进依法治国”，这为推进我国禁毒法律体系完善、推进毒品问题治理体系和治理能力现代化指明了方向——坚持以禁毒法基本原则为指导，加快形成完备的禁毒法律规范体系，科学高效地开展禁毒工作，使禁毒法律体系成为禁毒工作的有力法治保障。

一、依法禁毒原则

党的十九届四中全会提出了“坚持依法治国、依法执政、依法行政共同推进”，依法禁毒是现代中国依法治国理念在禁毒工作中的体现。在依法治国的大背景下，禁毒活动的开展只有严格依照法律，才能形成长久的制度保障。要贯彻依法禁毒原则，就必须注意以下几个方面的要求。

（一）健全完善禁毒法律体系

在我国，除了宪法以外，规范禁毒活动的法律法规主要有：《禁毒法》《刑法》《治安管理处罚法》《戒毒条例》《麻醉药品和精神药品管理条例》《易制毒化学品管理条例》等，已形成了以《禁毒法》等法律为核心，以行政法规、地方性禁毒法规、部门规章和规范性法律文件为配套支撑的禁毒法律体系。依法禁毒原则首先要求我们熟知这些需要遵守的法律规定，掌握这些法律规定的具体内容和具体要求，这是严格遵循依法禁毒原则的前提。从禁毒法律体系的现状来看，我国禁毒法律体系还不够健全和完备，未来还需要制定大量不同层级的禁毒法律规范来调整禁毒活动，各类立法主体在制定禁毒法律规范的时候，要严格依照宪法和《立法法》的规定，保证禁毒法律体系的统一性、协调性和完整性，使禁毒工作的法律依据具备合法性基础，在此基础上产生的法律行为才可能实现禁毒的目的。

（二）依法开展禁毒工作

禁毒是全社会的责任，各级政府、国家机关、企事业单位、社会团体和公民个人在禁毒工作中都能发挥各自的作用，上文所列举的法律法规就是各类主体依法开展禁毒工作的法律依据，无论是职能部门履行法定职责还是其他主体履行法定义务，都需要按照依法禁毒的原则来开展工作。根据开展禁毒工作的性质不同，也可以将依法开展禁毒工作划分为以下几个不同的层面理解：

1. 各级政府依法领导禁毒工作。《禁毒法》明确了各级政府领导禁毒工作的法定地位，规定了禁毒工作由各级政府统一领导，各级政府对禁毒工作的规划部署应当依法进行，县级以上各级人民政府应当将禁毒工作纳入国民经济和社会发展规划，并将禁毒经费列入本级财政预算。同时，国家禁毒委员会的法律地位也得到了明确，国家禁毒委员会依法负责组织、协调、指导全国的禁毒工作。

2. 依法开展禁毒执法工作。广义的禁毒执法，是指各类执法主体遵照国家法律管理禁毒事务的活动，包括各职能部门行政执法主体执行国家禁毒法律的活动。例如，公安机关依法开展对吸毒人员的动态管控，卫生行政部门依法对已列管的麻醉药品、精神药品的使用进行监管，文化主管部门和公安机关对娱乐场所进行监督管理防止毒品蔓延，海关对进出口的可疑物品进行核查，等等。只有依法开展禁毒执法工作，才能保证各部门科学、高效、合理地履行职责，才能做到各部门各负其责、互相配合，取得明显的禁毒成效。

3. 依法开展禁毒司法工作。禁毒司法活动主要指公安机关依法对毒品犯罪活动进行侦查的活动、人民检察院依法对毒品案件提起公诉的活动，以及人民法院依法对毒品案件进行审判的活动。禁毒司法活动有效地打击了毒品违法犯罪行为。依法禁毒原则要求禁毒司法主体严格遵守国家法律（包括实体法规定和程序法规定），一方面保证禁毒实体法中的权利义务得以实现，另一方面防止权力的滥用，保障禁毒司法活动的公正性。

4. 依法开展其他禁毒工作。禁毒工作是一项复杂的社会工程，依法开展禁毒工作除上述几个主要方面还包括其他配套工作。同时，禁毒工作要落到实处、取得实效，不能仅靠国家职能部门单打独斗，还需要社会组织、企事业单位和全体公民积极履行禁毒义务。例如，毒品预防教育工作的顺利开展就需要共青团、工会、妇联、学校、新闻媒体、公共场所经营管理者、未成年人的监护人等主体依法履行禁毒宣传教育的义务，按照禁毒法规定针对特定对象经常组织开展各种形式的禁毒宣传教育。再如，对禁毒工作社会捐赠也是在《禁毒法》《公益事业捐赠法》等法律规范的共同规制下开展的，虽然国家鼓励企事业单位和个人捐赠禁毒公益事业，但是对捐赠企业和个人的税收不能随意减免，只能依法给予优惠。又如，国家鼓励公民举报毒品违法犯罪行为，各地公安机关依靠群众提供的线索办理了大量的毒品案件，对于举报毒品违法犯罪的奖励应当依照《毒品违法犯罪举报奖励办法》[①] 开展。国家对有突出贡献的单位和个人给予表彰和奖励，各类科研单位、企业、高等院校和个人的科技创新、专利发明也不断促进禁毒工作迈上新的台阶，对于禁毒科技进步的奖励也要按照《科技进步法》及其配套法律法规开展。

（三）依法开展禁毒国际合作

禁毒国际合作关系到国家主权和尊严，因此依法开展禁毒国际合作是我国历来遵循的重要原则。目前我国禁毒国际合作包括三个层次：一是积极参与国际禁毒事务，参加联合国有关禁毒的活动；二是针对“金三角”“金新月”地区开展区域禁毒合作；三是开展

---

① 为动员全社会力量参与禁毒斗争，鼓励举报毒品违法犯罪活动，减少毒品社会危害，国家禁毒委员会办公室、公安部、财政部于 2018 年联合印发《毒品违法犯罪举报奖励办法》，要求各省（自治区、直辖市）及新疆生产建设兵团禁毒办、公安厅（局）、财政厅（局）遵照执行。

广泛的双边禁毒合作。各个层次的禁毒国际合作都应当遵循我国加入的国际条约和国内法相关规定，如果我国与其他国家之间没有缔结或参加国际条约，则依法按照对等原则开展禁毒国际合作。

二、预防为主原则

长期的禁毒斗争经验告诉我们，单纯依靠传统的惩治毒品违法犯罪的方式已经无法有效遏制毒品的泛滥和吸毒人群的增加，只有把毒品预防作为重要的原则来遵守，把禁毒工作的关注点前移，预先做好应对措施，增强人民群众的禁毒意识，才能达到禁毒的目的，使广大人民群众远离毒品。

一方面，我国禁毒法体系中大量的禁毒行政立法都聚焦于毒品预防环节。《禁毒法》总则中将“预防为主”作为禁毒工作的首要方针，第二章禁毒宣传教育、第三章毒品管制、第五章禁毒国际合作，都在力争从源头解决毒品问题。通过宣传教育使人们形成健康生活的理念，珍爱生命，远离毒品；通过科学合理的管制措施，使麻醉药品和精神药品在医疗、教学、科研方面发挥其合法的作用，为人类的健康服务；通过加强国际合作，缩减现有毒品原植物种植区域，逐步实现源头治理。《易制毒化学品管理条例》《麻醉药品和精神药品管理条例》《娱乐场所管理条例》等行政法规、部门规章和地方性禁毒立法也从各个方面遏制境外毒品流入我国、杜绝制毒物品流入非法途径、逐渐缩小毒品的消费市场，充分体现出预防为主的原则。

另一方面，我国禁毒刑事立法虽然主要以惩治毒品犯罪为目的，但也充分体现了预防毒品犯罪的理念。刑罚的目的是预防犯罪，除了刑法总则明确了预防犯罪的目的之外，相关司法解释也将预防犯罪作为具体目标，如《全国部分法院审理毒品犯罪案件工作座谈会纪要》（简称《大连会议纪要》）[①] 明确提出在考虑毒品数量这

---

① 2008 年 9 月 23 日至 24 日，部分法院审理毒品案件座谈会在大连召开，会议对当时毒品犯罪案件出现的新情况、新问题进行了深入研究并取得了共识，形成了《全国部分法院审理毒品犯罪案件工作座谈会纪要》（2008 年 12 月 1 日法〔2008〕324 号）。

一重要量刑情节时，应当综合考虑依法惩治、预防毒品犯罪的需要，不能把毒品数量作为唯一的量刑情节。

三、以人为本原则

以人为本是科学发展观的核心内容，强调人与自然、人与社会、人与人的和谐发展，坚持以人为本是2003年党的十六届三中全会提出的要求。2004年宪法修改后以人为本的思想在宪法和其他基本法中充分体现出来。以人为本原则要求禁毒法律体系最大限度地服务于人民的物质文化生活需要，首先，麻醉药品和精神药品在当今的医疗措施中是不可缺少的，禁毒工作不能因噎废食，禁毒法就是要使麻醉药品和精神药品在合法渠道生产、流通、使用，使其在医疗、科研、教学领域发挥其应有的作用，从而保障人民群众的需要。其次，毒品预防教育的目标和方式也体现出以人为本的人文关怀，不仅关注毒品问题引发的一系列社会问题，还将之与青少年人生观、世界观和价值观的塑造结合起来，是关怀青少年成长和发展的重要教育环节。最后，禁毒国际合作中也体现了以人为本原则，对于毒品原植物种植国，我国开展在该地区的替代种植项目，帮助当地人摆脱毒品利益链的枷锁，发展正常的经济形态，既保证了正常的生产生活需要，还解决了当地的就业问题。

最能集中体现以人为本原则的，是我国戒毒相关法律法规。2004年温家宝同志看望湖北戒毒人员时就强调了要坚持以人为本，加强对戒毒所的管理，增加人文关怀[①]。我国戒毒模式的探索和完善

---

① 贺劲松.一次特殊的探望——温家宝探望戒毒人员纪实.[2004-06-17]. http://www.people.com.cn/GB/shizheng/1026/2580117.html. 温家宝指出：要以科学的态度对待吸毒人员。他们吸毒是违法的，但他们又是病人，是受害者，对他们要给予更多的关爱和帮助。要以科学的方法进行治疗，既要借鉴国外成功的经验，又要结合我国实际，研究适合我国国情、中西医结合的科学戒毒方法，帮助吸毒人员脱离毒海。要坚持以人为本，加强对戒毒所的管理，增加人文关怀。

也是在以人为本原则的指导下逐步完成的。《禁毒法》第四章戒毒模式中明确规定，“国家采取各种措施帮助吸毒人员戒除毒瘾，教育和挽救吸毒人员”，由此可见，戒毒工作的理念从管理、处罚逐步转变为教育、感化和挽救。对吸毒人员的定位从单纯的违法人员，到科学认识到其违法者、受害者、病人的三重身份。治理吸毒问题的角度从维护社会秩序的单一角度到人道主义、人文关怀和医学的立体角度。2011 年 6 月 26 日国务院颁布的《戒毒条例》明确将“以人为本、科学戒治、综合矫治、关怀救助”作为戒毒工作的总原则，其中以人为本是最核心的指导原则。在我国戒毒法律法规中以人为本原则主要体现在以下方面。

（一）戒毒模式的多样化

吸毒人员情况各不相同，以人为本的原则要求戒毒措施尽量符合戒毒人员的身体和心理状况，使戒毒过程尽量降低痛苦，使戒毒人员尽快恢复身心健康并开始正常的社会生活。我国目前的戒毒模式呈现出多样化的特点，以社区戒毒为主导，强制隔离戒毒、社区康复、自愿戒毒模式相互衔接，辅以药物维持治疗、戒毒康复场所等帮助脱毒方式，避免“一刀切”的方式。戒毒人员有一定的选择权，如社区戒毒人员可以到有资质的医疗机构参加自愿戒毒，也可以自愿到戒毒康复场所戒毒，可以向公安机关申请参加强制隔离戒毒，最大限度地调动戒毒人员的主观能动性，用其最能接受的方式开展生理、心理的治疗和身体康复训练，使其顺利脱离毒瘾，回归社会。同时，强制隔离戒毒因其需要到特定的场所执行，并且限制了人身自由，所以法律明文规定怀孕和正在哺乳自己不满一周岁婴儿的妇女吸毒成瘾的，不适用强制隔离戒毒，不满十六周岁的未成年人吸毒成瘾的，可以不适用强制隔离戒毒。体现了禁毒法律法规对妇女儿童的保护。

（二）戒毒人员享有法定的权利

戒毒人员在参加不同戒毒模式时必须服从管理、履行法定的义务，但他们也享有法定的权利。例如，国家鼓励吸毒人员积极自愿到戒毒医疗机构戒毒，法律规定戒毒医疗机构不得以营利为目的，具备资质的戒毒医疗机构收费标准由省级政府价格主管部门会同卫生行政部门制定，自愿戒毒人员获得的医疗服务是经过严格核定的最低价格。社区戒毒人员依法享有社区戒毒工作小组提供的戒除毒瘾的各种帮助，包括戒毒知识辅导、教育、劝诫、职业技能培训、就学、就业、就医援助。强制隔离戒毒场所中的戒毒人员依法享有通信、会见的权利，同时享有根据各人吸毒史、年龄、性别、患病情况分别得到有针对性的治疗的权利。参加戒毒康复场所戒毒的人员可以自愿与戒毒康复场所签订协议，到戒毒康复场所生活劳动，享有按照国家劳动用工制度获得劳动报酬的权利。上述制度设计都体现了以人为本的原则，使戒毒人员的各项基本权利得到充分保障。

（三）禁止歧视规定

《禁毒法》规定国家要采取各种措施帮助吸毒人员戒除毒瘾，教育和挽救吸毒人员，而教育和挽救需要全社会形成不歧视的氛围和环境。实践证明暂时的戒除毒瘾相对容易，彻底戒除毒瘾并恢复正常的生活则相对较难，戒毒人员遭到亲友的排斥和社会的歧视是他们选择重回不良生活圈，甚至复吸的重要因素，因此以人为本的原则要求对戒毒人员充分的尊重，包括尊重其人格、生存权和健康权。《禁毒法》规定戒毒人员在入学、就业、享受社会保障等方面不受歧视，有关部门、组织和人员应当在入学、就业、享受社会保障等方面对戒毒人员予以必要的指导与帮助，有关单位及其工作人员在入学、就业、享受社会保障等方面歧视戒毒人员的，由教育行政部门、劳动行政部门责令改正；给当事人造成损失的，依法承担赔偿责任。禁止歧视的规定让戒毒人员从根本上感受到回归社会的可能性，从而重新振作起来，配合政府开展的心理辅导、行为矫正、就业、就学帮助，树立信心，开始崭新的生活。

四、综合治理原则

综合治理的概念最早是在社会治安管理领域中提出，1991 年 2

月中共中央、国务院《关于加强社会治安综合治理的决定》中，对加强社会治安综合治理的重要性作了详细规定。这是中央首次以综合治理为主题向全国发出的正式文件。同年3月2日，第七届全国人民代表大会常务委员会第十八次会议通过了《关于加强社会治安综合治理的决定》，以国家最高权力机关的名义，把社会治安综合治理的有关问题用法律形式固定下来。依据相关法律的规定，社会治安综合治理，是指在各级党委和政府的统一领导下，以政法机关为骨干，依靠人民群众和社会各方面的力量，分工合作，综合运用法律、政治、经济、行政、教育、文化等各种手段，惩罚犯罪，改造罪犯，教育挽救失足者，预防犯罪，达到维护社会治安，保障人民幸福生活，保障社会主义现代化建设顺利进行的目的。实践证明，综合治理是应对复杂的社会治安管理工作的有效手段。

禁毒工作同样是一项长期、复杂、系统的工程，涉及社会经济生活的各个领域，因此，在禁毒工作中延续治安管理领域提出的综合治理的理念是十分必要的，应当将其作为一项基本原则确立下来，贯穿于我国禁毒工作的所有环节中。我国长期的禁毒斗争经验也表明，仅靠公安机关开展打击是不够的，必须从全局入手，依据我国毒情实际，运用多种手段，各职能部门之间分工配合，齐抓共管，调动全社会力量，综合施策，才能够有效遏制毒品问题。

21世纪初，我国已经将综合治理作为禁毒工作的一项基本方针，2008年施行的《禁毒法》中也明确将综合治理作为一项禁毒工作基本方针确立下来。当前我国的禁毒形势依然严峻，国家禁毒委员会办公室公布的《2018年中国毒品形势报告》表明，当前中国毒品形势稳中向好，毒品蔓延势头整体可控，毒品供应、毒品需求和毒品危害得到遏制，一些地方毒情形势正在逐步好转。但是，在毒品问题全球化的大背景下，中国毒品问题持续蔓延态势仍未改变，国际毒潮渗透和国内制毒蔓延相互影响，传统毒品和新型毒品相互叠加，毒品网上传播和网下蔓延相互交织，呈现出毒品问题蔓延期、毒品犯罪高发期和毒品治理攻坚期的阶段性特征，禁毒斗争形势依然严峻复杂。如此复杂的毒品形势，要求我们在禁毒工作中综合运用法律、政治、经济、行政、教育、医疗、文化等多种手段和方法，在党和政府的统一领导下，各职能部门各司其职、互相配合，广泛发动人民群众参与禁毒斗争，减少毒品的供应市场和需求市场，从而有效预防和控制毒品问题，维护社会的稳定和发展。

综合治理主要体现在三个方面：第一，加强对毒品犯罪活动的打击力度，从源头上遏制毒品的流入和产生，减少毒品的供应市场。坚持严厉惩处毒品犯罪，坚持注重经济处罚，坚持区别对待的禁毒刑事立法原则，严格按照刑法严惩制毒窝点、贩毒集团、贩毒分子，决不手软。第二，在政府统一领导下发挥各职能部门的作用，完善协作交流机制，从宣传教育、毒品管制、戒治救助、财政保障、技术研发等方面形成部门综合治理强大合力，推进国家禁毒治理体系和禁毒治理能力现代化。第三，充分发挥基层组织和人民群众的力量，积极培育公益性、服务性、互助性的组织，调动各方积极因素，采用多种手段，建立立体多元的治理体系。

五、国际合作原则

从历史上看，鸦片贸易的跨国性决定了毒品问题伊始便是国际问题，从 19 世纪中叶到中华人民共和国成立之前的鸦片泛滥都具有很强的国际背景，自 1909 年上海召开的万国禁烟会议开始，我国的毒品问题已经被纳入了世界禁毒体系中。20 世纪随着毒品危害的蔓延，无论是发达国家还是欠发达地区的政府都开始达成“毒品是人类的公敌”这一共识，禁毒国际合作在联合国、上合组织等多种平台以多种形式开展。当前，我国毒品形势的重要特点之一就是毒源在境外，要解决毒品问题必须与邻国甚至是世界范围的各个国家进行国际合作，因此，国际合作原则是禁毒立法遵循的重要原则之一。我国禁毒法律体系中国际合作原则主要体现在以下几个方面。

（一）履行国际公约和双边条约

1985 年我国加入了联合国《单一公约》《1971 年精神药物公约》，1989 年我国加入了《联合国禁止非法贩运麻醉药品和精神药物公约》。20 世纪 80 年代以来，我国与多国签订了禁毒双边协议，致力于开展与大湄公河次区域国家、上合组织国家、金砖国家的禁毒国际合作，同时巩固中美、中欧、中澳等已建立的禁毒跨国合作机制。上述国际公约与双边条约签署实施以来，对我国国内的禁毒法律体系完善也起到了很好的促进作用，是我国禁毒国际合作重要的法律渊源和法律依据。

（二）以对等原则开展多领域禁毒国际合作

当今国际毒情变化速度快，“金三角”、“金新月”、南美等国家毒品形势依然严峻，从全球范围看毒品来源、种类、吸毒人数逐步呈现出扩大的趋势，在毒品问题全球化的大背景下，我们要积极开展与各个国家的多层次、多领域的禁毒合作。《禁毒法》明确规定中华人民共和国根据缔结或者参加的国际条约或者按照对等原则开展禁毒国际合作，若我国与其他国际法主体之间没有缔结或者参加国际条约，依然可以按照对等原则开展国际合作。对等原则是基于主权国家之间应当平等对待的理论而确立的，实践中我国根据对等原则开展了禁毒执法合作，禁毒司法协助，禁毒情报交流，禁毒执法人员互访、培训等多领域、广泛的禁毒国际合作，并取得了良好的效果。

（三）开展替代种植解决毒品供给问题

常见的毒品原植物包括罂粟、大麻、古柯，毒品原植物种植地一般受到历史、经济、政治等多重因素影响而形成。由于种植环节是毒品交易利益链的底层，从事种植的人员从中获利的空间较小，因此，用粮食或经济作物来替代毒品原植物的种植不但从根本上断绝了毒品加工原料的供给，也可以让原来从事种植毒品原植物的人员脱离这种畸形的、危害社会的生产活动。20 世纪 90 年代以来，我国帮助缅甸、泰国、老挝、越南等国家发展替代种植，由替代种植衍生出的替代产业也使简单农业生产扩展出了深加工的产业，帮助解决了当地的发展问题。《禁毒法》第 58 条明确规定了国务院有关部门根据国务院授权，可以通过对外援助等渠道，支持有关国家实施毒品原植物替代种植、发展替代产业，由此替代种植在国内法中得以明确。截至2015年年底，我国对缅北、老北累计实施替代项目200多个，替代种植面积300多万亩。近年来，卫星遥感技术进一步运用到替代种植区域，同时，我国不断完善中缅、中老替代种植工作联络协调机制[①]，巩固了替代种植成果。

（四）开展易制毒化学品国际核查

易制毒化学品在国民经济生产中发挥着重要的作用，但如果流入非法渠道可能用作毒品加工的原料和配剂，我国作为一个负责任的化工大国，高度重视与其他国家在易制毒化学品进出口国际核查方面的协作。《易制毒化学品管理条例》以专章规定了“易制毒化学品的进口、出口管理”，同时明确了易制毒化学品国际核查制度。2006年公安部、商务部共同颁布实施了《易制毒化学品进出口国际核查管理规定》，将该制度的操作进一步明确细化。2017年核查易制毒化学品进出口贸易418.11万吨，其中进口核查358.17万吨，出口核查59.94万吨，成功阻止了171批次6.75万吨易制毒化学品进出口[②]。

【思考题】

1. 禁毒法的基本原则有哪些？
2. 禁毒法的基本原则具有哪些特征？
3. 如何理解预防为主原则？

---

① 中国国家禁毒委员会办公室．中国禁毒报告（2016、2017、2018）．

② 中国国家禁毒委员会办公室．中国禁毒报告，2018.

第二编　禁毒行政法律

第四章　禁毒行政法概述

【本章摘要】禁毒行政法是我国禁毒法律体系中的重要内容，在禁毒工作中具有重要的地位。我国政府高度重视禁毒法制建设，20 多年间先后颁布了《禁毒法》《治安管理处罚法》《海关法》以及《戒毒条例》《易制毒化学品管理条例》《麻醉药品和精神药品管理条例》等禁毒行政法律法规和行政规章，为依法禁毒提供了法制保障。禁毒行政法通过明确禁毒基本问题以及各级政府、公安、司法、教育、市场监督管理、应急管理、卫生健康、海关等禁毒行政主体的职权职责，规范禁毒宣传教育、戒毒麻醉药品与精神药品管理、易制毒化学品管理、涉毒行政处罚、禁毒社会工作、禁毒奖励等各项禁毒行政事务，贯彻落实“政府统一领导，有关部门各负其责，社会广泛参与”的禁毒工作机制，全面提升了禁毒行政管理工作的合法性和规范化。随着我国依法治国方略的全面实施，禁毒行政法在禁毒工作及社会生活中的地位和作用将越来越重要。

第一节　禁毒行政法概念和特征

一、禁毒行政概述

（一）禁毒行政的概念

“禁毒”一词是我国对毒品、易制毒化学品和涉毒行为预防控制的专业用语，世界上大多数国家均使用“毒品和涉毒行为预防控制”的称谓。

禁毒行政是国家行政活动的有机组成部分，是指负有禁毒职责的行政主体（政府、公安、司法、市场监督管理、卫生健康、海关等部门）依法对毒品、易制毒化学品和涉毒行为进行预防、控制、管理等活动的总称。

禁毒行政涉及对毒品、易制毒化学品和涉毒行为进行预防管控与禁毒宣传教育等社会工作，在政府主导下通过行政主体依法行使职权和充分发挥群众监督的力量，维护正常社会秩序和保护公民身心健康。

（二）禁毒行政的特征

1. 国家意志性。禁毒行政是国家行政管理的有机组成部分，由特定的行政主体以国家的名义实施，涉及国家公权力的行使并体现国家意志。

2. 法律性。依法禁毒是依法治国的必然要求和禁毒工作的发展方向，禁毒行政执法必须坚持依法行政并接受法律监督制约。

3. 主体特定性。禁毒行政主体为依法负有禁毒职能的各级政府、公安、司法、市场监督管理、卫生健康、海关、民政等行政机关和法律法规授权的组织。

4. 内容广泛性。禁毒行政内容涉及毒品、易制毒化学品和涉毒行为的预防、控制、管理等内容，与行政相对人的人身、财产及其他合法权益息息相关。

5. 国家强制性。禁毒行政以国家强制力为后盾，行政相对人对行政主体的管理活动负有服从、接受和协助的义务，否则可借助法律手段强制相对人服从或履行。

二、禁毒行政法概述

（一）禁毒行政法的概念

禁毒行政法是我国行政法的重要组成部分，指涉及禁毒行政管理的行政法律规范的总称。禁毒行政法由规范禁毒行政主体和行政职权的行政组织法、规范禁毒行政权行使的行政行为法、规范禁毒行政权运行程序的行政程序法、规范行政监督的行政监督和行政救济法组成。

（二）禁毒行政法的特征

1. 内容广泛性。涉及毒品、易制毒化学品管理及涉毒行为预防、控制等方面，彰显了我国预防为主，综合治理，禁种、禁制、禁贩、禁吸并举的禁毒方针。

2. 形式多样性。禁毒行政法律规范由涉及禁毒工作的法律、行政法规、地方性法规、民族自治条例及单行条例、行政规章组成，为综合性的行政法律体系。

3. 内容变动性。在禁毒行政法中，实体与程序规定集于一体，内容具有很强的变动性，体现了我国行政法的特点。

三、禁毒行政法的地位与作用

（一）禁毒行政法的地位

我国政府高度重视禁毒法制体系建设，不断加快禁毒立法步伐，制定颁布了一系列法律法规，禁毒法律体系逐步完善健全，依法禁毒成为禁毒工作的指导方针。20 多年来我国先后颁布了《禁毒法》《治安管理处罚法》《海关法》《戒毒条例》《易制毒化学品管理条例》《麻醉药品和精神药品管理条例》等禁毒行政法律法规，地方政府也先后制定了一系列配套法规，为开展禁毒斗争提供了有力的法律武器，为在新形势下全面加强禁毒工作提供了法制保障，中国禁毒工作由此进入依法全面推进的历史阶段。

禁毒行政法以《禁毒法》为基本法，以行政法规、地方性法规、行政规章等形式构成了禁毒行政综合法律体系，在我国社会主义法律体系中具有重要的地位。禁毒行政法通过明确禁毒基本问题和政府、公安、司法、市场监督管理、卫生健康等禁毒行政主体的行政职权，规范禁毒宣传教育、戒毒、麻醉药品与精神药品管理、易制毒化学品管理、禁毒社会工作、禁毒奖励、吸毒成瘾认定等各项具体事务，显著地提升了禁毒行政管理工作的法治化和规范化，促进了我国依法禁毒工作的全面开展。随着我国依法治国方略的全面实施，禁毒行政法在社会生活中的地位和作用越来越重要。

（二）禁毒行政法的作用

禁毒行政法在禁毒行政管理工作中的重要作用主要表现在以下三个方面：

1. 维护作用。我国坚持预防为主、综合治理和“四禁并举”的禁毒方针，严厉打击毒品和涉毒违法犯罪行为。禁毒行政法明确了政府、公安、司法、市场监督管理、卫生健康等部门的禁毒职权，通过行政立法、行政执法及行政司法等各种手段促使其依法履行职责。同时有效地规范公民、法人及其他社会组织的行为，确保行政机关有效开展对毒品、易制毒化学品和涉毒行为的管理，预防和惩治涉毒违法行为，有效维护正常的社会管理秩序和社会公共利益。

2. 规范作用。禁毒行政涉及毒品、易制毒化学品及涉毒行为的预防、控制、管控等方面，管控工作有赖于公共权力的介入，同时也与维护行政相对人的人身、财产及其他合法权益息息相关。禁毒行政法既要维护公共利益又要保护行政相对人的合法权益，主要表现在两个方面：一是赋予特定行政主体在禁毒工作中的权限范围、行使方式及法律责任，促使其依法履行职权；二是规范公民、法人及其他社会组织的权利义务，以维护其合法权益不受行政损害。

3. 监督作用。行政权力客观上存在易腐性、扩张性以及与个人权利的不对等性，因而必须加以规范和监督制约，在各类监督方式中，最有效、最直接的监督就是法律监督。禁毒行政法在赋予特定禁毒行政主体行政职权的同时，也赋予了公民、法人或其他组织广泛的监督权（如检举权、控告权），行政权行使过程中的参与权（如知情权、要求听证权），特别是对行政行为侵犯其合法权益提起行政复议、行政诉讼和行政赔偿的权利，从而有效保护行政相对人的合法权益，促进禁毒行政管理工作依法进行。

四、禁毒行政法的分类

我国禁毒行政法律体系以《禁毒法》为基础，以《治安管理处罚法》《海关法》《戒毒条例》《易制毒化学品管理条例》《麻醉药品和精神药品管理条例》《药品类易制毒化学品管理办法》等法律、行政法规、地方性法规、行政规章以及我国加入的禁毒国际公约为主线，并以非禁毒专门法中涉及禁毒的法律规范为补充，形成了内容广泛、层次多样、互相配套的禁毒行政法律体系。

按照不同的标准可对禁毒行政法作不同的分类，本书主要按立法主体和法律位阶效力对禁毒行政法进行分类，旨在从不同的角度全面了解认识我国禁毒行政法的功能和属性。

（一）按法律位阶效力分类

以立法主体和法律位阶效力为标准，可将禁毒行政法分为全国人大制定的法律、国务院的行政法规、地方性法规、行政规章等。关于禁毒行政法国内渊源及主要法律文件详见本书第一章第二节禁毒行政法律制度内容，为避免内容重复，在此不再赘述。此外，禁毒行政法还包括我国加入的禁毒国际公约及国际惯例，以及非禁毒专门法中涉及禁毒的法律规范，禁毒主管部门的行政规范性文件等内容，涉及数量较多，内容覆盖面较广，本书因篇幅限制恕不一一介绍，读者可登录我国权威禁毒网站（如公安部网站、“6·26”禁毒网站）检索查询相关资料。

（二）其他分类

禁毒行政法还可按其他标准进行分类，如按调整部门类别，可分为禁毒法与管制法；按有无行政处罚手段，可分为处罚法和非处罚法；按管辖范围，可分为专门法和非专门法（专门法是指可以全部纳入禁毒领域的法规，如《禁毒法》《戒毒条例》等；非专门法指只有部分内容可纳入禁毒领域的法规，如《海关法》《治安管理处罚法》《艾滋病防治条例》等）。有些法规，如国务院《麻醉药品和精神药品管理条例》，既可整体纳入禁毒领域，亦可整体纳入药品管理领域，实际上具有双重属性。

五、禁毒法律制度的基本内容

我国禁毒行政法法律体系，包括禁毒教育宣传、毒品和易制毒化学药品管制、戒毒康复、涉毒行政处罚等禁毒法律制度。关于禁毒教育宣传、毒品管制、戒毒康复三项制度，本书第一章第一节禁毒法调整对象中已有涉及，此处不再赘述。对于涉毒违法行为的行政处罚问题，将在本书第八章进行详细介绍。

第二节　禁毒行政主体

一、禁毒行政主体概述

（一）禁毒行政主体的概念

禁毒行政主体，是指根据禁毒行政法律法规的规定享有禁毒行政管理职权，能以自己的名义实施禁毒行政行为，能够独立承担相应法律后果的行政机关或法律法规授权的社会组织。例如，《戒毒条例》第4条第2款规定，“县级以上地方人民政府公安机关负责对涉嫌吸毒人员进行检测”，此规定将吸毒检测的权力归属于公安机关，公安机关即为实施吸毒检测行为的行政主体。

（二）禁毒行政主体的特征

1. 是依法享有禁毒行政职能的行政机关或法律法规授权的社会组织，如各级政府、公安、司法、民政、市场监督管理、卫生健康、海关等行政机关，以及法律法规授权在禁毒工作中享有行政管理权的社会组织，如城市街道办事处等机构组织。

2. 依法享有国家禁毒行政管理职权，如对涉毒行为的行政处罚权，对毒品和涉毒行为的行政强制权，对易制毒化学品生产、销售、运输的行政许可权，对举报毒品违法犯罪的行为进行行政奖励权等。

3. 能以自己的名义实施禁毒行政执法活动，即具有独立的法律人格，能够独立自主地表达自己的意志并实施特定行政行为。

4. 对自己所实施的禁毒行政行为具有独立承担法律后果的能力。如果违法行使职权造成行政相对人的人身财产损害，将承担行政赔偿责任。

二、禁毒行政主体的分类

根据不同的标准，可以对禁毒行政主体作出不同的分类。

（一）外部行政主体与内部行政主体

根据禁毒行政主体实施行政职权的范围，禁毒行政主体可划分为外部行政主体和内部行政主体。

外部行政主体，是指依法对行政相对人实施禁毒行政行为的行政主体，如公安机关对吸毒人员作出强制隔离戒毒决定，市场监督管理部门对药品类易制毒化学品生产、经营、购买等方面的监督管理。内部行政主体，是指依法享有禁毒职能的行政机关对内设机构及工作人员实施行政管理，如公安机关对禁毒部门、派出所的禁毒业务工作进行工作协调和人员分工。

（二）中央行政主体与地方行政主体

根据禁毒行政主体的职权范围的不同，禁毒行政主体可分为中央行政主体和地方行政主体。

中央行政主体，是指行使禁毒行政职权的范围及于全国的行政机关或组织，如具有禁毒职能的国务院部委办局。地方行政主体，是指地方各级人民政府及享有禁毒职能的行政机关和法律法规授权的组织。

（三）职权性行政主体与授权性行政主体

根据行政职权的性质与法律来源的不同，可把禁毒行政主体分为职权性行政主体与授权性行政主体。

职权性行政主体，是指法律法规赋予其固有禁毒职权的行政主体，如中央和地方各级人民政府及其禁毒职能部门（各级政府、公安、司法、卫生健康、市场监督管理等部门）。授权性行政主体，是指根据法律、法规授权而享有禁毒行政职能的社会组织，被授权的组织可以是行政机关的派出机构、企事业或其他社会团体，如根据《禁毒法》规定，社区组织及乡镇（街道）办事处在吸毒人员社区戒毒及社区康复治疗工作中享有行政管理的职能。

三、禁毒行政主体的职务关系

（一）禁毒行政主体的职务关系

根据禁毒行政主体之间有无隶属关系或隶属的紧密程度，可将禁毒行政主体之间的职务关系分为三种类型：

1. 领导与被领导关系。领导与被领导关系也称为“领导关系”，它是在有直接隶属关系的行政主体之间形成的一种职务关系。根据相关行政组织法规定，行政主体之间的职务领导关系又可分为两种情况：一是单一的领导关系，如上下级人民政府之间的职务关系；二是双重领导关系，如公安部门既受本级人民政府的直接领导，同时也受上级公安机关的直接领导。

2. 指导与被指导关系。指导与被指导关系通常简称为“指导关系”，它是在有间接隶属关系的行政主体之间形成的一种职务关系。在指导关系中作为指导方的行政主体享有对被指导方行政主体的行政指导权，但没有命令、指挥权，无权直接改变或者撤销被指导方行政主体的行政行为。在我国，上下级人民政府对应职能部门之间大多存在行政指导关系。

3. 公务协助关系。公务协助关系是在彼此无隶属关系的行政主体之间形成的一种职务关系，如公安、司法、教育、卫生健康、市场监督管理、应急安全管理等行政机关在禁毒工作中就存在合作关系，各职能部门应在各司其职基础上进行相互配合。

（二）行政职务纠纷的处理

对于禁毒行政主体之间因行使职权、执行公务而在职权领域内发生的各种行政职务纠纷的处理，实践中主要是按照行政程序由行政系统内部解决，通过各方协商或由共同上一级机构协调处理，一般不受司法机关管辖。因禁毒行政主体的职务纠纷属于内部行政争议，其处理方式应有别于对外部行政争议的处理方式。

四、禁毒行政主体职能简介

我国的禁毒工作实行政府统一领导，有关部门各负其责，社会广泛参与的工作机制。禁毒工作由公安禁毒部门主管，政府有关职能部门齐抓共管，社会团体共同参与。基于行政法研究角度，此处着重介绍相关禁毒行政主体的主要禁毒行政职能。

（一）各级人民政府

1. 组织领导当地禁毒工作，敦促有关部门各负其责，建立社会广泛参与的禁毒工作机制；
2. 开展多种形式的禁毒宣传，加强毒品预防教育；
3. 组织开展禁毒调查研究，制定针对性措施，及时分析禁毒工作面临的形势以及存在的突出问题，提出对策建议；
4. 组织、协调、指导、督查禁毒办成员单位和各社区（小区）的工作，动员社会各方面力量共同参与禁毒工作；
5. 具体负责年度各项禁毒指标任务的分解和年终各项工作的检查验收，负责禁毒工作责任制的考核，并提出奖惩意见。

（二）公安部门

1. 准确掌握毒品违法犯罪动态，研究制定防范、打击对策；
2. 组织领导和实施毒品违法犯罪案件的侦查调查工作；
3. 开展毒品预防宣传、禁吸戒毒、禁种铲毒工作；
4. 对吸毒人员进行检测、登记，实行动态管理，依法决定吸毒成瘾人员接受社区戒毒、社区康复或采取强制隔离戒毒措施；
5. 负责麻醉药品、精神药物安全管理和易制毒化学品管制等工作；
6. 协调本地区国际禁毒警务合作，承担政府禁毒委员会办公室职能。

（三）司法行政部门

1. 将禁毒法制宣传教育纳入普法教育规划并组织实施；

2. 加强强制隔离戒毒场所和戒毒康复场所的管理；

3. 对社区戒毒和社区康复提供指导和协助，对戒毒康复人员开展法制宣传教育并提供司法援助；

4. 加强对在监、在教的涉毒违法犯罪人员的教育改造和必要的戒毒治疗，努力提高吸毒人员的保持操守率，减少复吸行为的发生；

5. 向同级禁毒委员会报告强制隔离戒毒场所及各类监所内吸毒人数情况，配合公安机关开展吸毒人员检测登记工作。

（四）卫生健康部门

1. 负责戒毒医疗机构的设置审批并报同级公安机关备案，取缔非法设立的戒毒医疗机构；

2. 规范戒毒治疗的规章制度，对戒毒医疗机构开展监督检查，对从事医疗和护理的人员进行资格认证；

3. 加强医疗机构内部麻醉药品、精神药物的安全管理，负责药物滥用监测分析报告，为当地禁毒工作提供咨询意见和建议；

4. 积极开展健康教育工作，对因吸毒引起的艾滋病、性病等传染性疾病开展检测防治工作；指导自愿戒毒、社区戒毒、强制隔离戒毒及戒毒康复场所的戒毒医疗管理工作；

5. 支持并指导戒毒治疗科研工作，积极探索新的临床戒毒治疗方法。

（五）市场监督管理部门

1. 负责麻醉药品、精神药物、戒毒药品及麻黄素等药品类易制毒化学品生产、经营、购买等方面的监督管理工作，配合公安部门查处麻醉药品、精神药物违法犯罪案件；

2. 配合有关部门管理戒毒医疗机构，协助有关部门审核戒毒治疗方案及康复模式研究工作；

3. 在医药执法监督系统开展禁毒法制宣传教育，提高药品监督管理人员执法监督意识和生产、经营、使用人员的守法意识；

4. 配合公安机关查处流通领域及公共娱乐场所中发生的毒品违法犯罪行为；对查实参与贩毒、容留他人吸食、注射毒品、非法贩卖易制毒化学品、麻醉药品、精神药物的经营单位，依法予以处理；

5. 加强对相关企业注册登记的审核工作，依法严格履行麻醉药品、精神药物和易制毒化学品生产企业的市场准入制度；

6. 配合有关部门开展对私营企业主、个体工商户的禁毒宣传教育工作。

（六）应急管理部门

1. 负责第一类非药品类易制毒化学品生产、经营的审批和许可证的颁发，监督检查、指导协调所属安全监管部门对非药品类易制毒化学品生产、经营的行政执法工作；

2. 对非药品类易制毒化学品生产、经营单位依法监管其生产、经营的品种、数量和主要流向等情况；

3. 组织各级应急安全管理部门开展禁毒宣传教育活动，对安全生产监督管理人员进行禁毒业务培训。

（七）教育行政部门

1. 制定开展禁毒教育工作的总体规划，将禁毒教育纳入学校日常教育，加强对学校禁毒工作的组织领导，创建平安无毒校园；

2. 组织开展毒品预防教育示范学校建设，配合有关部门开展对全社会的禁毒宣传教育工作；

3. 对社区戒毒、社区康复以及被强制隔离戒毒人员的文化教育给予支持。

（八）文化和旅游部门

1. 积极开展禁毒宣传文化活动，会同有关部门和单位做好禁毒宣传文艺活动的组织工作；

2. 加强公共娱乐场所管理，做好从业人员的禁毒宣传教育，配合公安、工商行政管理等部门整治涉毒公共娱乐场所；

3. 宣传党和国家禁毒政策法律以及在禁毒斗争中涌现出的英雄事迹，揭示毒品对人类、社会、家庭和个人的严重危害。

（九）交通运输部门

1. 配合有关部门加强对公路、水路、车站、港口（码头）、航空、交通要道、高速公路的毒品公开查缉，及时发现和打击毒品违法犯罪活动，协助公安部门侦破毒品违法犯罪案件；

2. 配合有关部门做好易制毒化学品运输的监控工作，加强对受理、承运麻醉药品、精神药物和易制毒化学品的审查监控工作，严防非法运输和流入非法渠道；

3. 督促检查交通运输经营单位做好禁毒宣传教育工作，做好铁路线、车站以及旅客列车、货运列车、民航的治安管理和检查工作；

4. 积极参加陆海空邮一体化堵源截流工作，结合安全检查，配合公安机关、海关缉私部门开展毒品查缉工作，及时发现和打击毒品违法犯罪活动；

5. 做好邮件收寄安全检查和验视工作，加强对重点地区邮件的检查，堵截邮政渠道的毒品运输，协助公安等部门侦查邮寄、运输等毒品违法犯罪案件；做好乘客、货物基本信息管理工作，积极配合公安机关、海关缉私部门毒品案件侦查工作。

（十）海关部门

1. 依照有关法律、法规，在海关监管区内和沿海规定地区开展禁毒执法工作，及时发现并打击走私毒品和易制毒化学品违法犯罪活动；

2. 依照有关规定，加强对麻醉药品、精神药物和易制毒化学品进出口的审单、核证、查验，防止流入非法渠道；

3. 对出入境人员开展禁毒法制宣传。

（十一）商务部门

1. 组织实施国家有关禁毒的产业政策，加强化工行业、轻工行业易制毒化学品重点生产企业的生产协调和监管，协同有关部门依法取缔非法药品生产、经营企业；

2. 制定和完善易制毒化学品进出口管理机制，强化对进出口易制毒化学品企业的检查、管理和监督；

3. 做好易制毒化学品的进出口审批和调查核实工作，检查、指导和监督，并配合海关和公安部门打击走私易制毒化学品犯罪活动；

4. 对重要、敏感的易制毒化学品加大管制力度，定期向本地禁毒委员会办公室报告进出口易制毒化学品使用情况，搞好核查，严防流入非法渠道。

（十二）民政部门

1. 配合有关部门指导基层把社区戒毒、社区康复和“无毒社区（村）”创建纳入基层政权和社区建设的总体规划，加强督促指导和社区管理；促进和指导社会工作者参与社区戒毒和社区康复工作，对强制隔离戒毒人员提供心理治疗和行为矫治；

2. 协助有关部门开展吸毒人员救助服务工作，将符合条件的吸毒人员及其家属纳入居民最低生活保障范围和其他社会救助范围；

3. 促进发展社会禁毒组织并支持其依法开展禁毒工作，加强管理，及时向公安机关通报被救助人员的涉毒线索；

4. 做好禁毒英烈的抚恤工作。

（十三）人力资源和社会保障部门

1. 对吸毒人员提供职业技能培训和就业指导、就业援助；

2. 对符合条件的吸毒人员落实劳动及养老、失业、医疗、工伤、生育保险等社会保障工作；

3. 依据《劳动合同法》等法律法规，妥善处理吸毒人员因吸毒史被雇用单位解聘而引起的劳动争议。

（十四）农业农村部门

1. 会同有关部门做好禁止非法种植毒品原植物的宣传工作，

协助有关部门做好毒品原植物的踏查、铲除工作；

2. 加强兽用麻醉药品的管理监督。

（十五）林业和草原部门

1. 配合公安机关做好林区毒品原植物的禁种宣传、踏查和铲除工作，依法打击林区毒品违法犯罪活动；

2. 开展“无毒林区”“无毒草原”创建活动。

（十六）发展和改革部门

1. 把禁毒工作纳入当地国民经济和社会发展中长期规划和年度发展计划，做好禁毒事业与国民经济和社会发展的衔接平衡与协调发展；

2. 统筹安排禁毒基本建设投资，做好禁毒建设项目的立项审批工作；

3. 会同公安、司法等部门规划建设戒毒医疗机构、强制隔离戒毒所和戒毒康复场所。

（十七）财政部门

1. 将禁毒（含戒毒）经费列入本级财政预算，根据当地经济发展状况和禁毒工作实际逐年增加，保障禁毒工作（包括戒毒工作）的顺利开展；

2. 认真贯彻落实“收支两条线”规定，做好缉毒缴获的毒资、非法收益和罚没财物的管理、返还工作；

3. 研究制定禁毒经费管理规章制度，加强对禁毒经费的管理和监督，提高资金使用效益。

（十八）广播电视部门

1. 组织和指导新闻出版机构、电台、电视台开展禁毒方针政策、法律法规以及禁毒知识的宣传普及工作；

2. 支持、鼓励新闻广播电影电视工作者创作反映禁毒题材的影视和广播节目。

（十九）外交部门

1. 根据外交工作总体方针和国别政策，协助有关部门对禁毒领域的涉外事项进行政策把关，处理禁毒领域国际合作中的有关问题；

2. 参与制定地方禁毒领域重要的涉外文件；

3. 配合有关部门做好禁毒对外宣传工作。

（二十）国家安全部门

1. 收集国际毒品犯罪组织的情报以及世界各国在打击毒品违法犯罪方面采取的措施和工作经验，为研究制定禁毒政策、措施提供参考；

2. 与有关国家和地区的情报安全机构就国际、国内毒品形势、反毒斗争业务等方面开展国际合作与交流；

3. 及时向公安机关提供工作中掌握的重大毒品案件、重大毒品违法犯罪情报线索，并配合公安机关的侦查调查工作。

第三节　禁毒行政行为

一、禁毒行政行为概述

（一）禁毒行政行为概念

禁毒行政行为，是指禁毒行政主体为维护正常的社会秩序和公共利益，通过行使禁毒行政职权对公民、法人或社会组织做出的法律行为。

禁毒行政行为基本含义如下：

1. 主体特定。禁毒行政行为是负有禁毒职能的行政机关及法律、法规授权组织实施的行为，行政机关的工作人员及被授权组织、被委托组织的工作人员以行政主体名义实施的公务行为，视为行政主体的行为。

2. 在禁毒行政管理过程中做出。禁毒行政行为必须是特定的行政主体在禁毒行政管理过程中所做出的行为，行政主体通过对毒品、易制毒化学品和涉毒行为等事务依法管理，旨在维护正常的社会秩序和公共利益。

3. 具有法律效力。禁毒行政行为是具有行政法律效力的行为，这里所指的法律效力是指该行为在法律上可能影响相对人的权利义务并产生特定的法律后果，这种影响可能有利于相对人（如颁发易制毒化学品的生产经营许可证），也可能是对相对人不利的行为（如公安机关对吸毒人员进行行政处罚或决定强制隔离戒毒等）。

总之，禁毒行政行为必须同时具备主体要素、权力要素和效力三要素，缺一不可，这是准确界定禁毒行政行为的基本标准。

（二）禁毒行政行为的特征

1. 从属法律性。依法禁毒是依法治国的必然要求，禁毒行政行为必须依法进行。具体表现为：（1）禁毒行政行为的实施必须有法律根据；（2）禁毒行政行为必须在法律规定的时间和空间范围内实施；（3）禁毒行政行为是受法律规范和约束的行为，任何违法行政行为都应依法追究法律责任。

2. 单方意志性。在禁毒行政法律关系中，禁毒行政主体和公民、法人及其他组织的法律地位存在事实上和法律上的不平等性。行政主体只要在法定职权范围内依据事实和法律即可自行决定并直接实施行政行为，无须取得相对人同意，禁毒行政主体的行为不受行政相对人意志的影响或左右。

3. 自由裁量性。由于行政管理的复杂性与多变性，法律不可能对禁毒行政行为的细节进行详细规定，故赋予禁毒行政主体享有一定的自由裁量权。当然，自由裁量必须在法律规定的范围内行使并应符合立法目的和宗旨，禁毒行政主体在执法过程中应注重法律效果和社会效果的统一。

4. 效力先定性。为保障正常的行政秩序、维护行政主体的执法权威，禁毒行政行为一经做出，在未被有权机关宣布撤销或变更之前具有拘束力，任何个人或团体都必须遵守和服从，要改变行政行为效力须经有权机关依职权和法定程序审查认定。

5. 强制性。禁毒行政行为是行政主体代表国家为实现禁毒管理职能而实施的法律行为，它以国家强制力为后盾，行政行为一经做出即产生法律效力，相对人必须遵守和服从。若相对人拒不履行法定义务，行政机关可以依法强制执行或依法申请人民法院强制执行。

6. 无偿性。禁毒行政行为以无偿为原则（如行政处罚），以有偿为例外（如行政补偿）。禁毒行政主体所追求的是国家和社会公共利益，其对公共利益的集合、维护和分配，应当都是无偿的。当然，当特定行政相对人承担了特别公共负担或者分享了特殊公共利益时，则应该是有偿的。

（三）禁毒行政行为的合法要件

1. 主体合法。禁毒行政主体必须依法成立并具有行政主体资格，是国家行政机关或法律、法规、规章授权的组织，相关行政主体必须在法律法规的框架内开展禁毒执法活动。

2. 权限合法。禁毒行政主体应在法定权限范围内并遵循管辖的相关规定，在此前提下做出的禁毒行政行为才是合法、有效的行政行为。

3. 内容合法。禁毒行政行为的内容必须合法、真实，要求具有法律依据和事实依据，意思表示真实、完整、准确且行为目的符合立法本意，不得曲解立法意图或违背法律的宗旨和原则。

4. 程序合法。程序合法被称为“看得见的正义”，现代法治原则要求禁毒行政主体做出行政行为不仅应遵循实体法规定还应符合法定程序要求，改变重实体轻程序的状况。

5. 形式合法。禁毒行政行为应当具备法定的形式，尤其是要式行政行为，行政主体应严格按照法律要求的形式进行，否则就是违法、无效的行政行为。

6. 行为适当。禁毒行政主体在行政管理过程中拥有一定的行政自由裁量权，要求其在做出行政行为时在坚持合法性原则的前提下坚持行政合理性原则，注重禁毒行政行为的适当性并体现法律效果和社会效果的统一。

禁毒行政行为只有同时具备上述要件才是合法、有效的行政行为，才能顺利地产生稳定的法律效力。

（四）禁毒行政行为的效力

1. 公定力。禁毒行政行为一经做出即被推定为合法有效，对相关个人或组织产生约束力。行政行为被依法改变之前行政相对人应尊重和服从，如有异议可通过行政复议或行政诉讼等法定渠道提出。

2. 确定力。禁毒行政行为的确定力亦称不可争力，禁毒行政主体不得随意撤销、变更或改变已生效的禁毒行政行为，否则应承担相应的法律责任。当然确定力是相对的，如果禁毒行政主体发现确实具有违法情形可依法改变，并对受损害的行政相对人承担相应的法律责任。

3. 拘束力。禁毒行政行为的拘束力要求行政主体和相对人都必须遵守生效的行政行为，在该行为未被依法撤销或变更之前，行政相对人应遵守生效的行政行为并积极履行。

4. 执行力。禁毒行政行为生效后，禁毒行政主体依法有权采取一定手段使行政行为的内容得以实现。当行政相对人不履行法定义务时，禁毒行政主体可依法强制执行或申请人民法院强制执行。

二、主要禁毒行政行为简介

（一）涉毒行政处罚

1. 涉毒行政处罚概念。涉毒行政处罚，是指负有禁毒职责的行政主体对违反禁毒行政法尚未构成犯罪的公民、法人和其他社会组织，依法追究行政违法责任的行为。例如，公安机关对非法持有毒品，非法种植毒品原植物，吸食、注射毒品，非法买卖、运输、携带、持有毒品原植物种子幼苗，非法走私、买卖、运输制毒物品等涉毒违法行为，可依据《禁毒法》《治安管理处罚法》规定对行为人决定 15 日以下拘留，可以单处或者并处 3000 元以下罚款（非法持有毒品处 2000 元以下）并收缴毒品及吸毒工具。

2. 涉毒行政处罚特征。（1）以惩戒为目的，是对涉毒违法行为进行法律制裁追究法律责任的行为；（2）处罚对象为实施违法禁毒行政法行为但尚未构成犯罪的公民、法人或其他组织，如吸毒人员、非法种植罂粟者、非法持有毒品者等；（3）禁毒行政处罚由享有行政处罚权的禁毒行政主体依法决定；（4）禁毒行政处罚必须依法进行。

3. 涉毒行政处罚基本原则。（1）处罚法定原则。没有法定依据或不遵守法定程序，涉毒行政处罚无效。（2）公正、公开原则。（3）一事不再罚原则。对同一个涉毒违法行为，不得给予两次以上罚款的处罚。（4）处罚与教育相结合原则。（5）保障行政相对人合法权益原则。应充分尊重和保障法律赋予相对人所享有的知情权、陈述权、申辩权、听证权、提起行政复议、行政诉讼及行政赔偿的权利。

4. 涉毒行政处罚的种类。（1）警告；（2）罚款；（3）没收违法所得、没收非法财物；（4）责令停产停业；（5）暂扣或者吊销许可证、执照；（6）行政拘留；（7）法律、行政法规规定的其他行政处罚。

禁毒行政主体对涉毒案件进行调查取证后，应在事实清楚、证据确实充分基础上，根据不同情况分别作出如下决定：①依法作出行政处罚决定；②违法行为轻微的，可不予处罚，有违法所得和非法财物、违禁品、管制器具的，应当予以收缴或者追缴；③违法事实不能成立的，不得进行行政处罚；④对需要给予社区戒毒、强制隔离戒毒等处理的，公安机关依法作出决定；⑤行为涉嫌犯罪的，转为刑事案件办理；⑥发现有其他违法行为的，通知行政主管部门处理。

5. 涉毒行政处罚程序。

（1）快速办理程序。根据公安部制定的《公安机关办理行政案件程序规定》，毒品违法案件不适用当场处罚程序。对于事实清楚，违法嫌疑人自愿认错认罚，且对违法事实和法律适用没有异议的行政案件，公安机关可以通过简化取证方式和审核审批手续在

48 小时内快速办理。但对于违法嫌疑人系盲、聋、哑人，未成年人或者疑似精神病人的，依法应当适用听证程序的，可能作出 10 日以上行政拘留处罚的以及其他不宜快速办理的涉毒违法案件，则应按一般程序或听证程序办理。

（2）一般程序。一般程序适用于违法行为较重或情节较为复杂，以及当事人对适用快速办理程序有分歧的行政案件。一般程序的基本步骤如下：①案件受理；②调查取证；③告知处罚事实、理由、依据和有关权利；④听取陈述、申辩；⑤进行审核审批；⑥作出行政处罚决定。

（3）听证程序。对于重大复杂的涉毒行政案件，行政机关为查明案件事实、公正合理地实施行政处罚，在作出行政处罚决定前通过公开举行由有关利害关系人参加的听证会广泛听取意见，最终作出处理决定。行政处罚听证程序的适用范围：①责令停产停业；②吊销许可证、执照；③较大数额的罚款。《公安机关办理行政案件程序规定》中“较大数额罚款”是指对个人处以 2000 元以上罚款，对单位处以 1 万元以上罚款，对违反边防出入境管理法律、法规和规章的个人处以 6000 元以上罚款。

（二）禁毒行政强制

1. 禁毒行政强制概述。禁毒行政强制，是指禁毒行政主体为实现行政目的，对违反禁毒行政法律规范或者不履行生效的行政决定的行政相对人的人身权、财产权和其他权利进行暂时性的限制控制，或依法迫使当事人履行义务的法律行为。行政强制包括行政强制措施和行政强制执行两大内容。

禁毒行政强制的基本原则：（1）法定原则（合法性）；（2）适当原则（合理性）；（3）强制和教育相结合的原则；（4）不得为单位和个人谋利原则；（5）程序正当原则；（6）维护相对人合法权益原则（行政救济）。

2. 禁毒行政强制措施。禁毒行政强制措施是指禁毒行政主体在行政管理过程中，为制止违法行为、防止证据损毁、避免危害发生、控制危险扩大等情形，依法对公民的人身自由实施暂时性限制，或者对公民、法人或者其他组织的财物实施暂时性控制的行为。

禁毒行政强制措施主要包括以下几种：（1）限制公民人身自由；（2）查封场所、设施或者财物；（3）扣押财物；（4）冻结存款、汇款；（5）其他行政强制措施。

禁毒行政强制措施具有强制性、法定性、限权性、非制裁性和临时性五大特征，在禁毒行政执法中适用较广，如公安机关对涉毒财物依法查封、扣押、冻结、收缴、追缴，对涉毒人员依法采取强制传唤、强制检测、强制带离现场、继续盘问，铲除非法种植的罂粟，收缴吸食、注射毒品的用具，销毁毒品、易制毒化学品，决定强制隔离戒毒等措施。

办理涉毒行政案件时，公安机关可对行政相对人依法采取下列行政强制措施：（1）对物品、设施、场所采取扣押、扣留、临时查封、查封、先行登记保存、抽样取证等强制措施；（2）对违法嫌疑人采取保护性约束措施、继续盘问、强制传唤、强制检测、拘留审查、限制活动范围等强制措施。例如，公安机关可对涉嫌吸毒的人员进行检测，被检测人员应当予以配合；拒绝检测的，经县级以上人民政府公安机关或者其派出机构负责人批准可以强制检测。

3. 禁毒行政强制执行。行政强制执行具有如下特征：（1）以行政相对人不履行义务为前提；（2）行政强制执行的主体是行政机关或人民法院；（3）强制执行的目的在于迫使义务人履行义务；（4）必须依法进行。

禁毒行政强制执行，是指行政机关或者人民法院对不履行禁毒行政决定的公民、法人或者其他组织，依法强制其履行义务的行为。行政强制执行的方式主要有：加处罚款或者滞纳金（每日加罚本金的3%，不能超过本金）；划拨存款、汇款；拍卖或者依法处理查封、扣押的场所、设施或者财物；排除妨碍、恢复原状；代履行；其他强制执行方式。

强制执行方式有两类：一是法律法规赋予行政机关强制执行权的依法强制执行。步骤如下：①调查与审查；②通知与告诫；③听取当事人的陈述和申辩；④制作强制执行决定书；⑤强制执行决定书的送达；⑥强制执行。二是无强制执行权的行政机关申请人民法院强制执行。步骤如下：①强制执行的申请；②受理与审查；③公告；④采取强制执行措施。

（三）禁毒行政许可

1. 禁毒行政许可概述。禁毒行政许可指负有禁毒职能的行政主体根据公民、法人或者其他组织的申请，经依法审查准予其从事特定活动的行为。在禁毒行政管理工作中设定行政许可的目的在于保障社会公共资源的合理配置使用，尽量降低“禁区”行为可能对社会及他人权益产生的危害，维护正常的行政秩序。

根据《禁毒法》及相关法律、法规、规章的规定，我国对易制毒化学品、药品类易制毒化学品的生产、经营、购买、运输和进口、出口实行分类管理和许可制度，国务院公安部门、市场监督管理部门、应急管理部门、商务部门、卫生健康部门、交通部门、海关等部门在各自的职责范围内，负责全国的易制毒化学品有关管理工作。县级以上地方各级人民政府有关职能部门在各自的职责范围内，负责本行政区域内的易制毒化学品有关管理工作。根据国务院颁布的《易制毒化学品管理条例》规定，购买第一类易制毒化学品的，购买单位须取得药监部门颁发的《第一类药品类易制毒化学品购买许可证》或公安机关颁发的《第一类非药品类易制毒化学品购买许可证》。跨设区的市级行政区域（直辖市为跨市界）或者在国务院公安部门确定的禁毒形势严峻的重点地区跨县级行政区域运输第一类易制毒化学品的，由运出地的设区的市级人民政府公安机关审批；运输第二类易制毒化学品的，由运出地的县级人民政府公安机关审批。经审批取得易制毒化学品运输许可证后，方可运输。进口、出口易制毒化学品的，需提供进口、出口许可证。

2. 行政许可的基本原则。（1）许可法定原则；（2）公开、公平、非歧视原则；（3）便民、效率原则；（4）行政救济原则；（5）信赖保护原则；（6）监督原则。

3. 行政许可程序。（1）申请；（2）受理；（3）审查；（4）决定。

除当场作出禁毒行政许可决定的以外，行政机关应在自受理之日起20日内作出许可与否的决定，特殊情况经批准可以延长10日，法律、法规另有规定的除外。多个行政机关联合办理或集中办理的，自受理之日起45日内作出许可与否的决定，特殊情况经批准可以延长15日。准予行政许可的，应当自作出决定之日起10日内向申请人颁发、送达行政许可证件，或者加贴标签、加盖检验、检测、检疫印章。行政机关实施行政许可和对行政许可事项进行监督检查不得收取任何费用，法律、行政法规另有规定的除外。

关于我国禁毒行政许可制度的相关规定详见第六章第二节易制毒化学药品管理部分，为避免内容重复此处不再赘述。

三、公安机关对涉毒行政案件的管辖

根据《公安机关办理行政案件程序规定》，公安机关对涉毒行政案件的管辖分工如下。

（一）级别管辖

涉毒行政案件由县级公安机关及其公安派出所以及出入境边防检查站按照法律、行政法规、规章授权和管辖分工办理，但法律、行政法规、规章规定由设区的市级以上公安机关办理的除外。

（二）地域管辖

1. 涉毒行政案件由涉毒违法行为地的公安机关管辖。涉毒违法行为地包括违法行为发生地和违法结果发生地。违法行为发生地，包括违法行为的实施地以及开始地、途经地、结束地等与违法行为有关的地点；违法行为有连续、持续或者继续状态的，违法行为连续、持续或者继续实施的地方都属于违法行为发生地。违法结果发生地，包括被害人被侵害地、违法所得的实际取得地、藏匿地、转移地、使用地、销售地。

2. 利用网络实施的涉毒违法行为，用于实施违法行为的网站服务器所在地、网络接入地以及网站建立者或者管理者所在地，被

侵害的网络及其运营者所在地，违法过程中违法行为人、被侵害人使用的网络及其运营者所在地，被侵害人被侵害时所在地，以及被侵害人财产遭受损失地公安机关可以管辖。

3. 行驶中的客车上发生的涉毒行政案件，由案发后客车最初停靠地公安机关管辖；必要时，始发地、途经地、到达地公安机关也可以管辖。

（三）共同管辖及指定管辖

1. 几个公安机关都有权管辖的涉毒行政案件，由最初受理的公安机关管辖。必要时，可以由主要涉毒违法行为地公安机关管辖。对管辖权发生争议的，报请共同的上级公安机关指定管辖。

2. 对于重大、复杂的涉毒行政案件，上级公安机关可以直接办理或者指定管辖。上级公安机关直接办理或者指定管辖的，应当书面通知被指定管辖的公安机关和其他有关的公安机关。原受理案件的公安机关自收到上级公安机关书面通知之日起不再行使管辖权，并立即将案卷材料移送被指定管辖的公安机关或者办理的上级公安机关，且及时书面通知当事人。

（四）专门管辖

1. 铁路公安机关管辖列车上，火车站工作区域内，铁路系统的机关、厂、段、所、队等单位内发生的涉毒行政案件。

2. 交通公安机关管辖港航管理机构管理的轮船上、港口、码头工作区域内和港航系统的机关、厂、所、队等单位内发生的涉毒行政案件。

3. 民航公安机关管辖民航管理机构管理的机场工作区域以及民航系统的机关、厂、所、队等单位内和民航飞机上发生的涉毒行政案件。

4. 国有林区的森林公安机关管辖林区内发生的涉毒行政案件。

第四节　禁毒行政主体的违法责任

一、禁毒行政主体行政违法概述

（一）禁毒行政主体行政违法的概念及特征

所谓禁毒行政主体行政违法系狭义的解释，特指禁毒行政主体在行政执法过程中违反了行政法律规范依法应予追究行政责任的行为。

1. 禁毒行政主体违法的特征：（1）违法主体为享有禁毒职能的行政机关或法律法规授权组织；（2）违法行为发生于禁毒行政管理过程中；（3）禁毒行政主体实施了违反行政法律规范、侵害受法律调整和保护的行政关系的行为；（4）禁毒行政主体对其违法行为应承担相应的法律责任。

2. 禁毒行政主体违法构成要件：（1）违法主体是具有禁毒职能的行政机关或法律法规授权组织；（2）具有依法履行禁毒行政职能的义务；（3）客观上具有不履行或未依法履行禁毒职责的行为；（4）主观上存在故意或过失。

（二）禁毒行政主体行政违法的主要表现

从禁毒行政执法现状看，实践中禁毒行政主体的行政违法行为主要表现如下：

1. 行政失职。指禁毒行政主体存在不履行或未全面履行法定禁毒行政职责，主要表现为存在行政不作为或慢作为情况。例如，教育行政部门未对学生开展禁毒宣传教育，公安机关未依法履行禁毒工作的“四禁”管理职能，市场监督管理、应急管理、商务部门对易制毒化学品监督管控不到位等。

2. 行政越权。指禁毒行政主体超越法定职权范围而做出的行政行为，即行政主体在法定职权范围之外做出的行政行为。不管行为人在实施行政行为时的动机目的是否正当合法，只要其行为在客观上超越了法定职权的范围，就构成行政越权。

3. 滥用职权。指行政主体恶意行使禁毒行政权力造成行政乱作为的情况。其法律特征表现为行政主体主观上出于不合法的动机，客观上不正当地行使行政权力，法律后果就是行政行为显失公正，违背社会公共利益的要求或法律授予该项权力的特定目的。

4. 事实依据错误。指禁毒行政主体据以做出行政行为的事实根据不合格，主要表现有：案件事实不清，涉案证据不足或不确实、不充分等，主观上可能出于故意也可能出于过失。

5. 适用法律规范错误。指禁毒行政主体在做出行政行为时错误适用法律规范，具体表现形式为：适用法律规范性质错误，适用法律规范条款错误，适用已经失效的法律规范，适用尚未生效的法律规范等。如果行政主体适用法律规范错误，必然导致做出的行政行为错误。

6. 程序违法。指禁毒行政主体违反行政程序规定的必须经过的步骤、必须采取的顺序、必须遵守的法定时限和必须具备的形式的一种行政违法，如方式违法、步骤违法、超越法定时限等。程序违法可影响实体处理的公正，导致行政行为无效或可撤销。

7. 行政侵权。行政侵权，是指禁毒行政主体违法实施禁毒行政行为，导致相对人的人身权或财产权益受到实际损害，禁毒行政主体依法应承担行政赔偿责任的行政行为。

（三）禁毒行政主体行政违法的法律后果

1. 禁毒行政行为无效。有下列情形之一的，行政相对方可依法申请复议机关或人民法院依职权确认禁毒行政行为无效：（1）禁毒行政行为具有特别重大的违法情形或具有明显的违法情形；（2）禁毒行政主体不明确或明显超越相应行政主体职权的行政行为；（3）禁毒行政主体受胁迫做出的行政行为；（4）行政行为严重违反法定程序；（5）法律法规规定的其他情形。行政行为被宣布无效后将要承担一定的法律后果：（1）行政主体通过该行为从行政相对方获得的一切所得均应返还相对方；（2）所施以相对方的一切义务应予取消；（3）给相对方所造成的实际损失，应予赔偿。

2. 可撤销的禁毒行政行为。禁毒行政行为具有下列情形之一的有权机关依法予以撤销：（1）主要证据不足或主要事实不清；（2）适用依据错误的；（3）违反法定程序的；（4）超越行政职权的；（5）滥用行政职权的；（6）行政行为明显不当的。行政违法行为一旦被撤销，其法律效力从一开始就无效，被撤销的行政行为给相对人的合法权益造成损害的，行政主体还应当承担行政赔偿责任。

3. 确认禁毒行政行为违法。主要适用于撤销已经没有任何意义的行政行为，通过承认该行政行为的效力但同时确认其违法，为违法者承担相应的法律责任以及受害人寻求行政赔偿等救济留出可能性。

4. 更正禁毒行政行为。主要适用于经事后补正对行政行为的内容没有明显影响的程序违法行为，由禁毒行政主体、复议机关或人民法院对不适当的禁毒行政行为依法进行变更。

二、禁毒行政主体行政不当

（一）禁毒行政主体行政不当概述

1. 禁毒行政不当的概念。指享有禁毒职能的行政机关或法律法规授权组织在禁毒行政执法过程中实施了合法不合理的行政行为，主要表现为做出的禁毒行政行为畸轻畸重或明显不当。

2. 禁毒行政不当的特征。（1）行政不当行为以行政行为合法为前提；（2）行政不当行为所侵害的是行政合理性，是禁毒行政主体对行政自由裁量权不适当的运用；（3）行政不当可能导致行政行为被撤销或变更，但并不必然承担行政责任。

（二）禁毒行政不当的法律后果

行政不当并不必然导致禁毒行政行为无效。行政不当与承担行政责任之间没有必然的因果联系，而且承担责任时一般也以补救性的责任为限。对于行政不当，行政相对人有权寻求法律救济。

三、禁毒行政主体应承担的行政责任

（一）禁毒行政主体行政责任概述

禁毒行政主体应承担的行政责任，是指禁毒行政主体及其工作人员因违反行政法律规范依法承担的法律责任，它是禁毒行政违法（包括部分行政不当）引起的法律后果。这里的行政责任为狭义解释，不包括行政相对人的行政违法责任（行政处罚）。

（二）禁毒行政主体承担行政责任的方式

禁毒行政主体主要承担补救性的行政责任，具体而言，可采用的补救性行政责任形式有如下几类：（1）承认错误、赔礼道歉；（2）恢复名誉、消除影响；（3）返还权益、恢复原状；（4）依法履行职务；（5）纠正不当；（6）行政赔偿。

除了以上补救性的行政责任形式外，禁毒行政主体承担行政责任的方式还有惩罚性的行政责任，如停止违法行为、撤销违法决定等。同时，行政主体的工作人员承担行政责任的方式主要有：通报批评、赔礼道歉、承认错误、停止违法行为、赔偿损失、行政处分等。

《禁毒法》第69条明确规定，公安机关、司法行政部门或者其他有关主管部门的工作人员在禁毒工作中有包庇、纵容毒品违法犯罪人员，对戒毒人员有体罚、虐待、侮辱等行为，挪用、截留、克扣禁毒经费，擅自处分查获的毒品和扣押、查封、冻结的涉及毒品违法犯罪活动的财物的等行为之一，构成犯罪的，依法追究刑事责任；尚不构成犯罪的，依法给予处分。第70条规定“有关单位及其工作人员在入学、就业、享受社会保障等方面歧视戒毒人员的，由教育行政部门、劳动行政部门责令改正；给当事人造成损失的，依法承担赔偿责任”。

【典型案例】某派出所接群众举报称发现有人在宾馆房间内吸毒，民警二人立即赶往某宾馆房间进行现场检查，当场查获陈某、李某两名吸食毒品嫌疑人，并在现场查获了自制吸食毒品工具，民警遂将二人带回调查。后对两名嫌疑人的尿液进行检测，结果均呈阳性，传唤询问中李某供认自己与陈某一起吸食毒品的情况，但陈某拒不承认自己吸食过毒品。经查二人均无涉毒案件前科，本案中公安机关对陈某能否进行治安处罚？

【思考题】

1. 公安机关对吸毒人员治安处罚后能否对其决定强制隔离戒毒？为什么？

2. 公安机关在禁毒行政执法中享有哪些职权？

3. 简述我国禁毒行政法律制度的基本内容。

第五章　毒品预防教育法律规定

【本章摘要】本章主要分两部分介绍我国毒品预防教育的相关立法。一是总体介绍毒品预防教育立法的重要意义，梳理当前毒品预防教育的法律依据以及法定主体、对象和教育的形式与内容。二是以不同法定主体为分类标准，分别介绍各个主体的毒品预防教育责任与义务。

第一节　毒品预防教育的立法及意义

一、毒品预防教育立法的重要意义

毒品预防，是指通过各种科学、有效途径让人们了解和认识造成毒品问题的基本因素与有关知识，揭示毒品对个人、家庭和社会的巨大危害，提高全民尤其是青少年认知毒品、拒绝毒品的能力，从而构筑全社会防范毒品侵袭的有效体系的过程。毒品危害的严酷事实表明，多数吸毒者是在对毒品危害不了解或者知之甚少的情况下经不起诱惑而误入歧途的，因此，预防为主是我国禁毒工作的方针之首，也是我国禁毒法基本原则之一。开展广泛有效的毒品预防教育，不但可以增强全民禁毒意识、提高人民群众特别是青少年对毒品危害的认识，还可以预防毒品违法犯罪，有效震慑毒品犯罪活动。可以说毒品预防教育既是禁毒治本之策亦是事半功倍之举，把毒品预防教育明确纳入禁毒立法体系，并以国家强制力保证实施，对禁毒工作的顺利开展有十分重要的意义。

“禁毒宣传教育”专章在《禁毒法》制定时作为第二章排列在总则之后，充分体现了毒品预防教育工作的重要地位。毒品预防教育的具体实施者不仅包括各级禁毒领导机构、教育、宣传、广播电影电视、公安、卫生、民政、司法等部门，还包括新闻媒体、学校及其他各类企事业单位；不仅包括乡镇基层政府、村民委员会、街道办事处、居民委员会等基层组织，还包括社会工作者、禁毒志愿者及广大人民群众。各宣传教育的主体都必须在禁毒法的指导下，依法开展毒品预防教育，认真履行法定义务，普及毒品预防知识，揭示吸毒对个人、家庭、社会的严重危害，增强全民特别是青少年的禁毒意识，鼓励公民自觉同毒品犯罪行为作斗争，真正把禁毒作为全社会共同的责任。

二、毒品预防教育的法律规定

（一）以《禁毒法》第二章为主体

我国毒品预防教育立法主要集中体现在《禁毒法》第二章“禁毒宣传教育”中。该章（《禁毒法》第 11 条至第 18 条）明确了禁毒宣传教育的目标、宣传责任主体和义务、宣传对象和方式，以法律的形式固化了我国毒品预防教育的整体框架，是全国毒品预防教育工作顺利开展的有效法律保障。

《禁毒法》第二章明确规定国家采取各种形式开展全民禁毒宣传教育，并将宣传教育的目标定为三个层次：普及毒品预防知识，增强公民的禁毒意识，提高公民自觉抵制毒品的能力。同时还强调各级人民政府应当经常性开展多种形式的禁毒宣传，要把禁毒宣传教育工作作为一项长期不懈的工作来抓，使毒品的危害深入人心，使打击毒品犯罪的重要性家喻户晓。除了教育部门、公安部门等行政部门外，《禁毒法》将工会、共青团、妇联、各类媒体、公共场所的管理者和经营者、单位、基层组织、学校、家庭都纳入了宣传责任主体，各类主体要根据自己的工作对象和管理辖区开展不同形式的毒品预防教育工作。同时国家鼓励公民和组织开展公益性禁毒宣传活动，调动全社会积极因素参加到禁毒宣传教育工作中。这些法律条文宣示了我国开展毒品预防教育的决心，也充分体现了禁毒立法专群结合、预防与惩治结合的主导思想。

（二）相关法律法规配合呼应

毒品预防教育的相关法律条文还散见于其他法律法规中，如《未成年人保护法》规定未成年人的父母或者其他监护人应当预防和制止未成年人吸毒，《预防未成年人犯罪法》中明确将吸毒、注射毒品行为列为严重不良行为，家庭与社会要对这些行为进行预防和矫治。这是从保护未成年人健康成长的角度进行的专门立法，与《禁毒法》第二章教育部门、监护人的禁毒宣传责任相互配合，着重强调了对未成年人进行毒品预防教育。

《娱乐场所管理条例》规定了娱乐场所禁毒宣传的具体措施，其中第 30 条明确规定应当在娱乐场所的大厅、包厢、包间内悬挂禁毒警示标志。这是从重点场所治安管理的角度开展立法工作，细化了《禁毒法》第二章中关于娱乐场所的禁毒宣传义务的内容，配合娱乐场所巡查制度，有效地遏制了娱乐场所内吸贩毒的现象。

《戒毒条例》从防止“复吸”的角度规定采取不同戒毒方式的人员都应当获得相应的毒品预防教育。社区戒毒人员应当获得的社区帮助中明确规定了“戒毒知识辅导、教育、劝诫”内容，这些内容既包含了毒品对人体的损害、对家庭和社会的危害，也包含引导脱离原有不良的生活圈，建立正确人生观等多种形式的预防教育，有针对性地帮助社区戒毒人员抵御毒品的诱惑。对于被采取强制隔离戒毒措施的吸毒人员，依法应当在强制隔离戒毒场所获得科学的戒毒治疗（包括生理和心理治疗）并接受道德、法制教育。对解除强制隔离戒毒后被责令开展社区康复的戒毒人员也应当提供必要的心理治疗和辅导。

《广告法》从限定广告内容的角度规定麻醉药品、精神药品、药品类易制毒化学品，以及戒毒治疗的药品、医疗器械和治疗方法，不得做广告，保证了人民群众从正面、科学的途径了解毒品预防的相关知识和资讯，也规范了麻醉药品、精神药品的合法使用。

这些法律与《禁毒法》禁毒宣传教育内容相互配合，为做好毒品预防教育工作提供了多角度、多层次的法律依据。

（三）地方性法规细化毒品预防教育内容

随着《禁毒法》的颁布实施，各省、自治区、直辖市结合本地毒情制定本地区禁毒条例，各地依法开展毒品预防教育工作逐步形成固定机制。例如，《云南省禁毒条例》规定县级以上人民政府应当建立健全由禁毒委员会组织、各成员单位配合、社会各界广泛参与的禁毒宣传教育工作体系。各级人民政府及其部门应当采取多种形式加强禁毒宣传工作，普及毒品预防知识，实现禁毒宣传教育全覆盖。禁毒委员会应当组织编写、制作禁毒知识读本、音像制品、互联网宣传产品等，运用各类媒体对公民进行禁毒宣传教育。县级以上人民政府建立的禁毒教育基地应当免费向社会开放，提供禁毒宣传教育服务。报刊、广播、电视、网络等公共信息服务单位应当安排宣传版面和时段，免费定期刊登、播放禁毒公益广告和节目。公共图书馆、阅览室应当提供禁毒宣传教育读物。各级行政学院、公职人员培训机构应当将禁毒宣传教育列入培训内容。自治州、自治县应当使用国家通用语言文字和当地少数民族语言文字开展禁毒宣传，鼓励开展具有地方民族特色的禁毒宣传教育活动。再如，《黑龙江省禁毒条例》明确规定公安机关应当定期对国家机关、社会团体和基层组织从事禁毒工作相关人员进行培训；根据毒品违法犯罪的变化趋势，针对贩卖、吸食毒品等问题，选取典型案例，编制和更新培训材料，提升宣传效果；将禁毒宣传教育与公民素质教育、普法教育、健康教育、科普教育等工作相结合，实现禁毒宣传教育常态化。地方性立法体现出各省、自治区、直辖市的禁毒工作特点，使毒品预防教育在法治轨道上更加符合地方禁毒工作的需要。

（四）规范性文件

根据我国禁毒工作的形势变化和毒品预防教育的现实需要，党中央、国务院、国家禁毒委员会制定了一些规范性文件，如《中共中央国务院关于加强禁毒工作的意见》《全民禁毒教育实施意见》

《关于深化全民禁毒宣传教育工作的指导意见》《关于加强新时代全民禁毒宣传教育工作的指导意见》《全国青少年毒品预防教育规划（2016–2018）》，这些规范性文件对毒品预防教育工作做了进一步细化和明确，充分体现了我国禁毒工作预防为主的原则，体现了党的十八大以来，党中央高度重视禁毒工作，坚持把禁毒宣传教育置于禁毒工作优先发展的战略位置，不断建立完善禁毒宣传教育体系的决心。近年来，通过深入推进青少年毒品预防教育“6·27”工程等多项预防教育措施，人民群众识毒、拒毒、防毒意识和能力普遍增强，毒品滥用规模得到有效控制，毒品预防教育规范性文件指导性、操作性强的优势逐步体现出来。

2019年国家禁毒委员会制定的《关于加强新时代全民禁毒宣传教育工作的指导意见》要求全覆盖禁毒宣传教育体系健全完善，禁毒宣传教育内容方式丰富多样，基础设施规范完备，专兼职工作队伍普遍建立，工作责任全面落实，评估考核办法科学有效，保障激励机制健全有力，全民禁毒意识显著增强，“健康人生、绿色无毒”理念深入人心，全社会参与禁毒氛围更加浓厚，禁毒宣传教育工作在减少毒品需求、遏制吸毒人员滋生、降低毒品社会危害方面发挥更加重要的作用。该指导意见为毒品预防教育设定了明确的目标：到2023年，全民禁毒知识知晓率大幅上升，群众举报毒品犯罪线索大幅上升，新滋生吸毒人数大幅下降，毒品滥用规模增幅大幅下降，人民群众对禁毒宣传教育工作满意率达到90%以上，未成年人涉毒违法犯罪人数占涉毒违法犯罪总人数比例不超过0.2%，为新时期禁毒宣传教育工作做出了全面的指导和部署。

三、毒品预防教育的主体和对象

（一）法定主体

禁毒是全社会的共同责任，国家采取各种形式开展全民禁毒宣传教育，法定的禁毒宣传主体有以下几类：一是政府、职能部门、社会团体；二是新闻、出版、文化、广播等媒体；三是教育行政部门和学校；四是未成年人的父母与其他监护人；五是机场、车站等公共场所；六是单位及基层组织。上述几类法定主体必须履行法定义务开展毒品预防教育。需要明确的是，国家鼓励志愿人员参与公益性的禁毒宣传活动，但作为志愿者的个人和组织并不属于履行法定禁毒宣传义务的主体。

（二）对象

毒品预防教育的对象也是法定的，负有宣传义务的主体根据自身的职能和特点对特定的对象开展宣传工作，即有的放矢、有所区别地开展毒品预防教育。主要宣传对象包括以下几类：

1. 一般对象。禁毒是全社会的责任，因此普通公民都应当具备禁毒基本知识，应当具备防毒、御毒的能力，毒品预防教育要通过努力使公民、企事业单位、社会团体、社会组织、国家机关共同形成一张细密的防毒网络。因此，各级政府、各类媒体、公共场所的毒品预防教育针对的是一般对象。

2. 青少年。20 世纪 80 年代以来毒品问题在国内日趋严重，吸毒人群不断增加，35 岁以下的青少年是吸毒人群的主要构成部分。青少年由于其辨别能力差、好奇心强、叛逆心强等特点，比较容易成为毒品的消费群体，因此青少年群体始终是毒品预防教育的重点对象。禁毒法为青少年设定了特别的宣传教育规定，使学校教育、家庭教育和社会教育有机结合在一起。

3. 公职人员。广义的公职人员不仅包括国家机关从事公务的人员，还包括国有企业、公司、事业单位、社会团体中从事公务活动的人员，以及上述单位委派到非国有公司、企业、事业单位等机构依法从事公务活动的人员。公职人员在吸毒人群中所占比例不高，但近年来媒体报道的官员吸毒的案件造成了较大的负面影响。《禁毒法》第 16 条明确规定国家机关、社会团体、企事业单位以及其他组织应当加强对本单位人员的禁毒宣传教育。

4. 高危人群。高危人群，是指因不良生活习惯、职业特征或是经济、心理状态容易受到“毒品亚文化”影响的人群。高危人群的形成是社会环境和个人选择的结合。例如，有厌学、逃学等不良习惯的青少年群体，农村留守儿童，城市中失业群体，社会闲散人员，长期心理空虚、压抑、苦闷、没有生活目标的群体，长期流连于娱乐场所寻求刺激的消费群体，娱乐场所从业人员，寻求创作灵感的演艺界人员，这些群体并不是所有成员都会选择吸毒，但是其朋友圈和生活圈中的确存在不良行为互相影响的情况，因此高危人群是毒品预防教育重点关注的对象。

5. 有吸毒行为的人群。有吸毒行为的人通常被称为吸毒人员，他们既是违法者，也是毒品的受害者，其中吸毒成瘾的还是慢性复发性脑病的病人。有吸毒行为的人群可能是只接受过零星毒品预防教育的人群，也可能是毒品预防教育的盲区造成的，总之是因其对毒品危害的认识不深，不足以形成自觉抵制毒品的能力而涉毒。因此，在我国针对参加各种戒毒模式的戒毒人员开展不同形式的毒品预防教育，通过再宣传、再教育、再帮扶，实现法律约束、道德引领、亲情感化相融合，使戒毒人员发自内心地认识到毒品的危害，主动地、自愿地配合戒毒并顺利回归社会。

四、毒品预防教育的内容和形式

（一）教育内容

毒品预防教育的法定宣传目标是普及毒品预防知识、增强公民的禁毒意识和提高公民自觉抵制毒品的能力。围绕上述目标开展的具体宣传内容主要包括毒品的种类和性状、毒品对人体的危害、吸毒对个人家庭和社会的危害、国内外禁毒史、国内外禁毒法律法规、打击毒品违法犯罪的成效、如何养成健康的生活习惯、如何建立健康的社交圈等。

1. 普及毒品预防知识。掌握毒品预防知识是毒品预防教育的首要目标，通过预防教育使公民了解什么是毒品、毒品分为哪些种类、不同种类具有何种特征、是如何作用于人体并伤害人体各项机能的。通过了解毒品的特征消除对毒品的神秘感、避免对毒品产生错误想象和对吸毒人员的偏见。通过了解不同时期毒品犯罪嫌疑人的手法、毒品制造贩运方式，识别毒品的外观和毒贩惯用的包装、伪装，对各类毒品特别是合成毒品提高警惕。普及正确的用药知识，使公民遵医嘱合法使用麻醉药品和精神药品。

2. 增强公民的禁毒意识。公民不但需要了解毒品知识，更要在此基础上增强禁毒意识，使禁毒成为社会各界主动自发的共同愿望。因此，毒品预防教育要通过讲好禁毒故事，弘扬禁毒精神，开展覆盖全社会各领域的禁毒宣传教育。通过宣传我国禁毒历史、世界各国的毒情和当前我国禁毒工作面临的严峻形势，使全社会认识到毒品是全人类的公敌，认识到毒品问题不但危害个人身心健康，还危及家庭幸福和社会的稳定，毒品滥用会影响整个民族的发展和复兴。毒品问题必须引起全社会高度重视和社会各界的广泛关注，明确禁毒是全社会的共同责任，以此增强全体公民的禁毒意识。

3. 提高公民自觉抵制毒品的能力。公民自觉抵制毒品践行“健康人生、绿色无毒”生活理念，全社会形成自觉抵制毒品的浓厚氛围，是毒品预防教育的最终目标。通过全面推动禁毒宣传教育进学校、进单位、进家庭、进场所、进社区、进农村，消除禁毒宣传教育盲区，将“禁种、禁制、禁贩、禁吸”变成公民的行为准则，自觉运用毒品预防知识和法律武器与毒品违法犯罪作斗争，使毒品渗透无可乘之机、毒品犯罪无立锥之地。

（二）教育形式

根据毒品预防教育的对象和内容不同，禁毒宣传的形式和平台必须多样化，宣传主体要区分不同的场合和时间，针对不同的受众开展不同形式的禁毒宣传才能达到理想的教育效果。近年来我国在毒品预防教育的形式探索方面取得了较大的突破，全国青少年毒品预防教育“6·27”工程取得了明显成效，各地结合地方特色采用群众喜闻乐见的方式开展禁毒宣传，有效提高了广大人民群众特别是青少年识毒、防毒、拒毒能力和意识，为减缓新吸毒人员滋生、创造和谐稳定的社会环境做出了积极贡献。

1. 全民教育与重点教育相结合。毒品预防教育的形式应当考虑对象的分布广度和接纳度。全民教育需要全覆盖形式，通过国家禁毒委、中宣部、国家新闻出版广电总局等部门开展针对社会大众的禁毒宣传工作，将禁毒宣传教育贯穿公民基础教育、职业教育、高等教育各领域。同时，建好各地毒品预防教育基地，在公共场所如车站、机场等地通过宣传海报、图片、宣传资料等方式最大限度增加毒品预防教育的受众，扩大宣传面。2017年，仅全民禁毒宣传月期间全国共举办省级大型禁毒宣传活动100余场次，市、县级活动1.3万余场次，发放禁毒宣传资料2000余万份，受教育人数达3亿余人次。

重点教育即针对不同毒品预防教育的对象群体开展不同形式的教育，如针对青少年要深入开展全国青少年毒品预防教育“6·27”工程，把毒品预防教育融入学校德育、法治、安全教育中。学校教育的开展需要遵循学生认知规律，做好教学计划、大纲设计、师资队伍建设、课时安排、教材编写五个方面的基础工作。针对青春期身心特点不断丰富禁毒教育内容，拓展禁毒教育资源，创新禁毒教育手段，推进全国青少年毒品预防教育数字化平台的建设应用。同时，强化家庭和社区职能作用，通过贴标语、贴海报、办讲座、办展览、办演出、发资料等多种方式深化“不让毒品进我家”“社区青少年远离毒品”等活动。针对高危人群，应当将毒品预防教育与公民思想道德教育、文化知识教育、社会实践教育相结合，通过文化科技卫生“三下乡”“法律进乡村”等活动推送个性化、靶向式的禁毒教育资讯，不断优化禁毒宣传教育效果。对有吸毒行为的人群开展精准化禁毒宣传教育，直接入户到人，结合心理辅导和职业培训帮助其尽快养成健康生活习惯，戒除毒瘾、回归社会。

2. 大众传媒与新兴传媒相结合。大众传媒方式包括报刊、图书、广播、电视、电影等大众传播手段，通过此类方式可以做好禁毒新闻发布和毒情发布工作，定期召开禁毒新闻发布会、发布禁毒白皮书、出版禁毒工作报告、公开奖励群众举报涉毒违法犯罪的事迹。大众传媒方式需要遵循新闻宣传工作规律特点，广泛开展禁毒采访报道活动，通过打造禁毒专业媒体、专栏、专刊、广播电视专题节目，建设高水平的禁毒宣传教育阵地，通过主流媒体的主渠道、常态化禁毒宣传教育形成全方位、多角度、高频率、广覆盖的禁毒新闻宣传格局。当前，新兴传媒在我国发展速度快，特别是在青少年中接纳度高，因此禁毒宣传也应积极借助网络媒体、即时通信服务程序、社交网站等平台，充分应用短视频、网络直播等新兴形式开展毒品预防教育工作。各地在新兴传媒平台上开展知识竞赛、禁毒微电影征集、禁毒征文比赛、禁毒微课程学分积累、禁毒网络游戏等形式的宣传，提升了禁毒宣传教育的传播力、感染力和影响力。

3. 传统文化与时代精神相结合。中华传统文化底蕴深厚，在传统文化的背景下利用丰富的教育资源开展禁毒教育更容易吸引人、感染人。利用传统文化艺术形式如民俗、家风家训等展现我国禁毒史实、事件，既开展了毒品预防教育，也体现了文化传承。在弘扬中华优秀传统文化主旋律中推崇“健康人生、绿色无毒”的禁毒理念，使人民群众树立正确的人生观、价值观，同时将毒品预防教育与中华优秀文化传承有机结合，既体现出我国禁毒宣传的特色，又充分彰显我们的文化自信。同时，毒品预防教育也要与弘扬时代精神有机结合，融合生态文明建设、乡村振兴战略、脱贫攻坚工作、“一带一路”倡议等具有鲜明时代特色的内容，大力宣传新时代禁毒工作中涌现出的先进集体和先进个人，树立各类禁毒典型，组织新闻媒体广泛深入宣传报道，讴歌禁毒英雄，弘扬禁毒精神，创造禁毒活力。

第二节　毒品预防教育的责任与义务

一、政府、职能部门、社会团体的法定义务

（一）政府、职能部门

《禁毒法》第 12 条规定，“各级人民政府应当经常组织开展多种形式的禁毒宣传教育”，县级以上各级人民政府要根据本地区禁毒工作的特点，采取多种形式的、经常性的毒品预防教育工作。各级禁毒领导机构内要通过设立禁毒宣传教育工作小组等方式，加强对政府各职能部门和成员单位的协调指导，研究本地区毒品预防教育中存在的重大难点问题，细化各部门禁毒宣传教育职责任务，各

尽其责，相互配合，把禁毒宣传教育与政府各职能部门业务工作紧密结合起来，完善措施，扎实推进。

（二）社会团体

按照《禁毒法》规定，工会、共青团、妇联的法定义务是结合各自工作对象的特点组织开展毒品预防教育工作。《禁毒法》颁布前后，在全国总工会、共青团中央、全国妇联的组织倡导下，各级工青妇组织相继开展了“职工拒绝毒品零计划”“社区青少年远离毒品”“不让毒品进我家”等预防教育活动，取得了很好的社会效果。近年来，各级工会、共青团、妇联组织通过创建“无毒家庭”、禁毒青年志愿者和禁毒巾帼志愿者队伍建设等方式，有针对性地对职工、青少年和广大妇女进行宣传，充分发挥了社会组织的优势，是我国毒品预防教育全覆盖不可缺少的重要组成部分。

二、媒体的法定义务

《禁毒法》第 14 条规定：“新闻、出版、文化、广播、电影、电视等有关单位应当有针对性地面向社会进行禁毒宣传教育。”各类媒体具备信息传播快捷、覆盖面广的特点，特别是互联网、手机等新兴媒体深受广大青少年喜爱，可以发挥极大的正面宣传效用，因此法律赋予媒体的毒品预防教育义务是面向全社会的。各类媒体应当结合国家各阶段的禁毒工作主题，利用好不同的平台、栏目、专题，针对不同的受众开展毒品预防教育工作。近年来，各类媒体发挥自身优势，通过建立健全禁毒新闻发布制度、出版禁毒和毒情形势年度报告、报道毒品违法犯罪行为举报奖励案例、公映禁毒题材的电影等方式开展禁毒宣传工作，使人民群众对禁毒工作的关注度大大提高，取得了较好的社会效应。

三、教育行政部门和学校的责任与义务

《禁毒法》第 13 条规定：“教育行政部门、学校应当将禁毒知识纳入教育、教学内容，对学生进行禁毒宣传教育。公安机关、司法行政部门和卫生行政部门应当予以协助。”毒品预防教育应当从

小抓起，教育行政部门与学校应当将毒品预防教育的内容作为教学内容的一部分，从教材内容的编写、课本的使用和课时安排等环节保证在校学生能够接受与之年龄相符的毒品预防知识。通过深入浅出、全面生动的教学，使公民从小形成珍爱生命、远离毒品的良好风尚。为达到良好的教学效果，公安、司法、卫生部门要积极协助，使在校学生有机会深入了解毒品对于人体的危害，了解毒品破坏家庭和谐、危害社会治安的个案，了解打击毒品违法犯罪的实例，增加感性认识，从小树立禁毒是全社会的责任，禁毒从我做起的观念。

四、未成年人的父母与监护人的责任与义务

《禁毒法》第 18 条规定："未成年人的父母或者其他监护人应当对未成年人进行毒品危害的教育，防止其吸食、注射毒品或者进行其他毒品违法犯罪活动。"家庭教育是毒品预防教育的重要组成部分，未成年人的父母和其他监护人应当创建良好和睦的家庭环境，从小培养未成年人正确的人生观和价值观，筑牢心理防线，自觉抵制不良诱惑。未成年人父母或其监护人不履行法定义务，放任未成年人形成不良行为或者严重不良行为[①]的，由公安机关对未成年人的父母或其他监护人予以训诫，责令其严加管教，经教育不改的，人民法院可以根据有关人员和单位的申请，撤销其监护人资格，依法另行指定监护人。

---

① 《预防未成年人犯罪法》第 14 条规定的不良行为包括：（1）旷课、夜不归宿；（2）携带管制刀具；（3）打架斗殴、辱骂他人；（4）强行向他人索要财物；（5）偷窃、故意毁坏财物；（6）参与赌博或者变相赌博；（7）观看、收听色情、淫秽的音像制品、读物等；（8）进入法律、法规规定未成年人不适宜进入的营业性歌舞厅等场所；（9）其他严重违背社会公德的不良行为。第 34 条规定的严重不良行为包括：（1）纠集他人结伙滋事，扰乱治安；（2）携带管制刀具，屡教不改；（3）多次拦截殴打他人或者强行索要他人财物；（4）传播淫秽的读物或者音像制品等；（5）进行淫乱或者色情、卖淫活动；（6）多次偷窃；（7）参与赌博，屡教不改；（8）吸食、注射毒品；（9）其他严重危害社会的行为。

五、公共场所的责任与义务

《禁毒法》第15条规定："飞机场、火车站、长途汽车站、码头以及旅店、娱乐场所等公共场所的经营者、管理者，负责本场所的禁毒宣传教育，落实禁毒防范措施，预防毒品违法犯罪行为在本场所内发生。"公共场所在提供公共服务的同时也具有人员密集、人流量大、治安管理难度大等特点，公共场所的经营者和管理者在管理本场所的同时也要履行法定义务，配合公安、文化、工商等部门落实禁毒防范措施，开展禁毒宣传，防止违法犯罪嫌疑人利用公共场所人员密集的特点实施毒品违法犯罪活动，同时通过张贴标语、宣传海报等方式使途经飞机场、火车站等公共场所的旅客和娱乐场所消费者防患于未然，增强从业人员的自律意识。

六、单位及基层组织的责任与义务

（一）单位

《禁毒法》第16条规定："国家机关、社会团体、企业事业单位以及其他组织，应当加强对本单位人员的禁毒宣传教育。"单位在开展业务工作的同时需要对本单位的职工进行管理，因此在开展对本单位职工的毒品预防教育时具备先天的组织优势，法律规定了单位的禁毒宣传义务并将宣传对象定位于本单位的人员，其中包括了临时雇用的人员。

（二）基层组织

《禁毒法》第17条规定："居民委员会、村民委员会应当协助人民政府以及公安机关等部门，加强禁毒宣传教育，落实禁毒防范措施。"村民委员会和居民委员会是我国农村和城市的基础群众自治组织，对本村和本社区的常住人口及流动人口情况最为了解，在发现涉毒违法犯罪嫌疑人的活动轨迹、普及毒品预防教育知识方面有很强的群众基础，公安机关等职能部门在履行职责开展毒品预防教育、落实禁毒各项防范措施时依托和借助村民委员会和居民委员会的力量，可以达到事半功倍的效果，因此法律将协助义务赋予居民委员会和村民委员会，通过建立“无毒村”和“无毒社区”等活动发动群众积极参与禁毒，遏制毒品的蔓延。

【典型案例】姜某初中毕业后在家乡务农，虽然学校老师没有讲过毒品是什么，其所生活的姜家村在村口张贴“珍爱生命 远离毒品”标语，姜某知道毒品不是个好东西，也从老辈人口中得知中华人民共和国成立前村里有人吸食鸦片。姜某19岁进城务工，在某私营企业工作，该企业没有开展对职工的毒品预防教育。一日，姜某和工友看警匪片时得知海洛因的样子和危害，也知道了这种类似白粉状的东西是毒品，因此在姜某心中鸦片和海洛因绝对不能碰。在城里工作了1年后姜某想换个工作，但一时没有找到合适的用人单位，整天无所事事在街上闲逛，他租住的城中村平房周边也没有开展任何形式的禁毒宣传活动。一日，姜某的同屋张某约姜某一起喝酒，并给姜某几包粉状的东西，说是“奶茶”，让姜某尝尝，姜某尝过几次后上瘾，经常缠着张某讨要，后两人都被公安机关查获。

【思考题】

1. 上述案例中姜某有限的毒品知识是通过怎样的方式获得的？哪些主体应当在姜某的生活中发挥毒品预防教育的作用？

2.《禁毒法》哪些条文涉及毒品预防教育工作，立法的意义何在？

3. 结合学习内容观察身边的社区、学校、单位、公共场所等地依法开展了哪些毒品预防教育活动？

第六章　毒品与制毒物品管理制度

【本章摘要】为加强麻醉药品和精神药品的管理，保证麻醉药品和精神药品的合法、安全、合理使用，我国对麻醉药品药用原植物的种植，麻醉药品和精神药品的实验研究、生产、经营、使用、储存、运输等活动实行严格的管理。另外，本章还系统地介绍了易制毒化学品的概念、特征和品种等基础知识，并进一步阐述了易制毒化学品管理的制度、法律，以及易制毒化学品生产、购销、运输和进出口管理。可以说，行政管理是易制毒化学品用于合法目的之基本保证，防止易制毒化学品脱管流失是从源头遏制毒品危害的根本保证。

第一节　麻醉药品和精神药品管理

一、麻醉药品药用原植物管制概述

从内涵上讲，毒品原植物，是指含麻醉性生物碱较高的植物；从外延上看，世界范围内的毒品原植物主要包括罂粟、大麻、古柯、恰特草、仙人球毒碱和麦角菌等。国际禁毒公约和各国国内法予以管制的主要是罂粟、大麻和古柯三种。由于罂粟、大麻、古柯在植物学中分别代表着多种同类的植物，而这些不同种的植物虽然名称相同，但其麻醉性物质的含量却有很大差异。例如，罂粟就有 50 多种，其中可提取吗啡类毒品的主要是鸦片罂粟一种，其他多为观赏植物。因此，确定某种植物是不是毒品原植物，必须把内涵和外延两个标准结合起来进行考察，而且更应注重内涵标准。只有能够从中提炼出一定量的毒品来，才能称作毒品原植物；如果不能提炼出毒品，就算名称里有“罂粟”“大麻”等字样，也不能认定为毒品原植物。根据有关国际禁毒公约的规定，作为毒品原植物的罂粟是指催眠性罂粟科的植物，大麻是指大麻属的任何植物，古柯是指红木属的任何一种植物。我国新刑法只笼统规定“罂粟、大麻等毒品原植物”，而没有指明这些植物所代表的具体种类，实践中也出现过对某些植物（含有微量鸦片）能否认定为毒品原植物的问题。

毒品管制，是指国家对麻醉药品药用原植物种植实行管制，禁止非法种植罂粟、古柯植物、大麻植物以及国家规定管制的可以用于提炼加工毒品的其他原植物，禁止走私或者非法买卖、运输、携带、持有未经灭活的毒品原植物种子或者幼苗。

（一）我国关于毒品原植物种子、幼苗、植物管理的立法

从严惩处毒品犯罪，是中国禁毒立法的显著特点之一。严格管制毒品原植物种子、幼苗、植物，是中国禁毒法制建设一项十分重要的内容。中国为此颁布多项法律、法规和规章，涉及管制毒品原植物种子、幼苗、植物的使用、种植的主要有：《刑法》、《治安管理处罚法》、《罂粟壳管理暂行规定》、《麻醉药品和精神药品管理条例》、《关于公安机关管辖的刑事案件立案追诉标准的规定（三）》、最高人民法院《关于审理毒品犯罪案件适用法律若干问题的解释》以及《云南省禁毒条例》、《云南省严禁毒品的行政处罚条例》等。

（二）非法种植毒品原植物

对“非法”的理解，是指未经国家主管部门批准，私自种植毒品原植物，或者没有按照批准的种植计划、限定数量进行种植。众所周知，罂粟、大麻和古柯具有两重性，既可用于医疗，减轻病人痛苦，也可作为毒品被违法滥用，使人成瘾，危害身体健康。因

此，国家对于可用来提炼这些麻醉性药品的罂粟、大麻等原植物的种植，实行了严格的管制。根据2005年8月3日国务院颁布的《麻醉药品和精神药品管理条例》的规定，我国对毒品原植物的管理主要体现在两个“严格”上：

1. 毒品原植物的种植单位必须是经由国务院药品监督管理部门和国务院农业主管部门共同确定，严格审查批准的单位。除此之外，任何单位、个人不得进行毒品药用原植物的种植以及麻醉药品和精神药品的实验研究、生产、经营、使用、储存、运输等活动。由此可见，在我国，毒品原植物的种植必须经国家相关部门的批准。

2. 种植单位必须严格按照国务院药品监督管理部门审批的年度种植计划组织生产。国家根据麻醉药品和精神药品的医疗、国家储备和企业生产所需原料的需要确定需求总量，对毒品药用原植物的种植生产实行总量控制。国务院药品监督管理部门和国务院农业主管部门根据麻醉药品年度生产计划，制订毒品药用原植物年度种植计划，毒品药用原植物种植企业应当根据年度种植计划，种植毒品药用原植物。种植企业应当向国务院药品监督管理部门和国务院农业主管部门定期报告种植情况。

因此，任何单位和个人未经合法批准，或者虽经合法批准但违反指令性计划而超量种植，都是非法的。非法种植毒品原植物所侵犯的，正是国家对毒品原植物的严格管制。

（三）我国对毒品原植物种子、幼苗、植物管理

对毒品原植物种植的管制，是整个禁毒斗争的重要组成部分，是治毒治本的有效措施之一。我国始终把禁种毒品原植物作为工作重点，常抓不懈，防患于未然。

根据《2017年中国禁毒报告》显示，我国大面积非法种植毒品植物基本禁绝，但部分地区仍存在零星非法种植问题。2016年，中国国家禁毒委员会办公室运用卫星遥感和无人机等科技手段，组织实施“天目 –16”铲毒行动，加大发现铲除和打击处理力度，共破获非法种植毒品原植物案件5578起，抓获违法犯罪嫌疑人5345名；发现铲除非法种植罂粟84亩、116万株，同比分别下降70.9%

和 62%；发现铲除非法种植大麻 147 亩、139 万株，同比分别下降 92% 和 6%。

（四）毒品原植物种子、幼苗、植物的运输、买卖、储存和使用

国家对于毒品原植物种子、幼苗、植物的运输、买卖、储存和使用作出了相当严格的规定。《麻醉药品和精神药品管理条例》明确规定："国家对麻醉药品药用原植物以及麻醉药品和精神药品实行管制。除本条例另有规定的外，任何单位、个人不得进行麻醉药品药用原植物的种植以及麻醉药品和精神药品的实验研究、生产、经营、使用、储存、运输等活动。"该条例对于毒品原植物种子、幼苗、植物的储存也有明确规定，毒品药用原植物种植企业、定点生产企业、全国性批发企业和区域性批发企业以及国家设立的麻醉药品储存单位，应当设置储存的专库，麻醉药品原料药和制剂要分别存放。该专库应当安装专用防盗门，实行双人双锁管理，应当配备专人负责管理工作，并建立储存麻醉药品和专用账册。药品入库双人验收，出库双人复核，做到账物相符。专用账册的保存期限应当自药品有效期期满之日起不少于 5 年。专库必须具有相应的防火设施，具有监控设施和报警装置，报警装置应当与公安机关报警系统联网。

我国法律禁止任何单位、个人非法进行毒品原植物的种植以及使用、储存、运输等活动。《刑法》第 352 条特别规定非法买卖、运输、携带、持有未经灭活的罂粟等毒品原植物种子或者幼苗，数量较大的，构成非法买卖、运输、携带、持有毒品原植物种子、幼苗罪。《治安管理处罚法》《云南省禁毒条例》都对非法买卖、运输、携带、持有少量未经灭活的罂粟等毒品原植物种子或者幼苗和非法运输、买卖、储存、使用少量罂粟壳的行为作出了禁止性的规定。《公安部关于坚决制止、查处在食品中掺用罂粟壳违法犯罪行为的通知》中指出社会上个别人或单位利欲熏心，竟置国家法律、法规和人民群众的身体健康与生命安全于不顾，在食品中掺用罂粟壳来招徕顾客、吸引回头客，扩大生意。由于顾客都是在不知道的情况下被骗食用的，因此这种行为属于欺骗他人吸食毒品的违法犯罪行

为。

关于“未经灭活”的具体含义，是指对毒品原植物种子、幼苗、植物进行钴60等放射处理或其他手段处理，如高温蒸煮等，使其不能发芽、生长培养成为毒品，而只能用作标本等其他用途。

二、麻醉药品和精神药品的实验研究、生产

为从源头加强管控，防止麻醉药品和精神药品的非法生产，流入非法渠道，我国《麻醉药品和精神药品管理条例》对麻醉药品和精神药品的实验研究、生产进行了管制。

（一）实验研究

开展麻醉药品和精神药品实验研究活动应当是以医疗、科学研究或者教学为目的。同时，要有保证实验所需麻醉药品和精神药品的安全措施与管理制度；单位及其工作人员2年内没有违反有关禁毒的法律、行政法规规定的行为。

麻醉药品和精神药品的实验研究单位，应当依照药品管理法的规定申请办理相关药品批准证明文件，需要转让研究成果的，应当经国务院药品监督管理部门批准。当药品研究单位在普通药品的实验研究过程中，产生《麻醉药品和精神药品管理条例》规定的管制品种的，应当立即停止实验研究活动，并向国务院药品监督管理部门报告。

（二）生产

国家对麻醉药品和精神药品实行定点生产制度，由国务院药品监督管理部门，根据全国对麻醉药品和精神药品的需求总量，确定麻醉药品和精神药品定点生产企业的数量和布局，并根据年度需求总量对数量和布局进行调整、公布。

《麻醉药品和精神药品管理条例》第15条规定：麻醉药品和精神药品的定点生产企业应当具备下列条件：

1. 有药品生产许可证；
2. 有麻醉药品和精神药品实验研究批准文件；

3. 有符合规定的麻醉药品和精神药品生产设施、储存条件和相应的安全管理设施；

4. 有通过网络实施企业安全生产管理和向药品监督管理部门报告生产信息的能力；

5. 有保证麻醉药品和精神药品安全生产的管理制度；

6. 有与麻醉药品和精神药品安全生产要求相适应的管理水平和经营规模；

7. 麻醉药品和精神药品生产管理、质量管理部门的人员应当熟悉麻醉药品和精神药品管理以及有关禁毒的法律、行政法规；

8. 没有生产、销售假药、劣药或者违反有关禁毒的法律、行政法规规定的行为；

9. 符合国务院药品监督管理部门公布的麻醉药品和精神药品定点生产企业数量和布局的要求。

从事麻醉药品、第一类精神药品生产以及第二类精神药品原料药生产的企业，应当经所在地省、自治区、直辖市人民政府药品监督管理部门初步审查，由国务院药品监督管理部门批准。从事第二类精神药品制剂生产的企业，应当经所在地省、自治区、直辖市人民政府药品监督管理部门批准。定点生产企业必须依照药品管理法的规定，取得生产麻醉药品和精神药品的批准文号才能生产，未取得批准文号的，不得生产。定点生产企业必须严格按照麻醉药品和精神药品年度生产计划安排生产，并向所在地省、自治区、直辖市人民政府药品监督管理部门报告生产情况。生产企业只能将麻醉药品和精神药品销售给具有麻醉药品和精神药品经营资格的企业或者依照《麻醉药品和精神药品管理条例》规定批准的其他单位。

三、麻醉药品和精神药品的经营

由国务院药品监督管理部门根据麻醉药品和第一类精神药品的需求总量，确定麻醉药品和第一类精神药品的定点批发企业布局，每年对企业布局进行调整、公布，实行定点经营制度。

药品经营企业不得经营麻醉药品原料药和第一类精神药品原料药。但是，供医疗、科学研究、教学使用的小包装的上述药品可以由国务院药品监督管理部门规定的药品批发企业经营。

《麻醉药品和精神药品管理条例》第 23 条规定：麻醉药品和精神药品定点批发企业除应当具备药品管理法第十五条规定的药品经营企业的开办条件外，还应当具备下列条件：

1. 有符合本条例规定的麻醉药品和精神药品储存条件；

2. 有通过网络实施企业安全管理和向药品监督管理部门报告经营信息的能力；

3. 单位及其工作人员 2 年内没有违反有关禁毒的法律、行政法规规定的行为；

4. 符合国务院药品监督管理部门公布的定点批发企业布局。

麻醉药品和第一类精神药品的定点批发企业，还应当具有保证供应责任区域内医疗机构所需麻醉药品和第一类精神药品的能力，并具有保证麻醉药品和第一类精神药品安全经营的管理制度。

跨省、自治区、直辖市从事麻醉药品和第一类精神药品批发业务的企业（以下称全国性批发企业），必须经国务院药品监督管理部门批准；在本省、自治区、直辖市行政区域内从事麻醉药品和第一类精神药品批发业务的企业（以下称区域性批发企业），必须经所在地省、自治区、直辖市人民政府药品监督管理部门批准。专门从事第二类精神药品批发业务的企业，应当经所在地省、自治区、直辖市人民政府药品监督管理部门批准。

全国性批发企业可以向区域性批发企业，或者可以经医疗机构所在地省、自治区、直辖市人民政府药品监督管理部门批准，向取得麻醉药品和第一类精神药品使用资格的医疗机构以及依照《麻醉药品和精神药品管理条例》规定批准的其他单位销售麻醉药品和第一类精神药品。

区域性批发企业可以向本省、自治区、直辖市行政区域内取得麻醉药品和第一类精神药品使用资格的医疗机构销售麻醉药品和第一类精神药品；由于特殊地理位置的原因，需要就近向其他省、自治区、直辖市行政区域内取得麻醉药品和第一类精神药品使用资格的医疗机构销售的，应当经国务院药品监督管理部门批准。

区域性批发企业之间因医疗急需、运输困难等特殊情况需要调剂麻醉药品和第一类精神药品的，应当在调剂后 2 日内将调剂情况分别报所在地省、自治区、直辖市人民政府药品监督管理部门备案。

全国性批发企业只能从定点生产企业购进麻醉药品和第一类精神药品。区域性批发企业可以从全国性批发企业购进麻醉药品和第一类精神药品，或经所在地省、自治区、直辖市人民政府药品监督管理部门批准，也可以从定点生产企业购进麻醉药品和第一类精神药品。

全国性批发企业和区域性批发企业向医疗机构销售麻醉药品和第一类精神药品，必须将药品送至医疗机构。医疗机构不得自行提货。

第二类精神药品定点批发企业可以向医疗机构、定点批发企业和符合《麻醉药品和精神药品管理条例》第 31 条规定的药品零售企业以及依照本条例规定批准的其他单位销售第二类精神药品。

麻醉药品和第一类精神药品不得零售，禁止使用现金进行麻醉药品和精神药品交易，但是个人合法购买麻醉药品和精神药品的除外。经所在地设区的市级药品监督管理部门批准，实行统一进货、统一配送、统一管理的药品零售连锁企业可以从事第二类精神药品零售业务。

第二类精神药品零售企业应当凭执业医师出具的处方，按规定剂量销售第二类精神药品，并将处方保存 2 年备查，禁止超剂量或者无处方销售第二类精神药品，不得向未成年人销售第二类精神药品。

麻醉药品和精神药品的生产、经营企业和使用单位必须对过期、损坏的麻醉药品和精神药品登记造册，并向所在地县级药品监督管理部门申请销毁。药品监督管理部门应当自接到申请之日起 5 日内到场监督销毁。医疗机构对存放在本单位的过期、损坏麻醉药品和精神药品，应当按照《麻醉药品和精神药品管理条例》规定的程序向卫生主管部门提出申请，由卫生主管部门负责监督销毁。

四、麻醉药品和精神药品的使用

药品生产企业需要以麻醉药品和第一类精神药品为原料生产普

通药品的，必须向所在地省、自治区、直辖市人民政府药品监督管理部门报送年度需求计划，由省、自治区、直辖市人民政府药品监督管理部门汇总报国务院药品监督管理部门批准后，向定点生产企业购买。

药品生产企业需要以第二类精神药品为原料生产普通药品的，必须将年度需求计划报所在地省、自治区、直辖市人民政府药品监督管理部门，并向定点批发企业或者定点生产企业购买。

食品、食品添加剂、化妆品、油漆等非药品生产企业，必须经所在地省、自治区、直辖市人民政府药品监督管理部门批准，才能向定点批发企业或者定点生产企业购买咖啡因。

科学研究、教学单位需要使用麻醉药品和精神药品开展实验、教学活动的，应当经所在地省、自治区、直辖市人民政府药品监督管理部门批准，向定点批发企业或者定点生产企业购买。

需要使用麻醉药品和精神药品的标准品、对照品的，应当经所在地省、自治区、直辖市人民政府药品监督管理部门批准，向国务院药品监督管理部门批准的单位购买。

医疗机构需要使用麻醉药品和第一类精神药品的，应当经所在地设区的市级人民政府卫生主管部门批准，取得麻醉药品、第一类精神药品购用印鉴卡（以下称印鉴卡）。医疗机构应当凭印鉴卡向本省、自治区、直辖市行政区域内的定点批发企业购买麻醉药品和第一类精神药品。

设区的市级人民政府卫生主管部门发给医疗机构印鉴卡时，应当将取得印鉴卡的医疗机构情况抄送所在地设区的市级药品监督管理部门，并报省、自治区、直辖市人民政府卫生主管部门备案。省、自治区、直辖市人民政府卫生主管部门应当将取得印鉴卡的医疗机构名单向本行政区域内的定点批发企业通报。

《麻醉药品和精神药品管理条例》第 37 条规定：医疗机构取得印鉴卡应当具备下列条件：

1. 有专职的麻醉药品和第一类精神药品管理人员；
2. 有获得麻醉药品和第一类精神药品处方资格的执业医师；
3. 有保证麻醉药品和第一类精神药品安全储存的设施和管理

制度。

医疗机构必须按照国务院卫生主管部门的规定，对本单位执业医师进行有关麻醉药品和精神药品使用知识的培训、考核，经考核合格的，授予麻醉药品和第一类精神药品处方资格。必须将具有麻醉药品和第一类精神药品处方资格的执业医师名单及其变更情况，定期报送所在地设区的市级人民政府卫生主管部门，并抄送同级药品监督管理部门。

医疗机构必须对麻醉药品和精神药品处方进行专册登记，加强管理，麻醉药品处方至少保存 3 年，精神药品处方至少保存 2 年。医疗机构抢救病人急需麻醉药品和第一类精神药品而本医疗机构无法提供时，可以从其他医疗机构或者定点批发企业紧急借用，抢救工作结束后，必须及时将借用情况报所在地设区的市级药品监督管理部门和卫生主管部门备案。

对临床需要而市场无供应的麻醉药品和精神药品，持有医疗机构制剂许可证和印鉴卡的医疗机构需要配制制剂的，应当经所在地省、自治区、直辖市人民政府药品监督管理部门批准。医疗机构配制的麻醉药品和精神药品制剂只能在本医疗机构使用，不得对外销售。

医务人员必须依照国务院卫生主管部门制定的临床应用指导原则，使用麻醉药品和精神药品。具有麻醉药品和第一类精神药品处方资格的执业医师，根据临床应用指导原则，对确需使用麻醉药品或者第一类精神药品的患者，应当满足其合理用药需求。在医疗机构就诊的癌症疼痛患者和其他危重患者得不到麻醉药品或者第一类精神药品时，患者或者其亲属可以向执业医师提出申请。具有麻醉药品和第一类精神药品处方资格的执业医师认为要求合理的，应当及时为患者提供所需麻醉药品或者第一类精神药品。

执业医师取得麻醉药品和第一类精神药品的处方资格后，方可在本医疗机构开具麻醉药品和第一类精神药品处方，但不得为自己开具该种处方。同时，必须使用专用处方开具麻醉药品和精神药品，单张处方的最大用量应当符合国务院卫生主管部门的规定。

对麻醉药品和第一类精神药品处方，处方的调配人、核对人应当仔细核对，签署姓名，并予以登记；对不符合本条例规定的，处方的调配人、核对人应当拒绝发药。

因治疗疾病需要，个人凭医疗机构出具的医疗诊断书、本人身份证明，可以携带单张处方最大用量以内的麻醉药品和第一类精神药品；携带麻醉药品和第一类精神药品出入境的，由海关根据自用、合理的原则放行。

医务人员为了医疗需要携带少量麻醉药品和精神药品出入境的，应当持有省级以上人民政府药品监督管理部门发放的携带麻醉药品和精神药品证明。海关凭携带麻醉药品和精神药品证明放行。

医疗机构、戒毒机构以开展戒毒治疗为目的，可以使用美沙酮或者国家确定的其他用于戒毒治疗的麻醉药品和精神药品。

五、麻醉药品和精神药品的储存

《麻醉药品和精神药品管理条例》第 46 条规定：麻醉药品药用原植物种植企业、定点生产企业、全国性批发企业和区域性批发企业以及国家设立的麻醉药品储存单位，应当设置储存麻醉药品和第一类精神药品的专库。该专库应当符合下列要求：

1. 安装专用防盗门，实行双人双锁管理；

2. 具有相应的防火设施；

3. 具有监控设施和报警装置，报警装置应当与公安机关报警系统联网。

全国性批发企业经国务院药品监督管理部门批准设立的药品储存点应当符合前款的规定。

麻醉药品定点生产企业应当将麻醉药品原料药和制剂分别存放。

麻醉药品和第一类精神药品的使用单位应当设立专库或者专柜储存麻醉药品和第一类精神药品。专库应当设有防盗设施并安装报警装置；专柜应当使用保险柜。专库和专柜应当实行双人双锁管理。

麻醉药品药用原植物种植企业、定点生产企业、全国性批发企业和区域性批发企业、国家设立的麻醉药品储存单位以及麻醉药品和第一类精神药品的使用单位，应当配备专人负责管理工作，并建立储存麻醉药品和第一类精神药品的专用账册。药品入库双人验收，出库双人复核，做到账物相符。专用账册的保存期限应当自药品有效期期满之日起不少于5年。

第二类精神药品经营企业应当在药品库房中设立独立的专库或者专柜储存第二类精神药品，并建立专用账册，实行专人管理。专用账册的保存期限应当自药品有效期期满之日起不少于5年。

六、麻醉药品和精神药品的运输

托运、承运和自行运输麻醉药品和精神药品的，应当采取安全保障措施，防止麻醉药品和精神药品在运输过程中被盗、被抢、丢失。托运或者自行运输麻醉药品和第一类精神药品的单位，应当向所在地省、自治区、直辖市人民政府药品监督管理部门申请领取运输证明。运输证明有效期为1年，运输证明应当由专人保管，不得涂改、转让、转借。托运人办理麻醉药品和第一类精神药品运输手续，必须将运输证明副本交付承运人。承运人应当查验、收存运输证明副本，并检查货物包装。没有运输证明或者货物包装不符合规定的，承运人不得承运。承运人在运输过程中应当携带运输证明副本，以备查验。

邮寄麻醉药品和精神药品，寄件人必须提交所在地省、自治区、直辖市人民政府药品监督管理部门出具的准予邮寄证明。邮政营业机构应当查验、收存准予邮寄证明；没有准予邮寄证明的，邮政营业机构不得收寄。

省、自治区、直辖市邮政主管部门指定符合安全保障条件的邮政营业机构负责收寄麻醉药品和精神药品。邮政营业机构收寄麻醉药品和精神药品，应当依法对收寄的麻醉药品和精神药品予以查验。

定点生产企业、全国性批发企业和区域性批发企业之间运输麻醉药品、第一类精神药品，发货人在发货前应当向所在地省、自治区、直辖市人民政府药品监督管理部门报送本次运输的相关信息。属于跨省、自治区、直辖市运输的，收到信息的药品监督管理部门应当向收货人所在地的同级药品监督管理部门通报；属于在本省、自治区、直辖市行政区域内运输的，收到信息的药品监督管理部门应当向收货人所在地设区的市级药品监督管理部门通报。申请人提出审批事项申请，必须同时提交相关资料。审批部门应当自收到申请之日起 40 日内作出是否批准的决定；作出批准决定的，发给许可证明文件或者在相关许可证明文件上加注许可事项；作出不予批准决定的，应当书面说明理由。

七、非药用类麻醉药品、精神药品管制

非药用类麻醉药品和精神药品，是指未作为药品生产和使用，具有成瘾性或者成瘾潜力且易被滥用的物质。为加强对非药用类麻醉药品和精神药品的管理，防止非法生产、经营、运输、使用和进出口，我国专门制定了《非药用类麻醉药品和精神药品列管办法》，加以管控。

《非药用类麻醉药品和精神药品列管办法》规定禁止任何单位和个人生产、买卖、运输、使用、储存和进出口列管的非药用类麻醉药品和精神药品，各级公安机关和有关部门依法加强对非药用类麻醉药品和精神药品违法犯罪行为的打击处理。

各地禁毒委员会办公室（以下简称禁毒办）应当组织公安机关和有关部门加强对非药用类麻醉药品和精神药品的监测，并将监测情况及时上报国家禁毒办。国家禁毒办经汇总、分析后，应当及时发布预警信息。对国家禁毒办发布预警的未列管非药用类麻醉药品和精神药品，各地禁毒办应当进行重点监测。国家禁毒办认为需要对特定非药用类麻醉药品和精神药品进行列管的，应当交由非药用类麻醉药品和精神药品专家委员会（以下简称专家委员会）进行风险评估和列管论证。

《非药用类麻醉药品和精神药品列管办法》第 7 条规定：专家委员会由国务院公安部门、食品药品监督管理部门、卫生计生行政部门、工业和信息化管理部门、海关等部门的专业人员以及医学、药学、法学、司法鉴定、化工等领域的专家学者组成。

专家委员会应当对拟列管的非药用类麻醉药品和精神药品进行下列风险评估和列管论证，并提出是否予以列管的建议：

1. 成瘾性或者成瘾潜力；
2. 对人身心健康的危害性；

3. 非法制造、贩运或者走私活动情况；
4. 滥用或者扩散情况；
5. 造成国内、国际危害或者其他社会危害情况。

专家委员会启动对拟列管的非药用类麻醉药品和精神药品的风险评估和列管论证工作后，应当在3个月内完成。

第二节 易制毒化学品管理

一、易制毒化学品概述

（一）易制毒化学品的概念

1. 易制毒化学品的定义。目前，国际社会和我国对易制毒化学品尚未有明确的定义。1988年《联合国禁止非法贩运麻醉药品和精神药物公约》（以下简称《八八公约》）中没有给出专门的定义，但《八八公约》对易制毒化学品的表述却准确地反映了易制毒化学品的内涵，即经常用于非法制造麻醉药品和精神药物的物质。国际社会也大多采用这一说法，并逐步简称为前体化学品（Precursor chemicals）。

“易制毒化学品”一词在我国最早正式出现于1997年1月29日原对外经济贸易合作部发布的《易制毒化学品进出口管理暂行规定》。随后，各地颁布的地方性法规中使用了“特殊化学品”“易制毒特殊化学品”“易制毒化学物品”等多种称谓。2005年国务院颁布施行的《易制毒化学品管理条例》（以下简称《条例》）统一了“易制毒化学品”的名称，但未给出易制毒化学品的定义，只规定了：“易制毒化学品分为三类。第一类是可以用于制毒的主要原料，第二类、第三类是可以用于制毒的化学配剂。易制毒化学品的具体分类的品种，由本条例附表列示。”此后我国颁布的有关禁毒政策、法规、文件都明确采用了该提法。

“易制毒化学品”字面含义是“容易用于制造毒品的化学品”，是我国对可用于制造海洛因、可卡因、甲基苯丙胺等麻醉药品和精神药物的物质的统称，包括用于生产和制造各种毒品及国家规定管制的麻醉药品和精神药物的原料前体、试剂、溶剂及稀释剂、添加剂等。综上所述，根据易制毒化学品的理化性质及制毒作用，可将其定义为：国家规定管制的可用于制造麻醉药品和精神药物的化学原料及配剂。也就是说，纳入易制毒化学品管制范畴的物品，无论是前体、原料还是化学助剂，其首要条件必须是化学品。

2. 易制毒化学品与制毒物品的区别。就像毒品是汉语约定俗成的专有名词，制毒物品和易制毒化学品都是为管控制毒犯罪活动而创设的新概念。尤其是在国内合成毒品制造问题日益凸显的态势下，利用易制毒化学品进行制毒犯罪的案件层出不穷。随着执法部门打击力度的不断加大，这两个法律名词的使用频率也逐渐增加。然而，制毒犯罪个案的复杂程度较高，同一种毒品因加工技术的区别可能存在所需原料制剂的差异。由于涉及的化学品种类繁多，加之对相关司法解释的理解过于片面，执法部门出现了混淆使用“制毒物品”和“易制毒化学品”概念的问题，时间一长，主观上容易将两个法律概念趋同，造成因名词不“明”产生的无“法”可依的尴尬局面。

（1）“制毒物品”的概念和范围界定。2009 年最高人民法院、最高人民检察院和公安部联合下发的《关于办理制毒物品犯罪案件适用法律若干问题的意见》（以下简称《意见》）明确指出：“制毒物品”，是指《刑法》第 250 条规定的醋酸酐、乙醚、三氯甲烷或者其他用于制造毒品的原料或者配剂。具体品种范围按照国家关于易制毒化学品管理的规定确定，并采用引证罪状的方式将制毒物品的范围限定于国家管制的易制毒化学品。

（2）“制毒物品”与“易制毒化学品”的关系。刑法上的“制毒物品”在化工与行政管理领域与“易制毒化学品”是对应概念，在《意见》中明确“具体品种范围按照国家关于易制毒化学品管理的规定确定”。但《条例》附表中所列举的品种并不是绝对确定的范围，国家根据化工行业的发展以及禁毒形势的需要，特别是合成毒品的现状和发展趋势，会对易制毒化学品的品种范围做出调整。这样，就使制毒物品的范围具有动态性，可以适应未来多变及不确定的禁毒形势，具有前瞻性。

（二）易制毒化学品的特征

1. 双重性质。易制毒化学品既广泛应用于工农业生产、医药、教学和群众日常生活（合法性），流入非法渠道又可用于制造毒品（非法性）。合法性体现在，其主要用途是经济建设不可缺少的工业原料，是有用和有益于社会的物品。例如，在化工生产中醋酸酐可用作乙酰化试剂、脱水剂等；黄樟素可用于香料、添加剂、杀虫剂、防腐剂等；麻黄素和伪麻黄素在医疗上可作为支气管扩张药；苯乙酸可用于香料及制造工业，作为饮料、甜食的调味剂，也可作为植物生长刺激素。非法性体现在，其一旦流入非法渠道，即可成为生产或制造毒品的化学原料或者配剂，存在潜在的、间接的危害。在制毒过程中，易制毒化学品可作为前体原料或者配剂发挥作用，没有这些化学品也就不可能生产或制造出毒品，这也是易制毒化学品不同于普通化工产品的根本之处。例如，麻黄碱类的化学品是制造甲基苯丙胺的主要原料；异黄樟脑是制造“摇头丸”（MDMA）所需的主要易制毒化学品；盐酸羟亚胺是非法合成氯胺酮的化学原料；N- 乙酰邻氨基苯酸是制造安眠酮的主要化学原料。

2. 管制性质。易制毒化学品兼具有益和有害的两面性决定了其具有管制性。管制性具有两层含义：一是易制毒化学品的应当被管制性；二是易制毒化学品的明文规定管制性。其中，易制毒化学品的可制毒性决定了其应当被管制的性质，也就是说，易制毒化学品因其本身特性决定了其既不能像普通商品一样完全自由生产、贸易、流通，也不能等同于纯粹毒品完全禁止，而是在国家管制措施下有条件地生产、经营和使用，进行相应的管理和约束。同时，易制毒化学品的管制性也表现为该类化学品是国家明文规定管制的物品，立法没有明确予以管制的品种，即使该物质具备用于制造毒品的危害，被制毒分子使用于毒品加工制造，如麻黄碱复方制剂、麻黄草、甲胺、氯化亚砜、氯化钯、硫酸钡等，也只能称作非列管制毒物品，而非法律意义上的易制毒化学品。

（三）易制毒化学品品种

1. 联合国列入管制的易制毒化学品。《八八公约》第 12 条规定了易制毒化学品管制的相关内容。《八八公约》最初在附表中列管了 12 种易制毒化学品；1992 年联合国通过决议增列了 10 种易制毒化学品，使《八八公约》列管的易制毒化学品增加到了 22 种。随后，联合国麻醉药品委员会（以下简称“麻委会”）对附表进行了五次修正：2001 年 3 月召开的“麻委会”第四十四届会议将醋酸酐和高锰酸钾从表转入表一；2001 年 11 月将去甲麻黄碱增列入表一进行管制；2010 年 3 月，“麻委会”第五十三届会议一致决定把苯乙酸从《八八公约》的表二转至表一，该项决定于 2011 年 1 月 17 日生效；2014 年 3 月召开的“麻委会”第五十七届会议将 α－苯乙酰乙腈列入表一进行管制；2017 年 3 月将 NPP、4–ANPP 列入表一进行管制。迄今为止，《八八公约》列管的易制毒化学品共计 26 种（见表 6–1）。

表 6–1 《八八公约》列入管制的易制毒化学品

表一		表二	
1	醋酸酐	1	丙酮
2	N– 乙酰邻氨基苯酸	2	邻氨基苯甲酸
3	麻黄碱	3	乙醚
4	麦角新碱	4	盐酸 *
5	麦角胺	5	甲基乙基酮
6	异黄樟脑	6	苯乙酸
7	麦角酸	7	哌啶
8	3，4– 亚甲基二氧苯基 –2– 丙酮	8	硫酸 *
9	1– 苯基 –2– 丙酮	9	甲苯
10	胡椒醛		
11	伪麻黄碱		

（续表）

表一		表二	
12	去甲麻黄碱		
13	黄樟脑		
14	高锰酸钾		
15	α－苯乙酰乙腈		
16	NPP		
17	4–ANPP		包括本表所列物质可能存在的盐类
	包括本表所列物质可能存在的盐类		* 盐酸和硫酸的盐类物质，不列入表二

2. 联合国列入特别监视的易制毒化学品。《八八公约》签署后，各国不断加强对列管易制毒化学品的管制，毒贩获取这些易制毒化学品越来越困难，于是不断寻求其他未列管的替代化学品用于制毒。为此，联合国麻醉品管制局于 1998 年 2 月 24 日将列入特别管制的 22 种化学品以外的 74 种易制毒化学品列入附件中（见表 6–2），作为国际特别监视的易制毒化学品进行管制。这些化学品是根据近年来各国政府（《八八公约》的缔约国及非缔约国）向联合国报告的、用于非法制造麻醉药品和精神药物的有关化学试剂数目和种类，由专家组编制而成。

表 6–2　联合国列入特别监视的易制毒化学品

1	丁醛	6	氧化钙	11	氯氧化磷
2	氢氧化钙	7	磷酸	12	氢溴酸
3	苯基氨基丙醇	8	氢碘酸	13	乙酰氯
4	n–［正］乙烷	9	乙腈	14	双丙酮醇
5	醋酸	10	三氯甲烷	15	碳酸钾

（续表）

16	碳酸氢钠	36	硫酸钠	56	邻一甲苯胺
17	烯丙基苯	37	甲酸铵	57	苄基氰
18	过氧化氢	38	锂	58	二氯甲烷
19	氢氧化钾	39	2，5- 二甲氧基苯甲醇	59	乙胺
20	碳酸钠	40	三氧化硫	60	3，4，5- 三甲氧基苯甲醇
21	氯化铝	41	苯甲醇	61	［青］丁醇
22	羟胺	42	氢化铝锂	62	N- 甲基甲酰胺
23	吡啶	43	2，5- 二甲氧基苯甲酸	63	亚乙基双乙酸盐
24	氯化钠	44	酒石酸	64	3，4，5- 三甲氧基苯甲酸
25	氨（包括水溶液）	45	苯	65	醋酸丁酯
26	碘	46	氯化汞	66	甲基异丁基酮
27	阮内镍	47	2，5- 二甲氧基甲苯	67	甲酰胺
28	氢氧化钠	48	四氢呋喃	68	3，4，5- 三甲氧基苯甲酰氯
29	乙酸铵	49	苯甲酸	69	丁胺
30	靛红酸酐	50	甲醇	70	硝基乙烷
31	乙酸钠	51	麦角生物碱	71	甲酸
32	次氯酸钠	52	亚硫酰（二）氯	72	碳酸钙
33	氯化铵	53	苄基氯	73	降假麻黄碱
34	异丙醇	54	甲胺	74	［正］庚烯
35	二乙胺	55	乙酸乙酯		

3. 我国列入管制的易制毒化学品。2005 年 11 月 1 日起施行的《易制毒化学品管理条例》将易制毒化学品分为三类。第一类是可以用于制毒的主要原料，第二类、第三类是可以用于制毒的化学配剂。易制毒化学品的具体分类和品种，由附表列示，共有 23 种。

鉴于国内非法制造氯胺酮的现象日益严重，2008 年国务院批准将制造氯胺酮的原料羟亚胺列为第一类易制毒化学品进行管制，但国内制贩、滥用氯胺酮仍不断发展蔓延。利用邻氯苯基环戊酮合成羟亚胺进而制造氯胺酮，利用 1– 苯基 –2– 溴 –1– 丙酮（又名溴代苯丙酮、2– 溴代苯丙酮、α – 溴代苯丙酮等）合成麻黄素和利用 3– 氧 –2– 苯基丁腈（又名 α – 氰基苯丙酮、α – 苯乙酰基乙腈、2– 苯乙酰基乙腈等）合成 1– 苯基 –2– 丙酮进而制造甲基苯丙胺（冰毒）等犯罪尤为突出。2012 年和 2014 年，国务院先后将邻氯苯基环戊酮、1– 苯基 –2– 溴 –1– 丙酮和 3– 氧 –2– 苯基丁腈增列为第一类易制毒化学品管制。2017 年 12 月增列 4– 苯胺基 –N– 苯乙基哌啶、N– 苯乙基 –4– 哌啶酮、N– 甲基 –1– 苯基 –1– 氯 –2– 丙胺为第一类易制毒化学品，溴素、1– 苯基 –1– 丙酮为第二类易制毒化学品。迄今为止，我国一共列管 32 种易制毒化学品，包括 31 种化学品和 1 类麻黄素类物质（见表 6–3）。

表 6–3　我国管制的易制毒化学品

第一类		第二类	
1	1– 苯基 –2– 丙酮	1	苯乙酸
2	3，4– 亚甲基二氧苯基 –2– 丙酮	2	醋酸酐
3	胡椒醛	3	三氯甲烷
4	黄樟素	4	乙醚
5	黄樟油	5	哌啶
6	异黄樟素	6	溴素
7	N– 乙酰邻氨基苯酸	7	1– 苯基 –1– 丙酮
8	邻氨基苯甲酸	第三类	

（续表）

9	麦角酸 *	1	甲苯
10	麦角胺 *	2	丙酮
11	麦角新碱 *	3	甲基乙基酮
12	麻黄素、伪麻黄素、消旋麻黄素、去甲麻黄素、甲基麻黄素、麻黄浸膏、麻黄浸膏粉等麻黄素类物质 *	4	高锰酸钾
13	羟亚胺	5	硫酸
14	邻氯苯基环戊酮	6	盐酸
15	1– 苯基 –2– 溴 –1– 丙酮		
16	3– 氧 –2– 苯基丁腈		
17	4– 苯胺基 –N– 苯乙基哌啶		
18	N– 苯乙基 –4– 哌啶酮		
19	N– 甲基 –1– 苯基 –1– 氯 –2– 丙胺		

第一类、第二类所列物质可能存在的盐类，也纳入管制。带有 * 标记的品种为第一类中的药品类易制毒化学品，第一类中的药品类易制毒化学品包括原料药及其单方制剂。

云南省作为我国禁毒的前沿，易制毒化学品问题更加突出和复杂，根据《条例》总则的规定，禁毒形势严峻的地区可增加列管品种。因此，1997 年 1 月云南省人大常委会会议通过，2004 年 6 月修正的《云南省易制毒特殊化学物品管理条例》中，将硫酸钡、氯化铵等未出现在国家管制目录中的化学品列入管制范畴，对 28 种易制毒化学品实行管制。

4. 进出口管制的易制毒化学品。根据国家商务部 2006 年 9 月 21 日颁布的《易制毒化学品进出口管理规定》，国家对 41 个品种（麻黄素分为 19 个品种）的易制毒化学品进、出口实施许可证制度，以任何方式进、出口易制毒化学品均需申领许可证。其中，33 个品种的进、出口必须进行国际核查。

2008 年、2012 年和 2014 年，国务院先后将羟基胺、邻氯苯基环戊酮、1- 苯基 -2- 溴 -1- 丙酮和 3- 氧 -2- 苯基丁腈增列为第一类易制毒化学品管制。因此，《易制毒化学品进出口管理规定》附件中的易制毒化学品管理目录也增加羟基胺、邻氯苯基环戊酮、1- 苯基 -2- 溴 -1- 丙酮和 3- 氧 -2- 苯基丁腈。

5. 向特定国家出口管制的易制毒化学品。根据国家商务部等五部局《向特定国家（地区）出口易制毒化学品暂行管理规定》，国家对向缅甸、老挝出口的 58 个品种的易制毒化学品实施许可证制度，均要实施国际核查。58 个品种是在《易制毒化学品进出口管理规定》41 个品种的基础上增加了 17 个品种。

（四）易制毒化学品管理的制度

1. 许可证制度。易制毒化学品许可证制度，是指许可生产、经营、使用、仓储、运输、进出口易制毒化学品的申请、核发、监督的一系列规则总和。根据我国易制毒化学品的分类，对不同类别的易制毒化学品的不同环节分别实行许可证制度或者备案制度，具体见表 6–4。

表 6–4　不同类别易制毒化学品许可和备案制度一览表

<table>
<tr><th></th><th>第一类易制毒化学品</th><th>第二类易制毒化学品</th><th>第三类易制毒化学品</th></tr>
<tr><td rowspan="5">许可证</td><td>生产</td><td></td><td></td></tr>
<tr><td>经营</td><td></td><td></td></tr>
<tr><td>购买</td><td></td><td></td></tr>
<tr><td>运输</td><td>运输</td><td></td></tr>
<tr><td>进出口</td><td>进出口</td><td>进出口</td></tr>
<tr><td rowspan="4">备案证明</td><td></td><td>生产</td><td>生产</td></tr>
<tr><td></td><td>经营</td><td>经营</td></tr>
<tr><td></td><td>购买</td><td>购买</td></tr>
<tr><td></td><td></td><td>运输</td></tr>
</table>

许可证的有效期限依据易制毒化学品的管理部门、环节不同而不同。非药品类易制毒化学品生产、经营许可证的有效期为3年；易制毒化学品购买许可证1次使用有效，有效期1个月；对第一类易制毒化学品的许可运输，发给1次使用有效的运输许可证，有效期1个月；对第二类易制毒化学品的许可运输，发给3个月多次使用有效的运输许可证；而对第三类易制毒化学品的运输，发给3个月多次使用有效的备案证明。对领取运输许可证或运输备案证明后6个月内按照规定运输，而且运输安全的，可以发给有效期为1年的运输许可证或运输备案证明。

2. 备案制度。易制毒化学品备案制度，是指我国易制毒化学品管制目录中除了许可证制度外的其他易制毒化学品采取报告情况以备查的制度。例如，经营第三类易制毒化学品的，应当自经营之日起30日内，将经营的品种、数量、主要流向等情况，向所在地的县级人民政府安全生产监督管理部门备案。采取易制毒化学品备案制度，可以掌握易制毒化学品管制的总体情况，发现管理中的薄弱环节，改进工作方法，以完善易制毒化学品的管理；另外，还可以及时发现易制毒化学品管理各环节中的问题，保证其合法用途，打击非法行为。

3. 登记制度。易制毒化学品登记制度，是指经营、使用易制毒化学品的单位对易制毒化学品的销售、使用建立详细的台账，并保存备查。《条例》要求，“经营单位应当建立易制毒化学品销售台账，如实记录销售的品种、数量、日期、购买方等情况。销售台账和证明材料复印件应当保存2年备查”；“第一类易制毒化学品的使用单位，应当建立使用台账，并保存2年备查”。要做到台账清楚、登记规范。

4. 报告制度。易制毒化学品报告制度，是指生产、经营、购买、运输或者进口、出口易制毒化学品的单位定期报告的管理制度。《条例》规定，上述单位应于每年3月31日前向许可或备案的行政主管部门和公安机关报告本单位上年度易制毒化学品的生产、经营、购买、运输或者进口、出口情况。

5. 监督检查制度。易制毒化学品监督检查制度，是指易制毒化学品的各主管部门应当在各自的职责范围内，加强对易制毒化学品生产、经营、购买、运输以及进口、出口的监督检查的制度，对非法生产、经营、购买、运输易制毒化学品，或者走私易制毒化学品的行为，依法予以查处。行政主管部门在进行易制毒化学品监督检查时，可以依法查看现场、查阅和复制有关资料、记录有关情况、扣押相关的证据材料和违法物品，必要时可以临时查封有关场所。被检查单位或个人应当如实提供有关情况和材料、物品，不得拒绝或隐匿。

6. 核查制度。核查制度包括国内生产、经营、使用易制毒化学品的核查和进出口易制毒化学品核查两个方面。国内核查，主要是在对单位和个人的申报情况进行汇总、分析的基础上，对发现的可疑情况核实其去向和用途。国际进出口核查，是指公安部在易制毒化学品出口前，向进口国家主管当局发出出口通知书，确认出口的合法性；进口申请由商务部根据有关规定许可，当出口国家或者地区主管部门向我国提出核查要求时，商务部、公安部分别对经营者的真实性、资质及进口产品用途合理性、实际用途、用量等进行核实。

（五）规范易制毒化学品管理的法律法规

我国自 1989 年正式加入《八八公约》以来，政府各相关部门陆续颁布实施了一系列对规范易制毒化学品管理的法律法规，明确了责任主体，制定了具体可行的管理机制，并积极开展国内外的易制毒化学品管制行动，卓有成效。

1. 法律和司法解释。1990 年全国人大常委会《关于禁毒的决定》将走私制毒物品的行为规定为犯罪。1997 年《刑法》修订时增设了非法买卖制毒物品罪，为有效地从源头上控制毒品犯罪的蔓延提供了法律保障。2008 年全国人大常委会颁布的《禁毒法》原则性地规定了易制毒化学品的管理制度，对开展易制毒化学品管理具有指导意义。

最高人民法院颁布的《关于审理毒品案件定罪量刑标准有关问题的解释》（2000 年），最高法、最高检、公安部联合颁布的《关于办理制毒物品犯罪案件适用法律若干问题的意见》(2009年),《关于办理走私、非法买卖麻黄碱类复方制剂等刑事案件适用法律若干问题的意见》(2012年),《关于办理邻氯苯基环戊酮等三种制毒物品犯罪案件定罪量刑数量标准的通知》(2014年),对易制毒化学品犯罪案件立案追诉和定罪量刑的标准进行了进一步完善和细化。

2. 行政法规。为了加强易制毒化学品管理,2005年国务院颁布实施《易制毒化学品管理条例》,对易制毒化学品施行分级管理和许可证制度。分级管理,是指按照易制毒化学品在制毒中的作用,将其分为三类;许可证制度,是指对生产、经营、购买、运输及进出口易制毒化学品的单位进行审查,符合条件者予以颁发许可证。同时针对经营单位,本条例还要求其设立易制毒化学品销售台账。在进行事前审查的同时,本条例对各环节的监督检查也作出了详细的规定,并且依据公安、药监、安检、工商、海关等部门的职责确定了各项制度的负责部门。

3. 部门规章。《条例》出台后,国务院易制毒化学品管理部门制定了一系列规章,对易制毒化学品的生产、经营、购销、运输和进出口活动进行规范。主要有:《麻黄素管理办法》(1999年8月1日实施,国家药品监督管理局)、《向特定国家(地区)出口易制毒化学品暂行管理规定》(2005年9月1日施行,2005年8月1日中华人民共和国商务部、公安部、海关总署、国家安全生产监督管理总局、国家食品药品监督管理局令2005年第12号,将向缅甸、老挝出口管制品种扩大到58种)、《非药品类易制毒化学品生产、经营许可办法》(2006年4月15日施行,国家安全生产监督管理总局第5号令)、《易制毒化学品购销和运输管理办法》(2006年10月1日施行,公安部令第87号)、《易制毒化学品进出口国际核查管理规定》[2006年10月7日施行,商务部、公安部令2006年第8号规定了核查程序、核查品种:14种和1个麻黄素类物质(19种麻黄素产品)]、《易制毒化学品进出口管理规定》(2006年10月19日施行,商务部令2006年第7号)、《药品类易制毒化学品管理办法》(2010年5月1日起施行,卫生部令第72号)。

4. 地方性法规。各省人民代表大会及其常务委员会也陆续颁布了对易制毒化学品的生产、运输、经营和使用进行全面管理的地方性法规。例如，1997 年 1 月云南省人大通过《云南省易制毒特殊化学品管理条例》，对生产、销售、使用和运输 28 种易制毒化学品实行许可证管理。1998 年四川省人大颁布《四川省易制毒化学品管理条例》，对 28 种易制毒化学品从生产、经营、运输、使用和储存 5 个环节上实行许可证和登记管理制度。2002 年 1 月 25 日广东省第九届人民代表大会常务委员会第三十次会议通过《广东省易制毒化学品管理条例》。

综上可见，我国以《刑法》《禁毒法》《易制毒化学品管理条例》为主体，相关司法解释、行政法规和部门规章相配套的易制毒化学品管理法律体系已初步建立。

二、易制毒化学品生产、购销、运输管理

（一）易制毒化学品的生产管理

国家对易制毒化学品的生产实行许可制度。对第一类易制毒化学品的生产实行许可证管理，对第二类、第三类易制毒化学品的生产实行备案证明管理。

申请生产第一类中的药品类易制毒化学品的，由国务院食品药品监督管理部门审批；申请生产第一类中的非药品类易制毒化学品的，由省、自治区、直辖市人民政府安全生产监督管理部门审批。设区的市级人民政府安全生产监督管理部门负责本行政区域内第二类非药品类易制毒化学品生产、经营和第三类非药品类易制毒化学品生产的备案证明颁发工作。

县级人民政府安全生产监督管理部门负责本行政区域内第三类非药品类易制毒化学品经营的备案证明颁发工作。

1. 申请生产第一类易制毒化学品的条件。申请生产第一类易制毒化学品，应当具备下列条件，并经行政主管部门审批，取得生产许可证后，方可进行生产：

（1）属依法登记的化工产品生产企业或者药品生产企业；

（2）有符合国家标准的生产设备、仓储设施和污染物处理设施；

（3）有严格的安全生产管理制度和环境突发事件应急预案；

（4）企业法定代表人和技术、管理人员具有安全生产与易制毒化学品的有关知识，无毒品犯罪记录；

（5）法律、法规、规章规定的其他条件。

申请生产第一类中的药品类易制毒化学品，还应当在仓储场所等重点区域设置电视监控设施以及与公安机关联网的报警装置。

2. 申请生产第一类易制毒化学品的审批。申请生产第一类中的药品类易制毒化学品的，由国务院食品药品监督管理部门审批；申请生产第一类中的非药品类易制毒化学品的，由省、自治区、直辖市人民政府安全生产监督管理部门审批。

行政主管部门应当自收到申请之日起60日内，对申请人提交的申请材料进行审查。对符合规定的，发给生产许可证，或者在企业已经取得的有关生产许可证件上标注；不予许可的，应当书面说明理由。

审查第一类易制毒化学品生产许可申请材料时，根据需要，可以进行实地核查和专家评审。

3. 第二类、第三类易制毒化学品的生产管理。生产第二类、第三类易制毒化学品的，应当自生产之日起30日内，将生产的品种、数量等情况，向所在地的设区的市级人民政府安全生产监督管理部门备案。

经营第二类易制毒化学品的，应当自经营之日起30日内，将经营的品种、数量、主要流向等情况，向所在地的设区的市级人民政府安全生产监督管理部门备案；经营第三类易制毒化学品的，应当自经营之日起30日内，将经营的品种、数量、主要流向等情况，向所在地的县级人民政府安全生产监督管理部门备案。

行政主管部门应当于收到备案材料的当日发给备案证明。

（二）易制毒化学品的购销管理

1. 非药品类易制毒化学品的购销管理。

（1）管理部门。公安部是全国易制毒化学品购销、运输管理和监督检查的主管部门。县级以上地方人民政府公安机关负责本辖区内易制毒化学品购销、运输管理和监督检查工作。

各省、自治区、直辖市和设区的市级人民政府公安机关禁毒部门应当设立易制毒化学品管理专门机构，县级人民政府公安机关应当设专门人员，负责易制毒化学品的购买、运输许可或者备案和监督检查工作。

（2）购买条件。购买第一类中的非药品类易制毒化学品的，应当向所在地省级人民政府公安机关申请购买许可证；购买第二类、第三类易制毒化学品的，应当向所在地县级人民政府公安机关备案。取得购买许可证或者购买备案证明后，方可购买易制毒化学品。

个人不得购买第一类和第二类易制毒化学品。

禁止使用现金或者实物进行易制毒化学品交易，但是个人合法购买第一类中的药品类易制毒化学品药品制剂和第三类易制毒化学品的除外。

（3）需要提交的材料。申请购买第一类中的非药品类易制毒化学品和第二类、第三类易制毒化学品的，应当提交下列申请材料：

①经营企业的营业执照（副本和复印件），其他组织的登记证书或者成立批准文件（原件和复印件），或者个人的身份证明（原件和复印件）；

②合法使用需要证明（原件）。合法使用需要证明由购买单位或者个人出具，注明拟购买易制毒化学品的品种、数量和用途，并加盖购买单位印章或者个人签名。

（4）购买材料的审查。公安机关审查第一类易制毒化学品购买许可申请材料时，根据需要，可以进行实地核查。遇有下列情形之一的，应当进行实地核查：

①购买单位第一次申请的；

②购买单位提供的申请材料不符合要求的；

③对购买单位提供的申请材料有疑问的。

（5）购买申请的审批。申请购买第一类中的非药品类易制毒化学品的，由申请人所在地的省级人民政府公安机关审批。负责审批的公安机关应当自收到申请之日起 10 日内，对申请人提交的申请材料进行审查。对符合规定的，发给购买许可证；不予许可的，应当书面说明理由。

负责审批的公安机关对购买许可证的申请能够当场予以办理的，应当当场办理；对材料不齐备需要补充的，应当一次告知申请人需补充的内容；对提供材料不符合规定不予受理的，应当书面说明理由。

购买第二类、第三类易制毒化学品的，应当在购买前将所需购买的品种、数量，向所在地的县级人民政府公安机关备案。公安机关受理备案后，应当于当日出具购买备案证明。

自用一次性购买 5 公斤以下且年用量 50 公斤以下高锰酸钾的，无须备案。

（6）购买许可证、备案证明时效。易制毒化学品购买许可证一次使用有效，有效期 1 个月。易制毒化学品购买备案证明 1 次使用有效，有效期 1 个月。对备案后 1 年内无违规行为的单位，可以发给多次使用有效的备案证明，有效期 6 个月。

对个人购买的，只办理一次使用有效的备案证明。

（7）经营管理。经营单位销售第一类易制毒化学品时，应当查验购买许可证和经办人的身份证明。对委托代购的，还应当查验购买人持有的委托文书。委托文书应当载明委托人与被委托人双方情况、委托购买的品种、数量等事项。经营单位在查验无误、留存前两款规定的证明材料的复印件后，方可出售第一类易制毒化学品；发现可疑情况的，应当立即向当地公安机关报告。

经营单位在查验购买方提供的许可证和身份证明时，对不能确定其真实性的，可以请当地公安机关协助核查。公安机关应当当场予以核查，对于不能当场核实的，应当于 3 日内将核查结果告知经营单位。

（8）台账管理。经营单位应当建立易制毒化学品销售台账，如实记录销售的品种、数量、日期和购买方等情况。经营单位销售易制毒化学品时，还应当留存购买许可证或者购买备案证明以及购买经办人的身份证明的复印件。销售台账和证明材料复印件应当保存 2 年备查。

经营单位应当将第一类易制毒化学品的销售情况于销售之日起 5 日内报当地县级人民政府公安机关备案，将第二类、第三类易制毒化学品的销售情况于30日内报当地县级人民政府公安机关备案。

备案的销售情况应当包括销售单位、地址，销售易制毒化学品的种类、数量等，并同时提交留存的购买方的证明材料复印件。

第一类易制毒化学品的使用单位，应当建立使用台账，如实记录购进易制毒化学品的种类、数量、使用情况和库存等，并保存2年备查。

购买、销售和使用易制毒化学品的单位，应当在易制毒化学品的出入库登记、易制毒化学品管理岗位责任分工以及企业从业人员的易制毒化学品知识培训等方面建立单位内部管理制度。

2. 药品类易制毒化学品的购销管理。

（1）管理部门。国家食品药品监督管理局主管全国药品类易制毒化学品生产、经营、购买等方面的监督管理工作。

县级以上地方食品药品监督管理部门负责本行政区域内的药品类易制毒化学品生产、经营、购买等方面的监督管理工作。

（2）购买的申请。国家对药品类易制毒化学品实行购买许可制度。购买药品类易制毒化学品的，应当办理《药品类易制毒化学品购用证明》（以下简称《购用证明》）。向所在地省、自治区、直辖市食品药品监督管理部门或者省、自治区食品药品监督管理部门确定并公布的设区的市级食品药品监督管理部门提出申请，填报购买药品类易制毒化学品申请表，提交相应证件及资料。证件包括：

①经营企业提交企业营业执照和合法使用需要证明；

②其他组织提交登记证书（成立批准文件）和合法使用需要证明。

购买药品类易制毒化学品申报资料见表6–5。

表6–5　药用类易制毒化学品管理条例（附表）

资料项目＼申购单位类型	药品生产企业	药品经营企业	教学科研单位	外贸出口企业
企业营业执照复印件	+	+	–	+
《药品生产许可证》复印件	+	–	–	–
《药品经营许可证》复印件	–	+	–	–

（续表）

申购单位类型 资料项目	药品生产企业	药品经营企业	教学科研单位	外贸出口企业
其他资质证明文件复印件	–	–	+	+
《药品生产质量管理规范》认证证书复印件	+	–	–	–
《药品经营质量管理规范》认证证书复印件	–	+	–	–
药品批准证明文件复印件	+1	–	–	+
国内购货合同复印件	+2	+	–	+
上次购买的增值税发票复印件（首次购买的除外）	+2	+	+	+
上次购买的使用、销售或出口情况（首次购买的除外）	+	+	+	+
用途证明材料	–	–	+	–
确保将药品类易制毒化学品用于合法用途的保证函	–	–	+	–
本单位安全保管制度及设施情况的说明材料	–	–	+	–
加强安全管理的承诺书	+	+	+	+
出口许可文件复印件	–	–	–	+
应当提供的其他材料 *	–	–	+	–

注：1.“+”指必须报送的资料；

2.“–”指可以免报的资料；

3.“+1”药品生产企业尚未取得药品批准文号，用于科研的可提交说明材料；

4.“+2”药品类易制毒化学品生产企业自用用于药品生产的可不报送；

5.“*”由省、自治区、直辖市食品药品监督管理部门规定并提前公布。

（3）购买的审批。设区的市级食品药品监督管理部门应当在收到申请之日起 5 日内，对申报资料进行形式审查，决定是否受理。

受理的，必要时组织现场检查，5 日内将检查结果连同企业申报资料报送省、自治区食品药品监督管理部门。省、自治区食品药品监督管理部门应当在 5 日内完成审查，对符合规定的，发给《购用证明》；不予许可的，应当书面说明理由。

省、自治区、直辖市食品药品监督管理部门直接受理的，应当在收到申请之日起 10 日内完成审查和必要的现场检查，对符合规定的，发给《购用证明》；不予许可的，应当书面说明理由。

省、自治区、直辖市食品药品监督管理部门在批准发给《购用证明》之前，应当请公安机关协助核查相关内容；公安机关核查所用的时间不计算在上述期限之内。

（4）购销管理。药品类易制毒化学品生产企业应当将药品类易制毒化学品原料药销售给取得《购用证明》的药品生产企业、药品经营企业和外贸出口企业。

药品类易制毒化学品经营企业应当将药品类易制毒化学品原料药销售给本省、自治区、直辖市行政区域内取得《购用证明》的单位。药品类易制毒化学品经营企业之间不得购销药品类易制毒化学品原料药。

教学科研单位只能凭《购用证明》从麻醉药品全国性批发企业、区域性批发企业和药品类易制毒化学品经营企业购买药品类易制毒化学品。

药品类易制毒化学品生产企业应当将药品类易制毒化学品单方制剂和小包装麻黄素销售给麻醉药品全国性批发企业。麻醉药品全国性批发企业和区域性批发企业应当按照《麻醉药品和精神药品管理条例》第三章规定的渠道销售药品类易制毒化学品单方制剂和小包装麻黄素。麻醉药品区域性批发企业之间不得购销药品类易制毒化学品单方制剂和小包装麻黄素。

药品类易制毒化学品禁止使用现金或者实物进行交易。

（5）档案管理。药品类易制毒化学品生产企业、经营企业销售药品类易制毒化学品，应当逐一建立购买方档案。购买方为非医疗机构的，档案内容至少包括：

①购买方《药品生产许可证》、《药品经营许可证》、企业营业

执照等资质证明文件复印件；

②购买方企业法定代表人、主管药品类易制毒化学品负责人、采购人员姓名及其联系方式；

③法定代表人授权委托书原件及采购人员身份证明文件复印件；

④《购用证明》或者麻醉药品调拨单原件；

⑤销售记录及核查情况记录。

购买方为医疗机构的，档案应当包括医疗机构麻醉药品、第一类精神药品购用印鉴卡复印件和销售记录。

药品类易制毒化学品生产企业、经营企业和使用药品类易制毒化学品的药品生产企业，应当建立药品类易制毒化学品专用账册。专用账册保存期限应当自药品类易制毒化学品有效期期满之日起不少于 2 年。

药品类易制毒化学品生产企业自营出口药品类易制毒化学品的，必须在专用账册中载明，并留存出口许可及相应证明材料备查。

药品类易制毒化学品入库应当双人验收，出库应当双人复核，做到账物相符。

（6）销售核查。药品类易制毒化学品生产企业、经营企业销售药品类易制毒化学品时，应当核查采购人员身份证明和相关购买许可证明，无误后方可销售，并保存核查记录。

发货应当严格执行出库复核制度，认真核对实物与药品销售出库单是否相符，并确保将药品类易制毒化学品送达购买方《药品生产许可证》或者《药品经营许可证》所载明的地址，或者医疗机构的药库。

在核查、发货、送货过程中发现可疑情况的，应当立即停止销售，并向所在地食品药品监督管理部门和公安机关报告。

（7）安全管理。药品类易制毒化学品生产企业、经营企业、使用药品类易制毒化学品的药品生产企业和教学科研单位，应当配备保障药品类易制毒化学品安全管理的设施，建立层层落实责任制的药品类易制毒化学品管理制度。

药品类易制毒化学品生产企业、经营企业和使用药品类易制毒化学品的药品生产企业，应当设置专库或者在药品仓库中设立独立的专库（柜）储存药品类易制毒化学品。

麻醉药品全国性批发企业、区域性批发企业可在其麻醉药品和第一类精神药品专库中设专区存放药品类易制毒化学品。教学科研单位应当设立专柜储存药品类易制毒化学品。

专库应当设有防盗设施，专柜应当使用保险柜；专库和专柜应当实行双人双锁管理。

药品类易制毒化学品生产企业、经营企业和使用药品类易制毒化学品的药品生产企业，其关键生产岗位、储存场所应当设置电视监控设施，安装报警装置并与公安机关联网。

（三）易制毒化学品的运输管理

1. 需要办理运输许可证及备案证明的情形及审批机关。运输易制毒化学品，有下列情形之一的，应当申请运输许可证或者进行备案：

（1）跨设区的市级行政区域（直辖市为跨市界）运输的；

（2）在禁毒形势严峻的重点地区跨县级行政区域运输的。禁毒形势严峻的重点地区由公安部确定和调整。

运输第一类易制毒化学品的，应当向运出地的设区的市级人民政府公安机关申请运输许可证。

运输第二类易制毒化学品的，应当向运出地县级人民政府公安机关申请运输许可证。

运输第三类易制毒化学品的，应当向运出地县级人民政府公安机关备案。

运输供教学、科研使用的 100 克以下的麻黄素样品和供医疗机构制剂配方使用的小包装麻黄素以及医疗机构或者麻醉药品经营企业购买麻黄素片剂 6 万片以下、注射剂 1.5 万支以下，货主或者承运人持有依法取得的购买许可证明或者麻醉药品调拨单的，无须申请易制毒化学品运输许可。

因治疗疾病需要，患者、患者近亲属或者患者委托的人凭医疗机构出具的医疗诊断书和本人的身份证明，可以随身携带第一类中的药品类易制毒化学品药品制剂，但是不得超过医用单张处方的最大剂量。

2. 需要提供的材料。申请易制毒化学品运输许可证或者进行备案，应当提交下列材料：

（1）经营企业的营业执照（副本和复印件），其他组织的登记证书或者成立批准文件（原件和复印件），个人的身份证明（原件和复印件）；

（2）易制毒化学品购销合同（复印件）；

（3）经办人的身份证明（原件和复印件）。

3. 材料的审查。负责审批的公安机关对申请人提交的申请材料，应当核查其真实性和有效性，其中查验购销合同时，可以要求申请人出示购买许可证或者备案证明，核对是否相符；对营业执照和登记证书（或者成立批准文件），应当核查其生产范围、经营范围、使用范围、证照有效期等内容。

公安机关审查第一类易制毒化学品运输许可证申请材料时，根据需要，可以进行实地核查。遇有下列情形之一的，应当进行实地核查：

（1）申请人第一次申请的；

（2）提供的申请材料不符合要求的；

（3）对提供的申请材料有疑问的。

4. 审批。负责审批的公安机关应当自收到第一类易制毒化学品运输许可申请之日起 10 日内，收到第二类易制毒化学品运输许可申请之日起 3 日内，对申请人提交的申请材料进行审查。对符合规定的，发给运输许可证；不予许可的，应当书面说明理由。

负责审批的公安机关对运输许可申请能够当场予以办理的，应当当场办理；对材料不齐备需要补充的，应当一次告知申请人需补充的内容；对提供材料不符合规定不予受理的，应当书面说明理由。

运输第三类易制毒化学品的，应当在运输前向运出地的县级人民政府公安机关备案。公安机关应当在收到备案材料的当日发给备案证明。

5. 许可证、备案证明时效。对许可运输第一类易制毒化学品的，发给 1 次有效的运输许可证，有效期 1 个月。

对许可运输第二类易制毒化学品的，发给 3 个月多次使用有效的运输许可证；对第三类易制毒化学品运输备案的，发给3个月多次使用有效的备案证明；对于领取运输许可证或者运输备案证明后6个月内按照规定运输并保证运输安全的，可以发给有效期12个月的运输许可证或者运输备案证明。

6. 承运的要求。承运人接受货主委托运输，对应当凭证运输的，应当查验货主提供的运输许可证或者备案证明，并查验所运货物与运输许可证或者备案证明载明的易制毒化学品的品种、数量等情况是否相符；不相符的，不得承运。

承运人查验货主提供的运输许可证或者备案证明时，对不能确定其真实性的，可以请当地人民政府公安机关协助核查。公安机关应当当场予以核查，对于不能当场核实的，应当于3日内将核查结果告知承运人。

运输易制毒化学品时，运输车辆应当在明显部位张贴易制毒化学品标识；属于危险化学品的，应当由有危险化学品运输资质的单位运输；应当凭证运输的，运输人员应当自启运起全程携带运输许可证或者备案证明。承运单位应当派人押运或者采取其他有效措施，防止易制毒化学品丢失、被盗、被抢。

运输易制毒化学品时，还应当遵守国家有关货物运输的规定。

7. 公安机关对运输过程的检查。公安机关在易制毒化学品运输过程中应当对运输情况与运输许可证或者备案证明所载内容是否相符等情况进行检查。交警、治安、禁毒、边防等部门应当在交通重点路段和边境地区等加强易制毒化学品运输的检查。

易制毒化学品运出地与运入地公安机关应当建立情况通报制度。运出地负责审批或者备案的公安机关应当每季度末将办理的易制毒化学品运输许可或者备案情况通报运入地同级公安机关，运入地同级公安机关应当核查货物的实际运达情况后通报运出地公安机关。

（四）易制毒化学品进出口管理

1. 管理机关。商务部负责全国易制毒化学品的进出口管理工作。国务院其他部门在各自职责范围内负责有关管理工作。

各省、自治区、直辖市及计划单列市商务主管部门（以下统称省级商务主管部门）负责本地区易制毒化学品进出口管理工作。同时接受商务部委托负责本地区易制毒化学品进出口许可初审及部分易制毒化学品进出口许可工作。

县级以上商务主管部门负责本地区易制毒化学品进出口监督检查工作。

2. 进出口申请。申请进口或者出口易制毒化学品，应当提交下列材料，经国务院商务主管部门或者其委托的省、自治区、直辖市人民政府商务主管部门审批，取得进口或者出口许可证后，方可从事进口、出口活动：

（1）对外贸易经营者备案登记证明（外商投资企业联合年检合格证书）复印件；

（2）营业执照副本；

（3）易制毒化学品生产、经营、购买许可证或者备案证明；

（4）进口或者出口合同（协议）副本；

（5）经办人的身份证明。

申请易制毒化学品出口许可的，还应当提交进口方政府主管部门出具的合法使用易制毒化学品的证明或者进口方合法使用的保证文件。

3. 进出口国际核查。国家对易制毒化学品的进口、出口实行国际核查制度。易制毒化学品国际核查目录及核查的具体办法，由国务院商务主管部门会同国务院公安部门规定、公布。

4. 审批。受理易制毒化学品进口、出口申请的商务主管部门应当自收到申请材料之日起20日内，对申请材料进行审查，必要时可以进行实地核查。对符合规定的，发给进口或者出口许可证；不予许可的，应当书面说明理由。

对进口第一类中的药品类易制毒化学品的，有关的商务主管部门在作出许可决定前，应当征得国务院食品药品监督管理部门的同意。

对于申请进口需国际核查的易制毒化学品的，商务部应自收到省级商务主管部门上报电子数据和书面材料之日起8日内进行审查，作出是否许可的决定并通知省级商务主管部门。

商务部对进口申请予以许可的，省级商务主管部门应在收到许可决定后2日内发放《两用物项和技术进口批复单》；不予许可的，省级商务主管部门书面通知经营者并说明理由。

应易制毒化学品出口国家或者地区政府主管部门提出的国际核查要求，商务部可会同公安部对经营者进口易制毒化学品的有关情况进行核查。

对于申请出口需国际核查的易制毒化学品的，商务部应自收到省级商务主管部门上报电子数据和书面材料之日起 5 日内进行审查，符合规定的，进行国际核查。

商务部应自收到国际核查结果之日起 3 日内作出是否许可的决定并通知省级商务主管部门。商务部予以许可的，省级商务主管部门应在收到许可决定后 2 日内发放《两用物项和技术出口批复单》；不予许可的，省级商务主管部门书面通知经营者并说明理由。

国际核查所用时间不计算在许可期限之内。

（五）易制毒化学品监督检查

1. 行政主管部门权限。县级以上人民政府公安机关、食品药品监督管理部门、安全生产监督管理部门、商务主管部门、卫生主管部门、价格主管部门、铁路主管部门、交通主管部门、工商行政管理部门、环境保护主管部门和海关，应当依照有关法律、行政法规的规定，在各自的职责范围内，加强对易制毒化学品生产、经营、购买、运输、价格以及进口、出口的监督检查；对非法生产、经营、购买、运输易制毒化学品，或者走私易制毒化学品的行为，依法予以查处。

行政主管部门在进行易制毒化学品监督检查时，可以依法查看现场、查阅和复制有关资料、记录有关情况、扣押相关的证据材料和违法物品；必要时，可以临时查封有关场所。

被检查的单位或者个人应当如实提供有关情况和材料、物品，不得拒绝或者隐匿。

2. 收缴、查获的易制毒化学品的保管、回收与销毁。对依法收缴、查获的易制毒化学品，应当在省、自治区、直辖市或者设区的市级人民政府公安机关、海关或者环境保护主管部门的监督下，区别易制毒化学品的不同情况进行保管、回收，或者依照环境保护法律、行政法规的有关规定，由有资质的单位在环境保护主管部门的监督下销毁。其中，对收缴、查获的第一类中的药品类易制毒化学品，一律销毁。

易制毒化学品违法单位或者个人无力提供保管、回收或者销毁费用的，保管、回收或者销毁的费用在回收所得中开支，或者在有关行政主管部门的禁毒经费中列支。

3. 易制毒化学品丢失、被盗、被抢的应急处理。易制毒化学品丢失、被盗、被抢的，发案单位应当立即向当地公安机关报告，并同时报告当地的县级人民政府食品药品监督管理部门、安全生产监督管理部门、商务主管部门或者卫生主管部门。接到报案的公安机关应当及时立案查处，并向上级公安机关报告；有关行政主管部门应当逐级上报并配合公安机关的查处。

4. 协调合作。有关行政主管部门应当将易制毒化学品许可以及依法吊销许可证的情况通报有关公安机关和工商行政管理部门；工商行政管理部门应当将生产、经营易制毒化学品企业依法变更或者注销登记的情况通报有关公安机关和行政主管部门。

生产、经营、购买、运输或者进口、出口易制毒化学品的单位，应当于每年 3 月 31 日前向许可或者备案的行政主管部门和公安机关报告本单位上年度易制毒化学品的生产、经营、购买、运输或者进口、出口情况；有条件的生产、经营、购买、运输或者进口、出口单位，可以与有关行政主管部门建立计算机联网，及时通报有关经营情况。

县级以上人民政府有关行政主管部门应当加强协调合作，建立易制毒化学品管理情况、监督检查情况以及案件处理情况的通报、交流机制。

【典型案例】2016 年 7 月，在公安部禁毒局的协调、指挥下，由云南省公安厅禁毒局、刑侦总队、昭通市公安局联合组成的专案组成功破获一起非法运输、制造制毒物品案件，共抓获犯罪嫌疑人 15 名，缴获麻黄碱可疑物 2.36 吨（其中，福建抓捕组抓获 1 人，在犯罪嫌疑人租用的仓库内缴获大量溴代苯丙酮；河南抓捕组抓获

2人，缴获麻黄碱可疑物1吨；云南昭通抓捕组抓获12人，在一废弃肥料厂内缴获麻黄碱可疑物1.36吨、疑似液体状半成品麻黄碱94桶、盐酸77件、涉案车辆2辆及制毒设备一批）。该案系云南省有史以来一案缴获非法运输、制造制毒物品麻黄碱数量最多的案件。

2016年7月5日，云南省公安厅接到情报线索称，涉嫌制毒的犯罪嫌疑人曹某金从福建厦门发出一辆运输溴代苯丙酮的货车驶往云南方向。昭通市公安局按照省公安厅的部署要求及时将该案立为非法运输制造制毒物品案件进行侦查，省公安厅随即派员赴昭通指挥协调案侦工作。经过专案组大量艰苦细致的分析研判和摸排蹲守，查清了以赖某林、曹某金为首的犯罪网络，并确定了生产制毒物品的具体地点。

7月16日凌晨5时30分，经省公安厅领导批准，由昭通市刑侦、禁毒、特警等部门160余名民警组成抓捕组，同时对在云南昭通昭阳、福建、河南三地的犯罪嫌疑人实施抓捕。至7月16日10时许，该案15名犯罪嫌疑人全部落网。

经查，该案系赖某林、曹某金在福建购买易制毒化学品，然后组织非法运输到云南省昭通市昭阳区，并伙同福建长汀籍刘某昌、钟某芳等人在昭通市昭阳区一废弃肥料厂内非法生产麻黄碱，伺机运往境外制造毒品。

【思考题】

1. 论述易制毒化学品管理的必要性和意义。
2. 论述信息化管理在易制毒化学品管理中的作用。
3. 如何理解易制毒化学品的法律内涵?

第七章　戒毒管理规范

【本章摘要】吸毒，不仅危害个人身心健康、祸害家庭，还严重危害社会。吸毒既是一种违法行为，又是一种严重的生理和心理疾病，因此对于吸毒成瘾人员，要想让其自行戒除毒瘾几乎是不可能的，政府必须采取相应措施帮助其戒除毒瘾。为了规范戒毒工作，帮助吸毒成瘾人员戒除毒瘾，维护社会秩序，《禁毒法》《戒毒条例》等法律法规均对戒毒作出了相应规定。

第一节　戒毒管理法律规范

关于戒毒管理，《禁毒法》第四章里共有22条对“戒毒措施”作出了相应规定，明确了戒毒管理的指导思想、戒毒的方式、期限，戒毒管理实施部门以及实施程序等。

一、戒毒管理指导思想和戒毒方式

（一）戒毒管理指导思想

《禁毒法》第31条规定，国家采取各种措施帮助吸毒人员戒除毒瘾，教育和挽救吸毒人员，吸毒成瘾人员应当进行戒毒治疗。

这一规定表明了我国对吸毒和戒毒的态度，明确了戒毒的指导思想。对于吸毒人员来说，国家是本着教育和挽救的态度来对待的。吸毒是一种受害结果，对于吸毒人员来说也是一种病痛，所以吸毒之后可以进行治疗使其恢复身心健康重返社会。同时，吸毒又是一种违法行为，所以国家还要采取一些措施来帮助吸毒人员戒除毒瘾，吸毒成瘾人员应当进行戒毒治疗。因此这些措施既包括自愿的，也包括强制性的。一旦自愿戒毒不成功，或者吸毒人员的行为超出了社会容忍的范畴，国家就可以采取强制性措施帮助其戒毒。

出于对吸毒人员的人文关怀，《禁毒法》还规定公安机关、司法行政部门对被依法拘留、逮捕、收监执行刑罚以及被依法采取强制性教育措施的吸毒人员，应当给予必要的戒毒治疗。戒毒人员在入学、就业、享受社会保障等方面不受歧视。有关部门、组织和人员应当在入学、就业、享受社会保障等方面对戒毒人员给予必要的指导和帮助。

（二）吸毒检测与成瘾认定

吸毒检测与成瘾认定是采取戒毒措施的依据。根据《禁毒法》的规定，吸毒检测与成瘾认定由公安机关执行。公安机关可以对涉嫌吸毒的人员进行必要的检测，被检测人员应当予以配合；对拒绝接受检测的，经县级以上人民政府公安机关或者其派出机构负责人批准，可以强制检测。吸毒检测规定及吸毒成瘾的认定办法，由国务院卫生行政部门、药品监督管理部门、公安部门规定。

（三）戒毒的方式

根据《禁毒法》的规定，目前我国有四种戒毒方式，即自愿戒毒、社区戒毒、强制隔离戒毒和社区康复。其中，社区戒毒、强制隔离戒毒和社区康复是层级递进的关系，而不是采取简单粗暴的方法将所有吸毒人员“关起来”，这也体现了对吸毒人员的人文关怀。

对于吸毒成瘾人员，首先应对其进行社区戒毒，社区戒毒并不限制吸毒人员的人身自由，但要随时自觉接受政府的监督与管理。吸毒人员一旦违反社区戒毒的有关规定，或者吸毒成瘾严重的，将受到强制隔离戒毒。强制隔离戒毒限制了吸毒人员的人身自由，相对于社区戒毒更加严厉。强制隔离戒毒结束后，为了让戒毒人员更好地重新融入社会，还需要进行社区康复。社区康复的管理参照社区戒毒来执行。

二、关于社区戒毒的规定

社区戒毒，是指吸毒成瘾人员在社区的牵头、监管下，整合家庭、社区、公安以及卫生、民政等力量和资源，使吸毒人员在社区里实现戒毒的一种戒毒方式。

（一）社区戒毒的对象及其义务

《禁毒法》规定社区戒毒的对象是吸毒成瘾人员。所谓吸毒成瘾，是指吸毒人员因反复使用毒品而导致的慢性复发性脑病，表现为不顾不良后果、强迫性寻求及使用毒品的行为，同时伴有不同程度的个人健康及社会功能损害。因此，吸毒成瘾人员也会造成一定程度的社会危害，应当接受戒毒。接受社区戒毒的戒毒人员应当遵守法律、法规，自觉履行社区戒毒协议，并根据公安机关的要求，定期接受检测。对违反社区戒毒协议的戒毒人员，参与社区戒毒的工作人员应当进行批评、教育；对严重违反社区戒毒协议或者在社区戒毒期间又吸食、注射毒品的，应当及时向公安机关报告。

（二）社区戒毒的决定与执行

《禁毒法》规定社区戒毒的决定机关是公安机关。公安机关可以责令吸毒成瘾人员接受社区戒毒，同时，通知吸毒人员户籍所在地或者现居住地的城市街道办事处、乡（镇）人民政府。戒毒人员应当在户籍所在地接受社区戒毒；在户籍所在地以外的现居住地有固定住所的，可以在现居住地接受社区戒毒。

社区戒毒的执行机关是城市街道办事处、乡（镇）人民政府。城市街道办事处、乡（镇）人民政府可以指定有关基层组织，根据戒毒人员本人和家庭情况，与戒毒人员签订社区戒毒协议，落实有针对性的社区戒毒措施。公安机关和司法行政、卫生行政、民政等部门应当对社区戒毒工作提供指导和协助。城市街道办事处、乡（镇）人民政府，以及县级人民政府劳动行政部门对无职业且缺乏就业能力的戒毒人员，应当提供必要的职业技能培训、就业指导和就业援助。

（三）社区戒毒的期限

社区戒毒的期限为3年，自报到之日起计算。

三、关于强制隔离戒毒的规定

强制隔离戒毒，是指在一定时期内，对特殊的吸毒人员进行生理脱毒、心理矫治、适度劳动、身体康复，开展法律和道德教育的一项行政强制措施。

（一）强制隔离戒毒的对象及其权利义务

《禁毒法》第38条规定，吸毒成瘾人员拒绝接受社区戒毒的，在社区戒毒期间吸食、注射毒品的，严重违反社区戒毒协议的，或者经社区戒毒、强制隔离戒毒后再次吸食、注射毒品的，由县级以上人民政府公安机关作出强制隔离戒毒的决定。对于吸毒成瘾严重，通过社区戒毒难以戒除毒瘾的人员，公安机关可以直接作出强制隔离戒毒的决定。

《禁毒法》第39条规定，怀孕或者正在哺乳自己不满一周岁婴儿的妇女吸毒成瘾的，不适用强制隔离戒毒。不满16周岁的未成年人吸毒成瘾的，可以不适用强制隔离戒毒，但要进行社区戒毒，由负责社区戒毒工作的城市街道办事处、乡镇人民政府加强帮助、教育和监督，督促落实社区戒毒措施。

戒毒人员进入强制隔离戒毒场所戒毒时，应当接受对其身体和所携带物品的检查。戒毒人员的亲属和所在单位或者就读学校的工作人员，可以按照有关规定探访戒毒人员。戒毒人员经强制隔离戒毒场所批准，可以外出探视配偶、直系亲属。强制隔离戒毒场所管理人员应当对强制隔离戒毒场所以外的人员交给戒毒人员的物品和邮件进行检查，防止夹带毒品。在检查邮件时，应当依法保护戒毒人员的通信自由和通信秘密。

（二）强制隔离戒毒的决定与执行

强制隔离戒毒由公安机关决定。公安机关对吸毒人员决定予以强制隔离戒毒的，应当制作强制隔离戒毒决定书，在执行强制隔离戒毒前送达被决定人。被决定人对公安机关作出的强制隔离戒毒决定不服的，可以依法申请行政复议或者提起行政诉讼。

对被决定予以强制隔离戒毒的人员，由作出决定的公安机关送强制隔离戒毒场所执行。

对同时被决定行政拘留和强制隔离戒毒的人员，应当先执行行政拘留，行政拘留的期限不计入强制隔离戒毒的期限。拘留所不具备戒毒治疗条件的，可由公安机关管理的强制隔离戒毒场所代为执行行政拘留。

强制隔离戒毒场所应当根据戒毒人员吸食、注射毒品的种类及成瘾程度等，对戒毒人员进行有针对性的生理、心理治疗和身体康复训练。

根据戒毒的需要，强制隔离戒毒场所可以组织戒毒人员参加必要的生产劳动，但是应当支付劳动报酬，并对戒毒人员进行职业技能培训。

强制隔离戒毒场所应当根据戒毒人员的性别、年龄、患病等情况，对戒毒人员实行分别管理。对有严重残疾或者疾病的戒毒人员，应当给予必要的看护和治疗；对患有传染病的戒毒人员，应当依法采取必要的隔离、治疗措施；对可能发生自伤、自残等情形的戒毒人员，可以采取相应的保护性约束措施。不得体罚、虐待或者侮辱戒毒人员。

强制隔离戒毒场所应当根据戒毒治疗的需要配备执业医师。强制隔离戒毒场所的执业医师具有麻醉药品和精神药品处方权的，可以按照有关技术规范对戒毒人员使用麻醉药品和精神药品。

（三）强制隔离戒毒的期限

强制隔离戒毒的期限为 2 年。执行强制隔离戒毒 1 年后，经诊断评估，对于戒毒情况良好的戒毒人员，强制隔离戒毒场所可以提出提前解除强制隔离戒毒的意见，报强制隔离戒毒的决定机关批准。

强制隔离戒毒期满前，经诊断评估，对于需要延长戒毒期限的戒毒人员，由强制隔离戒毒场所提出延长戒毒期限的意见，报强制隔离戒毒的决定机关批准。强制隔离戒毒的期限最长可以延长1年。

四、其他规定

（一）关于社区康复的规定

《禁毒法》第48条规定，对于被解除强制隔离戒毒的人员，强制隔离戒毒的决定机关可以责令其接受不超过3年的社区康复。社区康复参照本法关于社区戒毒的规定实施。

县级以上地方各级人民政府根据戒毒工作的需要，可以开办戒毒康复场所；对社会力量依法开办的公益性戒毒康复场所应当给予扶持，提供必要的便利和帮助。

戒毒人员可以自愿在戒毒康复场所生活、劳动，戒毒康复场所应当参照国家劳动用工制度的规定支付劳动报酬。

（二）关于自愿戒毒的规定

吸毒人员可以自行到具有戒毒治疗资质的医疗机构接受戒毒治疗。戒毒治疗不得以营利为目的。设置戒毒医疗机构或者医疗机构从事戒毒治疗业务的，应当符合国务院卫生行政部门规定的条件，报所在地的省、自治区、直辖市人民政府卫生行政部门批准，并报同级公安机关备案。

医疗机构根据戒毒治疗的需要，可以对接受戒毒治疗的戒毒人员进行身体和所携带物品的检查；对在治疗期间有人身危险的，可以采取必要的临时保护性约束措施。发现接受戒毒治疗的戒毒人员在治疗期间吸食、注射毒品的，医疗机构应当及时向公安机关报告。

吸毒成瘾人员自愿接受强制隔离戒毒的，经公安机关同意，也可以进入强制隔离戒毒场所戒毒。

（三）关于戒毒药物维持治疗的规定

《禁毒法》第51条规定，省、自治区、直辖市人民政府卫生行政部门会同公安机关、药品监督管理部门依照国家有关规定，根据巩固戒毒成果的需要和本行政区域艾滋病流行情况，可以组织开展戒毒药物维持治疗工作。这里的“戒毒药物维持治疗”，是指在符合条件的医疗机构，选用适宜的药品对阿片类物质成瘾者进行长期维持治疗，以减轻他们对阿片类物质的依赖，促进身体康复的戒毒医疗活动。

第二节　戒毒管理行政法规

为了规范戒毒工作，帮助吸毒成瘾人员戒除毒瘾，维护社会秩序，根据《禁毒法》，2011 年 6 月 22 日国务院第 160 次常务会议通过《戒毒条例》，并于 2018 年 9 月 18 日根据国务院 703 号令进行修订。

一、戒毒工作原则

《戒毒条例》第 2 条规定，戒毒工作坚持以人为本、科学戒毒、综合矫治、关怀救助的原则，采取自愿戒毒、社区戒毒、强制隔离戒毒、社区康复等多种措施，建立戒毒治疗、康复指导、救助服务兼备的工作体系。

二、戒毒工作的管理

《戒毒条例》规定，县级以上人民政府应当建立政府统一领导，禁毒委员会组织、协调、指导，有关部门各负其责，社会力量广泛参与的戒毒工作体制。县级以上人民政府应当按照国家有关规定将戒毒工作所需经费列入本级财政预算。县级以上地方人民政府设立的禁毒委员会可以组织公安机关、卫生行政和负责药品监督管理的部门开展吸毒监测、调查，并向社会公开监测、调查结果。县级以上地方人民政府公安机关负责对涉嫌吸毒人员进行检测，对吸毒人员进行登记并依法实行动态管控，依法责令社区戒毒、决定强制隔离戒毒、责令社区康复，管理公安机关的强制隔离戒毒场所、戒毒康复场所，对社区戒毒、社区康复工作提供指导和支持。设区的市级以上地方人民政府司法行政部门负责管理司法行政部门的强制隔离戒毒场所、戒毒康复场所，对社区戒毒、社区康复工作提供指导和支持。县级以上地方人民政府卫生行政部门负责戒毒医疗机构的监督管理，会同公安机关、司法行政等部门制定戒毒医疗机构设置规划，对戒毒医疗服务提供指导和支持。县级以上地方人民政府民政、人力资源社会保障、教育等部门依据各自的职责，对社区戒毒、社区康复工作提供康复与职业技能培训等指导和支持。乡（镇）人民政府、城市街道办事处负责社区戒毒、社区康复工作。县级、设区的市级人民政府需要设置强制隔离戒毒场所、戒毒康复场所的，应当合理布局，报省、自治区、直辖市人民政府批准，并纳入当地国民经济和社会发展规划。强制隔离戒毒场所、戒毒康复场所的建设标准，由国务院建设部门、发展改革部门会同国务院公安部门、司法行政部门制定。戒毒人员在入学、就业、享受社会保障等方面不受歧视。对戒毒人员戒毒的个人信息应当依法予以保密。对戒断 3 年未复吸的人员，不再实行动态管控。国家鼓励、扶持社会组织、企业、事业单位和个人参与戒毒科研、戒毒社会服务和戒毒社会公益事业。对在戒毒工作中有显著成绩和突出贡献的，按照国家有关规定给予表彰、奖励。

三、自愿戒毒相关规定

《戒毒条例》规定，吸毒人员自行到戒毒医疗机构接受戒毒治疗称为自愿戒毒。对自愿接受戒毒治疗的吸毒人员，公安机关对其原吸毒行为不予处罚。

（一）自愿戒毒协议

戒毒医疗机构应当与自愿戒毒人员或者其监护人签订自愿戒毒协议，就戒毒方法、戒毒期限、戒毒的个人信息保密、戒毒人员应当遵守的规章制度、终止戒毒治疗的情形等作出约定，并应当载明戒毒疗效、戒毒治疗风险。

（二）戒毒医疗机构的义务

《戒毒条例》规定，戒毒医疗机构应当对自愿戒毒人员开展艾滋病等传染病的预防、咨询教育；对自愿戒毒人员采取脱毒治疗、心理康复、行为矫治等多种治疗措施，并应当符合国务院卫生行政部门制定的戒毒治疗规范；采用科学、规范的诊疗技术和方法，使用的药物、医院制剂、医疗器械应当符合国家有关规定；依法加强药品管理，防止麻醉药品、精神药品流失滥用。

（三）参加自愿戒毒的程序

符合参加戒毒药物维持治疗条件的戒毒人员，由本人申请，并经登记，可以参加戒毒药物维持治疗。登记参加戒毒药物维持治疗的戒毒人员的信息应当及时报公安机关备案。

四、社区戒毒相关规定

（一）社区戒毒的管理

1. 设立社区戒毒工作领导小组。乡（镇）人民政府、城市街道办事处应当根据工作需要成立社区戒毒工作领导小组，配备社区戒毒专职工作人员，制订社区戒毒工作计划，落实社区戒毒措施。

2. 社区戒毒工作小组职责。乡（镇）人民政府、城市街道办事处和社区戒毒工作小组应当采取下列措施管理、帮助社区戒毒人员：（1）戒毒知识辅导；（2）教育、劝诫；（3）职业技能培训，职业指导，就学、就业、就医援助；（4）帮助戒毒人员戒除毒瘾的其他措施。

3. 社区戒毒协议。乡（镇）人民政府、城市街道办事处应当在社区戒毒人员报到后及时与其签订社区戒毒协议，明确社区戒毒的具体措施、社区戒毒人员应当遵守的规定以及违反社区戒毒协议应承担的责任。

4. 社区戒毒的执行。社区戒毒专职工作人员、社区民警、社区医务人员、社区戒毒人员的家庭成员以及禁毒志愿者共同组成社区戒毒工作小组，具体实施社区戒毒。对同时被决定行政拘留和社区戒毒的人员，应当先执行行政拘留，行政拘留的期限不计入社区戒毒的期限。

（二）社区戒毒的决定

《戒毒条例》规定，对吸毒成瘾人员，县级、设区的市级人民政府公安机关可以责令其接受社区戒毒，并出具责令社区戒毒决定书，送达本人及其家属，通知本人户籍所在地或者现居住地乡（镇）人民政府、城市街道办事处。

（三）社区戒毒的时间要求

《戒毒条例》规定，社区戒毒人员应当自收到责令社区戒毒决定书之日起 15 日内到社区戒毒执行地乡（镇）人民政府、城市街道办事处报到，无正当理由逾期不报到的，视为拒绝接受社区戒毒。社区戒毒的期限为 3 年，自报到之日起计算。

（四）社区戒毒人员应遵守的相关规定

《戒毒条例》规定，社区戒毒人员应当遵守下列规定：（1）履行社区戒毒协议；（2）根据公安机关的要求，定期接受检测；（3）离开社区戒毒执行地所在县（市、区）3 日以上的，须书面报告。社区戒毒人员在社区戒毒期间，逃避或者拒绝接受检测 3 次以上，擅自离开社区戒毒执行地所在县（市、区）3 次以上或者累计超过 30 日的，属于《禁毒法》规定的“严重违反社区戒毒协议”。

社区戒毒人员拒绝接受社区戒毒，在社区戒毒期间又吸食、注射毒品，以及严重违反社区戒毒协议的，社区戒毒专职工作人员应当及时向当地公安机关报告。

社区戒毒人员的户籍所在地或者现居住地发生变化，需要变更社区戒毒执行地的，社区戒毒执行地乡（镇）人民政府、城市街道办事处应当将有关材料转送至变更后的乡（镇）人民政府、城市街道办事处。

社区戒毒人员应当自社区戒毒执行地变更之日起 15 日内前往变更后的乡（镇）人民政府、城市街道办事处报到，社区戒毒时间自报到之日起连续计算。

变更后的乡（镇）人民政府、城市街道办事处，应当按照《戒毒条例》第16条的规定，与社区戒毒人员签订新的社区戒毒协议，继续执行社区戒毒。

（五）社区戒毒的解除

《戒毒条例》规定，社区戒毒自期满之日起解除。社区戒毒执行地公安机关应当出具解除社区戒毒通知书送达社区戒毒人员本人及其家属，并在7日内通知社区戒毒执行地乡（镇）人民政府、城市街道办事处。

（六）社区戒毒的终止及继续执行

《戒毒条例》规定，社区戒毒人员被依法收监执行刑罚、采取强制性教育措施的，社区戒毒终止。社区戒毒人员被依法拘留、逮捕的，社区戒毒中止，由羁押场所给予必要的戒毒治疗，释放后继续接受社区戒毒。

五、强制隔离戒毒相关规定

（一）强制隔离戒毒的决定

《戒毒条例》规定，对于吸毒成瘾严重，通过社区戒毒难以戒除毒瘾的人员，县级、设区的市级人民政府公安机关可以直接作出强制隔离戒毒的决定。吸毒成瘾人员自愿接受强制隔离戒毒的，经强制隔离戒毒场所所在地县级、设区的市级人民政府公安机关同意，可以进入强制隔离戒毒场所戒毒。强制隔离戒毒场所应当与其就戒毒治疗期限、戒毒治疗措施等作出约定。对依照《禁毒法》第39条第1款规定不适用强制隔离戒毒的吸毒成瘾人员，县级、设区的市级人民政府公安机关应当作出社区戒毒的决定，依照《戒毒条例》第三章的规定进行社区戒毒。

（二）强制隔离戒毒期限

《戒毒条例》规定，强制隔离戒毒的期限为2年，从作出强制隔离戒毒决定之日起计算。被强制隔离戒毒的人员在公安机关的强制隔离戒毒场所执行强制隔离戒毒3个月至6个月后，转至司法行政部门的强制隔离戒毒场所继续执行强制隔离戒毒。执行前款规定不具备条件的省、自治区、直辖市，由公安机关和司法行政部门共同提出意见报省、自治区、直辖市人民政府决定具体执行方案，但在公安机关的强制隔离戒毒场所执行强制隔离戒毒的时间不得超过12个月。

（三）对强制隔离戒毒人员检查的规定

《戒毒条例》规定，强制隔离戒毒场所对强制隔离戒毒人员的身体和携带物品进行检查时发现的毒品等违禁品，应当依法处理；对生活必需品以外的其他物品，由强制隔离戒毒场所代为保管。女性强制隔离戒毒人员的身体检查，应当由女性工作人员进行。

（四）强制隔离戒毒场所戒毒医疗机构的设立

强制隔离戒毒场所设立戒毒医疗机构应当经所在地省、自治区、直辖市人民政府卫生行政部门批准。强制隔离戒毒场所应当配备设施设备及必要的管理人员，依法为强制隔离戒毒人员提供科学规范的戒毒治疗、心理治疗、身体康复训练和卫生、道德、法制教育，开展职业技能培训。

（五）强制隔离戒毒的管理

《戒毒条例》对强制隔离戒毒的人员管理、疾病管理、脱逃管理、提前解除强制隔离戒毒、延长戒毒期限、解除强制隔离戒毒和继续执行强制隔离戒毒等情况作了专门规定。

1. 人员管理。强制隔离戒毒场所应当根据强制隔离戒毒人员的性别、年龄、患病等情况对强制隔离戒毒人员实行分别管理；对吸食不同种类毒品的，应当有针对性地采取必要的治疗措施；根据戒毒治疗的不同阶段和强制隔离戒毒人员的表现，实行逐步适应社会的分级管理。

2. 疾病管理。强制隔离戒毒人员患严重疾病，不出所治疗可能危及生命的，经强制隔离戒毒场所主管机关批准，并报强制隔离戒毒决定机关备案，强制隔离戒毒场所可以允许其所外就医。所外就医的费用由强制隔离戒毒人员本人承担。所外就医期间，强制隔离戒毒期限连续计算。对于健康状况不再适宜回所执行强制隔离戒毒的，强制隔离戒毒场所应当向强制隔离戒毒决定机关提出变更为社区戒毒的建议，强制隔离戒毒决定机关应当自收到建议之日起 7 日内，作出是否批准的决定。经批准变更为社区戒毒的，已执行的强制隔离戒毒期限折抵社区戒毒期限。

3. 脱逃管理。强制隔离戒毒人员脱逃的，强制隔离戒毒场所应当立即通知所在地县级人民政府公安机关，并配合公安机关追回脱逃人员。被追回的强制隔离戒毒人员应当继续执行强制隔离戒毒，脱逃期间不计入强制隔离戒毒期限。被追回的强制隔离戒毒人员不得提前解除强制隔离戒毒。

4. 提前解除强制隔离戒毒、延长戒毒期限管理。强制隔离戒毒场所依照《禁毒法》提出提前解除强制隔离戒毒、延长戒毒期限的意见，强制隔离戒毒决定机关应当自收到意见之日起 7 日内，作出是否批准的决定。对提前解除强制隔离戒毒或者延长强制隔离戒毒期限的，批准机关应当出具提前解除强制隔离戒毒决定书或者延长强制隔离戒毒期限决定书，送达被决定人，并在送达后 24 小时以内通知被决定人的家属、所在单位以及其户籍所在地或者现居住地公安派出所。

5. 解除强制隔离戒毒管理。解除强制隔离戒毒的，强制隔离戒毒场所应当在解除强制隔离戒毒 3 日前通知强制隔离戒毒决定机关，出具解除强制隔离戒毒证明书送达戒毒人员本人，并通知其家属、所在单位、其户籍所在地或者现居住地公安派出所将其领回。

6. 继续执行强制隔离戒毒。强制隔离戒毒人员被依法收监执行刑罚、采取强制性教育措施或者被依法拘留、逮捕的，由监管场所、羁押场所给予必要的戒毒治疗，强制隔离戒毒的时间连续计算；刑罚执行完毕时、解除强制性教育措施时或者释放时强制隔离戒毒尚未期满的，继续执行强制隔离戒毒。

六、社区康复

《戒毒条例》规定，对解除强制隔离戒毒的人员，强制隔离戒毒的决定机关可以责令其接受社区康复。

（一）社区康复期限

被责令接受社区康复的人员，应当自收到责令社区康复决定书之日起15日内到户籍所在地或者现居住地乡（镇）人民政府、城市街道办事处报到，签订社区康复协议。社区康复不超过3年。被责令接受社区康复的人员拒绝接受社区康复或者严重违反社区康复协议，并再次吸食、注射毒品被决定强制隔离戒毒的，强制隔离戒毒不得提前解除。

（二）社区康复执行地

社区康复在当事人户籍所在地或者现居住地乡（镇）人民政府、城市街道办事处执行，经当事人同意，也可以在戒毒康复场所中执行。

（三）负责社区康复工作的人员职责

负责社区康复工作的人员应当为社区康复人员提供必要的心理治疗和辅导、职业技能培训、职业指导以及就学、就业、就医援助。

（四）社区康复的解除

社区康复自期满之日起解除。社区康复执行地公安机关出具解除社区康复通知书送达社区康复人员本人及其家属，并在7日内通知社区康复执行地乡（镇）人民政府、城市街道办事处。

（五）戒毒康复场所管理

自愿戒毒人员、社区戒毒人员、社区康复人员可以自愿与戒毒康复场所签订协议，到戒毒康复场所戒毒康复、生活和劳动。戒毒康复场所应当配备必要的管理人员和医务人员，为戒毒人员提供戒毒康复、职业技能培训和生产劳动条件。戒毒康复场所应当加强管理，严禁毒品流入，并建立戒毒康复人员自我管理、自我教育、自我服务的机制。戒毒康复场所组织戒毒人员参加生产劳动，应当参照国家劳动用工制度的规定支付劳动报酬。

七、相关法律责任

《戒毒条例》规定，公安、司法行政、卫生行政等有关部门工作人员泄露戒毒人员个人信息的，依法给予处分；构成犯罪的，依法追究刑事责任。乡（镇）人民政府、城市街道办事处负责社区戒毒、社区康复工作的人员有下列行为之一的，依法给予处分：（1）未与社区戒毒、社区康复人员签订社区戒毒、社区康复协议，不落实社区戒毒、社区康复措施的；（2）不履行本条例第 21 条规定的报告义务的；（3）其他不履行社区戒毒、社区康复监督职责的行为。

强制隔离戒毒场所的工作人员有下列行为之一的，依法给予处分；构成犯罪的，依法追究刑事责任：（1）侮辱、虐待、体罚强制隔离戒毒人员的；（2）收受、索要财物的；（3）擅自使用、损毁、处理没收或者代为保管的财物的；（4）为强制隔离戒毒人员提供麻醉药品、精神药品或者违反规定传递其他物品的；（5）在强制隔离戒毒诊断评估工作中弄虚作假的；（6）私放强制隔离戒毒人员的；（7）其他徇私舞弊、玩忽职守、不履行法定职责的行为。

第三节　戒毒管理部门规章

一、吸毒检测程序规定

为规范公安机关吸毒检测工作，保护当事人的合法权益，根据《禁毒法》等有关法律规定，公安部制定了《吸毒检测程序规定》，该规定自 2010 年 1 月 1 日起施行，于 2016 年 11 月进行了修订。

（一）概述

吸毒检测是运用科学技术手段对涉嫌吸毒的人员进行生物医学

检测，为公安机关认定吸毒行为提供科学依据的活动。吸毒检测的对象，包括涉嫌吸毒的人员，被决定执行强制隔离戒毒的人员，被公安机关责令接受社区戒毒和社区康复的人员，以及戒毒康复场所内的戒毒康复人员。

吸毒检测分为现场检测、实验室检测、实验室复检。

（二）样本采集和送检

检测样本为采集的被检测人员的尿液、血液、唾液或者毛发等生物样本。公安机关采集、送检、检测样本，应当由 2 名以上工作人员进行；采集女性被检测人尿液检测样本，应当由女性工作人员进行。采集的检测样本经现场检测结果为阳性的，应当分别保存在 A、B 两个样本专用器材中并编号，由采集人和被采集人共同签字封存，采用检材适宜的条件予以保存，保存期不得少于 6 个月。被检测人员拒绝接受检测的，经县级以上公安机关或者其派出机构负责人批准，可以对其进行强制检测。吸毒检测样本的采集应当使用专用器材。现场检测器材应当是国家主管部门批准生产或者进口的合格产品。

（三）现场检测

现场检测由县级以上公安机关或者其派出机构进行。现场检测应当出具检测报告，由检测人签名，并加盖检测的公安机关或者其派出机构的印章。现场检测结果应当当场告知被检测人，并由被检测人在检测报告上签名。被检测人拒不签名的，公安民警应当在检测报告上注明。被检测人对现场检测结果有异议的，可以在被告知检测结果之日起的 3 日内，向现场检测的公安机关提出实验室检测申请。公安机关应当在接到实验室检测申请后的 3 日内作出是否同意进行实验室检测的决定，并将结果告知被检测人。

（四）实验室检测

实验室检测由县级以上公安机关指定的取得检验鉴定机构资格的实验室或者有资质的医疗机构进行。公安机关决定进行实验室检测的，应当在作出实验室检测决定后的3日内，将保存的A样本送交县级以上公安机关指定的具有检验鉴定资格的实验室或者有资质的医疗机构。接受委托的实验室或者医疗机构应当在接到检测样本后的3日内出具实验室检测报告，由检测人签名，并加盖检测机构公章后，送委托实验室检测的公安机关。公安机关收到检测报告后，应当在24小时内将检测结果告知被检测人。被检测人对实验室检测结果有异议的，可以在被告知检测结果后的3日内，向现场检测的公安机关提出实验室复检申请。

（五）实验室复检

实验室复检由县级以上公安机关指定的取得检验鉴定机构资格的实验室进行。实验室检测和实验室复检不得由同一检测机构进行。公安机关应当在接到实验室复检申请后的3日内作出是否同意进行实验室复检的决定，并将结果告知被检测人。公安机关决定进行实验室复检的，应当在作出实验室复检决定后的3日内，将保存的B样本送交县级以上公安机关指定的具有检验鉴定资格的实验室。接受委托的实验室应当在接到检测样本后的3日内出具检测报告，由检测人签名，并加盖专用鉴定章后，送委托实验室复检的公安机关。公安机关收到检测报告后，应当在24小时内将检测结果告知被检测人。接受委托的实验室检测机构或者实验室复检机构认为送检样本不符合检测条件的，应当报县级以上公安机关或者其派出机构负责人批准后，由公安机关根据检测机构的意见，重新采集检测样本。被检测人是否申请实验室检测和实验室复检，不影响案件的正常办理。

（六）检测费用

现场检测、实验室检测和实验室复检的费用由公安机关承担。

二、吸毒人员登记办法

为了准确掌握全国吸毒人员的状况，规范对吸毒人员的登记工作，进一步加强对吸毒人员的动态管控，根据《禁毒法》等有关法律、行政法规，公安部制定该办法。

（一）概述

吸毒人员登记，是指公安机关、司法行政部门、医疗卫生机构对吸毒人员自然状况、吸毒违法行为及处理情况、戒毒情况及其变更情况等加以记载和管理的活动。登记对象包括主动到公安机关进行登记的吸毒人员；公安机关发现和采取戒毒措施的吸毒人员；在司法行政部门管理的场所执行戒毒措施、刑罚以及强制性教育措施的吸毒人员；在医疗卫生机构进行自愿戒毒或社区药物维持治疗的吸毒人员。

（二）信息采集

公安机关应当对登记的吸毒人员建立工作台账，并将登记信息录入“全国禁毒信息系统”吸毒人员数据库，实行信息化管理。各级公安机关治安、边防、刑侦、监管、禁毒等部门警种和铁路、交通运输、民航、林业等系统公安机关相关部门以及公安派出所，应当按照“谁发现、谁登记”的原则，对在工作中发现和查获的吸毒人员及时进行登记。各级公安机关禁毒部门负责与本地区司法行政部门、医疗卫生机构建立吸毒人员登记工作信息交流制度，及时将司法行政部门和医疗卫生机构提供的吸毒人员的相关信息录入吸毒人员数据库。

（三）身份核实

公安机关应当对吸毒人员的身份进行核实。对拒不交代真实身份的吸毒人员，公安机关应采取多种办法进行核实，防止错登、漏登。对暂时无法核实身份的吸毒人员，公安机关应当采集其照片、指纹和DNA信息留存，待查明其真实身份后，及时补充完善相应的登记信息。公安机关登记吸毒人员信息时，对已经核实身份的，按照要求填写相应的吸毒人员登记表格，经公安机关登记单位负责人审核后与有关证明材料一起归入吸毒人员档案，同时将吸毒人员的登记信息按要求录入吸毒人员数据库。对身份暂时不明和未办理户籍登记的吸毒人员的信息，由公安机关采集并填写相应的吸毒人员登记表，报各省、自治区、直辖市公安厅、局禁毒部门统一汇总并录入吸毒人员数据库。

（四）信息录入

吸毒人员真实身份查明后，核查单位应当及时将核实情况上报省、自治区、直辖市公安厅、局禁毒部门，由省、自治区、直辖市公安厅、局禁毒部门对吸毒人员数据库中的相关信息予以更新。吸毒人员登记表格由公安部统一制定，各省、自治区、直辖市公安厅、局负责印制。

对于在司法行政部门主管的强制隔离戒毒场所、戒毒康复场所、监狱、未成年人管教所等监管场所内的吸毒人员，由场所所在地司法行政部门按照标准采集相关信息，填写相应的《强制隔离戒毒人员登记表》或者《在教 / 服刑 / 被监管吸毒人员登记表》、《戒毒康复场所人员登记表》，每月定期提供给公安机关禁毒部门统一录入吸毒人员数据库。

对于在医疗卫生机构接受戒毒治疗的吸毒人员，由当地医疗卫生机构采集其参加自愿戒毒或社区药物维持治疗等相关信息，填写《戒毒人员治疗情况登记表》，每月定期提供给当地公安机关禁毒部门，由公安机关禁毒部门对其身份进行核实后统一录入吸毒人员数据库。

对于被责令接受社区戒毒或者社区康复的戒毒人员，由对其实施定期检测的公安机关按照标准采集信息，填写《社区戒毒 / 社区康复人员登记表》，及时录入吸毒人员数据库。社区戒毒或者社区康复人员接受定期检测的信息应当以每次检测结果的书面报告材料为依据。

（五）其他规定

吸毒人员主动到居住地或者户籍所在地公安机关进行登记的，公安机关应当及时受理。吸毒人员在居住地公安机关登记的，如果居住地与户籍所在地公安机关不一致，居住地公安机关应当将登记情况通报其户籍所在地公安机关。

登记吸毒人员信息应当做到“真实、准确、及时”，在吸毒人员数据库中登记的信息应当与实际管控工作现状和工作台账相一致。已登记吸毒人员的自然状况、吸毒情况、处理情况、戒毒治疗情况等发生变化的，公安机关应当遵循“谁经办、谁负责”的原则，在登记台账和吸毒人员数据库中及时更新维护。

公安机关、司法行政部门、医疗卫生机构应当保护被登记人员的隐私权，不得违反规定向任何单位和个人提供吸毒人员的个人信息。

三、吸毒成瘾认定办法

为规范吸毒成瘾认定工作，科学认定吸毒成瘾人员，依法对吸毒成瘾人员采取戒毒措施和提供戒毒治疗，根据《禁毒法》《戒毒条例》，公安部制定该办法。自 2011 年 4 月 1 日起施行，并于 2016 年 11 月进行了修订。

（一）概述

吸毒成瘾，是指吸毒人员因反复使用毒品而导致的慢性复发性脑病，表现为不顾不良后果、强迫性寻求及使用毒品的行为，常伴有不同程度的个人健康及社会功能损害。

吸毒成瘾认定，是指公安机关或者其委托的戒毒医疗机构通过对吸毒人员进行人体生物样本检测、收集其吸毒证据或者根据生理、心理、精神的症状、体征等情况，判断其是否成瘾以及是否成瘾严重的工作。

戒毒医疗机构，是指符合《戒毒医疗服务管理暂行办法》规定的专科戒毒医院和设有戒毒治疗科室的其他医疗机构。

任何单位和个人不得违反规定泄露承担吸毒成瘾认定工作相关工作人员及被认定人员的信息。

（二）认定主体

吸毒成瘾由公安机关认定。公安机关在执法活动中发现吸毒人员，应当进行吸毒成瘾认定；因技术原因认定有困难的，可以委托有资质的戒毒医疗机构进行认定。承担吸毒成瘾认定工作的戒毒医疗机构，由省级卫生计生行政部门会同同级公安机关指定。

公安机关承担吸毒成瘾认定工作的人民警察，应当同时具备以下条件：一是具有二级警员以上警衔及2年以上相关执法工作经历；二是经省级公安机关、卫生计生行政部门组织培训并考核合格。

承担吸毒成瘾认定工作的医师，应当同时具备以下条件：一是符合《戒毒医疗服务管理暂行办法》的有关规定；二是从事戒毒医疗工作不少于3年；三是具有中级以上专业技术职务任职资格。

（三）认定依据

1. 吸毒人员同时具备以下情形的，公安机关认定其吸毒成瘾：

（1）经血液、尿液和唾液等人体生物样本检测证明其体内含有毒品成分；

（2）有证据证明其有使用毒品行为；

（3）有戒断症状或者有证据证明吸毒史，包括曾经因使用毒品被公安机关查处、曾经进行自愿戒毒、人体毛发样品检测出毒品成分等情形。

戒断症状的具体情形，参照卫生部制定的《阿片类药物依赖诊断治疗指导原则》《苯丙胺类药物依赖诊断治疗指导原则》《氯胺酮依赖诊断治疗指导原则》确定。

2. 吸毒成瘾人员具有下列情形之一的，公安机关认定其吸毒成瘾严重：

（1）曾经被责令社区戒毒、强制隔离戒毒（含《禁毒法》实施以前被强制戒毒或者劳教戒毒）、社区康复或者参加过戒毒药物维持治疗，再次吸食、注射毒品的；

（2）有证据证明其采取注射方式使用毒品或者至少3次使用累计涉及两类以上毒品的；

（3）有证据证明其使用毒品后伴有聚众淫乱、自伤自残或者暴力侵犯他人人身、财产安全或者妨害公共安全等行为的。

公安机关在吸毒成瘾认定过程中实施人体生物样本检测，依照公安部制定的《吸毒检测程序规定》的有关规定执行。

（四）认定程序

公安机关认定吸毒成瘾，应当由 2 名以上人民警察进行，并在作出人体生物样本检测结论的 24 小时内提出认定意见，由认定人员签名，经所在单位负责人审核，加盖所在单位印章。有关证据材料，应当作为认定意见的组成部分。

公安机关委托戒毒医疗机构进行吸毒成瘾认定的，应当在吸毒人员末次吸毒的 72 小时内予以委托并提交委托函。超过 72 小时委托的，戒毒医疗机构可以不予受理。

承担吸毒成瘾认定工作的戒毒医疗机构及其医务人员，应当依照《戒毒医疗服务管理暂行办法》的有关规定进行吸毒成瘾认定工作。戒毒医疗机构认定吸毒成瘾，应当由两名承担吸毒成瘾认定工作的医师进行。

戒毒医疗机构对吸毒人员采集病史和体格检查时，委托认定的公安机关应当派有关人员在场协助。戒毒医疗机构认为需要对吸毒人员进行人体生物样本检测的，委托认定的公安机关应当协助提供现场采集的检测样本。戒毒医疗机构认为需要重新采集其他人体生物检测样本的，委托认定的公安机关应当予以协助。戒毒医疗机构使用的检测试剂，应当是经国家食品药品监督管理局批准的产品，并避免与常见药物发生交叉反应。戒毒医疗机构及其医务人员应当依照诊疗规范、常规和有关规定，结合吸毒人员的病史、精神症状检查、体格检查和人体生物样本检测结果等，对吸毒人员进行吸毒成瘾认定。戒毒医疗机构应当自接受委托认定之日起 3 个工作日内出具吸毒成瘾认定报告，由认定人员签名并加盖戒毒医疗机构公章。认定报告一式二份，一份交委托认定的公安机关，一份留存备查。

委托戒毒医疗机构进行吸毒成瘾认定的费用由委托单位承担。

四、戒毒药物维持治疗工作管理办法

为减少因滥用阿片类物质造成的艾滋病等疾病传播和违法犯罪行为，巩固戒毒成效，规范戒毒药物维持治疗工作，根据《禁毒法》《传染病防治法》《执业医师法》《戒毒条例》《艾滋病防治条例》《医疗机构管理条例》《麻醉药品和精神药品管理条例》等有关法律法规，国家卫生计生委、公安部、国家食品药品监管总局共同制定了该办法。自 2015 年 2 月 1 日起施行，《滥用阿片类物质成瘾者社区药物维持治疗工作方案》（卫疾控发〔2006〕256 号）予以废止。

（一）概述

戒毒药物维持治疗（以下简称维持治疗），是指在符合条件的医疗机构，选用适宜的药品对阿片类物质成瘾者进行长期维持治疗，以减轻他们对阿片类物质的依赖，促进身体康复的戒毒医疗活动。

戒毒药物维持治疗机构（以下简称维持治疗机构），是指经省级卫生计生行政部门批准，从事戒毒药物维持治疗工作的医疗机构。

维持治疗工作是防治艾滋病与禁毒工作的重要组成部分，必须坚持公益性原则，不得以营利为目的。

（二）机构人员

医疗机构拟开展维持治疗工作的，应当将书面申请材料提交执业登记机关，由其将书面材料报省级卫生计生行政部门批准。省级卫生计生行政部门应当根据本辖区的维持治疗工作规划、本办法及有关规定进行审查，自受理申请之日起 20 个工作日内，作出批准或者不予批准的决定，并书面告知申请人。批准前，应当征求同级公安机关及食品药品监管部门意见。

被批准开展维持治疗工作的医疗机构，应当在省级卫生计生行政部门批准后，及时向同级公安机关备案。省级卫生计生行政部门应当将有关信息通报同级公安机关、食品药品监管部门。省级卫生计生、公安、食品药品监管等部门应当分别报上一级行政部门备案。

1. 申请开展维持治疗工作的机构应当具备以下条件：

（1）具有《医疗机构执业许可证》；

（2）取得麻醉药品和第一类精神药品购用印鉴卡（以下简称印鉴卡）；

（3）具有与开展维持治疗工作相适应的执业医师、护士等专业技术人员和安保人员；

（4）符合维持治疗有关技术规范的相关规定。

2. 从事维持治疗工作的医师应当符合以下条件：

（1）具有执业医师资格并经注册取得《医师执业证书》；

（2）按规定参加维持治疗相关培训；

（3）使用麻醉药品和第一类精神药品的医师应当取得麻醉药品和第一类精神药品处方权；

（4）省级卫生计生行政部门规定的其他条件。

3. 从事维持治疗工作的护士应当符合以下条件：

（1）具有护士执业资格并经注册取得《护士执业证书》；

（2）按规定参加维持治疗工作相关培训；

（3）省级卫生计生行政部门规定的其他条件。

4. 从事维持治疗工作的药师应当符合以下条件：

（1）具有药学初级以上专业技术资格；

（2）按规定参加维持治疗工作相关培训；

（3）省级卫生计生行政部门规定的其他条件。

维持治疗机构根据实际情况，可以设立延伸服药点，并由省级卫生计生行政部门按照本办法第 12 条第 1 款规定的条件进行审批。维持治疗机构负责延伸服药点的日常管理。

维持治疗机构依法对治疗人员的相关信息予以保密。除法律法规规定的情况外，未经本人或者其监护人同意，维持治疗机构不得向任何单位和个人提供治疗人员的相关信息。

县级以上地方卫生计生行政部门应当在本办法施行之日起 6 个月内，按照本办法规定对辖区内已经开展维持治疗工作的机构进行审核评估。符合规定的，由省级卫生计生行政部门批准其维持治疗机构资格，同时将情况通报同级公安机关。对不符合规定的，责令其限期整改，整改期满后予以复查。仍不合格的，撤销其开展维持治疗机构资格，并通报同级公安机关。

（三）药品管理

维持治疗使用的药品为盐酸美沙酮口服溶液（规格：1mg/ml，5000ml/ 瓶）。配制盐酸美沙酮口服溶液的原料药实行计划供应，由维持治疗药品配制单位根据实际情况提出需用计划，经国家食品药品监管总局核准后执行。经确定的维持治疗药品配制单位应当按照国家药品标准配制盐酸美沙酮口服溶液，并配送至维持治疗机构。维持治疗机构应当凭印鉴卡从本省（区、市）确定的维持治疗药品配制单位购进盐酸美沙酮口服溶液。跨省购进的，需报相关省级食品药品监管部门备案。维持治疗机构调配与拆零药品所使用的容器和工具应当定期消毒或者更换，防止污染药品。维持治疗药品的运输、使用及储存管理等必须严格执行《药品管理法》和《麻醉药品和精神药品管理条例》的相关规定。

（四）维持治疗

年龄在18周岁以上、有完全民事行为能力的阿片类物质成瘾者，可以按照自愿的原则申请参加维持治疗。18周岁以下的阿片类物质成瘾者，采取其他戒毒措施无效且经其监护人书面同意，可以申请参加维持治疗。有治疗禁忌症的，暂不宜接受维持治疗。禁忌症治愈后，可以申请参加维持治疗。维持治疗机构接到申请人提交的合格资料后5个工作日内，书面告知申请人是否可以参加治疗，并将审核结果报维持治疗机构所在地公安机关备案。申请参加治疗的人员应当承诺治疗期间严格遵守维持治疗机构的各项规章制度，接受维持治疗机构开展的传染病定期检查以及毒品检测，并签订自愿治疗协议书。维持治疗机构应当为治疗人员建立病历档案，并按规定将治疗人员信息及时报维持治疗机构所在地公安机关登记备案。符合维持治疗条件的社区戒毒、社区康复人员，经乡（镇）、街道社区戒毒、社区康复工作机构同意，可以向维持治疗机构申请参加维持治疗。维持治疗机构除为治疗人员提供维持治疗外，还需开展以下工作：

1. 开展禁毒和防治艾滋病法律法规宣传；
2. 开展艾滋病、丙型肝炎、梅毒等传染病防治和禁毒知识宣传；
3. 提供心理咨询、心理康复及行为矫治等工作；
4. 开展艾滋病、丙型肝炎、梅毒和毒品检测；
5. 协助相关部门对艾滋病病毒抗体阳性治疗人员进行随访、

治疗和转介；

6. 协助食品药品监管部门开展治疗人员药物滥用的监测工作。

维持治疗机构发现治疗人员脱失的，应当及时报告当地公安机关；发现正在执行社区戒毒、社区康复治疗人员脱失的，应当同时通报相关社区戒毒、社区康复工作机构。因户籍所在地或者现居住地发生变化，不能在原维持治疗机构接受治疗的，治疗人员应当及时向原维持治疗机构报告，由原维持治疗机构负责治疗人员的转介工作，以继续在异地接受维持治疗服务。正在执行社区戒毒、社区康复措施的，应当会同社区戒毒、社会康复工作机构一并办理相关手续。

治疗人员在参加维持治疗期间出现违反治疗规定、复吸毒品、严重影响维持治疗机构正常工作秩序或者因违法犯罪行为被羁押而不能继续接受治疗等情形的，维持治疗机构应当终止其治疗，及时报告当地公安机关。

被终止治疗者申请再次参加维持治疗的，维持治疗机构应当进行严格审核，重新开展医学评估，并根据审核和评估结果确定是否接受申请人重新进入维持治疗。维持治疗机构应当将审核结果及时报所在地公安机关备案。

【典型案例】某年8月9日，民警陈某与刘某接辖区内居民举报，后在出租屋内发现男子吴某有注射疑似毒品海洛因的行为，经尿检，显示阳性，民警将吴某带回派出所。

1. 如民警在吸毒人员登记平台上没有查到吴某信息，该如何处置?

2. 经讯问，吴某交代已注射海洛因达半年，目前每日使用0.3克左右。该如何处置?

【思考题】

1. 简述公安部规定的吸毒成瘾认定标准以及吸毒成瘾严重的认定标准。

2. 简述强制隔离戒毒及社区戒毒的送戒条件。

3. 简述强制隔离戒毒诊断评估的相关要求。

第八章　涉毒违法行为行政处罚

【本章摘要】涉毒违法行为因其具有违法性和一定程度的社会危害性，需要通过科以一定的法律制裁来进行预防、矫正和惩治，本章研究讨论的行政处罚就是选择之一。

第一节　涉毒违法行为行政处罚概述

一、涉毒违法行为行政处罚的概念

涉毒行为因其主观方面、社会危害性以及违法程度等方面的差别，可以分为涉毒违法行为和涉毒犯罪行为。而针对这两类涉毒行为，国家法律制度给予的对待也存在必然差别。本章本节将集中讨论涉毒违法行为及涉毒违法行为产生的主要行政法律后果——行政处罚。

（一）涉毒违法行为的概念、特征和构成要件

1. 涉毒违法行为的概念和特征。涉毒违法行为，是指公民、法人和其他组织违反禁毒行政法律规范，破坏国家禁毒行政管理秩序但尚不构成犯罪，依法需要承担相应行政法律责任的违法行为的总和。

涉毒违法行为具有以下几个特点：

（1）涉毒违法行为的主体是行政相对人。涉毒违法行为与行

政违法行为之间有根本区别，即前者是指行政相对人实施的违法行为，而后者是指行政主体实施的违法行政行为。

（2）涉毒违法行为，是指违反国家禁毒行政法律、法规破坏国家毒品管理工作的行为，其中并不包括涉毒犯罪行为。二者之间在承担的法律责任方面存在根本区别，前者承担的是行政法律责任，后者承担的是刑事法律责任。

（3）涉毒违法行为主要由公安机关给予处罚。《禁毒法》规定的禁毒工作部门主要有两大类，即公安机关和司法行政机关。其中关于涉毒违法行为的处罚，是专门由公安机关执行的。而司法行政机关承担的禁毒工作职能，主要涉及协助禁毒宣传教育和社区禁毒工作，对吸毒人员给予必要的戒毒治疗等。

（4）涉毒违法行为具有社会危害性。这是涉毒违法行为与毒品犯罪行为共同具有的特点，只是危害客体和危害程度上有不同。毒品犯罪危害客体广、危害后果严重，而涉毒违法行为危害客体相对少、危害后果相对小些。

2. 涉毒违法行为的构成要件。涉毒违法行为的构成要件，是指根据法律规定，对判断具体行为是否构成违法并需要进行相应行政制裁的标准和依据，包括主观和客观方面的要件，具体有以下四个要件：

（1）行为人具有相应的法律责任能力，即涉毒违法行为的实施者必须是具有法定责任能力的自然人、法人或者其他组织。就自然人而言，要具备完全或部分对自己行为的足够控制和辨识能力，才具有相应的责任能力；就法人和其他组织而言，要在其成立时就具有相应的责任能力。

（2）行为人客观上实际实施了国家禁毒法律、法规等法律规范规定的禁止性行为。涉毒违法行为必须是客观存在的行为，纯粹的思维活动不构成违法，非禁止性行为也不构成违法。

（3）行为人实施的违法行为侵害了国家禁毒行政法律规范保护的社会关系，具有应受惩罚性。

（4）行为人实施违法行为主观上存在过错。这种过错包括故意和过失。否则，即便某种行为在客观上危害了社会，也不能认为是涉毒违法行为。

（二）涉毒违法行为行政处罚概念

涉毒违法行为行政处罚，是指依法具有行政处罚权的行政机关或者其他行政主体，依法律、法规或规章的规定，按照法定程序对实施了涉毒违法行为的行政相对人给予的一种行政制裁的行政行为。

涉毒违法行为行政处罚具有以下一些特征：

1. 涉毒违法行为行政处罚是以对涉毒违法行为人的惩戒为目的，而不是以实现义务为目的。这一点将它与涉毒违法行为的行政强制执行区别开来，行政强制执行的目的在于促使义务人履行义务。

2. 涉毒违法行为行政处罚的适用主体是行政机关或法律、法规授权的组织。这一点使它与刑罚区别开来，刑罚的适用主体是司法机关（如人民法院）。

3. 涉毒违法行为行政处罚的适用对象是作为行政相对方的公民、法人或其他组织，属于外部行政行为。这一点将它与行政处分区别开来，行政处分只能适用于行政机关的工作人员或其他由行政机关任命或管理的人员。

二、涉毒违法行为行政处罚的法律依据

有行政处罚权的行政主体针对涉毒违法行为实施行政处罚的法律依据主要有以下两类。

（一）法律类的法律依据

对涉毒违法行为进行行政处罚依据的法律类规范主要有：《行政处罚法》《治安管理处罚法》《禁毒法》等。

（二）行政法规类的法律依据

对涉毒违法行为进行行政处罚依据的行政法规类规范主要有：《麻醉药品和精神药品管理条例》《易制毒化学品管理条例》《娱乐场所管理条例》等。

三、涉毒违法行为行政处罚种类

关于涉毒违法行为行政处罚种类，主要是在《行政处罚法》中加以明确规定的。具体来讲，《行政处罚法》列举规定了七类行政处罚，并规定了其他行政处罚种类的设定及规定办法。这七类处罚不是按照单一标准划分的，也没有穷尽性质。这种设定行政处罚种类的主要根据，是它们对公民、法人或者其他组织合法权益的影响程度，对行政管理秩序的保护作用，便于划分不同国家机关对各种行政处罚的设定权限。

（一）警告

它是国家对涉毒违法行为人的谴责和告诫，是国家对行为人涉毒违法行为所作的正式否定评价。从国家方面说，警告是国家行政机关的正式意思表示，会对相对一方产生不利影响，应当纳入法律约束的范围；对被处罚人来说，警告的制裁作用，主要是对当事人形成心理压力、不利的社会舆论环境。适用警告处罚的重要目的，是使被处罚人认识其行为的违法性和对社会的危害，纠正涉毒违法行为并不再继续违法。

（二）罚款

它是行政机关对涉毒违法行为人强制收取一定数量金钱，剥夺一定财产权利的制裁方法。适用于对多种涉毒违法行为的制裁。

（三）没收违法所得、没收非法财物

没收违法所得和没收非法财物可以统称为没收处罚，是指有处罚权的行政机关依法将涉毒违法行为人的违法所得和非法财物收归国有的处罚形式。违法所得，是指涉毒违法行为人从事涉毒违法行为获得的利益，如使用他人的许可证生产、经营易制毒化学品获取的经济利益。非法财物，是指涉毒违法行为人用于从事涉毒违法活动的工具、物品和违禁品等，如使用他人的许可证生产、经营易制毒化学品的设备、原料和违法生产、经营的易制毒化学品等。

（四）责令停产停业

责令停产停业，是指行政机关强制命令涉毒违法行为人暂时停止依据违法行为实施前合法获得的许可而从事的生产经营和其他业务活动的行政制裁方法。例如，获得生产许可的易制毒化学品生产单位，将易制毒化学品生产许可证转借他人使用的，有权行政机关责令该单位停止易制毒化学品生产活动进行整顿。

（五）暂扣或者吊销许可证，暂扣或者吊销执照

它是行政机关暂时或者永久地撤销涉毒违法行为人拥有的国家准许其享有某些权利或从事某些活动资格的文件，使其丧失权利和活动资格的制裁方法。

（六）行政拘留

行政拘留，是指公安机关对严重违反公安行政管理秩序的涉毒违法行为人在短期内限制其人身自由的处罚措施，它是行政处罚中最严厉的处罚。

我国行政法律对行政拘留有严格的限制性规定：

1. 适用机关为县级以上公安机关。

2. 适用对象是严重违反行政管理法律的自然人或法人代表，对单位或组织不能适用。另外，对县级以上人民代表大会代表处以行政拘留的，作出拘留前应经该级人民代表大会主席或人民代表大会常务委员会许可。

3. 适用期限为1日以上15日以下，数行为合并处罚不超过20日。

4. 它只能由全国人大及其常委会以法律形式设定，不得适用简易程序。

（七）法律、行政法规规定的其他行政处罚

《治安管理处罚法》第10条规定，对违反治安管理的外国人，可以附加限期出境或者驱逐出境。外国人违法案件，案情简单、证据确凿，依法应当限期出境的，限期出境处罚由省、自治区、直辖

市公安厅、局审批，制作《公安行政处罚决定书》，并抄报公安部备案。但是案情重大、复杂，易引起外交纠纷或者涉及国家安全的案件以及其他涉外案件，依法应当对外国人处以限期出境的，或者对已与我国公民生育子女的毗邻国家边境地区非法入境、非法居留人员限期出境的，案件承办机关应当层报公安部，由公安部审批，并制作《公安行政处罚决定书》。对外国人处限期出境的，《公安行政处罚决定书》上应当加盖“中华人民共和国公安部出入境管理局”带国徽的印章，并由案件承办机关以公安部名义宣布并执行。

对外国人依法予以罚款或者行政拘留，并处限期出境的，罚款或者行政拘留处罚由承办机关按照法定权限决定，限期出境按照上述规定报批，一并向被处罚的外国人宣布，同时，注销其有效签证或者居留证件，并在其护照或者其他有效出入境证件签发备注栏注明“限期出境，在××××年××月××日前出境”的签证。

对于上述各种处罚以外的其他处罚种类的设定，只能由全国人民代表大会及其常务委员会制定公布的法律和国务院制定公布的行政法规规定。这就是说，行政处罚新种类的创设权集中在全国人大和国务院，其他机关没有这种权力。

四、涉毒违法行为行政处罚原则

涉毒违法行为行政处罚的基本原则，是指对涉毒违法行为行政处罚的设定和实施所必须遵循的具有普遍指导意义的一般准则。根据《行政处罚法》的规定和禁毒行政管理的实践，涉毒违法行为行政处罚应遵循的基本原则有：

（一）处罚法定原则

处罚法定原则是行政合法性原则在行政处罚行为中的集中体现，是指涉毒违法行为行政处罚必须严格依据法律规定进行。基本要求是：行政处罚是国家惩罚权的重要方面，是国家经常使用的强制手段和方法，涉及和影响公民、法人和其他组织多方面的权利与利益。为了克服行政处罚的随意性，防止和纠正对行政处罚的滥用，我国涉毒违法行为行政处罚实行法定原则，行政处罚的设定和实施必须依法进行，没有法定依据或不遵守法定程序的行政处罚无效。该原则的主要表现是：处罚依据是法定的；实施处罚的主体是法定的；实施处罚的职权是法定的；处罚程序是法定的。

（二）公正、公开原则

公正、公开原则，是指涉毒违法行为行政处罚的设定与实施要公平正直，没有偏私。公正，是指行政机关在处罚中对受罚者用同一尺度平等对待。该原则的基本要求是：涉毒违法行为行政处罚必须以事实为根据，过罚相当，不得滥用行政裁量权。公开原则，是指行政机关对于有关涉毒违法行为行政处罚的法律规范、执法人员身份、主要事实根据等与行政处罚有关的情况，除可能危害公共利益或者损害其他公民或者组织的合法权益并由法律、法规特别规定的以外，都应向当事人公开。基本要求是：涉毒违法行为行政处罚做到处罚的依据或规定要公开和处罚程序要公开。

（三）一事不再罚原则

一事不再罚原则，是指对涉毒违法当事人的同一个涉毒违法行为，不得以同一事实和同一理由给予两次以上的行政处罚。《行政处罚法》第 24 条规定：“对当事人的同一个违法行为，不得给予两次以上罚款的行政处罚。”这是一事不再罚原则的法律依据。

一事不再罚原则的含义：

1. 同一涉毒违法行为已经受到行政处罚，不应根据同一法律依据再受处罚；

2. 不同的行政机关不得以同一事实和同一理由，再给予同一涉毒违法行为行政处罚；

3. 是否可以给予其他种类的行政处罚，需要根据实际情况区别对待；

4. 涉毒违法行为构成犯罪的，行政机关必须将案件移送司法机关，依法追究刑事责任，行政机关不再予以处罚；

5. 涉毒违法行为构成犯罪，人民法院判处拘役或者有期徒刑时，行政机关已经给予当事人行政拘留的，应当依法折抵相应刑期；人民法院判处罚金时，行政机关已经给予当事人罚款处罚的，应当折抵相应罚金。

（四）处罚与教育相结合原则

处罚与教育相结合原则，是指行政主体在针对涉毒违法行为实施行政处罚时，要注意说服教育，纠正违法，实现制裁与教育双重功能。教育是处罚的基础和目的，处罚是教育的手段和保证，两者相辅相成，缺一不可。其基本要求是：必须给予惩罚；通过处罚促使涉毒违法行为人变为守法者。法律规定被处罚人必须有责任能力，是可以教育和转化的人。

（五）保障合法权利原则

保障合法权利原则，是指在涉毒违法行为行政处罚中要充分保障行政相对人的合法权益。为保证其实现，法律赋予相对人在处罚的过程中享有陈述权、申辩权、听证权、申请复议权、提出诉讼权以及赔偿请求权。

五、涉毒违法行为行政处罚程序

行政处罚是对涉毒违法行为人的权利和利益的限制甚至剥夺，是一种较严厉的制裁行为，因此，行政处罚的适用必须遵守严格的程序。

根据《行政处罚法》规定，行政处罚的决定程序分为简易程序、一般程序和听证程序。其中简易程序又称当场处罚程序，根据公安部《公安机关办理行政案件程序规定》，毒品案件不适用当场处罚。这里的毒品案件具体包括吸毒，教唆、引诱、欺骗吸毒，非法持有毒品，提供毒品，非法种植毒品原植物，非法买卖、运输、携带、持有毒品原植物种苗，非法运输、买卖、储存、使用罂粟壳，胁迫、欺骗开具麻醉药品、精神药品八种案件。之所以规定公安机关在处理这八种毒品案件时不适用简易程序，是考虑到这八种违法行为具有较大的社会危害性，法律、法规对其规定了比较严厉的处罚，一般都适用较重的处罚种类和较大数额的罚款，对相对人的权利影响较大，适用一般程序更利于慎重处理。需要说明的是，针对涉毒违法行为实施行政处罚，理论上讲并非完全不能适用简易程序。对于符合《行政处罚法》规定的适用简易程序的四个条件的涉毒违法行为，即违法行为轻微，危害小；违法行为事实清楚，证据确凿；给予的处罚种类是警告或较小数额的罚款；有法律依据的，依然可以适用简易程序。

（一）快速办理

为了促进繁简分流，及时有效化解矛盾纠纷，节约有限警力，将有限的执法资源投向更重大、复杂的案件，经过修改自 2019 年 1 月 1 日起实施的《公安机关办理行政案件程序规定》专门规定了有关行政案件快速办理的内容。

关于快速办理，需要正确认识其与简易程序、一般程序的关系。快速办理并不是在《行政处罚法》规定的简易程序和一般程序之间再增加的新程序，也不等同于简易程序，它是公安机关在适用一般程序办理行政案件时的一个特殊处理，通过简化取证方式和审批手续等措施来加快案件办理速度。由此来看，快速办理应当可以适用于涉毒违法案件。

1. 快速办理涉毒违法案件的条件。对不适用简易程序，但事实清楚，涉毒违法嫌疑人自愿认错认罚，且对涉毒违法事实和法律适用没有异议的涉毒行政案件，公安机关可以通过简化取证方式和审批审核手续等措施快速办理。

2. 不适用快速办理的情形。涉毒行政案件具有下列情形之一的，不适用快速办理：

（1）涉毒违法嫌疑人系盲、聋、哑人，未成年人或者疑似精神病人的；

（2）依法应当适用听证程序的；

（3）可能作出 10 日以上行政拘留处罚的；

（4）其他不适宜快速办理的。

3. 适用快速办理的具体规定。

（1）快速办理涉毒违法案件前，公安机关应当书面告知违法嫌疑人快速办理的相关规定，征得其同意，并由其签名确认。

（2）对符合快速办理条件的涉毒违法案件，涉毒违法嫌疑人在自行书写材料或者询问笔录中承认违法事实、认错认罚，并有视音频记录、电子数据、检查笔录等关键证据能够相互印证的，公安机关可以不再开展其他调查取证工作。

（3）对适用快速办理的涉毒违法案件，可以由专兼职法制员或者办案部门负责人审核后，报公安机关负责人审批。

（4）对快速办理的涉毒违法案件，公安机关可以采用口头方式履行处罚前告知程序，由办案人民警察在案卷材料中注明告知情况，并由被告知人签名确认。

（5）对快速办理的涉毒违法案件，公安机关应当在违法嫌疑人到案后 48 小时内作出处理决定。

（6）公安机关快速办理涉毒违法案件时，发现不宜快速办理的，转为一般案件办理。快速办理阶段依法收集的证据，可以作为定案的根据。

（二）一般程序

1. 一般程序概念。一般程序，是指适用于处罚较重或情节复杂的涉毒违法案件以及涉毒违法行为当事人对执法人员给予当场处罚的事实认定有分歧而无法作出行政处罚决定的案件。一般程序在制度上包括较为完备的程序规则，适用于大部分涉毒行为行政处罚案件。

2. 一般程序的基本步骤。《行政处罚法》《治安管理处罚法》等法律规范对行政处罚一般程序的重要制度和内容作出了具体规定。

（1）案件受理。受案是初步调查程序和正式调查程序的中间环节，是行政主体对涉嫌涉毒违法行为进行正式调查的开始程序。

规定受案程序，旨在督促行政主体工作人员对涉及涉毒违法行为的举报、投诉及其他机关移送的案件等及时作出正确处理，规范立案工作，提高行政效率。

（2）调查取证。《行政处罚法》第 4 条规定，“设定和实施行政处罚必须以事实为依据，与违法行为的事实、性质、情节以及社会危害程度相当”。第 36 条、第 37 条规定，行政机关发现公民、法人或者其他组织有依法应当给予行政处罚的行为的，必须全面、客观、公正地调查，收集有关证据；必要时，依照法律、法规的规定，可以进行检查。行政机关在调查或者进行检查时，执法人员不得少于两人，并应当向当事人或者有关人员出示证件。当事人或者有关人员应当如实回答询问，并协助调查或者检查，不得阻挠。询问或者检查应当制作笔录。行政机关在收集证据时，可以采取抽样取证的方法；在证据可能灭失或者以后难以取得的情况下，经行政机关负责人批准，可以先行登记保存，并应当在 7 日内及时作出处理决定，在此期间，当事人或者有关人员不得销毁或者转移证据。执法人员与当事人有直接利害关系的，应当回避。

行政主体作出的行政处罚决定，必须建立在充足的事实基础上，而事实基础完全是靠证据来支撑，调查取证程序从来都是行政处罚程序的重要内容。调查取证程序主要调查的事实具体包括：涉毒违法嫌疑人的基本情况；涉毒违法行为是否存在；涉毒违法行为是不是违法嫌疑人实施；实施涉毒违法行为的时间、地点、手段、后果以及其他情节；涉毒违法嫌疑人有无法定从重、从轻、减轻以及不予行政处罚的情形；与案件有关的其他事实。

（3）告知处罚事实、理由、依据和有关权利。《行政处罚法》第 32 条、第 41 条规定：当事人有权进行陈述和申辩。行政机关必须充分听取当事人的意见，对当事人提出的事实、理由和证据，应当进行复核；当事人提出的事实、理由或者证据成立的，行政机关应当采纳。行政机关不得因当事人申辩而加重处罚。行政机关及其执法人员在作出行政处罚决定之前，不依照本法第 31 条、第 32 条的规定向当事人告知给予行政处罚的事实、理由和依据，或者拒绝听取当事人的陈述、申辩，行政处罚决定不能成立；当事人放弃陈述或者申辩权利的除外。

（4）听取陈述、申辩或者举行听证会。《行政处罚法》第 32 条、第 41 条、第 42 条规定：行政机关在作出行政处罚决定之前，应当听取当事人的陈述和申辩；如果当事人要求举行听证，并且确实符合听证条件的，行政机关应当举行听证会。

（5）进行审核审批。行政机关办理涉毒违法案件的办案人员经过调查取证，应当查清涉毒违法嫌疑人的基本情况、案件的事实、性质，提出案件处理的建议理由和法律依据，提交案件审核人员审核后，报相应的行政机关负责人进行审核审批。

（6）作出行政处罚决定。行政处罚决定是一般程序的结束环节，是办案机关经过受案、调查取证、调查终结、核审、告知后，对涉嫌涉毒违法的当事人作出的最终处理。根据《行政处罚法》第38条、第39条、第40条及《公安机关办理行政案件程序规定》第172条规定，经过上述程序后，行政机关负责人应当对调查结果进行审查，根据不同情况，分别作出决定。

①确有涉毒违法行为，应当给予行政处罚的，根据其情节和危害后果的轻重，作出行政处罚决定。

②确有涉毒违法行为，但有依法不予行政处罚情形的，作出不予行政处罚决定；有涉毒违法所得和涉毒非法财物、违禁品、管制器具的，应当予以追缴或者收缴。

③涉毒违法事实不能成立的，作出不予行政处罚决定；之后发现新的证据的，应当依法及时调查；涉毒违法行为能够认定的，依法重新作出处理决定，并撤销原不予行政处罚决定。

④对需要给予社区戒毒、强制隔离戒毒等处理的，依法作出决定。

⑤涉毒违法行为涉嫌构成犯罪的，转为刑事案件办理或者移送有权处理的主管机关、部门办理，无须撤销行政案件。行政机关已经作出行政处理决定的，应当附卷。

⑥发现涉毒违法行为人有其他违法行为的，在依法作出行政处理决定的同时，通知有关行政主管部门处理。

（7）送达行政处罚决定书。涉毒治安案件有被侵害人的，行政机关应当在作出处罚决定之日起2日内将决定书复印件送达被侵害人。无法送达的，应当注明。

（三）听证程序

1. 涉毒违法行为行政处罚听证程序的概念。涉毒违法行为行政处罚的听证程序是对特定的行政处罚作出决定之前，在涉毒案件当事人和调查人员共同参加的情况下，由行政机关的专门人员主持听取当事人的申辩、质证和意见，以进一步查清事实和核实证据。

2. 听证程序的适用范围。行政机关在对涉毒违法行为作出下列行政处罚决定之前，应当告知当事人有要求举行听证的权利：

（1）责令停产停业；

（2）吊销许可证，如吊销企业易制毒化学品生产经营许可证；

（3）较大数额的罚款。《公安机关办理行政案件程序规定》中“较大数额罚款”，是指对个人处以2000元以上罚款，对单位处以1万元以上罚款，对违反边防出入境管理法律、法规和规章的个人处以6000元以上罚款。对依据地方性法规或者地方政府规章作出的罚款处罚，适用听证的罚款数额按照地方规定执行。

3. 行政处罚听证程序的举行。依据《行政处罚法》第42条的规定，结合《公安机关办理行政案件程序规定》，以公安机关为例，涉毒行政处罚案件的听证程序具体包括以下步骤：告知听证；受理听证；准备听证；举行听证；听证后的处理。

听证结束后，听证主持人应当写出听证报告书，连同听证笔录一并报送行政机关负责人。行政机关不得因涉毒违法嫌疑人提出听证要求而加重处罚。

第二节 《治安管理处罚法》对涉毒违法行为的处罚规定

2005年8月28日第十届全国人民代表大会常务委员会第十七次会议通过了《治安管理处罚法》，该法和《行政处罚法》及之后制定出台的《禁毒法》成为了我国对禁毒违法行为实施行政处罚的基本法律依据，该法的实施标志着我国对涉毒违法行为的行政处罚日趋成熟和完善。

一、《治安管理处罚法》对涉毒违法行为的分类

《治安管理处罚法》第71条至第74条具体规定了涉毒违法行为的种类。根据涉毒违法行为的对象和客观表现不同，可以分成以下三类违法行为。

（一）涉及毒品原植物的涉毒违法行为

此处的毒品原植物，是指用来提炼、加工成鸦片、海洛因、甲基苯丙胺、吗啡、可卡因等麻醉药品和精神药品的原植物（包括毒品原植物及其种子、幼苗或果实）。我国非法种植的毒品原植物主要是指罂粟，少数地区也种植大麻。《治安管理处罚法》第 71 条第 1 款第 1 项至第 3 项对此类涉毒违法行为作了详细规定。

第 71 条第 1 款第 1 项规定了“非法种植罂粟不满五百株或者其他少量毒品原植物”的行为。罂粟是常见的毒品原植物。而其他少量毒品原植物则主要是指大麻。作为毒品的大麻也主要是指矮小、多分枝的印度大麻。大麻类毒品的主要活性成分是四氢大麻酚（THC）。大麻比罂粟药力小，毒性低一点。所谓种植，是指播种、施肥、灌溉、割取津液、收取种子等，不论行为人实施了上述全部行为还是其中一种，都可视为种植。只要有证据证明行为人确实有种植的行为，即使没有成苗，从面积上估算，达到法条所规定数量的，也构成违法。需要注意的是构成本项违法行为的非法种植罂粟的数量是不满 500 株，如果超过 500 株就是犯罪行为。而对于种植大麻等其他毒品原植物的违法构成的数量没有具体限制，条文中只是注明了“少量”，在执法实践中无法认定。2016 年 4 月 11 日开始实施的《最高人民法院关于审理毒品犯罪案件适用法律若干问题的解释》第 9 条规定：非法种植大麻 5000 株以上不满 3 万株的，应当认定为《刑法》第 351 条第 1 款第 1 项规定的非法种植大麻“数量较大”。由此可知 5000 株是构成非法种植大麻犯罪的数量起算点，那么《治安管理处罚法》中的“少量”应指 5000 株以下。

第 71 条第 1 款第 2 项规定了“非法买卖、运输、携带、持有少量未经灭活的罂粟等毒品原植物种子或者幼苗”的行为。对于未经灭活尚有生命力的毒品原植物种子或幼苗，只要是非法地从事买卖、运输、携带、持有中的一种行为或多种行为，均违反了本项规定。至于毒品原植物种子或幼苗的数量，《刑法》和《治安管理处罚法》均没有明确规定，需待相关法律解释的出台。

第71条第1款第3项规定了“非法运输、买卖、储存、使用少量罂粟壳”的行为。罂粟壳又称米壳、御米壳、粟壳、鸦片烟果、大烟葫芦、烟斗等。它是罂粟的成熟干燥果壳。罂粟壳中含有吗啡、可待因、蒂巴因、那可汀等鸦片中所含有的成分，虽含量较鸦片小，但久服亦有成瘾性。因此，罂粟壳被列入麻醉药品管理的范围予以管制。由于《刑法》中对于非法运输、买卖、储存、使用罂粟壳的行为未作规定，所以根据“罪刑法定”原则，非法运输、买卖、储存、使用罂粟壳的行为只能构成涉毒治安违法行为。只要从事非法运输、买卖、储存、使用中的一种或多种行为，均构成涉毒治安违法行为。

（二）涉及毒品制成品的违法行为

根据《治安管理处罚法》第72条的规定，此类涉毒违法行为主要包括以下几种情况：

1. 非法持有毒品的行为。《治安管理处罚法》第72条规定的“（一）非法持有鸦片不满二百克、海洛因或者甲基苯丙胺不满十克或者其他少量毒品”的行为构成违法行为。此处的鸦片、海洛因、甲基苯丙胺或者其他毒品，均有数量上的限制。2013年11月，国家食品药品监督管理局、公安部、国家卫生和计划生育委员会联合公布的《麻醉药品和精神药品品种目录》中，包括了麻醉药品121种、第一类精神药品68种、第二类精神药品81种。由于此类药品数量众多，《治安管理处罚法》不可能对其构成违法行为或犯罪行为的数量一一列举，所以除鸦片、海洛因、甲基苯丙胺之外，非法持有其他毒品构成治安违法行为和犯罪行为的数量上的界限有待执法部门的进一步界定。

2. 向他人提供毒品的行为。由于我国《刑法》第355条规定的“非法提供麻醉药品、精神药品罪”在主体构成方面具有一定的局限性，司法实践中行为人若不具备特殊身份，便不能以本罪追究其刑事责任。同时，若行为人不以牟利为目的，将毒品提供给他人，也不能以贩卖毒品罪追究其责任。这就造成了行为人的不法行为无法受到规制的状态。《治安管理处罚法》第72条“（二）向他人提供毒品的行为”的规定正好弥补了上述立法上的不足之处。另外，需要注意的是本项规定的向他人提供的毒品是没有数量上的限制的。

3. 吸食、注射毒品的行为。《治安管理处罚法》第 72 条规定“吸食、注射毒品”的行为构成了涉毒违法行为。现实生活中吸食、注射毒品行为的大量发生是毒品犯罪泛滥的源头，如果不对此类行为进行规制，势必会进一步造成涉毒违法和犯罪行为的大量出现。通过法律限制吸食、注射毒品的行为的出现，对于禁毒斗争来说是一项关键举措。

4. 胁迫、欺骗医务人员开具麻醉药品、精神药品的行为。《治安管理处罚法》第 72 条规定对“胁迫、欺骗医务人员开具麻醉药品、精神药品”行为的处罚，是非常符合现实禁毒斗争的需要的。近年来，杜冷丁、盐酸二氢埃托菲、安眠酮、三唑仑、曲马多等受国家管制的麻醉药品和精神药品成为吸毒者关注的对象。现实生活中，由于医务人员有条件获取上述麻醉药品和精神药品，其经常被吸毒人员胁迫或欺骗。《治安管理处罚法》把“胁迫、欺骗医务人员开具麻醉药品、精神药品”的行为规定为违法行为，对于遏制涉毒违法行为的发生是相当重要的。

（三）教唆、引诱、欺骗他人吸毒和为吸毒者提供帮助的违法行为

1. 教唆、引诱、欺骗他人吸毒的违法行为。《治安管理处罚法》第 73 条规定：“教唆、引诱、欺骗他人吸食、注射毒品的，处十日以上十五日以下拘留，并处五百元以上二千元以下罚款。”同时，我国《刑法》第 353 条第 1 款规定：“引诱、教唆、欺骗他人吸食、注射毒品的，处三年以下有期徒刑、拘役或管制，并处罚金；情节严重的，处三年以上七年以下有期徒刑，并处罚金。”我国《治安管理处罚法》和《刑法》同时对教唆、引诱、欺骗他人吸毒的行为进行了规定，可见此类行为的巨大危害。但在司法实践中对行为人教唆、引诱、欺骗他人吸食、注射毒品的行为如何界定却是一个问题。由于没有明确规定两部法律的适用界限，单凭情节和

危害后果这样原则性的标准来判断是不足以保证执法人员公正执法的。

2. 为吸毒者提供帮助的违法行为。为吸毒者提供帮助的违法行为不是指吸毒者自身的行为，而是指在公安机关查处吸毒这一违法行为时，为吸毒者通风报信，帮助其躲避法律制裁的行为。《治安管理处罚法》第 74 条专门界定了这类行为的行为主体为旅馆业、饮食服务业、文化娱乐业、出租汽车业等单位的人员。当上述人员在公安机关查处吸毒活动时，为吸毒者通风报信，即构成违法行为。《治安管理处罚法》对这些帮助吸毒者的行为进行处罚，目的是显而易见的，即从外围遏制吸毒者的涉毒违法行为的活动空间，从而真正彻底有效地打击涉毒违法行为。

以上对《治安管理处罚法》中的涉毒违法行为的种类作了简要的分析。下面结合上文涉毒违法行为的种类，对涉毒违法行为的处罚规定作一介绍。

二、《治安管理处罚法》对涉毒违法行为的处罚规定

与以前的《关于禁毒的决定》和《治安管理处罚条例》相比，《治安管理处罚法》对涉毒违法行为的处罚方面有了显著的进步。这主要表现在对执法机关的自由裁量权作了一定程度的限制，同时对危害程度不同的行为作了幅度不同的处罚规定，体现了宽严相济的立法精神。

（一）对涉及毒品原植物的涉毒违法行为的处罚规定

对上述第一种涉毒违法行为，《治安管理处罚法》第 71 条作了如下区分：

1. 一般情况。有“（一）非法种植罂粟不满五百株或者其他少量毒品原植物的；（二）非法买卖、运输、携带、持有少量未经灭活的罂粟等毒品原植物种子或者幼苗的；（三）非法运输、买卖、储存、使用少量罂粟壳的”行为之一的，处 10 日以上 15 日以下拘留，可以并处 3000 元以下罚款。这里所说的一般情况是和上述行为构成犯罪的情况相比较而言的。若上述行为构成犯罪标准的，依

据《刑法》的有关规定加以处罚。

2. 情节较轻的情况。《治安管理处罚法》第 71 条同时作出了上述行为在情节较轻的情况下“处五日以下拘留或者五百元以下罚款”的规定。问题是何为情况较轻，需要具体界定。由于关于《治安管理处罚法》的有关法律解释尚未出台，这实际上赋予了执法机关在执法活动中的自由裁量权。但是执法机关在界定毒品原植物、毒品原植物种子或幼苗以及罂粟壳的数量方面为情节较轻时，一定要遵循行政合法性和行政合理性原则。

另外需要注意的是，《治安管理处罚法》第 71 条第 2 款还规定了免予处罚的情况，即对于“非法种植罂粟不满五百株或者其他少量毒品原植物”的情况，如果行为人在成熟前自行铲除的，可以不予处罚。《治安管理处罚法》中的此项规定是符合现实情况的，体现了人性立法的理念。在一些农村地区，不少农民把罂粟作为一种可供观赏的植物加以栽培，他们本身并没有违法的主观故意。如果不分情况对这些农民进行处罚是会影响社会安定的。

（二）对涉及毒品制成品的违法行为的处罚规定

对涉及毒品制成品的违法行为，《治安管理处罚法》第 72 条也规定了两种不同的处罚幅度。对于一般情况“处十日以上十五日以下拘留，可以并处二千元以下罚款”。一般情况与情节较轻的情况相比，行为人的主观恶性较大或造成的后果情节较重，因而其所受处罚的幅度也较重。

对于情节较轻的这类涉毒违法行为，《治安管理处罚法》第 72 条规定“处五日以下拘留或者五百元以下罚款”。这里仍然存在如何界定情节较轻的问题。对于非法持有毒品的违法行为，在执法实践中，一般认为非法持有鸦片不满 50 克、海洛因或者甲基苯丙胺不满 2 克或者其他少量毒品（仍然存在界定的问题）是情节较轻。对于向他人提供毒品的违法行为，情节较轻指的是初次向他人提供毒品的或虽多次向吸毒人员提供毒品的但无主观恶意（如吸毒人员家属出于无奈被迫为吸毒人员购买毒品供其吸食的）。对于吸食、注射毒品的违法行为，初次吸食、注射毒品或无吸毒违法记录的应视为情节较轻。欺骗医务人员开具少量麻醉药品、精神药品且未造成后果的行为也应被认定为情节较轻。

（三）对教唆、引诱、欺骗他人吸毒和为吸毒者提供帮助的违法行为的处罚规定

教唆、引诱、欺骗他人吸食、注射毒品的行为是一种主观恶性较大的违法行为，因此，较之其他涉毒违法行为，《治安管理处罚法》对其处罚的力度也是最大的。《治安管理处罚法》第 73 条规定："教唆、引诱、欺骗他人吸食、注射毒品的，处十日以上十五日以下拘留，并处五百元以上二千元以下罚款。" 10 日以上 15 日以下拘留是《治安管理处罚法》关于行政拘留的处罚幅度中最重的，而且还要并处罚款，这体现了立法者对此类行为的从重处罚的理念。

旅馆业、饮食服务业、文化娱乐业、出租汽车业等单位的人员，在公安机关查处吸毒时，为吸毒者通风报信，依据《治安管理处罚法》第 74 条的规定，"处十日以上十五日以下拘留"。虽然此类行为是一种帮助行为，但是行为者主观恶性较大，而且在现实生活中，此类行为会助长吸毒者吸毒行为的蔓延，故对其也采取从重处罚的态度。

第三节 《禁毒法》对涉毒违法行为的处罚规定

一、《禁毒法》对涉毒违法行为的处罚规定

《禁毒法》第六章是对违反本法应当承担的法律责任的具体规定，共有 12 条。这一章的内容看起来较为单一，但适用起来是比较复杂的。这一特点可以概括为"三多"：一是规定应承担法律责任的行为多；二是规定应承担法律责任的种类多；三是追究法律责任所依据的法律法规多。

根据本章规定，涉及的法律责任，总体上可以分为一般法律责任和刑事法律责任，具体可以分为毒品违法犯罪的法律责任、违反毒品管制规定的法律责任、在禁毒工作中违法犯罪的法律责任和

歧视戒毒人员行为的法律责任。其中，涉及毒品违法犯罪行为的法律责任规定有 5 条，即第 59 条、第 60 条、第 61 条、第 62 条、第 65 条。这些法律条文除了第 62 条明确认定了吸食、注射毒品属于涉毒违法行为，仅给予治安管理处罚外，其他条文按违法行为的程度区分了毒品犯罪行为和涉毒违法行为。这两种行为分别按照不同的法律予以处罚。构成犯罪的，依法追究刑事责任；尚不构成犯罪的，依照本法和有关法律、行政法规的规定给予处罚。下面，我们来具体看《禁毒法》是如何规定的：

《禁毒法》第 59 条涉及的毒品违法犯罪行为有七种，"（一）走私、贩卖、运输、制造毒品的；（二）非法持有毒品的；（三）非法种植毒品原植物的；（四）非法买卖、运输、携带、持有未经灭活的毒品原植物种子或者幼苗的；（五）非法传授麻醉药品、精神药品和易制毒化学品制造方法的；（六）强迫、引诱、教唆、欺骗他人吸食、注射毒品的；（七）向他人提供毒品的"。

《禁毒法》第 60 条涉及的毒品违法犯罪行为有四项，"（一）包庇走私、贩卖、运输、制造毒品的犯罪分子，以及为犯罪分子窝藏、转移、隐瞒毒品或者犯罪所得财物的；（二）在公安机关查处毒品违法犯罪活动时为违法犯罪行为人通风报信的；（三）阻碍依法进行毒品检查的；（四）隐藏、转移、变实或者损毁司法机关、行政执法机关依法扣押、查封、冻结的涉及毒品违法犯罪活动的财物的"。对有以上行为之一，构成犯罪的，依照《刑法》的有关规定追究刑事责任；尚不构成犯罪的，依照《治安管理处罚法》的有关规定给予治安处罚。

《禁毒法》第 61 条涉及的毒品违法犯罪行为有两种：一是容留他人吸食、注射毒品的；二是介绍买卖毒品的。构成犯罪的依照《刑法》追究刑事责任；尚不构成犯罪的，依照本法和《治安管理处罚法》，由公安机关处 10 日以上 15 日以下拘留，可以并处 3000 元以下罚款；情节较轻的，处 5 日以下拘留或者 500 元以下罚款。

《禁毒法》第 62 条涉及的毒品违法行为是吸食、注射毒品，应当依照《治安管理处罚法》第 72 条的规定，由公安机关处 10 日以上 15 日以下拘留，可以并处 2000 元以下罚款；情节较轻的，处 5 日以下拘留或者 500 元以下罚款，但对主动到公安机关登记或者到有资质的医疗机构接受戒毒治疗的，依照本法的规定不予处罚。由此我们可以看出，《禁毒法》在处理吸毒问题上的三个要点：第一，继续采取行政手段处理吸毒行为的方式，以《治安管理处罚法》为依据予以制裁；第二，作了例外性规定，即“主动登记或接受治疗的”排除行政处罚；第三，在强制戒毒问题上，采用社区戒毒与强制隔离戒毒相结合的方式，不再为劳教戒毒提供法律依据。《禁毒法》继续采用行政制裁优先的方式，是切合中国国情的明智之举，同时，对于行政措施的排除性规定，强化了我国处理吸毒人员的政策中具有的戒毒与治疗功能，弱化了行政处罚措施的性质，对于治理社会上的吸毒现象是大有益处的。

《禁毒法》第 65 条涉及的娱乐场所及其从业人员涉毒违法犯罪的行为有三种：一是实施毒品违法犯罪的；二是为进入娱乐场所的人员实施毒品违法犯罪行为提供条件的；三是明知场所内发生聚众吸食、注射毒品或者贩毒活动，不向公安机关报告的。对有上述行为之一，构成犯罪的依照《刑法》和本法的规定追究刑事责任；尚不构成犯罪的，依照本法和《治安管理处罚法》、《娱乐场所管理条例》等法律、行政法规的有关规定给予处罚。

二、《禁毒法》较《治安管理处罚法》完善了涉毒违法行为的行政处罚

《禁毒法》的出台，在很大层面上弥补了《治安管理处罚法》的不足。较之《治安管理处罚条例》和《关于禁毒的决定》对涉毒违法行为的处罚规定，《治安管理处罚法》无论在处罚的范围还是处罚的幅度上都有比较大的调整，从一定程度上弥补了立法上的不足，修正了原有立法的部分漏洞。但是，以《治安管理处罚法》中涉及涉毒违法行为的有限法条，仍不能为执法机关查处涉毒违法行为提供完善的法律依据，执法过程中的一些操作难题仍然存在。《禁毒法》对涉毒违法犯罪行为的违法犯罪性质予以强调，并使之更加系统，同时也增加了相关的新内容：

第一，解决了禁毒立法上的脱节问题。“容留他人吸食、注射毒品的行为”没有在《治安管理处罚法》中作出相应规定是立法上的遗憾。我国《刑法》第354条将容留他人吸食、注射毒品的行为规定为犯罪，那么，情节轻微危害不大，够不上刑事处罚的该类行为则应给予治安处罚。但是,《治安管理处罚法》却无相关规定，从这一点来说，立法脱节问题并未完全解决。2006年3月1日起施行的《娱乐场所管理条例》中有关容留他人吸食、注射毒品的行为的规定也不能与《刑法》第354条相衔接。该条例第14条第1款规定，“娱乐场所及其从业人员不得实施下列行为，不得为进入娱乐场所的人员实施下列行为提供条件:（一）贩卖、提供毒品，或者组织、强迫、教唆、引诱、欺骗、容留他人吸食、注射毒品；”第43条规定:“娱乐场所实施本条例第十四条禁止行为的，由县级公安部门没收违法所得和非法财物，责令停业整顿3个月至6个月；情节严重的，由原发证机关吊销娱乐经营许可证，对直接负责的主管人员和其他直接责任人员处1万元以上2万元以下的罚款。”显然，该条例管理和处罚的是娱乐场所及其从业人员，对于其他一般主体所实施的为吸毒者提供场所的“容留”行为，即使发生在娱乐场所，也不能对其进行处罚。《禁毒法》的出台则完全解决了立法上的脱节问题。

《禁毒法》第61条规定:“容留他人吸食、注射毒品或者介绍买卖毒品，构成犯罪的，依法追究刑事责任；尚不构成犯罪的，由公安机关处十日以上十五日以下拘留，可以并处三千元以下罚款；情节较轻的，处五日以下拘留或者五百元以下罚款。”今后，对于情节轻微危害不大，处理够不上刑事处罚的容留他人吸食、注射毒品的涉毒违法行为就有了明确的法律依据，这不得不说是立法上的一次重大进步。

第二，对禁毒工作人员的违法犯罪行为有了具体的规定。对于公安机关、司法行政部门或者其他有关主管部门的工作人员在禁毒工作中的违法犯罪行为的处理,《治安管理处罚法》只在第116条作出了比较笼统的规定，“人民警察办理治安案件，有下列行为之一的，依法给予行政处分；构成犯罪的，依法追究刑事责任:

（一）刑讯逼供、体罚、虐待、侮辱他人的；（二）超过询问查证的时间限制人身自由的；（三）不执行罚款决定与罚款收缴分离制度或者不按规定将罚没的财物上缴国库或者依法处理的；（四）私分、侵占、挪用、故意损毁收缴、扣押的财物的；（五）违反规定使用或者不及时返还被侵害人财物的；（六）违反规定不及时退还保证金的；（七）利用职务上的便利收受他人财物或者谋取其他利益的；（八）当场收缴罚款不出具罚款收据或者不如实填写罚款数额的；（九）接到要求制止违反治安管理行为的报警后，不及时出警的；（十）在查处违反治安管理活动时，为违法犯罪行为人通风报信的；（十一）有徇私舞弊、滥用职权，不依法履行法定职责的其他情形的”。该条规定并未突出禁毒工作的特殊性。而《禁毒法》第 69 条对于禁毒工作人员在禁毒工作中的行为规范则作出了比较详细的规定：“公安机关、司法行政部门或者其他有关主管部门的工作人员在禁毒工作中有下列行为之一，构成犯罪的，依法追究刑事责任；尚不构成犯罪的，依法给予处分：（一）包庇、纵容毒品违法犯罪人员的；（二）对戒毒人员有体罚、虐待、侮辱等行为的；（三）挪用、截留、克扣禁毒经费的；（四）擅自处分查获的毒品和扣押、查封、冻结的涉及毒品违法犯罪活动的财物的。”

第三，对主动登记和接受治疗的吸毒人员实行区别对待。《禁毒法》第 62 条规定：“吸食、注射毒品的，依法给予治安管理处罚。吸毒人员主动到公安机关登记或者到有资质的医疗机构接受戒毒治疗的，不予处罚。”

第四节　其他法律规范对涉毒违法行为的处罚规定

除《禁毒法》和《治安管理处罚法》外，2005 年 11 月 1 日开始施行的《麻醉药品和精神药品管理条例》《易制毒化学品管理条例》以及自 2006 年 3 月 1 日起施行的《娱乐场所管理条例》等行政法规也对涉毒违法行为的处罚进行了规定。

一、《麻醉药品和精神药品管理条例》对涉毒违法行为的处罚规定

我国《禁毒法》第2条第1款规定："本法所称毒品，是指鸦片、海洛因、甲基苯丙胺（冰毒）、吗啡、大麻、可卡因，以及国家规定管制的其他能够使人形成瘾癖的麻醉药品和精神药品。"由此可见国家规定管制的其他能够使人形成瘾癖的麻醉药品和精神药品也属我国法律所规制的毒品的范围。2005年11月1日开始施行的《麻醉药品和精神药品管理条例》第66条至第82条规定了对在麻醉药品和精神药品的实验研究、生产、经营、使用、储存、运输、进口、出口以及麻醉药品药用原植物种植活动中，违反法律规定，致使麻醉药品和精神药品或者麻醉药品药用原植物流入非法渠道，尚不构成犯罪的涉毒违法行为的处罚措施。

（一）对麻醉药品药用原植物种植活动中违法行为的处罚

《麻醉药品和精神药品管理条例》第66条规定，若麻醉药品药用原植物种植企业有未依照麻醉药品药用原植物年度种植计划进行种植的或未依照规定报告种植情况的或未依照规定储存麻醉药品的行为的，由药品监督管理部门给予处罚：责令限期改正，给予警告；逾期不改正的，处5万元以上10万元以下的罚款；情节严重的，取消其种植资格。同时，该条例第81条又规定了依法取得麻醉药品药用原植物种植资格的单位，倒卖、转让、出租、出借、涂改其许可证明文件的，在尚未构成犯罪的情况下，由原审批部门吊销相应许可证明文件，没收违法所得；情节严重的，处违法所得2倍以上5倍以下的罚款；没有违法所得的，处2万元以上5万元以下的罚款。

（二）对在麻醉药品和精神药品的实验研究、生产、经营中出现的涉毒违法行为的处罚

由于实验研究、生产、经营是麻醉药品和精神药品的主要流通环节，因此，《麻醉药品和精神药品管理条例》对其进行了重点

规制。《麻醉药品和精神药品管理条例》第 76 条对药品研究单位在普通药品的实验研究和研制过程中，产生管制的麻醉药品和精神药品，而未报告的违法行为的处罚作了规定。第 77 条对药物临床试验机构以健康人为麻醉药品和第一类精神药品临床试验的受试对象的违法行为的处罚进行了规定。《麻醉药品和精神药品管理条例》第 67 条至第 71 条对企业在麻醉药品和精神药品的生产、经营中出现的涉毒违法行为及其处罚作了详细的规定。《麻醉药品和精神药品管理条例》第 75 条对提供虚假材料、隐瞒有关情况，或者采取其他欺骗手段取得麻醉药品和精神药品的实验研究、生产、经营、使用资格的违法行为的处罚进行了规定。同时，《麻醉药品和精神药品管理条例》在第 81 条中对依法取得麻醉药品和精神药品实验研究、生产、经营、使用、运输等资格的单位的倒卖、转让、出租、出借、涂改其麻醉药品和精神药品许可证明文件等违法行为的处罚作了规定。由此可见，《麻醉药品和精神药品管理条例》对麻醉药品和精神药品的流通环节的控制是非常严格的，保证了麻醉药品和精神药品在流通过程中的安全。

（三）对在麻醉药品和精神药品的使用、储存、运输、进口、出口活动中的违法行为的处罚作了规定

《麻醉药品和精神药品管理条例》第 72 条对取得印鉴卡的医疗机构的违法行为的处罚进行了规定。第 73 条对具有麻醉药品和第一类精神药品处方资格的执业医师与未取得麻醉药品和第一类精神药品处方资格的执业医师以及处方的调配人、核对人的违法行为及其处罚作了规定。在现实生活中，精神药品和麻醉药品极容易在医疗机构和医务人员手中非法流出。《麻醉药品和精神药品管理条例》对其严格规定是符合现实要求的。另外，《麻醉药品和精神药品管理条例》第 74 条、第 80 条分别对精神药品和麻醉药品运输和储存中出现的违法情况的处罚措施作了规定。

二、《易制毒化学品管理条例》对涉毒违法行为的处罚规定

在易制毒化学品的生产、经营、购买、运输或者进口、出口

活动中，若行为人违反《易制毒化学品管理条例》，致使易制毒化学品流入非法渠道，尚不构成犯罪的，依照该条例给予行政处罚。《易制毒化学品管理条例》第38条规定了对未经许可或者备案擅自生产、经营、购买、运输易制毒化学品，伪造申请材料骗取易制毒化学品生产、经营、购买或者运输许可证，使用他人的或者伪造、变造、失效的许可证生产、经营、购买、运输易制毒化学品的违法行为的处罚措施。《易制毒化学品管理条例》第39条对走私易制毒化学品的违法行为及其处罚作了规定。《易制毒化学品管理条例》第41条第1款对运输的易制毒化学品与易制毒化学品运输许可证或者备案证明载明的品种、数量、运入地、货主及收货人、承运人等情况不符，运输许可证种类不当，或者运输人员未全程携带运输许可证或者备案证明的违法行为的处罚进行了规定。《易制毒化学品管理条例》第41条第2款对个人携带易制毒化学品不符合品种、数量规定的，没收易制毒化学品，并处1000元以上5000元以下的罚款。尤其要注意的是《易制毒化学品管理条例》第40条的规定。若有第40条中规定的八种违法行为之一的，由负有监督管理职责的行政主管部门给予警告，责令限期改正，并处1万元以上5万元以下的罚款。而且对违反规定生产、经营、购买的易制毒化学品可以予以没收。若企业逾期不改正的，有关部门可责令限期停产停业整顿。在企业逾期整顿不合格的情况下，有关部门可吊销该企业相应的许可证。同时，在易制毒化学品生产经营许可证被依法吊销后，企业若未及时到工商行政管理部门办理经营范围变更或者企业注销登记，有关部门可以对该企业的易制毒化学品予以没收，并处罚款。最后，《易制毒化学品管理条例》第42条又规定了在生产、经营、购买、运输或者进口、出口易制毒化学品的单位或者个人拒不接受有关行政主管部门监督检查的情况下负有监督管理职责的行政主管部门的处罚权限。

总的说来，《易制毒化学品管理条例》对涉毒违法行为的规制是相当严密的，对其的处罚设定也反映了国家对易制毒化学品违法行为的处罚力度。

三、《娱乐场所管理条例》对涉毒违法行为的处罚规定

自2006年3月1日起施行的《娱乐场所管理条例》对涉毒违法行为作了处罚规定。《娱乐场所管理条例》第5条规定曾犯有走私、贩卖、运输、制造毒品罪和因吸食、注射毒品曾被强制戒毒的人员不得开办娱乐场所或在娱乐场所从业。这是对娱乐场所经营人员和从业人员的资格要求之一。同时《娱乐场所管理条例》第13条又禁止娱乐场所内的娱乐活动含有与毒品有关的违法犯罪活动。规定这些禁止性规范的目的就是防止娱乐场所成为从事涉毒违法犯罪活动的集中地。《娱乐场所管理条例》第14条更是采用了明确的禁止性语言规定了娱乐场所及其从业人员不得实施的行为。其中第1款第1项规定:“娱乐场所及其从业人员不得实施下列行为,不得为进入娱乐场所的人员实施下列行为提供条件:(一)贩卖、提供毒品,或者组织、强迫、教唆、引诱、欺骗、容留他人吸食、注射毒品;……”第2款规定:“娱乐场所的从业人员不得吸食、注射毒品,不得卖淫、嫖娼;娱乐场所及其从业人员不得为进入娱乐场所的人员实施上述行为提供条件。”对于违反第14条所规定的禁止行为的,《娱乐场所管理条例》第43条规定了处罚措施。对情节一般的,“由县级公安部门没收违法所得和非法财物,责令停业整顿3个月至6个月”。对情节严重的,“由原发证机关吊销娱乐经营许可证,对直接负责的主管人员和其他直接责任人员处1万元以上2万元以下的罚款”。同时《娱乐场所管理条例》第53条第2款又规定:“娱乐场所因违反本条例规定,被吊销或者撤销娱乐经营许可证的,自被吊销或者撤销之日起,其法定代表人、负责人5年内不得担任娱乐场所的法定代表人、负责人。”由此可见,《娱乐场所管理条例》对涉毒违法行为的处罚是非常严厉的。

【典型案例】某年7月27日,甲派出所依法查获王某擅自种植罂粟300株的违法事实。7月28日,派出所责令王某自行铲除,王某拒绝。7月30日,派出所交给王某自制的实物罚没收据一份。8月25日,又向王某送达处罚决定书,决定给予王某行政拘留10

日，没收其300株罂粟植株，并处罚款人民币3000元，落款为该派出所。

1. 本案行政处罚的主体是否正确？
2. 请指出本案处罚程序的违法之处。
3. 本案是否违反了一事不再罚的原则？

【思考题】

1. 涉毒违法行为与涉毒犯罪行为有什么区别？
2. 对涉毒违法行为进行行政处罚应当遵循哪些基本原则？
3. 涉毒违法行为行政处罚的法律依据有哪些？

第三编　禁毒刑事法律

第九章　禁毒刑事法律概述

【本章摘要】建构和谐社会是当代中国面临的主要任务和目标，而毒品犯罪则是和谐社会建构中的一大障碍。鸦片战争时期毒品的入境，带来了灾难，同时也使禁毒立法应运而生。自20世纪80年代以来，严重危害人类健康、在我国绝迹20余年的毒品犯罪开始沉渣泛起，从事毒品走私、运输、制造、贩卖等犯罪行为日益猖獗。进入20世纪90年代后，全球性的毒品犯罪问题日益严重，新的一轮毒品犯罪浪潮席卷我国，并出现了毒品犯罪由边境向内地、由大城市向农村城镇不断扩大、蔓延之势。毒品危害个人身心健康、破坏家庭和睦、诱发各类犯罪、引发社会危机，严重影响国民身体素质、社会环境和国家实力，各国及国际社会力求通过多种社会调控制度，尝试遏制毒品危害。这些社会调控制度包括用国家强制力和暴力——刑罚来处罚涉及毒品的特定行为。国家通过刑事立法，将特定的涉毒行为规定为犯罪，并针对不同情节给予刑事处罚。

第一节　禁毒刑事法律的概念和特点

一、禁毒刑事法律的概念

禁毒刑事法律，是指为了维护国家与人民利益，根据工人阶级和广大人民群众的意志，以国家名义颁布的，规定毒品犯罪及其刑事责任和刑罚的法律规范和毒品案件中国家专门机关以及诉讼参与人进行刑事诉讼所必须遵守的法律规范的总称。禁毒刑事法律是保护人民，打击敌人，惩罚毒品犯罪，保障人权的有力武器。禁毒刑事法律是我国禁毒法律体系的重要组成部分，主要规定在《刑法》分则第六章第七节，共计 11 个刑法条文包括 11 个罪名，也是我国禁毒工作的主要法律依据。

二、禁毒刑事法律的特点

与其他禁毒法律相比，禁毒刑事法律有以下特点：

1. 禁毒刑事法律框架性比较强。毒品犯罪非常复杂，同时发展变化又非常快。因此，刑法不能对其作出详细的规定，只能作原则性和框架性的规定。在打击毒品犯罪法律适用中，除了刑法规定外，还有大量的涉及毒品犯罪的司法解释、指导性意见、会议纪要等规范性文件。此外，对于制毒物品的认定，还需要依据国家相关的行政管理法律、法规来认定。禁毒刑事法律中的毒也是框架性的，不仅包括一般意义上的毒品，还包括制毒物品和毒品原植物，这些都是禁毒刑事法律框架性的表现。

2. 强制手段的严厉性。强制性是国家法律的基本特征之一。任何侵犯法律所保护的社会关系的行为人，都必须承担相应的法律后果，受到国家的制裁，如赔偿损失、恢复原状、赔礼道歉、警告、行政拘留等。这些强制手段显然并不严厉。禁毒刑事法律的强制手段主要是刑罚，刑罚可以限制或剥夺毒品犯罪行为人的财产、政治权利、人身自由甚至生命，所以刑罚是国家最为严厉的强制方法。

3. 谦抑性、最后手段性。刑罚的严厉性具有双重性。德国学者耶林曾经说："刑罚如两刃之剑，用之不得其当，则国家与个人两受其害。"滥用刑罚权侵犯人权的危害程度也丝毫不亚于犯罪对人权的侵害。因此，禁毒刑事法律应该是内缩的，而不是外张的，而禁毒刑罚应该是国家为达其保护法益与维持法秩序的任务时的"最后手段"。禁毒刑事法律的制裁方法最为严厉，这就使禁毒刑事法律实际上成为其他禁毒法律、政策的保障，没有禁毒刑事法律做后盾、做保证，其他禁毒部门法往往难以得到彻底贯彻实施。禁毒刑事法律是国家其他法律、政策得以实施的保障力量，有的学者将这一特点称为"保障性"。也有的人将刑法称为"后盾法"。具体而言，需要对毒品违法行为进行追究时首先应当考虑适用其他禁毒部门法，如果其他禁毒部门法能有效地打击毒品违法行为，就不需要动用禁毒刑事法律；当然，如果毒品违法行为具有了相当的严重性，达到了犯罪的程度，其他禁毒部门法对其不能有效打击时，就需要适用禁毒刑事法律对毒品犯罪行为进行惩戒。如果把其他禁毒部门法比作“第一道防线”，禁毒刑事法律则是“第二道防线”。只有其他方式不能有效保护社会时，才不得不动用刑罚，也就是国家保护社会关系的最后手段。

4. 禁毒刑事法律的动态性。我国《刑法》分则对于犯罪和法定刑的规定，绝大多数是针对完整形态下的犯罪行为的，属于静态性规定。例如，故意杀人罪是被害人已死亡、抢劫罪中抢劫行为已经实施、强奸罪中被害人已经被强奸。犯罪行为已成为静态，不再向前发展。但是对于主要毒品犯罪，罪名的刑法规定是动态性规定。例如，走私、贩卖、运输、制造毒品罪，就是动态性规定。这样的规定罪名就有选择性，几个行为可以互相独立，又可以相互结合。只有运输毒品行为，认定为运输毒品罪，制造毒品又运输至其他行政区域贩卖的认定制造、运输、贩卖毒品犯罪，还可以是走私、贩卖、运输、制造、毒品罪，以一罪处罚，不实行数罪并罚。

三、禁毒刑事法律的分类

（一）狭义的分类

禁毒刑事法律从狭义上主要是指《刑法》第六章“妨害社会管理秩序罪”中第七节所规定的“走私、贩卖、运输、制造毒品罪”。

（二）广义的分类

广义的禁毒刑事法律，是指规定一切关于毒品犯罪及其刑事责任和刑罚的法律规范和毒品案件中国家专门机关以及诉讼参与人进行刑事诉讼所必须遵守的法律规范的总称。包括狭义的禁毒刑事法律、最高人民法院及最高人民检察院对涉毒品犯罪的司法解释、指导性意见和会议纪要等。具体指：

1. 1997年颁布包含九次修正案的现行刑法中第六章“妨害社会管理秩序罪”中第七节所规定的“走私、贩卖、运输、制造毒品罪”。

2. 相关司法解释：2000年最高人民法院《关于审理毒品案件定罪量刑标准有关问题的解释》，2007年最高人民法院、最高人民检察院、公安部联合印发的《办理毒品犯罪案件适用法律若干问题的意见》，2009年最高人民法院、最高人民检察院、公安部联合印发的《关于办理制毒物品犯罪案件适用法律若干问题的解释》，2012年最高人民检察院、公安部《关于公安机关管辖的刑事案件立案追诉标准的规定（三）》，2016年最高人民法院《关于审理毒品犯罪案件适用法律若干问题的解释》等。

3. 最高人民法院就毒品犯罪案件审理的三次重要会议纪要（尽管这些法律文件并没有以司法解释等形式颁布，但其在司法实践中的效力基本与司法解释相同）：2000年《全国法院审理毒品犯罪案件工作座谈会纪要》（简称《南宁会议纪要》），2008年《全国部分法院审理毒品犯罪案件工作座谈会纪要》（简称《大连会议纪要》），2015年《全国法院毒品犯罪审判工作座谈会纪要》（简称《武汉会议纪要》）。

4. 最高人民法院、最高人民检察院、公安部等部门对毒品犯罪某具体问题的专项司法解释。例如，2012年最高人民法院、最高人民检察院、公安部制定的《关于办理走私、非法买卖麻黄碱复方制剂等刑事案件适用法律若干问题的意见》，2014年最高人民法院、最高人民检察院、公安部制定的《关于办理邻氯苯基环戊酮等三种制毒物品犯罪案件定罪量刑数量标准的通知》等。

第二节　禁毒刑事法律的罪与刑

一、毒品犯罪的界定

把握毒品犯罪的概念应当紧紧围绕刑法所规定的犯罪的三大基本特征来分析，即严重的社会危害性、刑事违法性和刑罚当罚性。

毒品犯罪，是指违反我国的禁毒法律法规和我国缔结或参加的关于毒品管制的国际公约，应当受到刑罚处罚的行为。

具体而言，毒品犯罪侵害了我国社会管理秩序，主要是国家对于麻醉药品和精神药品的管理秩序，具有严重的社会危害性。毒品犯罪不仅是我国刑法严厉打击的对象，而且在我国已加入《单一公约》《1971 年精神药物公约》《联合国禁止非法贩运麻醉品和精神药物公约》三个国际禁毒公约的情况下，毒品犯罪也违反了国际禁毒法。所以毒品犯罪具有刑事违法性。任何人违反法律，都应当承担法律责任。毒品犯罪违反了刑法，理应受到刑罚处罚。《单一公约》第 36 条规定，“……于麻醉品的滥用者犯有上述罪行时，缔约国仍可自订规定，使其……获得治疗、教育、善后护理、复健并重新与社会融为一体……亦可作为判罪或科处刑罚的附加措施。”这是毒品犯罪在刑罚上的特殊之处。

二、毒品犯罪的种类

毒品犯罪是现行刑法的类罪名“妨害社会管理秩序罪”中的一个亚类罪名，其中又包含着若干个具体罪名。毒品犯罪的分类直接影响司法实务，不同的分类方法反映出对不同种类毒品犯罪的看法。我们从毒品犯罪行为特点和毒品犯罪对象相结合的角度出发，将毒品犯罪分为走私、贩卖、运输、制造、非法持有毒品犯罪，制毒物品、毒品原植物犯罪，妨碍禁毒司法活动犯罪和促使、帮助他人吸毒犯罪四大类，并且将司法实践中常见且社会危害性大的走私、贩卖、运输、制造、非法持有毒品犯罪列于首位。

1. 走私、贩卖、运输、制造、非法持有毒品犯罪包括：（1）走私、贩卖、运输、制造毒品罪，本罪名是选择式罪名，如果行为人实施了前述四种行为中的某一种或某几种，则根据具体实施的行为对其确定罪名；（2）非法持有毒品罪。

2. 制毒物品、毒品原植物犯罪包括：（1）非法生产、买卖、运输制毒物品、走私物品罪；（2）非法种植毒品原植物罪；（3）非法买卖、运输、携带、持有毒品原植物种子、幼苗罪。

3. 妨碍禁毒司法活动犯罪包括：（1）包庇毒品犯罪分子罪；

（2）窝藏、转移、隐瞒毒品、毒赃罪。

4. 促使、帮助他人吸毒犯罪包括：（1）引诱、教唆、欺骗他人吸毒罪；（2）强迫他人吸毒罪；（3）容留他人吸毒罪；（4）非法提供麻醉药品、精神药品罪。

有的学者从毒品犯罪行为出发，将毒品犯罪分为消费型毒品犯罪、经营性毒品犯罪、持有型毒品犯罪和破坏禁毒活动型毒品犯罪，这种分类方法有助于研究毒品犯罪行为特征。也有学者从毒品犯罪的自然流程角度出发，主张将毒品犯罪在理论上分为上游犯罪、中游犯罪和下游犯罪，这种分类方法有助于认识毒品犯罪的发展演变。

三、毒品犯罪的特点

随着国际形势的发展和科学技术手段的提高，在人们加大打击力度的同时，当代毒品犯罪也不断发生变化，主要呈现出以下明显特点。

1. 毒品犯罪行为和毒品违法行为关联性非常密切。我国刑法设定的毒品犯罪主要是涉毒上游行为，如加工制造、贩卖、运输、走私毒品等，而终端行为吸食毒品没有入刑，为违法行为。上游行为所图暴利最终由终端吸食毒品所支撑，我国目前终端吸食毒品的群体呈多元化、低龄化发展趋势。目前，吸毒人员占多数的是个体户、社会闲散人员等，但毒品有向具有固定职业的公司职员、文艺工作者和在校学生等群体发展蔓延的趋势。年龄由原来占多数的20岁至35岁向两极扩展：低龄人口由于无知好奇染上毒品和高龄人口由于毒瘾难戒而难以摆脱毒魔。国家禁毒办指出，我国“00后”吸毒人员呈大幅上升之势，如果不加强预防教育，未来10年，“00后”很可能成为国内涉毒人员的主体。性别上女性占总人数的比例也有所上升，这是由于社会发展，竞争激烈，女性就业机会少于男性，为谋求生存，许多年轻女性在夜总会等娱乐场所服务，较易染上毒瘾。但由于活动范围和社会舆论等方面的原因，女性吸毒人数上升的幅度不会太大。由于毒品吸食群体多元化、低龄化等因素的存在，毒品买方市场难以有效萎缩，打击毒品犯罪自然呈现长期性。

2. 新型合成毒品逐步增多，制造加工呈国产化趋势。由于苯丙胺类兴奋剂等新型毒品生产成本低、销售利润高、对人体危害相对较小、使用效果亦较好的特点，冰毒、“摇头丸”、“LSD”等兴奋剂、致幻剂类新型毒品将逐步取代生产成本高、对人体危害大的海洛因等常规毒品，一定时期将形成苯丙胺类兴奋剂等新型毒品与海洛因等常规毒品并存的格局。新型合成毒品具有更强的兴奋性，颇能迷惑青少年，其不需要种植，在实验室里就可以合成。所以使吸食者和制造者有了一种“各取所需，铤而走险”的互动。一方面，相当多的青少年认为合成毒品不是毒品，没有成瘾性；另一方面，近年来，在我国境内加工制造“冰毒”及其衍生物的案件不断增加且制贩合成毒品犯罪已经出现从东南沿海地区向西北地区发展的趋势，尤其引人关注的是，一些国内企业、高级知识分子也卷入制造新型毒品犯罪之中。

3. 毒品犯罪的国际化。毒品犯罪已形成从种植、加工、贩运到消费的国际化体系。当前世界上有五大“毒窟”：东南亚“金三角”地区，该地区生产的鸦片多被提炼为海洛因，销往美国、欧洲和其他亚洲国家。南亚“金新月”地区，这里的鸦片一般在当地提炼成海洛因，销往欧洲、美国和其他亚洲国家。南美洲的“白三角”地区，这里盛产古柯碱，销往美国和欧洲市场。非洲的“黑三角”是非洲新崛起的一个毒品基地，它的“拳头产品”是大麻。另外还有一个以黎巴嫩贝卡谷地为中心的山区，毒品主要贩卖到欧洲。

4. 毒品犯罪集团化。暴力组织和黑社会参与贩毒活动。毒品利润极高，一袋在缅甸仅值170美元的鸦片，在提炼成海洛因后，经加工和稀释，在欧美国家售价可达200万美元。贩卖可卡因和大麻利润也非常高。所以，暴力组织和黑社会将毒品交易作为聚敛钱财的主要手段。

5. 毒品犯罪武装化。哥伦比亚麦德林集团有自己的军队，用高薪从以色列、南非、法国、英国和美国招聘了大批雇佣军，组成强有力的武装集团，以保护毒品的种植、加工、运输和销售，对抗政府扫毒。在其垮台前的10年中，有2万名无辜者在贩毒集团枪口下丧生。

6. 毒品犯罪手段更加隐蔽化。由于贩毒带来的巨额利润及各国缉毒措施的加强，贩毒集团和贩毒分子千方百计变换手法，以逃避警方和海关的缉查。比如，用玻璃纤维和可卡因膏混合物制造成浴缸，将可卡因、海洛因溶液伪装成香波和威士忌，将毒品装在阴道、直肠、死婴、假肢内等。由此可见，解决毒品这一全球性问题需要加强国际合作。尤其是毒品生产国与毒品消费国更需要相互合作。

四、毒品犯罪的定罪与刑罚处罚

（一）毒品犯罪的定罪

1. 毒品范围法定。根据《刑法》第 357 条第 1 款的规定，我国刑法中毒品犯罪的“毒品”是指：鸦片、海洛因、甲基苯丙胺（冰毒）、吗啡、大麻、可卡因以及国家规定管制的其他能够使人形成瘾癖的麻醉药品和精神药品。

通过列举加概括的方式界定了毒品的范围，突出了毒品的法定属性和自然属性的双重性质。毒品的法定属性，是指仅由国家明文限定需要管制的具体物品。毒品的自然属性，是指其能引起人体的生理瘾癖和心理瘾癖。

2. 规定毒品犯罪“明知”的依据。

（1）行为人在进行与自身有关行为时，有责任审查委托、雇佣其携带、运输、交接、种植的物品是否属于违禁品，其实施行为是否合法，这是行为人实施与自身相关行为的基本法律义务。行为人如果有上述情形，而辩称没有审查，就应当认定为其对行为对象主观上是明知。

（2）在司法实践中，毒品犯罪集团化、职业化、分工精细化越来越突出，行为人具有逃避法律制裁的充分准备，特别是用箱包运输毒品的行为人，即使当场在其身边查获毒品，往往以“为他人携带和运输，并不知道是毒品”进行辩解。有的在被查获时承认明知是毒品，但到了起诉、审判阶段就翻供。如果仅以行为人是否承认主观上明知为标准，则难以认定毒品犯罪嫌疑人的主观故意，导致判决结果显失公正，严重影响惩治毒品犯罪活动。鉴于此，2007年最高人民法院、最高人民检察院、公安部联合印发的《办理毒品犯罪案件适用法律若干问题的意见》以及2012年最高人民检察院、公安部《关于公安机关管辖的刑事案件立案追诉标准的规定（三）》对于毒品犯罪主观上的“明知”作了详细的规定。

（二）毒品犯罪的刑罚处罚

1. 毒品犯罪的法定刑。

（1）刑罚种类。毒品犯罪行为人往往为了追求暴利而不惜铤而走险，如果仅仅对犯罪行为人科以限制人身自由的处罚，并不能有效消除其人身危险性，所以世界各国包括我国都采用相似的处罚原则——对行为人同时处以人身刑和财产刑。也就是说，使其在一定时期内或永远（判处无期徒刑、死刑的情况）与社会隔绝，剥夺其再犯的可能性、打击其对金钱占有的欲求和再次进行毒品犯罪的经济能力。

因此，目前我国刑法对毒品犯罪适用的人身刑主要包括：限制或剥夺其一定时间的自由刑（管制、拘役、有期徒刑、无期徒刑）和生命刑（依法剥夺其生命的死刑）。财产刑主要包括罚金和没收财产两类，在司法实践中，除对毒品犯罪行为人的违法所得应当依法予以追缴以外，还要严格依法判处行为人罚金刑和没收财产刑，不能因为行为人没有财产或其财产难以查清、难以分割或难以执行，就不判处财产刑。所以，在刑法中除包庇毒品犯罪分子罪和窝藏、转移、隐瞒毒品、毒赃罪两个罪名外，其余各毒品犯罪均设置了人身刑和财产刑。

（2）刑罚幅度。我国刑法对毒品犯罪设置的刑罚幅度涵盖了所有的主刑和财产刑，对每种具体的毒品犯罪都设有二个至三个量刑幅度。根据毒品犯罪的具体情节和数量给予相应的刑罚处罚，体现了刑法“罪责刑相适应”原则。

2. 刑法对毒品犯罪的特殊规定。

（1）再犯、累犯从重处罚原则。《刑法》第356条规定，因走私、贩卖、运输、制造、非法持有毒品罪被判过刑，或在缓刑、假释期间，暂予监外执行期间，又犯《刑法》分则规定第六章第七节规定之罪的，应当在对其所犯新的毒品犯罪适用《刑法》第356条从重处罚的规定确定刑罚后，再依法数罪并罚，即毒品犯罪的“再犯从重”原则。对同时构成累犯和毒品再犯的被告人，应当同时引用《刑法》关于累犯和毒品再犯的条款从重处罚。由于毒品犯罪之后往往隐含暴力，现有刑罚难以杜绝罪犯再次从事毒品犯罪，行为人多次从事毒品犯罪的主观恶性显著较大，因此，针对毒品犯罪的特殊性，《刑法》规定，只要之前因为走私、贩卖、运输、制造、非法持有毒品罪受到过刑罚处罚，又再次犯任何毒品犯罪的，应当在法定刑之内从重处罚，以期用更严厉的刑罚来惩戒毒品犯罪。

累犯、毒品再犯是法定从重处罚情节，即使本次毒品犯罪情节较轻，也要体现从严惩处的精神。尤其对于曾因实施严重暴力犯罪被判刑的累犯、刑满释放后短期内又实施毒品犯罪的再犯，以及在缓刑、假释、暂予监外执行期间又实施毒品犯罪的再犯，应当严格体现从重处罚。[①]

（2）毒品计量原则。[②]根据《刑法》第357条第2款的规定，我国查处毒品犯罪，涉及依据毒品数量来进行定罪量刑的，毒品的数量以查证属实的走私、贩卖、运输、制造、非法持有毒品的数量计算，不以纯度折算。

但是，毒品纯度的高低是毒品含有毒性成分多少的重要标志，纯度高的毒品流入社会后，其危害性必然大于纯度低的毒品。特别是死刑案件，当毒品大量掺假、含量极低，毒品不是同一种类、成分复杂，或者同种有毒成分因含量不同而分属不同种类毒品时，如果不进行毒品含量鉴定，容易造成量刑失衡。据此，2007年，最高人民法院、最高人民检察院、公安部联合颁布《办理毒品犯罪案件适用法律若干问题的意见》，其中明确规定：“可能判处死刑的

---

① 2015年《全国法院毒品犯罪审判工作座谈会纪要》.

② 2016年最高人民法院《关于审理毒品犯罪案件适用法律若干问题的解释》.

毒品犯罪案件，毒品鉴定结论中应有含量鉴定的结论。”对涉案毒品可能大量掺假或者系成分复杂的新类型毒品的，亦应当作出毒品含量鉴定。对于含有两种以上毒品成分的毒品混合物，应进一步作成分鉴定，确定所含的不同毒品成分及比例。

对于刑法、司法解释等已规定了量刑数量标准的毒品，按照刑法、司法解释等规定适用刑罚；对于刑法、司法解释等没有规定量刑数量标准的毒品，有条件折算为海洛因的，参照国家食品药品监督管理局制定的《非法药物折算表》，折算成海洛因的数量后适用刑罚。毒品鉴定意见中毒品品名的认定应当以国家食品药品监督管理局、公安部、卫生部最新发布的《麻醉药品品种目录》《精神药品品种目录》为依据。

（3）毒品犯罪的死刑适用问题。① 属于非暴力性的毒品犯罪保留了死刑，并在司法实践中适用死刑，这在非暴力犯罪中比较少见。我国《刑法》第 17 条第 2 款规定：已满 14 周岁，不满 16 周岁，犯故意杀人、故意伤害致人重伤、强奸、抢劫、贩卖毒品、放火、爆炸、投放危险物质罪的，应负刑事责任。在 8 种犯罪行为中，贩卖毒品为非暴力犯罪，其他 7 种是暴力犯罪。由此可见《刑法》对毒品犯罪的打击力度。

根据 2008 年《全国部分法院审理毒品犯罪案件工作座谈会纪要》的要求，审理毒品犯罪案件，应当切实贯彻宽严相济的刑事政策，突出毒品犯罪的打击重点。必须依法严惩毒枭、职业毒犯、再犯、累犯、惯犯、主犯等主观恶性深、人身危险性大、危害严重的毒品犯罪嫌疑人，以及具有将毒品走私入境，多次、大量或者向多人贩卖，诱使多人吸毒，武装掩护、暴力抗拒检查、拘留或者逮捕，或者参与有组织的国际贩毒活动等情节的毒品犯罪嫌疑人。对其中罪行极其严重依法应当判处死刑的，必须坚决依法判处死刑。

毒品数量是毒品犯罪案件量刑的重要情节，但不是唯一情节。对被告人量刑时，特别是在考虑是否适用死刑时，应当综合考虑毒品数量、犯罪情节、危害后果、被告人的主观恶性、人身危险性以

---

① 2008 年《全国部分法院审理毒品犯罪案件工作座谈会纪要》.

及当地禁毒形势等各种因素，做到区别对待。对虽然已达到实际掌握的判处死刑的毒品数量标准，但是具有法定、酌定从宽处罚情节的被告人，可以不判处死刑；反之，对毒品数量接近实际掌握的判处死刑的数量标准，但具有从重处罚情节的被告人，也可以判处死刑。毒品数量达到实际掌握的死刑数量标准，既有从重处罚情节，又有从宽处罚情节的，应当综合考虑各方面因素决定刑罚，判处死刑立即执行应当慎重。

具有下列情形之一的，可以判处被告人死刑：①具有毒品犯罪集团首要分子、武装掩护毒品犯罪、暴力抗拒检查、拘留或者逮捕、参与有组织的国际贩毒活动等严重情节的；②毒品数量达到实际掌握的死刑数量标准，并具有毒品再犯、累犯，利用、教唆未成年人走私、贩卖、运输、制造毒品，或者向未成年人出售毒品等法定从重处罚情节的；③毒品数量达到实际掌握的死刑数量标准，并具有多次走私、贩卖、运输、制造毒品，向多人贩毒，在毒品犯罪中诱使、容留多人吸毒，在戒毒监管场所贩毒，国家工作人员利用职务便利实施毒品犯罪，或者职业犯、惯犯、主犯等情节的；④毒品数量达到实际掌握的死刑数量标准，并具有其他从重处罚情节的；⑤毒品数量超过实际掌握的死刑数量标准，且没有法定、酌定从轻处罚情节的。

毒品数量达到实际掌握的死刑数量标准，具有下列情形之一的，可以不判处被告人死刑立即执行：①具有自首、立功等法定从宽处罚情节的；②已查获的毒品数量未达到实际掌握的死刑数量标准，到案后坦白尚未被司法机关掌握的其他毒品犯罪，累计数量超过实际掌握的死刑数量标准的；③经鉴定毒品含量极低，掺假之后的数量才达到实际掌握的死刑数量标准的，或者有证据表明可能大量掺假但因故不能鉴定的；④因秘密力量引诱毒品数量才达到实际掌握的死刑数量标准的；⑤以贩养吸的被告人，被查获的毒品数量刚达到实际掌握的死刑数量标准的；⑥毒品数量刚达到实际掌握的死刑数量标准，确属初次犯罪即被查获，未造成严重危害后果的；⑦共同犯罪毒品数量刚达到实际掌握的死刑数量标准，但各共同犯罪人作用相当，或者责任大小难以区分的；⑧家庭成员共同实施毒品犯罪，其中起主要作用的被告人已被判处死刑立即执行，其他被告人罪行相对较轻的；⑨其他不是必须判处死刑立即执行的。

有些毒品犯罪案件，往往由于毒品、毒资等证据已不存在，导致审查证据和认定事实困难。在处理这类案件时，只有被告人的口供与同案其他被告人供述吻合，并且完全排除诱供、逼供、串供等情形，被告人的口供与同案被告人的供述才可以作为定案的证据。仅有被告人口供与同案被告人供述作为定案证据的，对被告人适用死刑立即执行要特别慎重。

（4）毒品案件的共同犯罪问题。毒品犯罪中，部分共同犯罪人未到案，如现有证据能够认定已到案被告人为共同犯罪，或者能够认定为主犯或者从犯的，应当依法认定。没有实施毒品犯罪的共同故意，仅在客观上为相互关联的毒品犯罪上下家，不构成共同犯罪，但为了诉讼便利可并案审理。审理毒品共同犯罪案件应当注意以下几个方面的问题：

一是要正确区分主犯和从犯。区分主犯和从犯，应当以各共同犯罪人在毒品共同犯罪中的地位和作用为根据。要从犯意提起、具体行为分工、出资和实际分得毒赃多少以及共犯之间相互关系等方面，比较各个共同犯罪人在共同犯罪中的地位和作用。在毒品共同犯罪中，为主出资者、毒品所有者或者起意、策划、纠集、组织、雇佣、指使他人参与犯罪以及其他起主要作用的是主犯；起次要或者辅助作用的是从犯。受雇佣、受指使实施毒品犯罪的，应根据其在犯罪中实际发挥的作用具体认定为主犯或者从犯。对于确有证据证明在共同犯罪中起次要或者辅助作用的，不能因为其他共同犯罪人未到案而不认定为从犯，甚至将其认定为主犯或者按主犯处罚。只要认定为从犯，无论主犯是否到案，均应依照刑法关于从犯的规定从轻、减轻或者免除处罚。

二是要正确认定共同犯罪案件中主犯和从犯的毒品犯罪数量。对于毒品犯罪集团的首要分子，应按集团毒品犯罪的总数量处罚；对一般共同犯罪的主犯，应按其所参与的或者组织、指挥的毒品犯罪数量处罚；对于从犯，应当按照其所参与的毒品犯罪的数量处罚。

三是要根据行为人在共同犯罪中的作用和罪责大小确定刑罚。

共同犯罪中能分清主从犯的，不能因为涉案的毒品数量特别巨大，就不分主从犯而一律将被告人认定为主犯或者实际上都按主犯处罚，一律判处重刑甚至死刑。对于共同犯罪中有多个主犯或者共同犯罪人的，处罚上也应做到区别对待。应当全面考察各主犯或者共同犯罪人在共同犯罪中实际发挥作用的差别，主观恶性和人身危险性方面的差异，对罪责或者人身危险性更大的主犯或者共同犯罪人依法判处更重的刑罚。

（5）缓刑、财产刑适用及减刑、假释问题。[①]根据2015年《全国法院毒品犯罪审判工作座谈会纪要》的规定，对于毒品犯罪应当从严掌握缓刑适用条件。对于毒品再犯，一般不得适用缓刑。对于不能排除多次贩毒嫌疑的零包贩毒被告人，因认定构成贩卖毒品等犯罪的证据不足而认定为非法持有毒品罪的被告人，实施引诱、教唆、欺骗、强迫他人吸毒犯罪及制毒物品犯罪的被告人，应当严格限制缓刑适用。

办理毒品犯罪案件，应当依法追缴犯罪嫌疑人的违法所得，充分发挥财产刑的作用，切实加大对犯罪嫌疑人的经济制裁力度。对查封、扣押、冻结的涉案财物及其孳息，经查确属违法所得或者依法应当追缴的其他涉案财物的，如购毒款、供犯罪所用的本人财物、毒品犯罪所得的财物及其收益等，应当判决没收，但法律另有规定的除外。判处罚金刑时，应当结合毒品犯罪的性质、情节、危害后果及被告人的获利情况、经济状况等因素合理确定罚金数额。对于决定并处没收财产的毒品犯罪，判处被告人有期徒刑的，应当按照上述确定罚金数额的原则确定没收个人部分财产的数额；判处无期徒刑的，可以并处没收个人全部财产；判处死缓或者死刑的，应当并处没收个人全部财产。

对于具有毒枭、职业毒犯、累犯、毒品再犯等情节的毒品罪犯，应当从严掌握减刑条件，适当延长减刑起始时间、间隔时间，严格控制减刑幅度，延长实际执行刑期。对于刑法未禁止假释的前述毒品罪犯，应当严格掌握假释条件。

---

① 2015年《全国法院毒品犯罪审判工作座谈会纪要》.

五、关于毒品犯罪案件的管辖问题

毒品犯罪往往包括走私、贩卖、运输、制造等多个环节，每个环节都有可能涉及不同地域，而且毒品犯罪大多是共同犯罪，参与犯罪的多个被告人也可能来自不同地域。因此，根据《刑事诉讼法》的规定，毒品犯罪案件的地域管辖，应当坚持以犯罪地管辖为主、被告人居住地管辖为辅的原则。“犯罪地”包括犯罪预谋地，毒资筹集地，交易进行地，毒品生产地，毒资、毒赃和毒品的藏匿地、转移地，走私或者贩运毒品的目的地以及犯罪嫌疑人被抓获地等。“被告人居住地”包括被告人常住地、户籍地及其临时居住地。[①]

一些毒品犯罪集团为了逃避处罚，大肆组织、雇佣孕妇、哺乳期妇女进行毒品犯罪活动。由于对孕妇、哺乳期妇女的监视居住、取保候审等强制措施难以落到实处，致使形成了抓—放—抓的恶性循环，造成此类犯罪活动愈演愈烈，成为影响我国禁毒工作的突出问题。所以 2007 年 12 月最高人民法院、最高人民检察院、公安部联合印发的《办理毒品犯罪案件适用法律若干问题的意见》中规定对怀孕、哺乳期妇女走私、贩卖、运输毒品案件，查获地公安机关认为移交其居住地管辖更有利于采取强制措施和查清犯罪事实的，可以报请共同的上级公安机关批准，移送犯罪嫌疑人居住地公安机关办理，查获地公安机关应继续配合。

公安机关对侦办跨区域毒品犯罪案件的管辖权有争议的，应本着有利于查清犯罪事实，有利于诉讼，有利于保障案件侦查安全的原则，认真协商解决。经协商无法达成一致的，报共同的上级公安机关指定管辖。对即将侦查终结的跨省（自治区、直辖市）重大毒品案件，必要时可由公安部商最高人民法院和最高人民检察院指定管辖。

为保证及时结案，避免超期羁押，人民检察院对于公安机关移送审查起诉的案件，人民法院对于已进入审判程序的案件，被告人

① 2007 年 12 月最高人民法院、最高人民检察院、公安部联合印发《办理毒品犯罪案件适用法律若干问题的意见》.

及其辩护人提出管辖异议或者办案单位发现没有管辖权的，受案人民检察院、人民法院经审可以依法报请上级人民检察院、人民法院指定管辖，不再自行移送有管辖权的人民检察院、人民法院。

【典型案例】某毒品犯罪集团通过在快递包裹中夹藏毒品并安装定位仪，实时跟踪毒品状态，一旦毒品去向出现异常即放弃对该毒品的控制。面对新的毒品犯罪方法，作为侦查人员应当如何应对？

【思考题】

1. 禁毒刑事法律的特点是什么？
2. 禁毒刑事法律的渊源有哪些？
3. 吸毒行为是否应当入罪？

第十章　毒品犯罪及其刑事责任

【本章摘要】毒品犯罪是一种违反国家毒品管制，危害社会秩序，损害公民人身财产权益的严重刑事犯罪。这类犯罪在侵害国家法益、社会法益的同时，也侵害个人法益。因此，历来是各国法律予以严厉打击的国内罪行和跨国犯罪。本章基于犯罪构成四要件理论，将我国刑法规定的毒品犯罪分为：走私、贩卖、运输、制造、非法持有毒品的犯罪，制毒物品、毒品原植物的犯罪，妨害禁毒司法活动的犯罪，促使、帮助他人吸毒的犯罪四类，分别介绍十一种毒品犯罪的犯罪构成及其刑事责任。

第一节　走私、贩卖、运输、制造、非法持有毒品的犯罪及其刑事责任

一、走私、贩卖、运输、制造毒品罪

（一）走私、贩卖、运输、制造毒品罪的犯罪构成

走私、贩卖、运输、制造毒品罪，是指违反国家毒品管理法规，走私、贩卖、运输、制造毒品的行为。本罪的犯罪构成如下：

1. 本罪的犯罪客体是国家毒品管理制度，其中本罪的走私毒品行为还侵犯了国家进出口管理制度。本罪的犯罪对象是毒品。根据《刑法》第 357 条的规定，“毒品”是指鸦片、海洛因、甲基苯

丙胺（冰毒）、吗啡、大麻、可卡因以及国家规定管制的其他能够使人形成瘾癖的麻醉药品和精神药品。

2. 本罪的犯罪客观方面表现为行为人实施了走私、贩卖、运输、制造毒品这四种行为之一。走私毒品，是指非法运输、携带、邮寄毒品进出国（边）境的行为。行为方式主要是输入毒品与输出毒品。此外，直接向走私毒品的犯罪人购买毒品的，或者在内海、领海运输、收购、贩卖毒品的，也应视为走私毒品。贩卖毒品，是指有偿转让毒品或者以贩卖为目的而非法收购毒品。对于居间介绍买卖毒品的，无论是否获利，都应以贩卖毒品罪的共犯论处。运输毒品，是指采用携带、邮寄、利用他人或者使用交通工具等方法在我国领域内将毒品从此地转移到彼地。制造毒品，是指非法用毒品原植物直接提炼或者用化学方法加工、配制毒品的行为。但是，为便于隐蔽运输、销售、使用、欺骗购买者，或者为了增重，对毒品掺杂使假，添加或者去除其他非毒品物质，不属于制造毒品的行为。本罪为选择性罪名，如果行为人实施了前述四种行为中的某一种或某几种，应当按照具体实施的犯罪行为的性质并列确定为一个罪名，毒品数量不重复计算，不实行数罪并罚。

本罪为行为犯，走私、贩卖、运输或制造毒品，无论数量多少，都应以本罪追究刑事责任。对于多次走私、贩卖、运输、制造毒品而未经处理的，其毒品数量累计计算。毒品的数量以查证属实的走私、贩卖、运输、制造的数量计算，不以纯度折算。

3. 本罪的犯罪主体既可以是自然人，也可以是单位。值得注意的是，根据《刑法》第 17 条第 2 款之规定，已满 14 周岁不满 16 周岁具有刑事责任能力的人可以构成贩卖毒品罪。本罪其余罪行的刑事责任年龄均为 16 周岁。

除了按一般共同犯罪的理论解决本罪的共犯问题以外，还应注意两种特殊情况：

（1）根据《刑法》第 349 条第 3 款之规定，犯包庇毒品犯罪分子罪与窝藏、转移、隐瞒毒品、毒赃罪而事先通谋的，以走私、贩卖、运输、制造毒品罪的共犯论处；

（2）根据《刑法》第 350 条第 2 款之规定，明知他人制造毒品而为其生产、买卖、运输制毒物品的，以制造毒品罪的共犯论处。但是，如果没有实施毒品犯罪的共同故意，仅在客观上为相互关联的毒品犯罪上下家，不构成共同犯罪。

4. 本罪的犯罪主观方面为故意，且应当“明知”是毒品而实施走私、贩卖、运输、制造的行为。毒品犯罪中，判断被告人对涉案毒品是否明知，不能仅凭被告人供述，而应当依据被告人实施毒品犯罪行为的过程、方式、毒品被查获时的情形等证据，结合被告人的年龄、阅历、智力等情况，进行综合分析判断。行为人的目的、动机如何，并不影响犯罪的成立。

根据2012年最高人民检察院、公安部《关于公安机关管辖的刑事案件立案追诉标准的规定（三）》，走私、贩卖、运输毒品主观故意中的“明知”，是指行为人知道或者应当知道所实施的是走私、贩卖、运输毒品行为。具有下列情形之一，结合行为人的供述和其他证据综合审查判断，可以认定其“应当知道”，但有证据证明确属被蒙骗的除外：

（1）执法人员在口岸、机场、车站、港口、邮局和其他检查站点检查时，要求行为人申报携带、运输、寄递的物品和其他疑似毒品物，并告知其法律责任，而行为人未如实申报，在其携带、运输、寄递的物品中查获毒品的；

（2）以伪报、藏匿、伪装等蒙蔽手段逃避海关、边防等检查，在其携带、运输、寄递的物品中查获毒品的；

（3）执法人员检查时，有逃跑、丢弃携带物品或者逃避、抗拒检查等行为，在其携带、藏匿或者丢弃的物品中查获毒品的；

（4）体内或者贴身隐秘处藏匿毒品的；

（5）为获取不同寻常的高额或者不等值的报酬为他人携带、运输、寄递、收取物品，从中查获毒品的；

（6）采用高度隐蔽的方式携带、运输物品，从中查获毒品的；

（7）采用高度隐蔽的方式交接物品，明显违背合法物品惯常交接方式，从中查获毒品的；

（8）行程路线故意绕开检查站点，在其携带、运输的物品中查获毒品的；

（9）以虚假身份、地址或者其他虚假方式办理托运、寄递手续，在托运、寄递的物品中查获毒品的；

（10）有其他证据足以证明行为人应当知道的。

制造毒品主观故意中的“明知”，是指行为人知道或者应当知道所实施的是制造毒品行为。有下列情形之一，结合行为人的供述和其他证据综合审查判断，可以认定其“应当知道”，但有证据证明确属被蒙骗的除外：①购置了专门用于制造毒品的设备、工具、制毒物品或者配制方案的；②为获取不同寻常的高额或者不等值的报酬为他人制造物品，经检验是毒品的；③在偏远、隐蔽场所制造，或者采取对制造设备进行伪装等方式制造物品，经检验是毒品的；④制造人员在执法人员检查时，有逃跑、抗拒检查等行为，在现场查获制造出的物品，经检验是毒品的；⑤有其他证据足以证明行为人应当知道的。

（二）走私、贩卖、运输、制造毒品罪的刑事责任

1. 根据《刑法》第 347 条第 2 款之规定，犯本罪并具有下列情形之一的，处 15 年有期徒刑、无期徒刑或者死刑，并处没收财产：（1）走私、贩卖、运输、制造鸦片 1 千克以上、海洛因或者甲基苯丙胺 50 克以上或者其他毒品数量大的。根据 2016 年最高人民法院《关于审理毒品犯罪案件适用法律若干问题的解释》，“其他毒品数量大”是指：可卡因 50 克以上；3，4– 亚甲二氧基甲基苯丙胺（MDMA）等苯丙胺类毒品（甲基苯丙胺除外）、吗啡 100 克以上；芬太尼 125 克以上；甲卡西酮 200 克以上；二氢埃托啡 10 毫克以上；哌替啶（杜冷丁）250 克以上；氯胺酮 500 克以上；美沙酮 1 千克以上；曲马多、γ– 羟丁酸 2 千克以上；大麻油 5 千克、大麻脂 10 千克、大麻叶及大麻烟 150 千克以上；可待因、丁丙诺啡 5 千克以上；三唑仑、安眠酮 50 千克以上；阿普唑仑、恰特草 100 千克以上；咖啡因、罂粟壳 200 千克以上；巴比妥、苯巴比妥、安钠咖、尼美西泮 250 千克以上；氯氮卓、艾司唑仑、地西泮、溴西泮 500 千克以上；上述毒品以外的其他毒品数量大的。（2）走私、贩卖、运输、制造毒品集团的首要分子。（3）武装掩护

走私、贩卖、运输、制造毒品的。（4）以暴力抗拒检查、拘留、逮捕，情节严重的。（5）参与有组织的国际贩毒活动的。

2. 根据《刑法》第 347 条第 3 款之规定，走私、贩卖、运输、制造鸦片 200 克以上不满 1 千克、海洛因或者甲基苯丙胺 10 克以上不满 50 克或者其他毒品数量较大的，处 7 年以上有期徒刑，并处罚金。根据前述司法解释，“其他毒品数量较大”是指：可卡因 10 克以上不满 50 克；3，4– 亚甲二氧基甲基苯丙胺等苯丙胺类毒品（甲基苯丙胺除外）、吗啡 20 克以上不满 100 克；芬太尼 25 克以上不满 125 克；甲卡西酮 40 克以上不满 200 克；二氢埃托啡 2 毫克以上不满 10 毫克；哌替啶（杜冷丁）50 克以上不满 250 克；氯胺酮 100 克以上不满 500 克；美沙酮 200 克以上不满 1 千克；曲马多、γ－羟丁酸 400 克以上不满 2 千克；大麻油 1 千克以上不满 5 千克、大麻脂 2 千克以上不满 10 千克、大麻叶及大麻烟 30 千克以上不满 150 千克；可待因、丁丙诺啡 1 千克以上不满 5 千克；三唑仑、安眠酮 10 千克以上不满 50 千克；阿普唑仑、恰特草 20 千克以上不满 100 千克；咖啡因、罂粟壳 40 千克以上不满 200 千克；巴比妥、苯巴比妥、安钠咖、尼美西泮 50 千克以上不满 250 千克；氯氮卓、艾司唑仑、地西泮、溴西泮 100 千克以上不满 500 千克；上述毒品以外的其他毒品数量较大的。

3. 根据《刑法》第 347 条第 4 款之规定，走私、贩卖、运输、制造鸦片不满 200 克、海洛因或者甲基苯丙胺不满 10 克或者其他少量毒品的，处 3 年以下有期徒刑、拘役或者管制，并处罚金；情节严重的，处 3 年以上 7 年以下有期徒刑，并处罚金。根据前述司法解释，“情节严重”是指具有下列情形之一的：（1）向多人贩卖毒品或者多次走私、贩卖、运输、制造毒品的；（2）在戒毒场所、监管场所贩卖毒品的；（3）向在校学生贩卖毒品的；（4）组织、利用残疾人、严重疾病患者、怀孕或者正在哺乳自己婴儿的妇女走私、贩卖、运输、制造毒品的；（5）国家工作人员走私、贩卖、运输、制造毒品的；（6）其他情节严重的情形。

4. 根据《刑法》第 347 条第 5 款之规定，单位犯本罪的，对单位判处罚金，并对其直接负责的主管人员和其他直接责任人员，依照自然人犯本罪的规定处罚。

5. 根据《刑法》第347条第6款之规定，利用、教唆未成年人走私、贩卖、运输、制造毒品，或者向未成年人出售毒品的，从重处罚。

6. 根据《刑法》第356条之规定，因犯本罪被判过刑，又犯毒品犯罪的，从重处罚。

二、非法持有毒品罪

（一）非法持有毒品罪的犯罪构成

非法持有毒品罪，是指违反国家毒品管理法规，未经国家主管部门批准和许可，明知是毒品而非法持有且数量较大的行为。本罪的犯罪构成如下：

1. 本罪的犯罪客体是国家毒品管理制度。本罪的犯罪对象是国家禁止个人非法持有的毒品。

2. 本罪的犯罪客观方面表现为非法持有毒品的行为。“非法”，是指行为人违反了《药品管理法》、《麻醉药品管理办法》和《精神药品管理办法》等有关禁止个人持有毒品的规定。这里的“持有”，应作广义理解，既可以是暗藏于自己家中，也可以是委托他人代为收藏；既可以是随身携带，也可以是置于车船之内。总之，无论毒品放置何处，也不论毒品以何种方式存在，凡行为人可以控制和自由支配毒品的方式，均可以理解为持有。如果有证据证明非法持有毒品是为了进行走私、贩卖、运输、窝藏毒品犯罪的，应当直接以走私、贩卖、运输毒品罪或者窝藏毒品罪定罪，不再以本罪论处。

本罪属于数额犯，即非法持有的毒品必须达到法定数量，才构成本罪。根据《刑法》的规定，“法定数量”是指非法持有鸦片200克以上、海洛因或者甲基苯丙胺10克以上或者其他毒品数量较大的情况。毒品的数量以查证属实的非法持有毒品的数量计算，不以纯度折算。

3. 本罪的犯罪主体为自然人一般主体。

4. 本罪的犯罪主观方面是故意，即行为人明知是毒品而非法持有。如果不知是毒品而持有的，不构成本罪。

（二）非法持有毒品罪的刑事责任

1. 根据《刑法》第348条之规定，犯本罪的，处3年以下有期徒刑、拘役或者管制，并处罚金；情节严重的，处3年以上7年以下有期徒刑，并处罚金。根据2016年最高人民法院《关于审理毒品犯罪案件适用法律若干问题的解释》，非法持有毒品达到刑法规定的“数量较大”标准，且具有下列情形之一的，应当认定为“情节严重”：（1）在戒毒场所、监管场所非法持有毒品的；（2）利用、教唆未成年人非法持有毒品的；（3）国家工作人员非法持有毒品的；（4）其他情节严重的情形。

2. 根据《刑法》第348条的规定，非法持有鸦片1千克以上、海洛因或者甲基苯丙胺50克以上或者其他毒品数量大的，处7年以上有期徒刑或者无期徒刑，并处罚金。根据前述司法解释，本罪“其他毒品数量较大”的认定与走私、贩卖、运输、制造毒品罪相同。

3. 根据《刑法》第356条的规定，因非法持有毒品罪被判过刑，又犯毒品犯罪的，从重处罚。

第二节　制毒物品、毒品原植物的犯罪及其刑事责任

一、非法生产、买卖、运输制毒物品、走私制毒物品罪

（一）非法生产、买卖、运输制毒物品、走私制毒物品罪的犯罪构成

非法生产、买卖、运输制毒物品、走私制毒物品罪，是指违反国家规定，非法生产、买卖、运输醋酸酐、乙醚、三氯甲烷或者其他用于制造毒品的原料、配剂，或者携带上述物品进出境，情节较重的行为。本罪的犯罪构成如下：

1. 本罪的犯罪客体是国家对制毒物品的管制和国家对外贸易

管制的管理制度。本罪的犯罪对象是制毒物品，即醋酸酐、乙醚、三氯甲烷等用于制造毒品的原料、配剂。

2. 本罪的犯罪客观方面主要表现为两类行为：（1）违反国家规定，非法生产、买卖、运输制毒物品的行为。其中，“非法生产、买卖、运输”，是指易制毒化学品的生产、经营、使用单位或者个人未办理许可证明、备案证明，或者超出许可证明、备案证明的品种、数量范围生产、买卖、运输制毒物品的行为。（2）走私制毒物品的行为，是指携带醋酸酐、乙醚、三氯甲烷或者其他用于制造毒品的原料、配剂进出境的行为。

根据2016年最高人民法院《关于审理毒品犯罪案件适用法律若干问题的解释》，易制毒化学品生产、经营、购买、运输单位或者个人未办理许可证明或者备案证明，生产、销售、购买、运输易制毒化学品，确实用于合法生产、生活需要的，不以制毒物品犯罪论处。

3. 本罪的犯罪主体为一般主体。除了自然人犯罪主体，单位也可成为本罪主体。

根据《刑法》第350条第2款之规定，明知他人制造毒品而为其生产、买卖、运输醋酸酐、乙醚、三氯甲烷或者其他用于制造毒品的原料、配剂的，以制造毒品罪的共犯论处。根据前述司法解释的规定，明知他人实施走私或者非法买卖制毒物品犯罪，而为其运输、储存、代理进出口或者以其他方式提供便利的，以走私或者非法买卖制毒物品罪的共犯论处。

4. 本罪的犯罪主观方面为故意。行为人明知是国家管制的用于制造毒品的原料或者配剂，而具有故意非法生产、买卖、运输或者走私的主观心理态度。

（二）非法生产、买卖、运输制毒物品、走私制毒物品罪的刑事责任

1. 根据《刑法》第350条第1款的规定，违反国家规定，非法生产、买卖、运输制毒物品或者携带制毒物品进出境，情节较重的，处3年以下有期徒刑、拘役或者管制，并处罚金；情节严重的，处3年以上7年以下有期徒刑，并处罚金；情节特别严重

的，处7年以上有期徒刑，并处罚金或者没收财产。根据2016年最高人民法院《关于审理毒品犯罪案件适用法律若干问题的解释》，“情节较重”包括两类情形，一是达到下列数量标准之一的：（1）麻黄碱（麻黄素）、伪麻黄碱（伪麻黄素）、消旋麻黄碱（消旋麻黄素）1千克以上不满5千克；（2）1-苯基-2-丙酮、1-苯基-2-溴-1-丙酮、3，4-亚甲基二氧苯基-2-丙酮、羟亚胺2千克以上不满10千克；（3）3-氧-2-苯基丁腈、邻氯苯基环戊酮、去甲麻黄碱（去甲麻黄素）、甲基麻黄碱（甲基麻黄素）4千克以上不满20千克；（4）醋酸酐10千克以上不满50千克；（5）麻黄浸膏、麻黄浸膏粉、胡椒醛、黄樟素、黄樟油、异黄樟素、麦角酸、麦角胺、麦角新碱、苯乙酸20千克以上不满100千克；（6）N-乙酰邻氨基苯酸、邻氨基苯甲酸、三氯甲烷、乙醚、哌啶50千克以上不满250千克；（7）甲苯、丙酮、甲基乙基酮、高锰酸钾、硫酸、盐酸100千克以上不满500千克；（8）其他制毒物品数量相当的。二是达到上述数量标准最低值的50%，且具有下列情形之一的，也应当认定为“情节较重”：（1）曾因非法生产、买卖、运输制毒物品、走私制毒物品受过刑事处罚的；（2）2年内曾因非法生产、买卖、运输制毒物品、走私制毒物品受过行政处罚的；（3）一次组织5人以上或者多次非法生产、买卖、运输制毒物品、走私制毒物品，或者在多个地点非法生产制毒物品的；（4）利用、教唆未成年人非法生产、买卖、运输制毒物品、走私制毒物品的；（5）国家工作人员非法生产、买卖、运输制毒物品、走私制毒物品的；（6）严重影响群众正常生产、生活秩序的；（7）其他情节较重的情形。具有下列情形之一的，应当认定为“情节严重”：（1）制毒物品数量在第一类“情节较重”的最高数量标准以上，不满最高数量标准5倍的；（2）达到第一类“情节较重”的数量标准，且具有第二类“情节较重”第3项至第6项规定的情形之一的；（3）其他情节严重的情形。具有下列情形之一的，应当认定为“情节特别严重”：（1）制毒物品数量在第一类“情节较重”的最高数量标准5倍以上的；（2）达到第一类“情节较重”的最高数量标准以上，不满最高数量标准5倍的，且具有第二类“情节较重”第3项至第6项规定的情形之一的；（3）其他情节特别严重的情形。

2. 根据《刑法》第350条第3款的规定，单位犯本罪的，对单位判处罚金，并对其直接负责的主管人员和其他直接责任人员，依照本罪的规定处罚。

3. 根据《刑法》第356条之规定，因走私、贩卖、运输、制造毒品罪或者非法持有毒品罪被判过刑，又犯本罪的，从重处罚。

二、非法种植毒品原植物罪

（一）非法种植毒品原植物罪的犯罪构成

非法种植毒品原植物罪，是指违反国家毒品原植物种植管制法规，私自种植罂粟、大麻等毒品原植物，情节严重的行为。本罪的犯罪构成如下：

1. 本罪的犯罪客体是国家毒品原植物种植的管制制度。本罪的犯罪对象仅限于罂粟、大麻等毒品原植物。

2. 本罪的犯罪客观方面表现为行为人实施了非法种植毒品原植物的行为，并符合法定情形。这里的“非法”，是指行为人违反了国家《麻醉药品管理办法》《精神药品管理办法》等有关法规规定，擅自种植毒品原植物，包括未获批准而种植和超计划种植。所谓“种植”，是指播种、育苗、移栽、插苗、施肥、灌溉、割取津液或者收取种子等行为。“法定情形”，是指行为人之行为符合以下情形之一：（1）种植罂粟500株以上不满3000株或者种植其他毒品原植物数量较大的。根据2016年最高人民法院《关于审理毒品犯罪案件适用法律若干问题的解释》，“数量较大”是指：①非法种植大麻5000株以上不满3万株的；②非法种植罂粟200平方米以上不满1200平方米、大麻2000平方米以上不满12000平方米，尚未出苗的；③非法种植其他毒品原植物数量较大的。（2）经公安机关处理后又种植的。（3）抗拒铲除的。本罪属于情节犯，只要符合以上三种情形之一的，就以犯罪论处。

3. 本罪的犯罪主体是一般主体。

4. 本罪的主观方面表现为故意，即行为人明知是国家禁止种植的罂粟、大麻等毒品原植物而故意非法大量种植。过失种植毒品原植物，不构成本罪。

（二）非法种植毒品原植物罪的刑事责任

1. 根据《刑法》第 351 条第 1 款之规定，犯本罪的，处 5 年以下有期徒刑、拘役或者管制，并处罚金。

2. 根据《刑法》第 351 条第 2 款之规定，非法种植罂粟 3000 株以上或者其他毒品原植物数量大的，处 5 年以上有期徒刑，并处罚金或者没收财产。根据 2016 年最高人民法院《关于审理毒品犯罪案件适用法律若干问题的解释》，非法种植毒品原植物，达到“数量较大”的最高数量标准，应当认定为“数量大”。

3. 根据《刑法》第 351 条第 1 款之规定，非法种植罂粟、大麻等毒品原植物的，一律强制铲除。本条第 3 款规定，非法种植罂粟或者其他毒品原植物，在收获前自动铲除的，可以免除处罚。

4. 根据《刑法》第 356 条之规定，因走私、贩卖、运输、制造毒品罪或者非法持有毒品罪被判过刑，又犯本罪的，从重处罚。

三、非法买卖、运输、携带、持有毒品原植物种子、幼苗罪

（一）非法买卖、运输、携带、持有毒品原植物种子、幼苗罪的犯罪构成

非法买卖、运输、携带、持有毒品原植物种子、幼苗罪，是指非法买卖、运输、携带、持有未经灭活的罂粟等毒品原植物种子或者幼苗，数量较大的行为。本罪的犯罪构成如下：

1. 本罪的犯罪客体是国家毒品管制制度。本罪的犯罪对象是未经灭活的罂粟等毒品原植物种子、幼苗。“未经灭活”，是指没有经过烘烤、放射线照射等方法，进行消灭植物繁殖和生长机能的处理。

2. 本罪的犯罪客观方面表现为非法买卖、运输、携带、持有

未经灭活的罂粟等毒品原植物种子、幼苗的行为之一。本罪属于行为犯，应以具体实施的行为来确定罪名，即实施了上述四种行为中的一种或者几种的，也只构成本罪，不实行数罪并罚。

本罪为数额犯，即只有行为人非法买卖、运输、携带、持有的毒品原植物种子、幼苗达到“数量较大”的，才构成本罪。根据2016年最高人民法院《关于审理毒品犯罪案件适用法律若干问题的解释》，具有下列情形之一的，应当认定为“数量较大”：（1）罂粟种子50克以上、罂粟幼苗5000株以上的；（2）大麻种子50千克以上、大麻幼苗5万株以上的；（3）其他毒品原植物种子或者幼苗数量较大的。

3. 本罪的犯罪主体是一般主体。

4. 本罪的犯罪主观方面是故意。

（二）非法买卖、运输、携带、持有毒品原植物种子、幼苗罪的刑事责任

1. 根据《刑法》第352条之规定，犯本罪的，处3年以下有期徒刑、拘役或者管制，并处或者单处罚金。

2. 根据《刑法》第356条之规定，因走私、贩卖、运输、制造毒品罪或者非法持有毒品罪被判过刑，又犯本罪的，从重处罚。

第三节　妨害禁毒司法活动的犯罪及其刑事责任

一、包庇毒品犯罪分子罪

（一）包庇毒品犯罪分子罪的犯罪构成

包庇毒品犯罪分子罪，是指明知是走私、贩卖、运输、制造毒品的犯罪分子而包庇的行为。本罪的犯罪构成如下：

1. 本罪的犯罪客体是国家司法机关同毒品犯罪作斗争的正常活动。本罪行为人包庇的对象，仅限于走私、贩卖、运输、制造毒

品的犯罪分子。

2. 本罪的犯罪客观方面表现为明知是走私、贩卖、运输、制造毒品的犯罪分子，而为其掩盖罪行、向司法机关作虚假证明或者毁灭罪证，从而使其逃避法律制裁。根据2012年最高人民检察院、公安部《关于公安机关管辖的刑事案件立案追诉标准的规定（三）》，具有下列情形之一的，即为本罪的“包庇”行为：（1）作虚假证明，帮助掩盖罪行的；（2）帮助隐藏、转移或者毁灭证据的；（3）帮助取得虚假身份或者身份证件的；（4）以其他方式包庇犯罪分子的。实施上述行为，事先通谋的，以走私、贩卖、运输、制造毒品罪的共犯立案追诉。

3. 本罪的犯罪主体是自然人一般主体。

4. 本罪的犯罪主观方面是故意。

（二）包庇毒品犯罪分子罪的刑事责任

1. 根据《刑法》第349条第1款之规定，犯本罪的，处3年以下有期徒刑、拘役或者管制；情节严重的，处3年以上10年以下有期徒刑。根据2016年最高人民法院《关于审理毒品犯罪案件适用法律若干问题的解释》的规定，包庇走私、贩卖、运输、制造毒品的犯罪分子，具有下列情形之一的，应当认定为“情节严重”：（1）被包庇的犯罪分子依法应当判处15年有期徒刑以上刑罚的；（2）包庇多名或者多次包庇走私、贩卖、运输、制造毒品的犯罪分子的；（3）严重妨害司法机关对被包庇的犯罪分子实施的毒品犯罪进行追究的；（4）其他情节严重的情形。

2. 根据《刑法》第349条第2款之规定，缉毒人员或者其他国家机关工作人员掩护、包庇走私、贩卖、运输、制造毒品的犯罪分子的，依照本罪的规定从重处罚。

3. 根据《刑法》第349条第3款之规定，犯本罪且事先通谋的，以走私、贩卖、运输、制造毒品罪的共犯论处。

4. 根据《刑法》第356条之规定，因走私、贩卖、运输、制造毒品罪或者非法持有毒品罪被判过刑，又犯本罪的，从重处罚。

二、窝藏、转移、隐瞒毒品、毒赃罪

（一）窝藏、转移、隐瞒毒品、毒赃罪的犯罪构成

窝藏、转移、隐瞒毒品、毒赃罪，是指明知是毒品犯罪分子的毒品或毒赃，而予以窝藏、转移、隐瞒的行为。本罪的犯罪构成如下：

1. 本罪的犯罪客体是国家司法机关同毒品犯罪作斗争的正常活动。本罪的犯罪对象限定为毒品和毒赃。其中，"毒赃"，是指毒品犯罪分子通过走私、贩卖、运输、制造毒品所获得的钱或物。

2. 本罪的犯罪客观方面表现为：为毒品犯罪分子窝藏、转移、隐瞒毒品、毒赃的行为。"窝藏"，是指将犯罪分子的毒品或者毒赃采用各种方法予以藏匿。"转移"，是指将犯罪分子的毒品或者毒赃从一地转移到另一地。"隐瞒"，是指司法机关调查犯罪分子的毒品或者毒赃时，行为人明知实情而隐瞒不报。本罪是选择性罪名，即行为人实施了上述行为之一或者多个行为的，都只构成本罪，不实行数罪并罚。

3. 本罪的犯罪主体是自然人一般主体。

4. 本罪的犯罪主观方面是故意。行为人在主观上明知是走私、贩卖、运输、制造毒品的犯罪分子的毒品、毒赃，而故意在客观上予以窝藏、转移、隐瞒。

（二）窝藏、转移、隐瞒毒品、毒赃罪的刑事责任

1. 根据《刑法》第 349 条之规定，犯本罪的，处 3 年以下有期徒刑、拘役或者管制；情节严重的，处 3 年以上 10 年以下有期徒刑。根据 2016 年最高人民法院《关于审理毒品犯罪案件适用法律若干问题的解释》的规定，具有下列情形之一的，应当认定为"情节严重"：（1）为犯罪分子窝藏、转移、隐瞒毒品达到《刑法》347 条第 2 款第 1 项或者本解释第 1 条第 1 款规定的"数量大"标准的；（2）为犯罪分子窝藏、转移、隐瞒毒品犯罪所得的财物价

值达到5万元以上的;(3)为多人或者多次为他人窝藏、转移、隐瞒毒品或者毒品犯罪所得的财物的;(4)严重妨害司法机关对该犯罪分子实施的毒品犯罪进行追究的;(5)其他情节严重的情形。

2. 根据《刑法》第349条第3款之规定,犯本罪且事先通谋的,以走私、贩卖、运输、制造毒品罪的共犯论处。

3. 根据《刑法》第356条之规定,因走私、贩卖、运输、制造毒品罪或者非法持有毒品罪被判过刑,又犯本罪的,从重处罚。

第四节 促使、帮助他人吸毒的犯罪及其刑事责任

一、引诱、教唆、欺骗他人吸毒罪

(一)引诱、教唆、欺骗他人吸毒罪的犯罪构成

引诱、教唆、欺骗他人吸毒罪,是指以引诱、教唆、欺骗的手段,使他人吸食、注射毒品的行为。本罪的犯罪构成如下:

1. 本罪的犯罪客体是复杂客体,即国家毒品管制制度和他人的身心健康。

2. 本罪的犯罪客观方面表现为引诱、教唆、欺骗他人吸食、注射毒品的行为。本罪为选择性罪名,行为人只要实施了引诱、教唆、欺骗三种行为之一,即成立本罪,实施了多种行为的,也不实行数罪并罚。

3. 本罪的犯罪主体是自然人一般主体。

4. 本罪的犯罪主观方面只能是故意,即行为人明知自己的行为会导致他人吸食、注射毒品的结果,却希望或者放任这种结果的发生。过失不构成本罪。

(二)引诱、教唆、欺骗他人吸毒罪的刑事责任

1. 根据《刑法》第353条第1款之规定,犯本罪的,处3年以下有期徒刑、拘役或者管制,并处罚金;情节严重的,处3年以

上7年以下有期徒刑，并处罚金。根据2016年最高人民法院《关于审理毒品犯罪案件适用法律若干问题的解释》，具有下列情形之一的，应当认定为“情节严重”：（1）引诱、教唆、欺骗多人或者多次引诱、教唆、欺骗他人吸食、注射毒品的；（2）对他人身体健康造成严重危害的；（3）导致他人实施故意杀人、故意伤害、交通肇事等犯罪行为的；（4）国家工作人员引诱、教唆、欺骗他人吸食、注射毒品的；（5）其他情节严重的情形。

2. 根据《刑法》第353条第3款之规定，引诱、教唆、欺骗未成年人吸食、注射毒品的，从重处罚。

3. 根据《刑法》第356条之规定，因走私、贩卖、运输、制造毒品罪或者非法持有毒品罪被判过刑，又犯本罪的，从重处罚。

二、强迫他人吸毒罪

（一）强迫他人吸毒罪的犯罪构成

强迫他人吸毒罪，是指违背他人意志，强迫他人吸食、注射毒品的行为。本罪的犯罪构成如下：

1. 本罪的犯罪客体是复杂客体，即国家毒品管制制度和他人的身心健康。

2. 本罪的犯罪客观方面表现为行为人强迫他人吸毒的行为。这里的“强迫”，是指违背他人意志，使用暴力、胁迫等手段，迫使他人吸食毒品或者注射毒品。

3. 本罪的犯罪主体是自然人一般主体。

4. 本罪的犯罪主观方面是故意，即行为人明知是毒品而强迫他人吸食、注射。

（二）强迫他人吸毒罪的刑事责任

1. 根据《刑法》第353条第2款之规定，犯本罪的，处3年以上10年以下有期徒刑，并处罚金。

2. 根据《刑法》第353条第3款之规定，强迫未成年人吸食、注射毒品的，从重处罚。

3. 根据《刑法》第356条之规定，因走私、贩卖、运输、制造毒品罪或者非法持有毒品罪被判过刑，又犯本罪的，从重处罚。

三、容留他人吸毒罪

（一）容留他人吸毒罪的犯罪构成

容留他人吸毒罪，是指为他人吸食、注射毒品提供场所的行为。本罪的犯罪构成如下：

1. 本罪的犯罪客体是国家毒品管制制度和他人的身心健康。

2. 本罪的犯罪客观方面表现为行为人实施了为他人吸食、注射毒品提供场所的行为。所谓“场所”，这里应作广义解释，它泛指一切可供吸毒的相对私密的空间，如住宅、旅店、办公室、娱乐场所，或者车辆、船舶等。本罪属行为犯，原则上只要行为人实施了容留他人吸食、注射毒品的行为，即构成本罪。容留行为既可以是主动的，也可以是被动的；既可以是有偿的，也可以是无偿的。

另外，2016年最高人民法院《关于审理毒品犯罪案件适用法律若干问题的解释》进一步明确具有下列情形之一的，应当以容留他人吸毒罪定罪处罚：（1）一次容留多人吸食、注射毒品的；（2）2年内多次容留他人吸食、注射毒品的；（3）2年内曾因容留他人吸食、注射毒品受过行政处罚的；（4）容留未成年人吸食、注射毒品的；（5）以牟利为目的容留他人吸食、注射毒品的；（6）容留他人吸食、注射毒品造成严重后果的；（7）其他应当追究刑事责任的情形。本解释还规定，向他人贩卖毒品后又容留其吸食、注射毒品，或者容留他人吸食、注射毒品并向其贩卖毒品，符合容留他人吸毒罪的定罪条件的，以贩卖毒品罪和容留他人吸毒罪数罪并罚。但是，容留近亲属吸食、注射毒品，情节显著轻微危害不大的，不作为犯罪处理；需要追究刑事责任的，可以酌情从宽处罚。

3. 本罪的犯罪主体是自然人一般主体。

4. 本罪的犯罪主观方面是故意，即明知他人是用于吸食、注射毒品而为其提供场所。过失为吸毒者提供场所不构成本罪。

（二）容留他人吸毒罪的刑事责任

1. 根据《刑法》第354条之规定，犯本罪的，处3年以下有期徒刑、拘役或者管制，并处罚金。

2. 根据《刑法》第356条之规定，因走私、贩卖、运输、制造毒品罪或者非法持有毒品罪被判过刑，又犯本罪的，从重处罚。

四、非法提供麻醉药品、精神药品罪

（一）非法提供麻醉药品、精神药品罪的犯罪构成

非法提供麻醉药品、精神药品罪，是指依法从事生产、运输、管理、使用国家管制的麻醉药品、精神药品的单位和人员，违反国家规定，向吸食、注射毒品的人提供国家规定管制的能够使人形成瘾癖的麻醉药品、精神药品的行为。本罪的犯罪构成如下：

1. 本罪的犯罪客体是国家毒品管制制度。

2. 本罪的犯罪客观方面表现为行为人实施了非法向他人提供麻醉药品、精神药品的行为。“非法提供”，是指违反国家有关毒品管理规定，向吸食、注射毒品的人提供麻醉药品、精神药品。“提供”，可以是以营利为目的的有偿卖给，也可以是无偿送给。值得注意的是，如果行为人向走私、贩卖毒品的犯罪嫌疑人或者吸食、注射毒品的人员贩卖国家规定管制的能够使人形成瘾癖的麻醉药品或者精神药品的，以贩卖毒品罪定罪处罚。行为人出于医疗目的，违反有关药品管理的国家规定，非法贩卖上述麻醉药品或者精神药品，扰乱市场秩序，情节严重的，以非法经营罪定罪处罚。

另外，根据2016年最高人民法院《关于审理毒品犯罪案件适用法律若干问题的解释》，具有下列情形之一的，应当以非法提供麻醉药品、精神药品罪定罪处罚：（1）非法提供麻醉药品、精神药品达到走私、贩卖、运输、制造毒品罪规定的“数量较大”标准最低值的50%，不满“数量较大”标准的；（2）2年内曾因非法提供

麻醉药品、精神药品受过行政处罚的；（3）向多人或者多次非法提供麻醉药品、精神药品的；（4）向吸食、注射毒品的未成年人非法提供麻醉药品、精神药品的；（5）非法提供麻醉药品、精神药品造成严重后果的；（6）其他应当追究刑事责任的情形。

3. 本罪的犯罪主体为特殊主体，即限于依法从事生产、运输、管理、使用国家管制的麻醉药品、精神药品的单位或者人员。

4. 本罪的犯罪主观方面是故意。行为人明知对方是吸毒人员，而违反国家规定，故意向其提供麻醉药品、精神药品。

（二）非法提供麻醉药品、精神药品罪的刑事责任

1. 根据《刑法》第355条之规定，犯本罪的，处3年以下有期徒刑或者拘役，并处罚金；情节严重的，处3年以上7年以下有期徒刑，并处罚金。根据2016年最高人民法院《关于审理毒品犯罪案件适用法律若干问题的解释》，具有下列情形之一的，应当认定为“情节严重”：（1）非法提供麻醉药品、精神药品达到走私、贩卖、运输、制造毒品罪的“数量较大”标准的；（2）非法提供麻醉药品、精神药品达到本罪“数量较大”标准，且具有向多人非法提供、多次非法提供、向吸毒的未成年人非法提供或者因非法提供造成严重后果的情形之一的；（3）其他情节严重的情形。

2. 单位犯本罪的，对单位判处罚金，并对其直接负责的主管人员和其他直接责任人员，依照自然人犯本罪的规定处罚。

3. 根据《刑法》第356条之规定，因走私、贩卖、运输、制造毒品罪或者非法持有毒品罪被判过刑，又犯本罪的，从重处罚。

【典型案例】2014年5月至2016年3月，刘某收取李某、张某等人购买毒品的定金后，多次指使吴某或者自己亲自到广东某县向他人购买冰毒并运回浙江某市。刘某购得毒品后，分别以每克300元至400元不等的价格卖给李某、张某、孙某、许某等多人。在此期间，刘某还分别在浙江某市自己的租住房内多次容留李某、严某、吴某等人吸食其购得的冰毒。案发后，警方在刘某家中查获尚未卖出的冰毒500余克。据刘某供述，其自己到广东一次，共购

买冰毒 300 克，指使吴某到广东三次，共购买冰毒 1000 克。请分析，刘某、吴某分别构成什么犯罪？

【思考题】

1. 走私、贩卖、运输、制造毒品罪的主观“明知”如何认定？
2. 如何理解非法持有毒品罪在毒品犯罪中的地位与作用？
3. 什么是毒品再犯？其处罚原则是什么？

第十一章　禁毒刑事司法

【本章摘要】本章从禁毒刑事司法的概念和特点两个方面对禁毒刑事司法作了概述；从毒品刑事案件的立案追诉标准入手，介绍了毒品刑事案件的立案管辖和审判管辖；按照刑事案件的诉讼程序，分别介绍了毒品刑事案件立案、侦查、起诉、审判、执行各个诉讼环节的相关法律规定。

第一节　禁毒刑事司法概述

一、禁毒刑事司法的概念

司法，又称法的适用，通常是指国家司法机关及其司法人员依照法定职权和法定程序，具体运用法律处理案件的专门活动。司法是实施法律的一种方式，对实现立法目的、发挥法律的功能具有重要意义。

刑事司法是国家运用刑事法律打击犯罪，为完成刑法和刑事诉讼法的任务而进行的，保护国家和公民利益的活动。它主要涉及刑事司法实践中的侦查、起诉和审判三个环节。

禁毒刑事司法主要是毒品犯罪的相关司法问题，毒品犯罪刑事司法问题是一个国家特定历史时期总的刑事政策在毒品犯罪领域的具体体现，它着眼于毒品犯罪的基本态势，以惩治和预防毒品犯罪为目标，通过立法、司法、执法等活动和措施反映国家对毒品犯罪的基本态度。

二、禁毒刑事司法活动的特点

禁毒刑事司法活动，通常是指毒品刑事案件的侦查、起诉、审判等流程的法律程序，毒品案件的刑事司法活动又通常有工作求真、追求秩序、公平正义等特点。

从目前的毒品犯罪形势和刑事司法系统的运转状况来看，一方面，毒品犯罪总量持续上升，重大犯罪突出，严重威胁了社会秩序；另一方面，由于受到司法资源的限制，禁毒工作投入与需求的矛盾没有得到解决（如司法机构和人员的超负荷运转，毒品犯罪积案上升，监管场所拥挤等），使毒品犯罪重新犯罪率上升。

1. 禁毒刑事司法活动的事实基础是一个国家毒品犯罪活动的基本态势。社会治安形势和毒品犯罪态势是影响刑事司法活动的最主要因素，有关惩治和预防毒品犯罪的所有措施都是源于治理毒品犯罪现实的要求，毒品犯罪的基本态势是禁毒刑事政策制定、实施、调整的现实依据，而且，毒品犯罪在不同历史时期的具体态势也会相应地影响各个时期禁毒刑事司法活动的内容。

2. 禁毒刑事司法以惩治和预防毒品犯罪为目标。毒品及毒品犯罪具有十分严重的社会危害性，惩治和预防毒品犯罪不仅是当今世界各国所广泛采取的措施，同时也是有关国际组织和国际会议所一直倡导的基本态度。

3. 禁毒刑事司法活动体现在惩治和预防毒品犯罪的有关工作之中。禁毒刑事司法活动通过对毒品案件的立案、侦查、起诉、审判、执行等具体活动的实施而得以实现。

禁毒刑事司法活动在立案和侦查阶段是公安机关主导的司法活动，它的特点表现为侦查取证工作细致全面、还原毒品犯罪发生的经过，寻找毒品犯罪现场留下的蛛丝马迹，把毒品犯罪嫌疑人定格在毒品犯罪历史的卷宗里。

禁毒刑事司法活动起诉阶段是检察机关主导的司法活动，它的特点表现为审查工作的严谨性，指导侦查机关织补证据之间的不足，使证据之间相互佐证形成证据链，满足起诉毒品犯罪的法律规定。

禁毒刑事司法活动的审判阶段是法院主导的司法活动，它的特点表现为审判工作的公正性，以侦查、起诉阶段收集的证据规格为依据，立足于控辩双方之间质证、辩护，公正作出裁判，对毒品犯罪嫌疑人依法作出有罪或无罪的宣判。

第二节　毒品刑事案件的管辖

刑事诉讼中的管辖，是指公安机关、人民检察院、人民法院依照法律规定立案受理具体刑事案件，以及人民法院系统内部各法院之间在审判第一审刑事案件上的分工制度。

管辖所要解决的问题有两个：一是公安机关、人民检察院、人民法院在直接受理刑事案件上的分工问题；二是人民法院系统内各级、各地人民法院，以及普通人民法院和专门人民法院之间在审判第一审刑事案件上的分工问题。

我国刑事诉讼中的管辖分为立案管辖和审判管辖；审判管辖又可以分为普通管辖和专门管辖；普通管辖又进一步划分为级别管辖、地域管辖和指定管辖。这是一套科学、行之有效的刑事案件管辖体系。

一、毒品刑事案件的立案管辖

（一）级别管辖

1. 县级公安机关负责侦查自己发现的毒品犯罪案件。

2. 设区的市一级以上公安机关负责重大涉外毒品犯罪案件、重大集团犯罪和下级公安机关侦破有困难的重大毒品犯罪案件的侦查。重大涉外毒品案件包括外国人犯罪的案件和其他重大的涉及外国人或者需要与外国交涉的毒品犯罪案件。

3. 下级公安机关认为案情重大、复杂，需要由上级公安机关侦查的毒品犯罪案件，可以请求移送上一级公安机关侦查。

4. 上级公安机关认为有必要的，可以直接立案侦查或者组织、指挥、参与侦查下级公安机关管辖的毒品犯罪案件。

5. 派出所可以办理发生在本辖区内除贩卖毒品案以外的因果

关系明显、案情简单、无须专业侦查手段和跨县、市侦查的毒品犯罪案件。

（二）地域管辖

1. 毒品犯罪案件的地域管辖，应当坚持以犯罪地管辖为主、犯罪嫌疑人居住地管辖为辅的原则。即毒品犯罪案件由犯罪地公安机关管辖。如果由犯罪嫌疑人居住地的公安机关管辖更为适宜的，可以由犯罪嫌疑人居住地的公安机关管辖。

2. “犯罪地”包括犯罪预谋地，毒资筹集地，交易进行地，运输途经地，毒品生产地，毒资、毒赃和毒品的藏匿地、转移地，走私或者贩运毒品的目的地以及犯罪嫌疑人被抓获地等。

3. “犯罪嫌疑人居住地”包括犯罪嫌疑人户籍所在地、经常居住地及其临时居住地。

4. 几个公安机关都有权管辖的毒品案件，由最初发现的公安机关管辖。发现的先后顺序按照制作《接受刑事案件登记表》、线索录入等材料的时间确定。必要时，可以由主要犯罪地的公安机关管辖。

5. 具有下列情形之一的，公安机关可以在职责范围内并案侦查：（1）一人犯数罪的；（2）共同犯罪的；（3）共同犯罪的犯罪嫌疑人还实施其他犯罪的；（4）多个犯罪嫌疑人实施的犯罪存在关联，并案处理有利于查明犯罪事实的。

6. 对怀孕、哺乳期妇女走私、贩卖、运输毒品案件，查获地公安机关认为移交其居住地公安机关管辖更有利于采取强制措施和查清犯罪事实的，可以报请共同的上级公安机关批准，移送犯罪嫌疑人居住地公安机关办理，查获地公安机关应当继续配合。

（三）协商管辖与指定管辖

1. 公安机关对侦办跨区域毒品犯罪案件的管辖权有争议的，应本着有利于查清犯罪事实，有利于诉讼，有利于保障案件侦查安全的原则，认真协商解决。经协商无法达成一致的，报共同的上级公安机关指定管辖。

2. 对即将侦查终结的跨省（自治区、直辖市）重大毒品案件，必要时可由公安部商最高人民法院和最高人民检察院指定管辖。

二、毒品刑事案件的审判管辖

刑事诉讼中的审判管辖，是指人民法院系统内部在审判第一审刑事案件上的分工，包括各级人民法院之间、同级人民法院之间，以及普通人民法院与专门人民法院之间，在审判第一审刑事案件上的权限划分。

审判管辖解决的是某一刑事案件具体应当由哪一种、哪一级、哪一个人民法院进行第一审审判的问题。根据《刑事诉讼法》的规定，人民检察院决定起诉的案件，应当按照审判管辖的规定，向同级人民法院提起公诉和出庭支持公诉。因此，明确了审判管辖，也就相应地确定了提起公诉的检察机关。至于第二审案件的管辖，根据《刑事诉讼法》的规定，只能是第一审人民法院的上级人民法院。所以，明确人民法院的第一审管辖，人民法院的第二审管辖也就自然确定了。

与人民法院的设置相适应，毒品刑事案件的审判管辖包括：级别管辖、地域管辖、指定管辖和专门管辖。

（一）级别管辖

级别管辖，就是指上下级人民法院之间，在审判第一审毒品刑事案件上的分工。它解决的是人民法院内部不同级别人民法院之间在审判第一审毒品刑事案件上的纵向分工问题。

刑事诉讼法根据各级人民法院的职责和审判力量的强弱、刑事案件的性质、罪行的轻重和可能判处的刑罚、案件涉及面和社会影响的大小等因素，分别对基层人民法院、中级人民法院、高级人民法院和最高人民法院管辖的第一审刑事案件的范围作了明确规定。

我国《刑事诉讼法》规定的级别管辖具体是：

1. 基层人民法院管辖的第一审毒品刑事案件。《刑事诉讼法》第 20 条规定："基层人民法院管辖第一审普通刑事案件，但是依照本法由上级人民法院管辖的除外。"普通的毒品刑事案件由基层人民法院负责管辖。

2. 中级人民法院管辖的第一审毒品刑事案件。根据《刑事诉讼法》第21条的规定，中级人民法院管辖的第一审毒品刑事案件是可能判处无期徒刑、死刑的毒品案件。

此外，修订后的《刑事诉讼法》取消了原来规定由中级人民法院管辖的第一审外国人从事毒品犯罪的刑事案件。

3. 高级人民法院管辖的第一审毒品刑事案件。《刑事诉讼法》第22条规定："高级人民法院管辖的第一审刑事案件，是全省（自治区、直辖市）性的重大刑事案件。"据此，由高级人民法院管辖的第一审毒品刑事案件，应具备两个条件：一是具有全省（自治区、直辖市）性影响；二是毒品犯罪罪行严重、案情重大。

4. 最高人民法院管辖的第一审毒品刑事案件。《刑事诉讼法》第23条规定："最高人民法院管辖的第一审刑事案件，是全国性的重大刑事案件。"据此，最高人民法院管辖的第一审毒品刑事案件应当是全国性的重大毒品刑事案件。

（二）地域管辖

地域管辖，是指同级人民法院之间在审判第一审毒品刑事案件上的分工。它解决的是人民法院内部同一级别、不同地区人民法院之间在审判第一审毒品刑事案件上的横向分工问题。

人民法院地域管辖的一般原则是：

1. 以犯罪地人民法院管辖为主、被告人居住地人民法院管辖为辅。

2. 以最初受理的人民法院管辖为主，主要犯罪地人民法院管辖为辅。几个同级人民法院都有管辖权时，案件由最初受理的人民法院审判，移送可在同级人民法院之间直接进行，无须经上级人民法院批准或者指定。

（三）指定管辖

指定管辖，是指上级人民法院裁定某一案件交由某一下级人民法院管辖。指定管辖通常是在管辖权不明、管辖权争议，或者原来有管辖权的人民法院不能或者不宜行使管辖权时，为了防止和解决因管辖发生争议或者互相推诿的情况出现，延误案件处理而进行的法律规定。

毒品刑事案件在诉讼中大量存在指定管辖。毒品案件需要指定管辖的原因主要是管辖争议，即案件由于管辖权不明发生都争着管或者互相推诿不管。这时由共同上级人民法院指定某一下级人民法院管辖。

对管辖权发生争议的毒品刑事案件，应当在审理期限内协商解决；协商不成的，由争议的人民法院分别逐级报请共同的上一级人民法院指定管辖。上级人民法院在必要时，可以指定下级人民法院将其管辖的案件移送其他下级人民法院审判。

三、毒品刑事案件的立案追诉标准

为及时、准确打击毒品犯罪，根据《刑法》《刑事诉讼法》等有关法律规定，最高人民检察院、公安部于2012年5月16日制定了《关于公安机关管辖的刑事案件立案追诉标准的规定（三）》，对公安机关毒品犯罪侦查部门管辖的刑事案件立案追诉标准作出了规定。

《关于公安机关管辖的刑事案件立案追诉标准的规定（三）》，是公安机关办理毒品刑事案件的立案标准，也是检察机关办理毒品刑事案件的起诉标准，所以称为立案追诉标准，这一标准同时还是区分毒品刑事案件与涉毒行政违法案件的标准。

（一）走私、贩卖、运输、制造毒品案件的立案追诉标准

走私、贩卖、运输、制造毒品，无论数量多少，都应予立案追诉。

“走私”，是指明知是毒品而非法将其运输、携带、寄递进出国（边）境的行为。直接向走私人非法收购走私进口的毒品，或者在内海、领海、界河、界湖运输、收购、贩卖毒品的，以走私毒品罪立案追诉。

“贩卖”，是指明知是毒品而非法销售或者以贩卖为目的而非

法收买的行为。

有证据证明行为人以牟利为目的，为他人代购仅用于吸食、注射的毒品，对代购者以贩卖毒品罪立案追诉。不以牟利为目的，为他人代购仅用于吸食、注射的毒品，毒品数量达到非法持有数量标准的，对托购者和代购者以非法持有毒品罪立案追诉。明知他人实施毒品犯罪而为其居间介绍、代购代卖的，无论是否牟利，都应以相关毒品犯罪的共犯立案追诉。

“运输”，是指明知是毒品而采用携带、寄递、托运、利用他人或者使用交通工具等方法非法运送毒品的行为。

“制造”，是指非法利用毒品原植物直接提炼或者用化学方法加工、配制毒品，或者以改变毒品成分和效用为目的，用混合等物理方法加工、配制毒品的行为。

在认定制造毒品时需要注意区分以下几种情形：

（1）为了便于隐蔽运输、销售、使用、欺骗购买者，或者为了增重，对毒品掺杂使假，添加或者去除其他非毒品物质，不属于制造毒品的行为。

（2）为了制造毒品而采用生产、加工、提炼等方法非法制造易制毒化学品的，以制造毒品罪（预备）立案追诉。这条规定，因为《刑法修正案（九）》新增了非法生产制毒物品罪而丧失意义。

（3）购进制造毒品的设备和原材料，开始着手制造毒品，尚未制造出毒品或者半成品的，以制造毒品罪（未遂）立案追诉。

（4）明知他人制造毒品而为其生产、加工、提炼、提供醋酸酐、乙醚、三氯甲烷等制毒物品的，以制造毒品罪的共犯立案追诉。

走私、贩卖、运输、制造毒品罪是选择性罪名，对同一宗毒品实施了两种以上犯罪行为，并有相应确凿证据的，应当按照所实施的犯罪行为的性质并列适用罪名，毒品数量不重复计算。对同一宗毒品可能实施了两种以上犯罪行为，但相应证据只能认定其中一种或者几种行为，认定其他行为的证据不够确实充分的，只按照依法能够认定的行为的性质适用罪名。对不同宗毒品分别实施了不同种犯罪行为的，应对不同行为并列适用罪名，累计计算毒品数量。

（二）非法持有毒品案件的立案追诉标准

“非法持有”，是指违反国家法律和国家主管部门的规定，占有、携带、藏有或者以其他方式持有毒品。

明知是毒品而非法持有，涉嫌下列情形之一的，应予立案追诉：

（1）鸦片二百克以上、海洛因、可卡因或者甲基苯丙胺十克以上；

（2）二亚甲基双氧安非他明（MDMA）等苯丙胺类毒品（甲基苯丙胺除外）、吗啡二十克以上；

（3）度冷丁（杜冷丁）五十克以上（针剂100mg/支规格的五百支以上，50mg/支规格的一千支以上；片剂25mg/片规格的二千片以上，50mg/片规格的一千片以上）；

（4）盐酸二氢埃托啡二毫克以上（针剂或者片剂20mg/支、片规格的一百支、片以上）；

（5）氯胺酮、美沙酮二百克以上；

（6）三唑仑、安眠酮十千克以上；

（7）咖啡因五十千克以上；

（8）氯氮卓、艾司唑仑、地西泮、溴西泮一百千克以上；

（9）大麻油一千克以上，大麻脂二千克以上，大麻叶及大麻烟三十千克以上；

（10）罂粟壳五十千克以上；

（11）上述毒品以外的其他毒品数量较大的。

非法持有两种以上毒品，每种毒品均没有达到上述规定的数量标准，但按上述规定的立案追诉数量比例折算成海洛因后累计相加达到10克以上的，应予立案追诉。

（三）包庇毒品犯罪分子案件的立案追诉标准

包庇走私、贩卖、运输、制造毒品的犯罪分子，涉嫌下列情形之一的，应予立案追诉：

（1）作虚假证明，帮助掩盖罪行的；

（2）帮助隐藏、转移或者毁灭证据的；

（3）帮助取得虚假身份或者身份证件的；

（4）以其他方式包庇犯罪分子的。

包庇走私、贩卖、运输、制造毒品的犯罪分子，事先通谋的，以走私、贩卖、运输、制造毒品罪的共犯立案追诉。

（四）窝藏、转移、隐瞒毒品、毒赃案件的立案追诉标准

为走私、贩卖、运输、制造毒品的犯罪分子窝藏、转移、隐瞒毒品或者犯罪所得的财物的，应予立案追诉。

为走私、贩卖、运输、制造毒品的犯罪分子窝藏、转移、隐瞒毒品或者犯罪所得的财物，事先通谋的，以走私、贩卖、运输、制造毒品罪的共犯立案追诉。

（五）走私制毒物品和非法买卖制毒物品案件的立案追诉标准

1. 违反国家规定，非法运输、携带制毒物品进出国（边）境，非法买卖制毒物品数量达到下列标准之一的，应予立案追诉：

（1）1–苯基–2–丙酮5千克以上；

（2）麻黄碱、伪麻黄碱及其盐类和单方制剂5千克以上，麻黄浸膏、麻黄浸膏粉100千克以上；

（3）3，4–亚甲基二氧苯基–2–丙酮、去甲麻黄素（去甲麻黄碱）、甲基麻黄素（甲基麻黄碱）、羟亚胺及其盐类10千克以上；

（4）胡椒醛、黄樟素、黄樟油、异黄樟素、麦角酸、麦角胺、麦角新碱、苯乙酸20千克以上；

（5）N–乙酰邻氨基苯酸、邻氨基苯甲酸、哌啶150千克以上；

（6）醋酸酐、三氯甲烷200千克以上；

（7）乙醚、甲苯、丙酮、甲基乙基酮、高锰酸钾、硫酸、盐酸400千克以上；

（8）其他用于制造毒品的原料或者配剂相当数量的。

违反国家规定，未经许可或者备案，擅自购买、销售易制毒化学品的，超出许可证明或者备案证明的品种、数量范围购买、销售易制毒化学品的，使用他人的或者伪造、变造、失效的许可证明或者备案证明购买、销售易制毒化学品的等行为都认定为非法买卖制

毒物品行为。

2. 实施走私制毒物品行为，有下列情形之一，且查获了易制毒化学品，结合行为人的供述和其他证据综合审查判断，可以认定其“明知”是制毒物品而走私或者非法买卖，但有证据证明确属被蒙骗的除外：

（1）改变产品形状、包装或者使用虚假标签、商标等产品标志的；

（2）以藏匿、夹带、伪装或者其他隐蔽方式运输、携带易制毒化学品逃避检查的；

（3）抗拒检查或者在检查时丢弃货物逃跑的；

（4）以伪报、藏匿、伪装等蒙蔽手段逃避海关、边防等检查的；

（5）选择不设海关或者边防检查站的路段绕行出入境的；

（6）以虚假身份、地址或者其他虚假方式办理托运、寄递手续的；

（7）以其他方法隐瞒真相，逃避对易制毒化学品依法监管的。

（六）非法种植毒品原植物案件的立案追诉标准

“种植”，是指播种、育苗、移栽、插苗、施肥、灌溉、割取津液或者收取种子等行为。非法种植毒品原植物的株数一般应以实际查获的数量为准。因种植面积较大，难以逐株清点数目的，可以抽样测算每平方米平均株数后按实际种植面积测算出种植总株数。

非法种植罂粟、大麻等毒品原植物，涉嫌下列情形之一的，应予立案追诉：

（1）非法种植罂粟五百株以上的；

（2）非法种植大麻五千株以上的；

（3）非法种植其他毒品原植物数量较大的；

（4）非法种植罂粟二百平方米以上、大麻二千平方米以上或者其他毒品原植物面积较大，尚未出苗的；

（5）经公安机关处理后又种植的；

（6）抗拒铲除的。

非法种植罂粟或者其他毒品原植物，在收获前自动铲除的，可以不予立案追诉。

（七）非法买卖、运输、携带、持有毒品原植物种子、幼苗案件的立案追诉标准

非法买卖、运输、携带、持有未经灭活的罂粟等毒品原植物种子或者幼苗，涉嫌下列情形之一的，应予立案追诉：

（1）罂粟种子五十克以上、罂粟幼苗五千株以上；

（2）大麻种子五十千克以上、大麻幼苗五万株以上；

（3）其他毒品原植物种子、幼苗数量较大的。

（八）引诱、教唆、欺骗他人吸毒案和强迫他人吸毒案的立案追诉标准

引诱、教唆、欺骗他人吸食、注射毒品的，违背他人意志，以暴力、胁迫或者其他强制手段，迫使他人吸食、注射毒品的，应予立案追诉。

（九）容留他人吸毒案的立案追诉标准

提供场所，容留他人吸食、注射毒品，涉嫌下列情形之一的，应予立案追诉：

（1）容留他人吸食、注射毒品两次以上的；

（2）一次容留三人以上吸食、注射毒品的；

（3）因容留他人吸食、注射毒品被行政处罚，又容留他人吸食、注射毒品的；

（4）容留未成年人吸食、注射毒品的；

（5）以牟利为目的容留他人吸食、注射毒品的；

（6）容留他人吸食、注射毒品造成严重后果或者其他情节严重的。

（十）非法提供麻醉药品、精神药品案的立案追诉标准

依法从事生产、运输、管理、使用国家管制的麻醉药品、精神药品的个人或者单位，违反国家规定，向吸食、注射毒品的人员提

供国家规定管制的能够使人形成瘾癖的麻醉药品、精神药品，涉嫌下列情形之一的，应予立案追诉：

（1）非法提供鸦片二十克以上、吗啡二克以上、度冷丁（杜冷丁）五克以上（针剂100mg/支规格的五十支以上，50mg/支规格的一百支以上；片剂25mg/片规格的二百片以上，50mg/片规格的一百片以上）、盐酸二氢埃托啡零点二毫克以上（针剂或者片剂20mg/支、片规格的十支、片以上）、氯胺酮、美沙酮二十克以上、三唑仑、安眠酮一千克以上、咖啡因五千克以上、氯氮卓、艾司唑仑、地西泮、溴西泮十千克以上，以及其他麻醉药品和精神药品数量较大的；

（2）虽未达到上述数量标准，但非法提供麻醉药品、精神药品两次以上，数量累计达到前项规定的数量标准百分之八十以上的；

（3）因非法提供麻醉药品、精神药品被行政处罚，又非法提供麻醉药品、精神药品的；

（4）向吸食、注射毒品的未成年人提供麻醉药品、精神药品的；

（5）造成严重后果或者其他情节严重的。

依法从事生产、运输、管理、使用国家管制的麻醉药品、精神药品的人员或者单位，违反国家规定，向走私、贩卖毒品的犯罪分子提供国家规定管制的能够使人形成瘾癖的麻醉药品、精神药品的，或者以牟利为目的，向吸食、注射毒品的人提供国家规定管制的能够使人形成瘾癖的麻醉药品、精神药品的，以走私、贩卖毒品罪立案追诉。

第三节　毒品刑事案件的司法程序

一、毒品刑事案件的立案

（一）接受案件

1. 接受案件的条件。公安机关对以下任何一种来源的毒品犯罪案件都应当立即接受：（1）报案、控告、举报、犯罪嫌疑人自首或者扭送毒品犯罪嫌疑人的；（2）110报警服务台指令的；（3）日常工作中发现的；（4）行政执法机关或者其他公安机关、司法机关移送的。

2. 接受案件的程序。

（1）制作《询问笔录》。对于报案、控告、举报、自首、扭送的，都应当立即接受，问明情况，并制作笔录。必要时应当录音、录像。

扭送人、报案人、控告人、举报人如果不愿意公开自己的身份，应当为其保守秘密，并在材料中注明。公安机关应当保障其本人及其近亲属的安全。对电话报案的，应当记清报案人的联系方式。对匿名报案的，也应当问明情况，并及时调查核实。

（2）接受证据。接受案件的民警对报案人提供的有关证据材料、物品等应当当场登记，制作《接受证据材料清单》一式三份，并由证据提交人、办案人签名，一份由办案（受案）单位留存附卷，一份交证据提交人，一份连同接受的证据交公安机关的保管人员妥善保管。必要时，应当拍照或者录音、录像，并妥善保管。移送案件时，应当将有关证据材料和物品一并移交。

（3）制作《接受刑事案件登记表》。接受案件的民警应当制作《接受刑事案件登记表》一式二份，一份由受案单位留存，一份随案附卷，连同其他受案材料，报本单位领导审批。

（4）制作《接受案件回执单》。对报案、控告、举报、扭送的，应当制作《接受案件回执单》一式二份，一份交扭送人、报案人、控告人、举报人，一份随案附卷；需要向其他单位备案的，按照有关规定执行。回执中必须填明受案单位名称、受案民警姓名以及相关电话号码，以便报案人等了解立案情况，监督受案单位的工作进展情况。

对行政执法机关移送的涉嫌毒品犯罪案件，应当在涉嫌毒品犯罪案件移送书的回执上签字，不必制作《接受案件回执单》。对其他公安机关、司法机关移送的案件，应当在《移送案件通知书》等文书或者其他送达回执上签收。

（5）现场处置。对需要立即赶赴现场处置的，或者110报警服务台指令赶赴现场处置的，应当尽快到达现场，依法、稳妥、果断处置。处警民警应当及时报告案件处理情况。现场处置完毕后，应当在 24 小时内完成受案登记；符合受案立案条件的，依法及时受案立案。

（二）立案审查

对于在审查中发现案件事实或者线索不明的，必要时，经办案部门负责人批准，可以进行初查。初查过程中，公安机关可以依照有关法律和规定采取询问、查询、勘验、鉴定和调取证据材料等不限制被调查对象人身、财产权利的措施。

1. 审查的内容包括：（1）是否有犯罪事实；（2）是否达到毒品刑事案件立案标准；（3）是否属于本单位管辖。

对行政执法机关移送的案件，除审查以上内容外，还应当审查是否随案移送了以下材料：①涉嫌毒品刑事案件移送书；②涉嫌毒品刑事案件情况的调查报告；③涉案物品清单；④有关检验报告或者鉴定意见；⑤其他有关涉嫌毒品犯罪的证据材料。

对材料不全的，应当在接受案件的 24 小时内书面告知移送的行政执法机关在 3 日内补正。但不得以材料不全为由，不接受移送案件。

2. 审查期限。

（1）对接受的毒品犯罪案件，应当及时进行审查，作出是否立案的决定。报案人、控告人、举报人在立案审查期间查询立案情况的，应当及时回复。

（2）行政执法机关移送的案件，自接受案件之日起 3 日内，依法审查并作出决定。

（3）上级公安机关指定管辖或者书面通知立案的，应当在指定期限内立案侦查。

（三）决定是否立案

1. 立案。

（1）立案条件。立案应当同时符合以下条件：①认为有毒品犯罪事实；②达到毒品犯罪案件立案标准；③属于本单位管辖。

（2）立案程序。经过审查，对符合立案条件的毒品刑事案件线索，办案部门应及时办理毒品刑事案件立案审批手续。

1）呈报。办案部门应当制作《呈请立案报告书》，连同《接受刑事案件登记表》等受案材料，报县级以上公安机关负责人批准。

2）批准。县级以上公安机关负责人批准立案的，办案部门制作《立案决定书》。县级以上公安机关负责人直接在《接受刑事案件登记表》或者其他文书上批示立案侦查的，不再制作《呈请立案报告书》，直接制作《立案决定书》。

3）通知。对有报案人、控告人、举报人、扭送人的，应当告知立案情况，但案件涉及国家秘密、个人隐私、共同犯罪、集团犯罪、黑社会性质组织犯罪、恐怖活动犯罪等情况需要保密时，可视情不予告知。告知和不予告知情况，应当在《立案决定书》中注明。对行政执法机关移送的案件，依法决定立案后，应书面通知移送案件的行政执法机关。人民检察院通知立案的，应当将《立案决定书》复印件及时送达人民检察院。上级公安机关指定管辖或者书面通知立案的，应当将立案情况书面报告上级公安机关。

4）拟定侦查工作方案。对决定立案侦查的疑难、复杂、重大、特别重大的毒品刑事案件，应当拟定侦查工作方案。

侦查工作方案应当包括以下内容：

①对案情的初步分析和判断，包括对线索来源可靠程度和涉嫌范围的测定；

②侦查方向和侦查范围；

③为查明案情需要采取的措施；

④侦查力量的组织和分工；

⑤需要有关方面配合的各个环节如何紧密衔接；

⑥侦查所必须遵循的制度和规定；

⑦如属预备毒品犯罪案件的，还应当提出制止现行破坏和防止造成损失的措施。

2. 不予立案。

（1）不予立案的条件。

经过审查，有下列情形之一的，不予立案：①没有毒品犯罪事实的；②毒品犯罪情节显著轻微不需要追究刑事责任的；③具有其他依法不追究刑事责任情形的。

（2）不予立案的程序。

①呈报。对不予立案的，办案部门应当制作《呈请不予立案报告书》，连同《接受刑事案件登记表》等受案材料，报县级以上公安机关负责人批准。

②批准。县级以上公安机关负责人批准不予立案的，办案部门制作《不予立案通知书》。

③通知。对有控告人的案件，决定不予立案的，公安机关应当制作《不予立案通知书》，并在3日以内送达控告人。对公安机关其他部门、其他公安机关、行政执法机关或者司法机关移送的案件，应当在接受案件之日起3日内，将《不予立案通知书》送达移送案件的有关机关，并退回相应案卷材料。

（四）移送案件

1. 移送条件。经过审查，案件有下列情形之一的，应当移送有管辖权的机关处理：

（1）不属于本单位管辖，应当由其他公安机关、行政执法机关或者司法机关管辖的；

（2）本单位有管辖权，但经与其他有管辖权的公安机关协商，或者经上级公安机关指定管辖，或者存在并案侦查情形，需要移送其他公安机关管辖的；

（3）查获地公安机关对怀孕、哺乳期妇女走私、贩卖、运输毒品案件，认为移交其居住地公安机关管辖更有利于采取强制措施和查清犯罪事实的，可以报请共同的上级公安机关批准，移送犯罪嫌疑人居住地公安机关办理。查获地公安机关应当继续配合。

对行政执法机关移送的案件，不属于公安机关管辖的，退回移送案件的行政执法机关，并书面说明理由。

2. 移送程序。

（1）呈批。对应当移送的案件，办案部门立即制作《呈请移送案件报告书》，报县级以上公安机关负责人批准。

（2）批准。县级以上公安机关负责人批准移送的，办案部门制作《移送案件通知书》。

（3）移送。在24小时内将《移送案件通知书》，连同有关案件材料、财物及其孳息、文件移送主管机关。如果犯罪嫌疑人已经被采取取保候审、监视居住强制措施的，应当同时将《移送案件通知书》送达其执行机关；如果犯罪嫌疑人在押的，应当同时将《移送案件通知书》送达看守所，与主管机关办理交接手续，并在移送案件后3日内书面通知犯罪嫌疑人家属。主管机关接受案件后，填写回执联退回移送机关附卷。

（4）送达。将《移送案件通知书》及时送达报案人、控告人、举报人或者移送案件的单位。对行政执法机关移送的案件，在移送案件时，应当书面告知移送案件的行政执法机关、同级人民检察院及相关权利人。

3. 采取紧急措施。对于不属于自己管辖又有必要采取紧急措施的，应当先采取紧急措施，然后移送主管机关。移送案件前发现下列情形之一的，应当先采取紧急措施：

（1）犯罪嫌疑人正在实施毒品犯罪行为的；

（2）正在实施毒品犯罪行为被发现的现行犯被扭送至公安机关的；

（3）在逃的犯罪嫌疑人已被抓获或者被发现的；

（4）有人员伤亡，需要立即采取救治措施的；

（5）其他应当采取紧急措施的情形。

（五）转为行政案件

经审查认为不够刑事处罚需要给予行政处理的，应当转为行政案件办理：

1. 尚未立案的，应当制作《不予立案通知书》，送达控告人或者移送案件的行政执法机关后，转为行政案件办理；

2. 本单位没有管辖权，移送有管辖权的行政主管机关；

3. 已经立案，应当依照有关规定撤销案件，转为行政案件办理。

（六）对无法区分刑事行政案件的办理

接受案件时，暂时无法确定为毒品刑事案件或者行政案件的，可以先按照行政案件的程序办理。在办理过程中，认为涉嫌构成毒品犯罪的，应当按照办理刑事案件的程序办理。但对控告人坚持作为刑事案件控告或者行政执法机关作为刑事案件移送的案件，应当按照规定立案审查后依法处理。

二、毒品刑事案件的侦查

（一）毒品犯罪案件侦查概述

1. 毒品犯罪案件侦查的任务。公安机关办理毒品犯罪案件的任务，是保证准确、及时地查明毒品犯罪事实，正确应用法律，惩罚毒品犯罪分子，保证无毒品犯罪行为的人不受法律追究；教育公民自觉遵守禁毒法律法规，积极同毒品违法犯罪行为作斗争，以维护社会主义法制，保护公民的人身权利、财产权利、民主权利和其他权利。

2. 毒品犯罪案件侦查的指导思想。毒品犯罪案件侦查工作的指导思想：破大案、打毒枭、摧网络、缴毒品、追毒资。

（1）破大案：强调禁毒侦查部门在打击毒品犯罪活动中，要把侦破重特大毒品犯罪案件作为工作的首要任务，积极主动地寻找大案线索，发现重特大犯罪活动，全力以赴组织侦破，力求发现跨国贩毒集团的犯罪活动，并通过组织实施专案侦查给以有力打击。

（2）打毒枭：毒品犯罪案件侦查工作的重点是，打击策划组织实施重特大贩毒活动的毒贩，特别是毒枭级的人物应该是案件侦查工作的主要目标，而不能只满足于缴获运输途中的毒品、抓获一些运输毒品的马仔。

（3）摧网络：毒品犯罪案件的侦查工作，要把摧毁地下贩毒网络作为最根本的工作任务来对待，通过组织实施专案侦查，千方百计将地下贩毒网络彻底摧毁，截断地下贩毒通道。

（4）缴毒品：案件侦查的一个重要任务就是要查获毒品，防止毒品流入社会造成危害，在毒品的流通环节最大限度地查获毒品，是减少毒品危害最直接的措施。

（5）追毒资：毒品犯罪活动追求的是利润，毒品犯罪案件侦查要注意从经济上有力地打击不法分子，不仅要收缴购买毒品的毒资，还要追缴贩毒所得的赃款、赃物及其产生的收益。

3. 毒品犯罪案件的侦查控制。毒品犯罪案件的侦破过程，实际上是一个控制和不断发现的过程。控制，是对已经发现的侦查目标进行严密监控。在毒品犯罪案件中，侦查目标可以是犯罪嫌疑人，也可以是毒品，还可以是人和毒品。发现，就是通过对目标的严密控制来不断地发现更多的犯罪事实，查清毒品犯罪网络的基本情况，获取更多重要犯罪证据。

（二）毒品犯罪案件的侦查措施

毒品犯罪案件的侦查过程，既会运用办理其他刑事犯罪案件的侦查措施，还会使用一些侦查毒品案件的特殊侦查措施。

1. 公开查缉。公开查缉，是指公安机关根据查缉毒品的需要，依法采取的以公开方式在边境地区、交通要道、口岸、山间通道、收费站以及飞机场、火车站、长途汽车站、码头、货运物流场所对来往人员、物品、货物以及交通工具进行毒品和易制毒化学品的检查、盘查以及现场处置等措施。

公安机关根据查缉毒品的需要，可以在边境地区、交通要道、口岸以及飞机场、火车站、长途汽车站、码头对来往人员、物品、货物以及交通工具进行毒品和易制毒化学品检查。

公安机关人民警察在公开查缉过程中，对有毒品违法犯罪嫌疑的人，应当当场进行盘问、检查。

公开查缉的主体。查缉卡点应当根据任务需要配置警力，每个卡点一般不少于四人，盘问、检查一般由二人以上民警进行，并明确拦截、警戒和盘查等任务分工。

2. 制造毒品案件现场勘验检查。制造毒品案件现场勘验检查，是指侦查人员依法运用科学技术手段和方法，对与非法制造毒品有关的场所、物品、人身等进行勘查、分析和处理的侦查活动。

制毒案件现场勘查及处置的任务，是发现、固定、提取与制造毒品犯罪有关的物品、痕迹等证据及其他信息，分析判断制造毒品的种类、工艺流程，处置现场遗留物品，为侦查办案、刑事诉讼提供线索和证据。

现场勘查应当首先进行现场安全评估。现场安全评估的任务是确认现场制毒物品、制毒设备，确定现场的安全级别，制订排除危险的方案。

3. 控制下交付。

（1）控制下交付的条件。《联合国禁止非法贩运麻醉药品与精神药品公约》中规定，控制下交付是一种技术。即在一国或多国禁毒执法机构知情或监控下，允许货物中的毒品或可疑的毒品、易制毒化学物品或它们的替代物质运出、通过或运入其领土（或地区），以期查明毒品犯罪情况，将贩毒人员一网打尽的侦查策略。

《刑事诉讼法》第153条第2款规定，对涉及给付毒品等违禁品或者财物的犯罪活动，公安机关根据侦查犯罪的需要，可以依照规定实施控制下交付。

在保证已查知的毒品或易制毒化学物品不落入贩毒分子之手的前提下，促使更多的贩毒分子暴露，并获得有利的取证时机，从而最大限度地予以揭露和打击。

在侦查毒品犯罪案件时，有条件的应当尽可能实施控制下交付，扩大战果。

（2）控制下交付的审批。对需要实施控制下交付的案件，应当严格审批，并报上一级公安机关禁毒部门备案。跨省（市）的应当报经省（市）级以上公安机关负责人批准，跨地（市）的应当报地（市）级以上公安机关负责人批准，跨县（区）的应当报县级以上公安机关负责人批准。

（3）控制下交付的实施。对决定实施控制下交付的案件，应当制订控制下交付工作方案和应急预案。

实施控制下交付的毒品应当是犯罪嫌疑人正在贩卖、运输或者走私过程中被查获或被发现跟踪的毒品，根据案件情况，也可以使用假毒品替代。

办理控制下交付的案件，应当成立专案组，并严格执行《公安机关办理刑事案件程序规定》。

4. 毒品的提取、扣押、称量、取样和送检。为规范毒品犯罪案件中毒品的提取、扣押、称量、取样和送检工作，最高人民法院、最高人民检察院、公安部于2016年5月24日制定了《办理毒品犯罪案件毒品提取、扣押、称量、取样和送检程序若干问题的规定》。

人民检察院、人民法院办理毒品犯罪案件，应当审查公安机关对毒品的提取、扣押、称量、取样、送检程序以及相关证据的合法性。

毒品的提取、扣押、称量、取样、送检程序存在瑕疵，可能严重影响司法公正的，人民检察院、人民法院应当要求公安机关予以补正或者作出合理解释。经公安机关补正或者作出合理解释的，可以采用相关证据；不能补正或者作出合理解释的，对相关证据应当依法予以排除，不得作为批准逮捕、提起公诉或者判决的依据。

（1）提取、扣押。侦查人员应当对毒品犯罪案件有关的场所、物品、人身进行勘验、检查或者搜查，及时准确地发现、固定、提取、采集毒品及内外包装物上的痕迹、生物样本等物证，依法予以扣押。必要时，可以指派或者聘请具有专门知识的人，在侦查人员的主持下进行勘验、检查。

侦查人员对制造毒品、非法生产制毒物品犯罪案件的现场进行勘验、检查或者搜查时，应当提取并当场扣押制造毒品、非法生产制毒物品的原料、配剂、成品、半成品和工具、容器、包装物以及上述物品附着的痕迹、生物样本等物证。

毒品的扣押应当在有犯罪嫌疑人在场并有见证人的情况下，由2名以上侦查人员执行。

（2）称量。毒品的称量一般应当由2名以上侦查人员在查获毒品的现场完成。称量应当在有犯罪嫌疑人在场并有见证人的情况下进行，并制作称量笔录。称量应当使用适当精度和称量范围的衡器。侦查人员应当对称量的主要过程进行拍照或者录像。

（3）取样。毒品的取样一般应当在称量工作完成后，由2名以上侦查人员在查获毒品的现场或者公安机关办案场所完成。必要时，可以指派或者聘请具有专门知识的人进行取样。

在查获毒品的现场或者公安机关办案场所取样的，应当在有犯罪嫌疑人在场并有见证人的情况下进行，并制作取样笔录。

（4）送检。对查获的全部毒品或者从查获的毒品中选取或者随机抽取的检材，应当由 2 名以上侦查人员自毒品被查获之日起 3 日以内，送至鉴定机构进行鉴定。

具有下列情形之一的，公安机关应当委托鉴定机构对查获的毒品进行含量鉴定：

①犯罪嫌疑人、被告人可能被判处死刑的；

②查获的毒品系液态、固液混合物或者系毒品半成品的；

③查获的毒品可能大量掺假的；

④查获的毒品系成分复杂的新类型毒品，且犯罪嫌疑人、被告人可能被判处 7 年以上有期徒刑的；

⑤人民检察院、人民法院认为含量鉴定对定罪量刑有重大影响而书面要求进行含量鉴定的。

进行含量鉴定的检材应当与进行成分鉴定的检材来源一致，且一一对应。

对毒品原植物及其种子、幼苗，应当委托具备相应资质的鉴定机构进行鉴定。

5. 侦查协作。

（1）协作内容。毒品案件侦查协作包括：提供线索情报、提供信息资料、协助采取强制措施、协助追缴毒资或毒贩财产、协作办案和案件移交等与办理案件有关的内容。

（2）协作要求。

①毒品案件侦查协作必须坚持依法、及时、无偿的原则。严禁以任何形式推托、阻挠或拖延协作工作；严禁以任何形式索取协作费用。

②公安机关禁毒部门在协作办理毒品犯罪案件工作时，要本着“团结协作、顾全大局”的原则，互相支持、配合，充分发挥整体作战的效能。

③异地协作办理毒品案件，不得单方采取破案行动。对异地公安机关提出协助调查、执行强制措施等协作请求，只要法律手续完备的，协作地公安机关应当及时无条件予以配合。

（3）协作主体。毒品案件的侦查协作原则上由公安机关禁毒部门负责。省级公安机关禁毒部门的负责人为协作责任人。

6. 毒品犯罪证据的审查判断。对收集的证据，经过查证属实后，才能作为认定案件事实的依据。对证据的审查判断，应当贯穿于整个侦查过程。

毒品犯罪案件的证据，包括证明毒品犯罪的客体、客观方面、主体与主观方面的证据种类和形式。

（1）关于毒品犯罪客体的证据。毒品犯罪侵犯的客体主要是国家对毒品的管理制度，在一些特殊的毒品犯罪中，还同时侵害了国家海关管理制度等。对此，一般可通过犯罪事实的认定予以明确。

（2）关于犯罪客观方面的证据。毒品犯罪在客观方面表现为各种形式的毒品犯罪行为，如走私、贩卖、运输、制造毒品、非法持有毒品等。

（3）关于毒品犯罪主体的证据。毒品犯罪的主体既有一般主体，也有特殊主体，包括自然人和单位。

（4）关于毒品犯罪主观方面的证据。毒品犯罪的主观方面为故意。关于主观方面的证据主要参考以下内容：犯罪嫌疑人及其同案犯的供述和辩解；有关证人证言；有关书证（书信、电话记录、手机短信记录）；其他有助于判断主观故意的客观事实。

（三）破案、撤案

1. 破案的条件。毒品刑事案件的破案，应具备下列条件：

（1）毒品犯罪事实已有证据证明；

（2）有证据证明毒品犯罪事实系毒品犯罪嫌疑人实施的；

（3）毒品犯罪嫌疑人或者主要的毒品犯罪嫌疑人已归案。

2. 对公安部毒品目标案件的破案。公安部毒品目标案件的破案，应当以抓获毒品犯罪的主要组织者、策划者为必要条件。

公安部毒品目标案件破案后，省级公安禁毒部门应当于破案后的24小时以内报公安部禁毒局，并将破案详细报告和对主要犯罪嫌疑人的审讯情况于15日内上报公安部禁毒局。

3. 撤销案件的条件。经过侦查，发现所立毒品犯罪案件具有下列情形之一的，应当撤销案件：

（1）没有毒品犯罪事实的；

（2）情节显著轻微、危害不大，不认为是犯罪的；

（3）毒品犯罪已过追诉时效期限的；

（4）毒品犯罪嫌疑人死亡的；

（5）经特赦令免除刑罚的；

（6）其他依法不追究刑事责任的。

对于经过侦查，发现有犯罪事实需要追究刑事责任，但不是被立案侦查的犯罪嫌疑人实施的，或者共同犯罪案件中部分犯罪嫌疑人不够刑事处罚的，应当对有关犯罪嫌疑人终止侦查，并对该案件继续侦查。

三、毒品刑事案件的起诉

（一）审查起诉

审查起诉，是指案件侦查完毕后，公安侦查机关依法将案件移送给人民检察院，由人民检察院的公诉部门依法对侦查机关确认的犯罪事实和证据、犯罪性质和罪名进行审查核实，并作出是否起诉决定的一项诉讼活动。

凡需要提起公诉的案件，一律由人民检察院审查决定。

人民检察院审查案件的时候，必须查明以下内容：

1. 毒品犯罪事实、情节是否清楚，证据是否确实、充分，犯罪性质和罪名的认定是否正确。这是确定犯罪嫌疑人是否构成犯罪并依法承担刑事责任的基础。因此，审查必须做到认真全面细致。

2. 有无遗漏罪行和其他应当追究刑事责任的人。法律要求我们在追究犯罪嫌疑人的犯罪行为的时候应当做到客观、全面，不让无罪的人受到刑事处罚，也不让有罪的人逃脱刑事处罚。

3. 是否属于不应追究刑事责任的情形。

4. 侦查活动是否合法。人民检察院是法律的监督机关，对于侦查机关的侦查活动依法享有监督权。在对案件进行审查起诉的时候，应当审查案件侦查过程中，侦查机关的侦查活动是否符合程序规定，形式要件是否齐备，侦查机关在侦查过程中是否使用了刑讯逼供等非法收集证据的情形。

除了上述规定，人民检察院的公诉部门必须查明下列内容：（1）有无法定的从重、从轻、减轻或者免除处罚的情节；（2）共同犯罪案件的毒品犯罪嫌疑人在其从事的毒品犯罪活动中的责任的认定是否恰当；（3）犯罪嫌疑人被采取的强制措施是否适当；（4）与毒品犯罪有关的财物及其孳息是否扣押、冻结并妥善保管，以供核查；等等。

（二）提起公诉

提起公诉，是指经过人民检察院对毒品案件进行审查后，认为符合提起公诉的法定条件，依法向人民法院起诉的诉讼活动。

人民检察院提起公诉的毒品刑事案件必须同时具备如下条件，公诉部门才能够依法向人民法院提起公诉。

1. 犯罪嫌疑人涉毒犯罪的事实已经查清。

2. 认定毒品犯罪成立的证据确实、充分。

3. 依法应当追究刑事责任。

（三）提起公诉的程序

1. 制作起诉书。

2. 移送起诉书等相关案件材料。

3. 补充起诉材料。人民法院认为人民检察院起诉移送的有关材料不符合《刑事诉讼法》第150条规定的条件，向人民检察院提出书面意见要求补充提供的，人民检察院应当自收到通知之日起3日内补送。

4. 提出量刑的建议。人民检察院对提起公诉的案件，可以向人民法院提出量刑建议。

（四）不起诉

不起诉，是指人民检察院对侦查机关侦查终结移送审查起诉的案件进行审查后，认为有法律规定的情形，依法作出不起诉决定，不将案件移送人民法院审判的一种诉讼活动。不起诉直接的法律效果是终止刑事诉讼程序。

不起诉可以分为法定不起诉、酌定不起诉和存疑不起诉三种。

四、毒品刑事案件的审判

（一）毒品案件的第一审普通程序

毒品刑事案件都是公诉案件，第一审普通程序是指，人民法院对公诉案件审理所普遍适用的程序，是第一审程序中各项规定最全面的程序。毒品案件第一审普通程序包括庭前程序、开庭审理、评议和审判三个阶段。

1. 庭前程序。庭前程序，是指人民检察院向人民法院提起公诉后到人民法院开庭审理前，人民法院所进行的各项审判准备工作要遵循的规则的总称。一般包括对毒品公诉案件的庭前审查及开庭前的准备两个阶段。

毒品刑事案件采取技术侦查措施收集的材料，在使用此类证据可能危及有关人员的人身安全，或者可能产生其他严重后果的，应当采取不暴露有关人员身份、技术方法等保护措施，必要的时候，可以由审判人员在庭外对证据进行核实。

2. 开庭审理程序。开庭审理程序，是指人民法院在完成庭审前的准备工作之后，对刑事案件进行审理和判决时所应当遵循的法定步骤。依据《刑事诉讼法》的规定，法庭审判分为：开庭、法庭调查、法庭辩论、被告人最后陈述、评议和宣判五个阶段。

在审判毒品犯罪案件中，证人、鉴定人、被害人因出庭作证，本人或者其近亲属的人身安全面临危险的，人民法院应当采取不公开其真实姓名、住址和工作单位等个人信息，或者不暴露其外貌、真实声音等保护措施。审判期间，证人、鉴定人、被害人提出保护请求的，人民法院应当立即审查；认为确有保护必要的，应当及时决定采取相应保护措施。

3. 评议和宣判。审判长在被告人最后陈述后，应当宣布休庭，合议庭进行评议。评议是合议庭组成人员在法庭审理的基础上，经过研究和讨论，对案件作出处理的诉讼活动。

合议庭评议活动是秘密进行的，应当制作笔录，合议庭成员应当在评议笔录上签名，并在法律文书上署名。

根据《刑事诉讼法》第195条和《最高人民法院关于执行〈中华人民共和国刑事诉讼法〉若干问题的解释》第252条、第255条至256条、第263条至第266条相关规定，人民法院应当根据案件的具体情形，分别作出裁判。

（二）毒品案件的第二审

第二审程序的提起是通过上诉或抗诉进行，而且上诉或抗诉也将必然引起第二审程序。上诉，是指当事人及其法定代理人不服第一审法院的判决或裁定，在法定期限内提请上一级人民法院重新审理和裁判该案的活动。抗诉，是指人民检察院认为第一审判决或裁定有错误，在法定期限内要求上一级人民法院重新审理或裁判该案的一种诉讼活动。

第二审人民法院的审判方式分为开庭审理和不开庭审理两种方式。

1. 开庭审理的方式。开庭审理，也称直接审理。它要求第二审人民法院组成合议庭，按照第一审程序规定的开庭、法庭调查、法庭辩论、被告人最后陈述、评议和宣判步骤对上诉或抗诉案件进行审理。

第二审人民法院对于下列案件，应当组成合议庭，开庭审理：

（1）被告人、自诉人及其法定代理人对第一审认定的事实、证据提出异议，可能影响定罪量刑的上诉案件；

（2）被告人被判处死刑立即执行的上诉案件；

（3）人民检察院抗诉的案件；

（4）应当开庭审理的其他案件。

2. 不开庭审理的方式。不开庭审理，即以上诉内容或者抗诉书和一审的全部案卷为基础，通过调查讯问方式进行的审理。对上诉、抗诉案件，第二审人民法院经审查，认为原判事实不清、证据不足，或者具有《刑事诉讼法》第238条规定的违反法定诉讼程序情形，需要发回重新审判的，可以不开庭审理。

3. 第二审案件的处理。第二审人民法院对不服第一审判决的上诉、抗诉案件，经过审理后，应当按照下列情形分别处理：

（1）原判决认定事实和适用法律正确、量刑适当的，应当裁定驳回上诉或者抗诉，维持原判；

（2）原判决认定事实没有错误，但适用法律有错误，或者量刑不当的，应当改判；

（3）原判决事实不清楚或者证据不足的，可以在查清事实后改判，也可以裁定撤销原判，发回原审人民法院重新审判；

（4）第二审人民法院发现第一审人民法院的审理有违反法律规定的诉讼程序的情形，应当裁定撤销原判，发回原审人民法院重新审判。

（三）死刑复核程序

死刑由最高人民法院核准。中级人民法院判处死刑的第一审案件，被告人不上诉的，应当由高级人民法院复核后，报请最高人民法院核准。高级人民法院不同意判处死刑的，可以提审或者发回重新审判。

最高人民法院复核死刑案件，应当作出核准或者不核准死刑的裁定。对于不核准死刑的，最高人民法院可以发回重新审判或者予以改判。

最高人民法院复核死刑案件，应当讯问被告人，辩护律师提出要求的，应当听取辩护律师的意见。在复核死刑案件过程中，最高人民检察院可以向最高人民法院提出意见。最高人民法院应当将死刑复核结果通报最高人民检察院。

五、毒品刑事案件的执行

执行，是指将人民法院已经发生法律效力的判决、裁定付诸实施的活动。执行是我国刑事诉讼制度的最后阶段，它是国家刑罚权实现的直接表现形式，也是实现刑事诉讼活动最终目标的根本保障。

（一）死刑立即执行判决的执行

死刑是剥夺罪犯生命的一种严厉的刑罚，并且死刑的执行通常具有不可逆性，因此，对死刑立即执行判决的执行程序要求最为严格。

1. 执行死刑命令的签发。最高人民法院判处和核准的死刑立即执行的判决，应当由最高人民法院院长签发执行死刑的命令。最高人民法院的执行死刑命令，由高级人民法院交付原审人民法院执行，原审人民法院接到死刑执行命令后，应当在 7 日内交付执行。

2. 死刑执行的程序。人民法院应当在交付执行死刑 3 日前，通知同级人民检察院派员临场监督。死刑采用枪决或者注射等方法执行。人民法院应交付司法警察具体执行。负责指挥执行的审判人员应当对罪犯验明正身。要认真细致地核对罪犯的有关情况，查明其确系该判决认定的应当执行死刑的罪犯，以确保执行无误。审判人员还应当询问罪犯有无遗言、信札，并制作笔录。执行死刑后，在场书记员应当写成笔录，记明执行的具体情况。

3. 死刑执行的暂停。死刑执行的暂停，是指人民法院在将罪犯交付执行死刑后，实际执行前，发现执行死刑可能存在错误时，决定暂时停止死刑执行的制度。在执行前，人民法院如果发现可能有错误，应当暂停执行死刑，报请最高人民法院裁定。

（二）死刑缓期二年执行、无期徒刑、有期徒刑和拘役判决的执行

1. 交付执行的机关。由交付执行的人民法院在判决生效后 10 日以内将有关的法律文书送达监狱或其他执行机关。交付执行的人民法院是指第一审人民法院。

2. 执行机关。

（1）对于被判处死刑缓期二年执行、无期徒刑、有期徒刑罪犯，由公安机关依法将该罪犯送交监狱执行刑罚。

（2）对被判处有期徒刑的罪犯，在被交付执行刑罚前，剩余刑期在 3 个月以下的，由看守所代为执行。

（3）对于被判处拘役的罪犯，执行机关是公安机关。如果执行地设有拘役所的，在拘役所执行，没有设拘役所的，在看守所执行。

（4）未成年犯应当在未成年犯管教所执行刑罚。

（三）判处管制的执行

管制是一种适用于罪行较轻的犯罪分子的刑罚。它是指对犯罪分子不予关押而在公众监督之下进行改造，并限制一定自由的刑罚方法。判处管制，可以根据犯罪情况，同时禁止犯罪分子在执行期间从事特定活动，进入特定区域、场所，接触特定的人。违反此款规定的禁止令的，由公安机关依照《治安管理处罚法》的规定处罚。对判处管制的犯罪分子，依法实行社区矫正。

（四）罚金、没收财产判决的执行

罚金、没收财产都属于财产刑，可附加适用，也可单独适用。

1. 判处罚金的执行。罚金，是人民法院依法判决犯罪公民或犯罪单位，向国家缴纳一定数额金钱的刑罚方法，不得以其他刑罚代替罚金。罚金判决由人民法院负责执行。被判处罚金的罪犯或者犯罪单位，应按照判决确定的数额在判决规定的期限内一次或分期缴纳。期满无故不缴纳的，人民法院应当强制缴纳。

罪犯缴纳的罚金，应按规定及时上缴国库，任何机关、个人都不得挪作他用或者私分。

2. 判处没收财产的执行。没收财产，是指把犯罪人个人所有财产的一部分或者全部依法无偿地收归国有的一种刑罚。没收财产可以附加适用，也可以单独适用。

没收财产的判决，由第一审人民法院执行；在必要的时候，可以会同公安机关执行。为防止执行前罪犯或其他人将财产转移等影响判决执行的情况发生，人民法院可以先采取查封、扣押、冻结被告人财产的措施。

没收财产的范围，只限于犯罪分子本人所有的部分财产或者全部财产，不得没收属于罪犯家属所有或应有的财产。

（五）暂予监外执行

暂予监外执行，是指对被判处有期徒刑或拘役的罪犯，在某些法定情形出现时，暂时不采取在监狱或拘役所执行原判刑罚的一种变通执行方法。如果暂予监外执行的条件消失后，罪犯仍会被收监执行，它只是对执行监禁刑的暂时变更。

有下列情形之一的可以暂予监外执行：

1. 罪犯有严重疾病需要保外就医且暂予监外执行不致危害社会或自伤、自残。对于罪犯确有严重疾病，必须保外就医的，应由省级人民政府指定的医院开具证明文件，依照法律规定的程序审批。对于被保外就医的罪犯不符合保外就医条件的，或严重违反有关保外就医的规定的，应及时收监。

2. 罪犯怀孕或正在哺乳自己的婴儿。怀孕或正在哺乳自己的婴儿的妇女如被监禁，对胎儿或婴儿的生长发育极为不利，会给社会造成负面影响。因此，对怀孕或哺乳自己的婴儿的女罪犯可以暂予监外执行。哺乳期为1年。

3. 生活不能自理，适用暂予监外执行不致危害社会的。

【典型案例】

被告人李某，男，汉族，1975年10月12日出生在四川省合江县，小学文化，农民，居住地合江县车辋镇。

2013年3月底，李某和同居女友金某珍在四川省合江县与在浙江省余姚市的李某胞姐李某英联系，共同预谋从广东省汕头市贩运甲基苯丙胺至余姚市销售，李某与广东上线联系商定以105000元价格购买1500克甲基苯丙胺。同月31日金某珍按照李某的安排将该款转账至指定账户，后通知李某英前往广东省汕头市接毒品。同年4月3日，李某英携带毒品乘坐长途客车从汕头市返回余姚市途中，在福建省宁德市沈海高速云淡服务区时被公安机关抓获，当场查获甲基苯丙胺1503克。

（一）立案

本案是李某英携带毒品乘坐长途客车在从广东省汕头市返回余姚市的途中，在福建省宁德市高速云淡服务区内被公安机关查获。本案由余姚市公安机关办理更为适宜，所以余姚市公安局立案。

（二）侦查

余姚市公安局在李某英在余姚市兰江街道租住的家中搜查了三包冰毒、一包麻古，证实了李某英长期从事贩毒活动的犯罪事实，经过对李某英的审讯，查清了从广东省汕头市向余姚市贩卖、运输毒品的犯罪事实。余姚市警方随即对李某英、李某采取刑事拘留，并对李某进行网上追逃，李某于当月到案，同年5月10日余姚市人民检察院批准对李某的逮捕决定。

（三）起诉

经余姚市人民检察院公诉部门依法对侦查机关确认的犯罪事实和证据、犯罪性质和罪名进行审查核实，认为侦查机关对李某涉嫌贩卖、运输毒品案件犯罪事实已经调查清楚，认定毒品犯罪的证据确实充分，罪名适用准确，依法应当追究李某刑事责任。

因贩卖、运输毒品数量巨大，犯罪嫌疑人李某可能被判处无期徒刑、死刑，所以本案由余姚市人民检察院移送至宁波市人民检察院，由宁波市人民检察院向宁波市中级人民法院提起公诉。

（四）审判

1. 案件一审程序。浙江省宁波市中级人民法院审理宁波市人民检察院指控被告人李某犯贩卖、运输毒品一案，于2014年7月14日以（2014）甬刑初第69号刑事判决，认定被告人李某，男，汉族，1975年10月12日出生在四川省合江县，小学文化，农民，居住地合江县车辋镇，犯贩卖、运输毒品罪，判处死刑，剥夺政治权利终身，并处没收个人全部财产。

2. 案件的上诉程序。宣判后李某以量刑过重，对宁波市中级人民法院的一审判决不服，向浙江省高级人民法院提起上诉，请求浙江省高级人民法院重新审判。

3. 案件的二审程序。接到李某的刑事上诉后，浙江省高级人民法院经依法开庭审理，经审查认为法律适用准确，量刑适当，于2014年11月11日以（2014）浙刑三终字第140号刑事裁定驳回上诉，维持原判。

4. 案件的死刑复核程序。经浙江省高级人民法院向最高人民法院提请复核死刑裁定，最高人民法院依法组成合议庭，对本案进行了复核。最后认为：第一审判决、第二审裁定认定的事实清楚，证据确实、充分，定罪准确，量刑适当。审判程序合法。核准浙江省高级人民法院（2014）浙刑三终字第140号维持第一审对被告人李某以贩卖、运输毒品罪判处死刑，剥夺政治权利终身，并处没收个人全部财产的刑事裁定。

（五）执行

最高人民法院院长签发执行死刑的命令，逐级向下传达到宁波市中级人民法院。由宁波市中级人民法院的司法警察具体执行对李某的死刑。

【思考题】

1. 毒品刑事案件的立案追诉标准是什么？
2. 毒品刑事案件的管辖是怎么规定的？
3. 毒品刑事案件的侦查措施有哪些？

第四编　禁毒国际法与禁毒国际执法合作

第十二章　禁毒国际法

【本章摘要】毒品犯罪是与非法种植、生产、贩卖、运输、提供、持有麻醉药品和精神药物等有关的一类犯罪行为的总称。该类犯罪的滋生和蔓延，不但极大地威胁着人类的生命和健康，而且对国际社会的良好秩序和共同利益造成强烈冲击和严重危害，因而被称为社会公害、世界瘟疫。进入20世纪以后，国际社会对毒品危害的认识日益深化，严格禁毒的呼声不断高涨，国际合作的项目和范围也日益扩大。从1912年第一个国际禁毒公约——《国际鸦片公约》签订至今，国际上先后签订了一系列关于麻醉药品和精神药物的国际公约、协定及议定书。1990年联合国第十七届特别会议通过的《政治宣言》呼吁把取缔毒品犯罪作为“所有国家给予更高的优先地位”的问题来采取对策，确定了“一致反对共同的威胁”的主题。同时，各国各地区也都相应地采取积极措施，共同采取强有力的“全球扫毒战略”，在惩治和防范毒品犯罪中具有更突出的意义，其中有关国际公约的实体性、程序性规范的执行、落实尤显重要。

第一节　国际禁毒立法概况

国际禁毒立法主要是通过国际禁毒公约的方式体现的。国际禁毒公约，是指国际性的反毒品条约。由于毒品犯罪严重危害人类的身心健康和生存，败坏社会风气、破坏社会管理秩序，极易引发一系列极为严重的犯罪。加之毒品生产的区域性和吸毒、贩毒活动的跨国性、跨地区性，毒品犯罪分子及其实施的犯罪行为往往涉及多个国家和地区，因而世界各国联合起来通力合作，以达到惩治和防范毒品犯罪的目的，成为世界各国的共识。

一、联合国成立前主要的国际禁毒立法活动

早在20世纪初，国际社会基于毒品危害人类的健康和生存，而毒品问题并非一国能力所能解决的认识，开始了国际禁毒立法，以统一各国的禁毒立法和禁毒活动。

（一）第一个禁毒会议

1. 概述。1909年2月1日，中国、日本、英国、德国、俄国、美国、葡萄牙等13个国家在中国上海召开了禁毒会议，拉开了国际性禁毒活动的序幕。

2. 上海国际禁毒会议的意义。上海国际禁毒会议，属于建议性国际会议，不像国际公约那样对各签字国具有约束力，但这次禁毒会议开创了国家合作禁毒之先河，其所作出的九条决议，成为第一个国际禁毒公约《国际鸦片公约》的蓝本。

（二）第一个国际禁毒公约

1. 概述。为了不让上海国际禁毒会议所通过的内容成为一纸空谈，更为了贯彻落实上海禁毒会议所通过的九条决议，1912年1月海牙国际禁毒会议召开。会议以上海国际禁毒会议所通过的九条决议为蓝本，将其扩充为一项国际性的禁毒公约。各缔约国于1912年1月23日签订了《国际鸦片公约》。

2.《国际鸦片公约》共六章25条，主要内容是：

（1）生鸦片的生产、销售和进口，均由各签字国负责制定法律进行限制；

（2）熟鸦片的生产、贩卖和吸食，由各签字国根据本国情况逐渐禁绝；

（3）切实管理吗啡、海洛因和古柯等麻醉品；

（4）鸦片的输入输出，应由政府许可，并遵照输入国的规定办理。对已禁止和将要禁止鸦片进口的国家，则绝对不许输入。

3. 目的和意义。它是第一个国际禁毒公约；该公约的制定，是为了不让上海国际禁毒会议的九条决议落空，才制定本公约，使所有缔约国签订并遵照执行。

（三）鸦片及其他毒品顾问委员会

1. 概述。国际联盟成立后，在其章程中明确规定其具有监督国际间鸦片及其他麻醉品贸易的使命，并于 1920 年 12 月举行国际禁毒第一届执行会议，同时创建了鸦片及其他毒品顾问委员会。

2. 意义。鸦片及其他毒品顾问委员会每年召开一次会议，并向国际联盟督促禁毒的建议。

（四）国际联盟历史上最长的会议

1. 概述。1924 年，为了检验《国际鸦片公约》的实施情况以及解决禁止贩运毒品的问题，在顾问委员会的提议下，在 1924 年 12 月和 1925 年 2 月，召开了两次日内瓦国际禁毒会议。并于 1924 年 12 月 11 日签订了《日内瓦禁毒协定》、1925 年 2 月 19 日签订了《日内瓦禁毒公约》。

2. 意义。这两次会议会期共历时 90 天，使其成为国际联盟历史上最长的会议。并且共有 40 个国家的代表参加了第二次日内瓦国际禁毒会议。由此足以证明毒品犯罪的危害单位范围之广、危害之惨烈，也足以证明国际社会对打击毒品犯罪的重视程度。

（五）第一次将毒品犯罪规定为国际犯罪的公约

1. 概述。国际社会第一次将毒品犯罪规定为国际犯罪的公约是 1936 年 6 月 26 日，在日内瓦签署的《禁止非法买卖麻醉药品公约》。

2. 意义。该公约第一次把非法制造、变造、调剂、持有、供给、兜售、分配、购买麻醉药品等行为规定为国际犯罪。这在国际禁毒立法史上是一项重大的突破，对于世界各国贯彻执行国际禁毒公约，严惩毒品犯罪，意义十分重大。

二、联合国成立后主要的国际禁毒立法活动

1945年联合国成立后，在其内部成立了麻醉品管制委员会、麻醉品管制局、禁毒署等一系列国际性的禁毒机构，以监督、协调、支持世界各国的禁毒活动。到目前为止，国际社会先后签订了关于麻醉药品和精神药物的国际公约、协定及协议书共17个，至今仍然继续有效的还有4个，即经1946年2月11日议定书修正的1936年6月26日《禁止非法买卖麻醉药品的公约》、经1972年3月25日议定书修正的1961年3月30日《经〈修正1961年麻醉品单一公约的议定书〉修正的1961年麻醉品单一公约》、1971年2月21日《1971年精神药物公约》和1988年12月19日《联合国禁止非法贩运麻醉药品和精神药物公约》。我国已于1985年和1989年先后批准加入了《经〈修正1961年麻醉品单一公约的议定书〉修正的1961年麻醉品单一公约》、《1971年精神药物公约》和1988年《联合国禁止非法贩运麻醉药品和精神药物公约》3个公约。

第二节　惩处国际毒品犯罪的主要国际公约

一、《经〈修正1961年麻醉品单一公约的议定书〉修正的1961年麻醉品单一公约》

（一）概述

为了适应禁毒形势发展的需要，1972年3月联合国在日内瓦召开会议对《1961年麻醉品单一公约》以《经〈修正1961年麻醉品单一公约的议定书〉修正的1961年麻醉品单一公约》为名，提交各国批准，于1972年3月25日正式订立了《经〈修正1961年麻醉品单一公约的议定书〉修正的1961年麻醉品单一公约》。该公约1975年8月8日生效，中国于1985年6月18日第六届全国人民代表大会常务委员会第十一次会议决定加入，1985年8月22日中华人民

共和国政府向联合国秘书长交存加入书，本公约于 1985 年 9 月 21 日对中国生效。[①②③]

（二）制定该公约的目的

该公约旨在“关怀人类的健康与福利，确认麻醉品在医药上用以减轻痛苦仍属不可或缺，故须妥为规定麻醉品得以供此用途，确认麻醉品成瘾于个人危害之烈，对人类在社会上及经济上的危险亦巨，深感同有预防及消除此项弊害的责任，认为防止滥用麻醉品的措施须出于协调及普遍行动始可有效，深知此项普遍行动端赖国际合作，遵照共同原则，本同一目的以赴，承认联合国在麻醉品管制方面的职权，并欲将各关系国际机构置于该组织体系之内，意欲缔结普遍均可接受的一项国际公约，以替代现行各项麻醉品条约，将麻醉品限于供医药及科学用途，并规定继续不辍的国际合作及管制办法借以实现此等宗旨与目标……”

（三）公约的主要内容

1. 共 51 条规定了该公约的范围；

---

① 第六届全国人民代表大会常务委员会第十一次会议决定：中华人民共和国加入《经〈修正 1961 年麻醉品单一公约的议定书〉修正的 1961 年麻醉品单一公约》和《1971 年精神药物公约》，并同时声明对修正的《1961 年麻醉品单一公约》第 48 条第 2 款和《1971 年精神药物公约》第 31 条第 2 款予以保留。

② 《经〈修正 1961 年麻醉品单一公约的议定书〉修正的 1961 年麻醉品单一公约》第 48 条和《1971 年精神药物公约》第 31 条规定：一、两个缔约国或两个以上的缔约国间如对本公约解释或适用发生争端时，应彼此会商，俾以谈判、调查、调停、和解、公断、区域机关的利用、司法程序，或各该缔约国自行选择的其他和平方法求得解决。二、任何这种争端倘不能依照第一项所规定的方式解决，应交由国际法院裁决。

③ 中华人民共和国政府向联合国秘书长交存的加入书中载明：台湾当局盗用中国名义于 1961 年 3 月 30 日对本公约的签署和批准是非法的、无效的。

2. 将麻醉药品分别列入四个表格，规定给予不同级别的管制，由此限定麻醉药品的范围；

3. 规定各缔约国的一般义务；

4. 规定了联合国经济及社会理事会麻醉品委员会、国际麻醉品管制局执行公约的职责、职能及有关的组织结构；

5. 规定了对各类麻醉品限制、管制、监察和检查的措施；

6. 列举了各种违反公约的行为，即违反公约规定的麻醉药品的种植、生产、制造、提制、调制、持有、供给、兜售、分配、购买、贩卖、以任何名义交割、经纪、发送、过境寄发、运输、输入与输出，以及其他任何行为，均为犯罪，都应该受到严厉的处罚；

7. 规定了防止滥用麻醉品的措施；

8. 规定了毒品犯罪的刑事管辖权问题。①

（四）意义

该公约对过期的禁毒公约和协定进行了合并与修订，并补充规定一些新的内容，是迄今为止关于麻醉品方面的较为全面的国际性禁毒公约。

二、《1971 年精神药物公约》

（一）概述

为了对以往公约中没有包括的精神药物的滥用加以严格控制和惩治，1971 年 2 月 21 日联合国通过了《1971 年精神药物公约》。该公约 1971 年 2 月 21 日签订于维也纳，1976 年 8 月 16 日生效。1985 年 6 月 18 日第六届全国人民代表大会常务委员会第十一次会议决定加入，1985 年 8 月 22 日中华人民共和国政府向联合国秘书

---

① 摘自《经〈修正 1961 年麻醉品单一公约的议定书〉修正的 1961 年麻醉品单一公约》序言。

长交存加入书，本公约于 1985 年 11 月 21 日对我国生效。[①②③]

（二）制定该公约的目的

该公约旨在“关怀人类的健康与福利，察及因滥用某等精神药物而引起之公共社会问题，至表关切，决心预防并制止该等物质之滥用及从而引起之非法产销，认为必须采取强有力措施，将该等物质之使用限于合法用途，确认精神药物在医学与科学上不可或缺，且其仅供此种用途应不受不当限制，深信有效之防杜滥用精神药物须有协调及普遍行动，承认联合国在精神药物管制方面之职权，并欲将各关系国际机关置于该组织体系之内，确认必须有一国际公约以达此目的……”[④]

（三）公约的主要内容

1. 共 31 条规定了该公约范围；
2. 限制了精神药物的范围；
3. 规定了精神药物的管制措施；
4. 规定了各缔约国应向联合国的药品管制机构报送本公约在其领土实施的情报资料；

① 第六届全国人民代表大会常务委员会第十一次会议决定：中华人民共和国加入《经〈修正 1961 年麻醉品单一公约的议定书〉修正的 1961 年麻醉品单一公约》和《1971 年精神药物公约》，并同时声明对修正的《1961 年麻醉品单一公约》的 48 条第 2 款和《1971 年精神药物公约》第 31 条第 2 款予以保留。

② 《经〈修正 1961 年麻醉品单一公约的议定书〉修正的 1961 年麻醉品单一公约》第 48 条和《1971 年精神药物公约》第 31 条规定：一、两个缔约国或两个以上的缔约国间如对本公约解释或适用发生争端时，应彼此商，俾以谈判、调查、调停、和解、公断、区域机关的利用、司法程序，或各该缔约国自行选择的其他和平方法求得解决。二、任何这种争端倘不能依照第一项所规定的方式解决，应交由国际法院裁决。

③ 中华人民共和国政府向联合国秘书长交存的加入书中载明：台湾当局盗用中国名义于 1961 年 3 月 30 日对本公约的签署和批准是非法的、无效的。

④ 摘自《1971 年精神药物公约》序言。

5. 规定了各缔约国为防止滥用精神药物和取缔非法产销应制定严格的措施；

6. 规定了违反公约的处罚措施。

（四）意义

该公约是关于精神药物方面的较为全面的国际性禁毒公约，它对精神药物的范围、精神药物的管制措施、各缔约国报送本公约在其领土实施的情报资料、防止滥用精神药物的措施及取缔非法产销的行动、违反公约的罚则等问题作了较为全面细致的规定。

三、《联合国禁止非法贩运麻醉药品和精神药物公约》

（一）概述

鉴于“麻醉药品和精神药物的非法生产、需求及贩运的巨大规模和上升趋势，构成了对人类健康和幸福的严重威胁，并对社会的经济、文化及政治基础带来的不利影响”[①]，联合国认为应该通过一项专门针对非法贩运毒品的全面、有效和可行的国际公约，1988年12月19日联合国在《经〈修正1961年麻醉品单一公约的议定书〉修正的1961年麻醉品单一公约》《1971年精神药物公约》等国际禁毒公约的基础上，又于其禁止非法贩运麻醉药品和精神药物公约的会议的第六次全会上，通过了《联合国禁止非法贩运麻醉药品和精神药物公约》，该公约于1988年12月20日签订于维也纳，1990年11月11日生效。中华人民共和国政府于1988年12月20日签署本公约，1989年9月4日第七届全国人民代表大会常务委员会第九次会议决定批准，1989年10月25日中华人民共和国政府向联合国秘书长提交批准书，本公约于1990年11月11日对我

① 摘自《联合国禁止非法贩运麻醉药品和精神药物公约》序言。

国生效。[①②]

（二）制定该公约的目的

“深切关注麻醉药品和精神药物的非法生产、要求及贩运的巨大规模和上升趋势，构成了对人类健康和幸福的严重威胁，并对社会的经济、文化及政治基础带来了不利影响，又深切关注麻醉药品和精神药物的非法贩运日益严重地侵蚀着社会的各类群体，特别是在世界许多地区，儿童被当成毒品消费市场，并被利用进行麻醉药品和精神药物的非法生产、分销和买卖，从而造成严重到无法估量的危害，认识到非法贩运同其他之有关的、有组织的犯罪活动结合在一起，损害着正当合法的经济，危及各国的稳定、安全及主权，又认识到非法贩运是一种国际性犯罪活动必须迫切注意并高度重视对此种活动的取缔，意识到非法贩运可获得巨额利润和财富，从而使跨国犯罪集团能够渗透、污染和腐蚀各级政府机构、合法的商业和金融企业，以及社会各阶层，决心剥夺从事非法贩运者从事其犯罪活动中得到的收益，从而消除其从事此类贩运活动的主要刺激因素，希望消除滥用麻醉药品和精神药物的根源，包括对此类药品和药物的非法需求以及从非法贩运获得的巨额利润，认为有必要采取措施，监测某些用于制造麻醉药品和精神药物的物质，包括前体、化学品和溶剂，因为这些物质的方便获得，已导致更为大量地秘密

① 第七届全国人民代表大会常务委员会第九次会议决定：批准中华人民共和国代表顾英奇 1988 年 12 月 20 日签署的《联合国禁止非法贩运麻醉药品和精神药物公约》，同时声明，不受该《公约》第 32 条第 2 款和第 3 款的约束。

② 第 32 条（争端的解决）：一、由两个或两个以上缔约国对本公约之解释或适用发生争执，这些缔约国应彼此协商，以期通过谈判、调查、调停、和解、仲裁、诉诸区域机构、司法程序或其自行选择的其他和平方式解决争端。二、任何此种争端如不能以第 1 款所规定之方式解决者，则应在发生争端的任何一个缔约国提出要求提交国际法院裁决。三、如第 26 条（ c ）项所述的区域经济一体化组织为不能以本条第 1 款所规定方式解决之争端的当事方，该组织可通过联合国某一会员国请求理事会征求国际法院根据国际法院规约第 65 条提出咨询意见，此项咨询意见应视为裁决意见……

制造此类药品和药物，决心改进国际合作，以制止海上非法贩运，认识根除非法贩运是国家的共同责任，为此，有必要在国际合作范围内采取协调行动，确认联合国在麻醉药品和精神药物管制的主管职能，并希望与此类管制有关的国际机构均设于联合国组织之内，重申麻醉药品和精神药物领域现有各项条约的指导原则及其包含的管制制度。

确认有必要加强和补充《1961 年麻醉品单一公约》、经 1972 年《修正 1961 年麻醉品单一公约的议定书》修正的该公约和《1971 年精神药物公约》中规定的措施，以便对付非法贩运的规模和程度及其严重后果。

又确认加强并增进国际刑事合作的有效手段，对于取缔国际非法贩运的犯罪活动具有重要意义，愿意缔结一项专门针对非法贩运的全面、有效和可行的国际公约，此公约顾及整个问题的各个方面，尤其是麻醉药品和精神药物领域现有的各项条约未曾设想到的那些方面……”①

（三）公约的主要内容

1. 规定了“非法贩运”的定义。有义务将这些故意行为确定为其国内法中的刑事犯罪，并根据其严重性质给予适当制裁。

2. 各缔约国应在一定情况下确立其对贩毒罪的管辖权。

3. 各缔约国应制定可能必要的措施，以便能够没收从贩毒中得来的收益或价值相当的财产，以及用于此类犯罪的麻醉药品和精神药物、材料和设备或者其他工具。

4. 缔约国对贩毒犯罪的罪犯有或引渡或起诉或处罚的义务。

5. 缔约国应在对上述犯罪的调查、起诉和司法程序中相互提供最广泛的法律协助，并相互合作，以增强为制止上述采取的执法行动的有效性，尽可能协助和支援毒品过境国，特别是发展中国家。

6. 缔约国应在国家一级的控制下，对贩毒犯罪实行“控制下

① 摘自《联合国禁止非法贩运麻醉药品和精神药物公约》序言。

交付”。

7. 缔约国应采取措施，防止一些特定化学品及材料和设备被挪用于非法制造麻醉药品或精神药物；根除非法种植含有麻醉品成分的植物以及消除对麻醉品入精神药物的非法需求，确保商业承运人经营的运输工具不被用于上述犯罪；制止在自由贸易区和自由港以及利用邮件的非法贩运活动。

8. 缔约国应尽可能地充分合作，依照国际海洋法制止海上非法贩运毒品的规定，打击海上贩运毒品。

9. 缔约国应向联合国经济及社会理事会麻醉品委员会提供关于在其境内执行公约的情报。

（四）意义

这是一项对非法贩运毒品及有关问题的全面、有效和可行的国际公约。该公约除基本上吸收了前述有关麻醉药品和精神药物方面的国际公约之外，还较为详细、全面地对毒品犯罪经济制裁、毒品犯罪的刑事管辖权、没收毒品犯罪非法收益和财产、对毒品犯罪的引渡相互法律协助、移交诉讼和其他形式合作培训、控制下交付等问题作了规定。该公约的诞生，标志着国际禁毒刑法规范的日臻完善，同时也对加强并增进国际刑事合作，取缔国际非法贩运毒品犯罪活动，具有重要意义。

四、《政治宣言》和《全球行动纲领》

1990 年 2 月 20 日至 23 日，国际合作取缔麻醉药品和精神药物非法生产、供给、需求、贩运和分销问题的联合国特别会议在纽约联合国大厦举行，包括中国在内的 100 多个国家派团参加，会议通过了《政治宣言》和《全球行动纲领》。

这两个文件内容涉及毒品对人类特别是青年人的生命与尊严以及对社会的政治、经济、文化结构严重和持续的威胁，强调采取更加积极的国际合作手段全面予以取缔；从预防毒品滥用，帮助吸毒者戒毒、治疗和康复，严格管制麻醉品、精神药物，严厉打击贩毒，加强各国司法和法律系统及执法工作等方面，提出了积极的措施和建议。会议宣布1991年至2000年为“联合国禁毒十年”。

《政治宣言》严正申明：“我们决心与麻醉药品滥用和非法贩运麻醉药品、精神药物的祸害进行战斗，使人类免于麻醉药品和精神药物的灾祸。”大会将每年的6月26日规定为“国际禁毒日”。这些纲领和宣言对于促使世界各国加大对毒品犯罪的打击力度，严惩国际毒品犯罪，具有极为重要的作用。

五、《控制麻醉药品滥用今后活动的综合性多学科纲要》

（一）概述

为了对付由于麻醉品滥用及贩运而产生的令人不安的局面，国际社会决议采取紧急、有效和协调一致的行动。联合国大会特别会议1985年12月13日决定，在1987年召开了一次麻醉品滥用和非法贩运问题国际会议，联合国大会赋予该会议一项艰巨的工作任务，其中包括关于在国家、区域和国际范围内查禁麻醉品滥用、非法贩运和有关犯罪活动的一系列问题。联合国大会指示该会议通过一项“今后活动的综合性多学科纲要，将目标集中在直接关系到麻醉药品滥用和非法贩运的具体实质性问题方面”，这一任务在一贯关注控制麻醉药品供应和非法贩运的基础上又提高一步，它要求各国政府承诺加强各自的努力并加强和扩大国际合作的范围使之包括新的领域。1987年6月通过《控制麻醉药品滥用今后活动的综合性多学科纲要》。

（二）主要内容

1. 本纲要共427条分为四章。其范围包括了查禁麻醉药品滥用和非法贩运斗争中涉及的主要内容和列入该会议议程的主题：一方面减少非法需求，控制供应，查禁非法贩运行动和治疗及康复。另一方面设立了具体的目标，将所应达到的目标具体化；同时，该《纲要》还指明了在国际、区域和国家层面应当采取的措施。

2. 从（1）估量麻醉药品误用和滥用的程度；（2）组织全面的

搜集和评估资料；（3）通过教育进行防止；（4）防止在工作场所滥用麻醉药品；（5）由民众团体、社区团体、特别有关团体和执法机构进行的预防方案；（6）开展业余活动，以形成杜绝滥用麻醉药品的连续性运动；（7）宣传媒介的作用七个方面阐述了减少对麻醉药品和精神药物的非法需求。

3. 从（1）加强国际控制麻醉药品和精神药物的制度；（2）合理使用含有麻醉药品或精神药物的药剂；（3）加强对精神药物国际流动的控制；（4）由于受控制的精神药物的增多而涉及的行动；（5）控制前体、特定化学品和设备的商业流通；（6）对国际控制药物的类似物加以控制；（7）查明非法种植麻醉药品植物的情况；（8）取缔非法种植；（9）重新开发原来非法种植麻醉药品作物的地区九个方面阐述了对麻醉药品和精神药物的控制供应。

4. 从（1）粉碎重要的贩毒网；（2）促进使用控制下交付的技术；（3）协助引渡；（4）相互的司法和法律协助；（5）承认缴获大宗麻醉药品取样证据；（6）提高刑罚条款的有效性以充分发挥作用；（7）没收非法贩运毒品工具和收益；（8）加强控制经由正式入境点的走私活动；（9）加强边境外缘的管制和主权国家经济联盟内相互协助的机构；（10）监视接近边境的水陆空通道；（11）对利用国际邮政贩运麻醉品的管制措施；（12）对公海上的船只和国际空域中的飞机的管制措施十二个方面阐述了对查禁非法贩运麻醉药品和精神药物的各种措施。

5. 从（1）制定治疗政策；（2）查清现有的治疗和康复方法和技术；（3）选定合适的治疗方案；（4）培训面向麻醉品上瘾者的工作人员；（5）减少通过滥用麻醉品习惯传染的疾病发病率和传染人数；（6）在刑事司法和监狱内对麻醉品上瘾罪犯的治疗；（7）使接受治疗和康复的人重新参与社会生活七个方面阐述了对麻醉品上瘾者的治疗和康复。

（三）意义

《综合性多学科纲要》是向各国政府和组织提出的建议汇编，它列出有关注意查禁麻醉品滥用和非法贩运的各项切实可行的措施。拟定的目的不是要使它成为一个正式的法律文书，它并不产生国际性权利和义务。本纲要所建议活动旨在加强而不是取代履行国际公约规定的条约义务现已采取的活动。同时再三强调，凡尚未参加与麻醉药品有关的两个主要国际公约——《经〈修正1961年麻醉品单一公约的议定书〉修正的1961年麻醉品单一公约》和《1971年精神药物公约》的国家，应当作为一个紧急事项，批准或加入这两项公约，从而参加到正式下定决心通过共同努力扫除这些罪恶的国际社会之中。

第三节　国际公约对毒品犯罪的惩治

惩治毒品犯罪的国际刑法规范主要体现和规定在联合国制定与通过的有关的国际禁毒公约中，主要是《经〈修正1961年麻醉品单一公约的议定书〉修正的1961年麻醉品单一公约》《1971年精神药物公约》《联合国禁止非法贩运麻醉药品和精神药物公约》。其中，《联合国禁止非法贩运麻醉药品和精神药物公约》是目前惩治与防范毒品犯罪的国际刑法规范中最全面、最系统、最完整的国际公约。

一、国际刑法规范中毒品犯罪的种类及特征

（一）国际刑法规范中毒品犯罪的种类

1. 制造毒品罪。制造毒品，是指违反国际禁毒公约的有关规定，生产、制作、提炼、配制麻醉药品和精神药物的行为。

所谓制造，是指将毒品原植物提炼或将一种毒品调配成另一种毒品的行为。制造毒品的具体方法千差万别。制造毒品的种类多种多样，制造毒品犯罪往往是其他毒品犯罪得以实现的前提。因此，国际禁毒公约历来将制造毒品的行为作为应取缔的非法行为并将其列为毒品犯罪之首。

制造毒品必须是在已有毒品原料的基础上进行各种加工，如1988年《联合国禁止非法贩运麻醉药品和精神药物公约》第3条第1款所列举的生产、制作、提炼、配制毒品。如果属于非法种植

罂粟、大麻、古柯等毒品原植物的，则不成立制造毒品罪，而构成国际禁毒公约中单独规定的种植毒品原植物罪。

制造毒品罪在主观上必须是出于故意。一般情况下行为人主观上具有非法获利的目的，但非法获利的目的并非构成本罪的必备条件。

2. 贩卖毒品罪。贩卖毒品，是指违反国际禁毒公约的有关规定，兜售、分销、出售、经纪毒品的行为。

贩卖毒品罪是毒品犯罪链中极其重要的一环。走私、制造、运输毒品中的绝大部分最终经过贩卖阶段而完全实现毒品犯罪的整体目标，同时毒品经过贩卖，又会极大地刺激各种毒品犯罪的循环往复。国际社会中的毒品犯罪之所以如此猖獗、居高不下，最主要的原因就在于毒品犯罪所追逐的超高额利润。为了有效地打击贩卖毒品犯罪，1988 年《联合国禁止非法贩运麻醉药品和精神药物公约》对贩卖毒品的各种形式作了详细的列举，根据该公约的规定，兜售、分销、出售、经纪任何麻醉药品和精神药物的行为，均属于贩卖毒品罪。

本罪在主观上只能出自故意，行为人一般具有非法营利的目的，但该营利的目的是否实现并不影响贩卖毒品罪的构成。

3. 运输毒品罪。运输毒品，是指违反国际禁毒公约有关规定，采用携带、邮寄、托运等方式将毒品由一国运往另一国或者在一国境内由一地运往另一地的行为。

国际禁毒公约中明确将运输与贩卖毒品的犯罪行为分别单独列举，在国际刑法中运输毒品罪和贩卖毒品罪系两种孤立的罪名。

运输毒品罪主观上是故意犯罪，即运输者明知自己所运输的是毒品或可能是毒品而进行携带、邮寄、托运。至于运输毒品犯罪的目的则可能多种多样，如非法获利、取悦于他人或自己吸食、注射等，并不局限于非法获利。如果携带、送运者本人确实不知自己所运输的对象系毒品，尽管客观上实施了运输毒品的行为，也不构成本罪。

4. 非法提供毒品罪。非法提供毒品，是指违反国际禁毒公约的有关规定，向他人提供毒品行为。

国际禁毒公约所说的非法提供既包括“提供”，也包括“以任何条件交付”。毒品不同于一般物品，它具有连续使用后容易产生生理依赖性能使人形成瘾癖的特性，因而，既不得非法持有，也禁止向他人提供或交付。所谓提供，指无偿奉送毒品。所谓以任何条件交付，指除含有买卖关系之外的附其他任何条件的提供毒品。至于构成本罪是否要求提供毒品的对象系吸食或注射毒品的人、提供毒品者是否要求具备一定的主体资格等，则由各缔约国在国内立法中加以确定，国际刑法规范对此仅作了原则性的规定。

本罪在主观上必须是出于故意犯罪，即行为人必须明知是毒品或可能是毒品而向他人提供。如果行为人不知是毒品而向他人提供，则不应认为构成犯罪。

5. 非法种植毒品原植物罪。非法种植毒品原植物，是指违反国际禁毒公约的有关规定，为生产麻醉药品或者为个人消费而种植罂粟、古柯或者大麻植物的行为。

本罪的行为只限于非法种植毒品原植物，如果行为人非法种植毒品原植物并进而以种植的毒品原植物实施制造毒品行为的，根据实行行为吸收预备行为的原理，以制造毒品罪论处。

本罪在主观上只能是出自故意，行为人不管是出于生产麻醉药品的目的还是出于个人消费的目的而非法种植毒品原植物的，均构成本罪。

6. 制造、运输、贩卖制毒物品、设备罪。制造、运输、贩卖制毒物品、设备，是指制造、运输、贩卖明知其用途或者目的是非法制造毒品的物品、设备的行为。

制毒物品和设备，是指一般被用于制造麻醉药品、精神药物以及种植毒品原植物的物品、材料和设备。1988 年《联合国禁止非法贩运麻醉药品和精神药物公约》附件表一和表二中，列举了 12 种制毒物品：麻黄碱、麦角新碱、麦角胺、麦角酸、1– 苯基 –2–丙酮、伪麻黄碱、醋酸酐、丙酮、邻氨基苯甲酸、乙醚、苯乙酸、哌啶。该公约要求各缔约国应采取可能必要的措施，将“明知其用途或目的是非法种植、生产或制造麻醉药品或精神药物而制造、运输或分销设备、材料或表一和表二所列物质”的行为，确定为其国内法中的刑事犯罪。

本罪在主观上只能是出自故意，即行为人明知其用途或目的是制造、运输、贩卖毒品的，构成本罪。

7. 隐瞒或掩饰毒品犯罪所得财产来源罪。隐瞒或掩饰毒品犯罪所得财产来源，是指为了隐瞒或掩饰制造、贩卖、运输、提供毒品等毒品犯罪所获得的财产的非法来源，或者为了协助任何涉及毒品犯罪的人逃避其行为的法律后果而转换或者转让该财产的行为。

本罪在客观上表现为转换或转让毒品犯罪所得财产的行为。为了隐瞒、掩饰毒品犯罪获得财产的非法来源，毒品犯罪分子往往采用转换或转让该财产即“洗钱”的方式。“洗钱”一般有三种表现形式：一是将货币运到黑市上急需外汇的国家；二是派人到许多银行分别去存款，以便存款单和支票数额都少于国家法定的检查限制，以免超额申报引起有关当局的注意；三是用毒品犯罪所得投资不动产、股票交易等。经过这样“洗钱”，毒品犯罪所得转入银行系统时，表面上完全是清白的收益，以达到隐瞒、掩饰毒品犯罪获得财产的非法来源。

《联合国禁止非法贩运麻醉药品和精神药物公约》要求，各缔约国应采取可能必要的措施，将明知财产得自走私、制造、运输、贩卖、提供毒品犯罪或参与上述犯罪行为，为了隐瞒或掩饰该财产的非法来源，或为了协助任何涉及此种犯罪的人逃避其行为的法律后果，而转换或转让该财产的行为，确定为国内法中的刑事犯罪。

本罪在主观上出于故意，即行为人明知是毒品犯罪所得财产而有意以合法转换或转让财产的形式隐瞒或掩饰该财产的非法来源。如果行为人不知实情，仅在客观上起到转换或掩饰的作用则不构成本罪。

8. 窝藏毒品犯罪所得的财产罪。窝藏毒品犯罪所得的财产，是指行为人明知是制造、贩卖、运输、提供毒品犯罪所获得的财产而隐瞒、掩饰该财产的真实性质、来源、所在地，或者处置、转移该财产的行为。

“洗钱”是隐瞒、掩饰毒品犯罪所得财产的一种特殊形式，除“洗钱”形式之外的其他为隐瞒或掩饰毒品犯罪获得财产，采取各种藏匿、转移、掩护该财产的行为均属于窝藏毒品犯罪所得财产罪。

本罪在客观上表现为隐瞒、掩饰毒品犯罪所得财产的真实性质、来源、所在地，或处置、转移所得财产的行为。所谓隐瞒、掩饰，是指在司法机关进行调查时，不如实告知毒品犯罪所得财产的真实性质、来源或藏匿所在地点。所谓处置、转移，是指为逃避司法机关对犯罪的查处而将毒品犯罪所得的财产藏匿，或由一地转至另一地，以及将该财产赠与、转让、借贷给他人的情形。无论是上述哪种行为，都是为了逃避司法机关的查处，避免受到法律制裁。

本罪在主观上出于故意，如果行为人并非出于故意不构成本罪。

9. 非法获取、占有、使用毒品犯罪所得财产罪。非法获取、占有、使用毒品犯罪所得财产，是指行为人明知是制造、贩卖、运输、提供毒品等毒品犯罪所获得的财产，而获取、占有或者使用该财产的行为。

本罪既可以是收取他人进行毒品犯罪获得财产，又可以是通过自己参与毒品犯罪从而获取、占有、使用毒品犯罪获得财产。本罪在主观上出于故意，如果行为人并非出于故意，即使事实上获取、占有或者使用了毒品犯罪所得财产，也不构成本罪。

10. 非法占有制毒物品、设备罪。非法占有制毒物品、设备，是指行为人非法占有明知其用途或者目的是非法种植、生产或者制造麻醉药品或精神药物的物品、设备的行为。

麻黄碱、醋酸酐、丙酮、乙醚等既是医药和化工生产的原料，又是制造毒品不可缺少的原料或配剂。因此，晚近国际禁毒公约要求各缔约国对制毒物品进行管制，严防其被用于非法制造毒品。1988 年《联合国禁止非法贩运麻醉药品和精神药物公约》要求各缔约国应在不违背其宪法原则及其法律制度基本概念的前提下，采取可能必要的措施，在其国内法中将“明知其被用于或将用于非法种植、生产或制造麻醉药品或精神药物而占有设备、材料或表一和表二所列物质”的行为，确定为刑事犯罪。

11. 鼓动或引诱他人非法使用毒品罪。鼓动或引诱他人非法使用毒品，是指行为人以任何手段公开劝说、怂恿、请求、唆使、诱使、勾引、拉拢或者欺骗等手段鼓动或者引诱他人吸食、注射毒品的行为。

所谓鼓动、引诱，是指以劝说、怂恿、请求、唆使、诱使、勾引、拉拢等手段，使无非法使用毒品的人产生吸食、注射毒品的欲望或使非法使用毒品意念不坚的人强化吸食、注射毒品的意念，从而走上非法使用毒品的歧途。毒品的成瘾性往往使非法使用者本人难以自拔。而鼓动、引诱他人非法使用毒品，则直接侵犯他人的身心健康，引发各种疾病和一系列的社会问题，危害性极大，应以犯罪论处。

鼓动、引诱他人非法使用毒品犯罪在主观上必须出于犯罪故意，即行为人明知是毒品而有意采取公开鼓动或引诱的手段使他人吸食、注射毒品。如果出于无意或过失而引起他人非法使用毒品的，则不构成本罪。

12. 非法占有毒品罪。非法占有毒品，是指行为人以供个人消费的目的非法占有毒品的行为。

非法占有毒品罪的行为人在主观上必须具备故意占有毒品，出于为自己吸食、注射毒品的目的。根据国际禁毒公约的规定，如果故意占有毒品出于为走私、制造、运输、贩卖、非法提供毒品的目的，则分别构成上述犯罪，不构成非法持有毒品罪。1988 年《联合国禁止非法贩运麻醉药品和精神药物公约》申明：各缔约国应在不违背其宪法原则和法律制度基本概念的前提下，采取可能必要的措施，在其国内法中将故意占有麻醉药品或精神药物以供个人消费的行为，确定为刑事犯罪。

13. 非法购买毒品罪。非法购买毒品，是指行为人出于供个人消费的目的而非法购买毒品的行为。

《联合国禁止非法贩运麻醉药品和精神药物公约》申明：各缔约国应在不违背其宪法原则和法律制度基本概念的前提下，采取可能必要的措施，在其国内法中将故意购买麻醉药品或精神药物以供个人消费的行为，确定为刑事犯罪。

（二）国际刑法规范中毒品犯罪的特征

1. 国际刑法规范中所规定的毒品犯罪在客观上表现为违反了有关国际禁毒公约的规定，实施了违反国际禁毒公约的行为。

2. 国际刑法规范中所规定的毒品犯罪在主观上都必须是出于故意，而且是一种明知的行为。如果不是出于故意，或者不明知其行为的意义，则不构成国际刑法规范中所规定的毒品犯罪。其中，制造毒品罪，贩卖毒品罪，运输毒品罪，制造、运输、贩卖制毒物品、设备罪，大多是出于营利的目的而实施的犯罪。但营利并非其犯罪的必备要件，是否营利也并非国际刑法规范中所规定的毒品犯罪的构成标准。

二、国际刑法规范中毒品犯罪的制裁措施

随着世界范围内毒品犯罪势态的日趋严重与国际社会惩治和防范毒品犯罪的经验不断丰富，不仅有关国际禁毒公约中对毒品犯罪行为的规范更加具体，而且国际社会还普遍认识到世界各国有必要在毒品犯罪的惩治措施方面进行一些统一的制度和规定，因此有关国际公约对毒品犯罪制定了相当完备的惩治措施。

（一）关于毒品犯罪的刑罚

由于毒品犯罪是一类相当严重的危害人类健康和生存的犯罪，国际社会普遍认识到应当对其进行严厉的制裁，不仅规定了自由刑，还规定了没收财产或罚款等刑罚措施，对惩治毒品犯罪及剥夺毒品犯罪分子的再犯能力具有极为重要的作用。国际刑法规范中关于毒品犯罪的刑罚措施主要有：

1. 监禁或者其他形式的剥夺自由刑；
2. 罚款；
3. 没收财产。

根据 1988 年《联合国禁止非法贩运麻醉药品和精神药物公约》第 5 条“没收”的有关规定，没收财产内容主要包括以下几个方面：

（1）缔约国应制定可能必要的措施以便能够没收：从制造、贩卖、运输、提供毒品等犯罪中得来的收益和价值相当于此种收益的财产；已经或者意图以任何方式用于上述毒品犯罪的麻醉药品和精神药物、材料、设备或者其他工具。

（2）为执行没收措施，缔约国应授权法院或者其他主管当局下令提供或扣押银行记录、财产记录和商业记录。任何一个缔约国不得以保守银行秘密为由拒绝按照公约的有关规定采取行动。

（3）缔约国应谋求缔结双边和多边条约、协定或者安排，以增强根据本条进行的国际合作的有效性。

（4）缔约国按本公约第5条规定的另一缔约国的请求采取行动时，该缔约国可特别考虑就下述事项缔结协定：将这类收益和财产的价值，或者变卖这类收益或者财产所得的款项，或其中相当一部分，捐给专门从事打击非法贩运或滥用麻醉药品和精神药物的政府间机构。

（5）对本公约第5条关于没收问题的各项规定“不得解释为损害善意第三方的利益”。

（二）关于毒品犯罪刑罚的其他措施

尽管对毒品犯罪应予以严厉制裁，但国际社会又普遍认识到，单纯对毒品犯罪分子予以刑罚制裁，尚不足以起到预防其再次犯罪的作用，为了使其在接受处罚后能够顺利回归社会，还应采取治疗、教育、康复、回归社会等措施作为定罪或处罚的替代办法或补充，而且对罪犯是吸毒者的，还可以采取治疗和善后护理等措施，使其早日康复回归社会。1988年《联合国禁止非法贩运麻醉药品和精神药物公约》第3条“犯罪和制裁”第4款对此作了规定：

1. 对犯有制造、贩卖、运输、提供毒品等犯罪的除了对罪犯处以刑罚外，还可以采取治疗、教育、善后护理、康复和回归社会等措施，作为对刑罚的补充措施。

2. 在性质轻微的适当案件中，对罪犯采取诸如教育、康复或者回归社会等措施，以作为定罪和惩罚的替代措施，对罪犯为吸毒者，还可以采取治疗和善后护理等措施，即对犯罪性质轻微的适当案件中的罪犯，不处以刑罚，而是对其采取治疗等措施作为刑罚的替代办法。

3. 对于故意占有、购买或者种植麻醉药品和精神药物以供个人消费的犯罪行为，可以对罪犯采取治疗、善后护理、康复和回归社会的措施，以作为定罪或处罚的替代办法，或作为定罪或处罚的补充。①

三、关于毒品犯罪的特殊量刑原则和制度

（一）关于毒品犯罪的特殊量刑原则

国际刑法规范对特别严重的毒品犯罪的处罚原则是：从严从重处罚。1988年《联合国禁止非法贩运麻醉药品和精神药物公约》第3条“犯罪和制裁”第5款和第6款对毒品犯罪的量刑问题作了特殊的规定：

1. 缔约国应确保其法院和拥有管辖权的其他主管当局能够考虑使按照第1款所规定的犯罪构成特别严重犯罪的事实情况，例如：

（1）罪犯所属的有组织的犯罪集团涉及该项犯罪；

（2）罪犯涉及其他国际上有组织的犯罪活动；

（3）罪犯涉及由此项犯罪所便利的其他非法活动；

（4）罪犯使用暴力或武器；

（5）罪犯担任公职，且其所犯罪行与该公职有关；

（6）危害和利用未成年人；

（7）犯罪发生在监禁管教场所，或教育机构和社会服务场所，或在紧邻这些场所的地方，或在学童和学生进行教育、体育和社会活动的其他地方；

（8）以前在国外和国内曾被判罪，特别是类似的犯罪，但以缔约国国内法所引起的程度为限。

2. 第6款规定，缔约国为起诉犯有按本条确定的罪行的人而行使其国内法规定的法律裁量权时，应努力确保对这些罪行的执法措施取得最大成效，并适当考虑到需要对此种犯罪起到的威慑作用。②

---

① 摘自1988年《联合国禁止非法贩运麻醉药品和精神药物公约》第3条第4款。

② 摘自1988年《联合国禁止非法贩运麻醉药品和精神药物公约》第3条第5款、第6款。

（二）关于毒品犯罪的特殊量刑制度

1. 严格控制早释和假释。1988 年《联合国禁止非法贩运麻醉药品和精神药物公约》第 3 条“犯罪和制裁”第 7 款规定，缔约国应确保其法院或其他主管当局对于已判定犯有本条第 1 款所列罪行的人，在考虑其将来可能的早释或假释时，顾及这种罪行的严重性质和本条第 5 款所列的情况。对因毒品犯罪而被判刑的人，在考虑对其进行释放和假释时，应当充分考虑这种犯罪严重性质和第 5 款规定的八种严重情形，确保严格控制，不应轻易对其提前释放和假释，以防止其再次实施毒品犯罪。

2. 规定特别累犯制度。《经〈修正 1961 年麻醉品单一公约的议定书〉修正的 1961 年麻醉品单一公约》第 36 条第 2 款第 1 项第 3 目、《1971 年精神药物公约》第 22 条第 2 款第 1 项第 3 目规定，对毒品犯罪行为在外国判定有案者应予计及，以确定是否累犯。即公约要求各缔约国在不违背其宪法上限制法律制度及本国国内法的情况下，对在国外因实施毒品犯罪受过处罚而又在本国实施毒品犯罪的，确定为累犯。一般而言，各国刑事法律中均规定了累犯制度，而且对累犯往往从重或加重处罚。国际禁毒公约作此规定，其目的在于从严从重打击毒品犯罪活动。

3. 延长追诉时效。各缔约国应酌情在其国内法中对于按本条第 1 款规定的任何犯罪，规定一个长的追诉时效期限，当被指证的罪犯以逃避司法处置时，期限应更长。

4. 将毒品犯罪排除于经济犯罪和政治犯罪的范围。1988 年《联合国禁止非法贩运麻醉药品和精神药物公约》第 3 条“犯罪和制裁”第 10 款规定，为了缔约国之间根据本公约进行合作，特别包括根据第 5 条、第 6 条、第 7 条和第 9 条进行合作，在不影响缔约国的宪法限制和基本的国内法的情况下，凡依照本条确定的犯罪均不得视为经济犯罪或政治犯罪或认为是出于政治动机。该规定的目的在于使毒品犯罪受到应有的严厉惩罚。因为近年来，世界刑法改革正朝着轻刑化方向发展，尤其对经济犯罪，这种轻刑化趋势更为明显，而且不少国家已规定对经济犯罪不判处死刑，规定的刑罚也较其他种类的犯罪为轻。公约将毒品犯罪排除出经济犯罪的范围，有利于对其严厉处罚。另外，世界各国均奉行国际法上的政治犯罪不引渡的原则，公约将毒品犯罪排除出政治犯罪的范围，就排除了在一些国家毒品犯罪以政治犯罪要求庇护的可能性，以确保毒品犯罪得到应有的惩罚。[①]

【典型案例】“10·5”中国船员“金三角”遇害事件，又被称为湄公河惨案，是指2011年10月5日上午，“华平号”和“玉兴8号”两艘中国商船在湄公河“金三角”水域遭遇袭击的事件。此事件造成“华平号”上的6名中国船员和“玉兴8号”上的7名中国船员全部遇难，其中1人失踪。

2011年10月28日下午，泰国表示，嫌犯是隶属于泰国第三军区“帕莽”军营的9名士兵。2012年4月25日，“10·5”案件联合专案组在老挝波桥省抓获案件主犯糯康，随后被引渡回中国。2013年3月1日，案件主犯糯康、桑康·乍萨、依莱、扎西卡在云南昆明被执行死刑。

本案发生在境外，犯罪实施者——糯康等人均为泰国国籍。但是本案被害者均为中国公民，而且匪徒是在劫持船只后在船上枪杀被害人，根据中国刑事法律和国际公约，中国法院对此享有管辖权。

【思考题】

1. 简述麻醉药品和精神药物国际管制措施。

2. 简述《联合国禁止非法贩运麻醉药品和精神药物公约》中有关控制下交付的规定。

3. 简述关于毒品犯罪的特殊量刑制度。

---

① 赵秉志．现代世界毒品犯罪及其惩治．中国人民公安大学出版社，1997：230.

第十三章　我国与周边国家的禁毒国际执法合作

【本章摘要】毒品问题的全球化，毒品在全球范围内的日益泛滥，使毒品问题已成为危害人类最严重的社会问题。世界各国也早已认识到，毒品问题不再是一个国家或地区的问题，而是全人类共同面临的灾难和悲剧，是世界各国共同面临的命运和挑战，单靠某一国家的力量是不可能完成禁毒事业的，禁毒成为全人类的共同事业。要有效打击毒品的种植、贩卖、运输、消费和洗钱活动，就必须进行国际间的禁毒合作。当前国际格局加快调整变化，国际体系正处于重要转型和深刻变革时期。“合作”与“共赢”成为当今国际政治的关键词，也是禁毒事业的关键词。秉持共商、共建、共享原则，通过加强合作，实现共同发展、共同繁荣正在逐渐成为各国共识。尤其自党的十九大以来，以习近平总书记为核心的党中央在深刻观察国际形势和世界格局发展态势的基础上，确立了以深化亚非合作、拓展南南合作、推进南北合作为核心的合作观；共商、共建、共享的全球治理观；合作共赢的国际秩序观；义利相兼、以义为先的正确义利观，提出共同构建人类命运共同体，实现共赢和共享。在禁毒这个问题上再次明确了世界各国要构建平等相待、互利共赢的伙伴关系，谋求共建、共享、整体推进的发展前景。而中国将继续在联合国《国际禁毒公约》的框架下，支持联合国禁毒机构工作，积极参与国际禁毒事务和区域禁毒合作，同国际社会一道，合力推动国际禁毒事业向前发展，为保障人类健康安全和共同福祉而不懈奋斗。

第一节 我国与周边国家的禁毒国际执法合作概述

联合国毒品和犯罪问题办公室（UNODC）在《2019年世界毒品问题报告》中详尽描述了当前全球面临毒品挑战的情况，在令人震惊的毒品形势面前，报告表明国际合作成功遏制了新型精神活性物质的增长，各国在努力解决毒品供应和需求问题的过程中仍然面临着许多艰难的问题，这其中取得的突出成就也表明，国际合作发挥了作用。各国需要开展更广泛的国际合作，以推动对毒品问题做出平衡、综合的卫生对策和刑事司法对策。我们面临的挑战是如何使这种合作对更多人发挥作用。[①]

解决毒品问题非一国之力所能为。中国政府历来坚持厉行禁毒的坚定立场，以负责任大国的态度，认真履行国际禁毒义务，坚持广泛参与、责任共担的原则，推动国际禁毒事业不断发展。在2016年的联合国毒品问题特别会议上，时任国家禁毒委员会主任、公安部部长郭声琨率中国代表团出席了特别联大，并发表讲话，向世界表明了中国携手国际社会共同禁毒的决心和信心。

一、禁毒国际执法合作概念与特点

（一）概念

禁毒国际执法合作概念，有其很深的内涵和外延，是国际警务执法合作的一个重要组成部分。禁毒国际合作指的是国与国和国际行为体之间依据《联合国宪章》《国际禁毒公约》《人权宣言》和《2030年可持续发展议程》等规范全面参与加强应对毒品的工作，基于国际法原则和国内法的规定，并在平等互利的基础上就禁毒事务而开展的互相给予支持、援助和便利的活动。禁毒国际合作的主体是国家，执行主体主要是国家禁毒机关；禁毒国际合作通过合作各方基于以互相帮助、互相支持等方式实现合作意图和目的。

① 2019世界毒品报告：序言1.

（二）特点

1. 全球化。随着经济全球化、社会信息化趋势的不断深入，毒品交易也成为利用全球化谋求最大利益的非法行业。毒品消费、毒品犯罪的全球化是与经济全球化步调一致的。毒品消费的全球化、毒品犯罪的集团化和全球化态势决定了中国禁毒事业必须放在全世界的范畴内来研究治理对策，通过开展与世界各国特别是周边国家的广泛合作，才能更有效地减少国外的毒源，遏止境外毒品多头向我国渗透的态势，从而从根本上解决问题。加之中国又是世界上的区域大国，这就决定了中国在区域禁毒合作上发挥着主导作用。

2. 专业化。由于毒品问题是一个很复杂的社会问题，涉及多学科领域（如法学、教育学、社会学、心理学等），综合性强。毒品犯罪的趋势日益专业化，犯罪集团人员的组成也日趋多样，专业化突出。故禁毒国际执法合作所涉及领域十分广泛，这就要求禁毒国际合作具有专业性特点，必须是各国政府及其相关机构在禁毒执法领域的一种国际合作，这种专业性使禁毒国际执法合作具有很强的针对性。禁毒国际执法合作的主体是国家执法部门，在一些国家也包括内政机构、检察机关等部门。据此，国家禁毒机关的主要领域既包括替代发展、腐败、犯罪预防和刑事司法、网络犯罪、毒品预防治疗关爱、毒品贩运、军火、洗钱、有组织犯罪、恐怖主义犯罪、海事犯罪等，还包括禁毒的理论研究研讨、人员培训、科学技术的开发利用与交流等活动。

3. 法治化。从历史上看，禁毒国际执法合作可以追溯至1909年在上海召开的“万国禁烟大会”。在此禁毒史上里程碑式的会议后，1912年各国禁毒合作的第一个国际协定——《国际鸦片公约》诞生了。根据这一公约，中国、美国及许多欧洲国家都制定了法律，追究非法走私毒品的刑事责任。在此后的几十年里，国际社会先后签订了大量的禁毒公约，尤其是20世纪90年代，区域性和全球性的禁毒会议频频召开，种种实践表明，禁毒国际合作是一种具有国际与国内双重法律性质的执法活动。一方面，禁毒国际执法合作要以国际法为基础，这里的国际法主要包括相关的国际公约、多边条约、双边条约等。例如，《联合国禁止非法贩运麻醉药品和精神药物公约》《联合国反腐败公约》；我国签订的多边条约：《打击恐怖主义、分裂主义和极端主义上海公约》；我国签订的双边条约：《中华人民共和国政府和荷兰王国政府关于打击犯罪的警务合作谅解备忘录》。另一方面，禁毒国际执法合作要以国内法为依据。例如，我国《禁毒法》第五章就专章规范了禁毒国际合作的执行框架。

4. 多元化。禁毒国际执法合作的方式渠道多样，主要通过警务渠道、国际组织渠道、外交渠道、政府渠道等开展工作。我国起初的国际禁毒合作，主要限制在执法方面。随着形势的发展和变化，我国与国际的禁毒合作领域逐渐扩大，现已发展到禁种、禁吸、禁制、禁贩等方面，合作的形式也由互访、考察、情报交流，拓展到签署项目、推广替代发展、进行培训、开展学术交流、举办国际会议等，形成了较为完整的禁毒国际执法合作体系。

二、禁毒国际执法合作范围及法律依据

（一）合作范围

近年来，我国从战略高度和全局角度出发，坚持统筹国际、国内两个大局，境内、境外两个战场，大力推进国际警务执法合作工作，建立了全方位、立体化的国际警务执法合作体系，公安机关的对外交往能力、办理跨国案件的能力、保护中国公民海外安全利益的能力都有了显著提高。国际禁毒执法合作的范围也不断拓展，种类也很多。按照不同的分类标准，可以将禁毒国际合作分成不同的种类。

1. 按照参与合作主体的数目，可分为双边禁毒执法合作和多边禁毒执法合作。前者是指两个国家或国家联盟参与的禁毒执法合作，如中美两国根据《中美禁毒合作备忘录》所开展的禁毒合作；后者是指两个以上国家参与的禁毒合作，如中国和泰国、缅甸、老挝、柬埔寨开展的次区域禁毒合作。

2. 按照合作的级别和层次，可分为全球禁毒执法合作、洲际禁毒执法合作、区域（多边）禁毒执法合作、次区域禁毒执法合作和国家级（双边）禁毒执法合作。全球禁毒执法合作，是指具有全球意义的禁毒执法合作；洲际禁毒执法合作，是指各大洲之间开展的禁毒执法合作；区域（多边）禁毒执法合作，是指地理相近、文化经济相似的各国之间的禁毒执法合作，如“东盟—中国”禁毒合作行动计划组会议；次区域禁毒执法合作是介于区域禁毒执法合作和国家禁毒执法合作之间的一种合作形式，如中国、缅甸、泰国、老挝、越南、柬埔寨和联合国签署的《禁毒谅解备忘录》；国家级（双边）禁毒执法合作，是指仅在两个国家之间进行的禁毒执法合作，也属于双边禁毒执法合作。

3. 按照涉毒犯罪的类型，可分为打击走私、贩运毒品犯罪的国际执法合作，替代种植项目合作，打击走私、贩运制毒物品的国际执法合作。

4. 按照禁毒合作的途径，可分为外交途径禁毒合作、领事途径禁毒执法合作、“中央机关”途径禁毒执法合作、国际刑警组织途径禁毒执法合作和缉毒联络官途径禁毒执法合作。

（二）法律依据

国际禁毒执法合作是主权国家和地区之间的国际执法交流活动，其鲜明的全球化性质决定了法律依据的广泛性。在国际执法合作中，我国公安机关既要以我国国内立法为依据，又要承担我国缔结或参加的国际条约所规定的义务，同时还要考虑相关国家的法律规定。禁毒国际执法合作的法律依据，就其表现形式可以分为国内法规范和国际法规范两种类型。

1. 国内法规范。国内法规范是我国国内有关国际执法合作法律规范的总称。国内法规范主要包括根本法、基本法律、相关法律、法律解释及行政规范等。

（1）根本法。《宪法》。

（2）基本法。《刑法》《刑事诉讼法》《引渡法》《禁毒法》以及相关行政法律等，如《出境入境管理法》《国籍法》《国家安全法》

《枪支管理法》《外交特权与豁免条例》《领事特权与豁免条例》《野生动物保护法》等。

此外，还要依据相关法律解释和行政规范，如最高人民法院、最高人民检察院《关于办理妨害国（边）境管理刑事案件应用法律若干问题的解释》《关于外国人犯罪案件管辖问题的通知》等。

2. 国际法规范。国际法规范，是指国际法主体之间以国际法为准则，为确立相互之间的权利和义务而缔结的书面条约、协议，包括国际公约和国际条约等。禁毒国际执法合作活动中适用的国际法规范，是指我国参加、签订或承认的禁毒国际执法合作有关的国际公约、条约、协定以及国际惯例的总称。公安司法机关在办理涉外案件时，凡是我国缔结或者参加的国际公约、条约等，除我国声明保留的条款外，都必须严格遵守。恪守国际条约是我国在禁毒国际执法合作活动中应该承担的国际义务。

（1）国际禁毒公约。

① 1909 年在上海召开的“万国禁烟大会”，虽然参加国实际上仅有中、美、英、德、法、俄、意、日等 13 个国家，会议也仅仅是通过了九项非约束性的决议，但毕竟是开了国际社会共同禁毒的先河，为随后国际禁毒会议的召开奠定了基础。1912 年各国禁毒合作的第一个国际协定——《国际鸦片公约》诞生了。

② 1961 年 1 月至 3 月，在联合国倡议下，95 个国家在纽约联合国总部举行了制定新的麻醉品国际公约的会议，通过了《1961 年麻醉品单一公约》（1964 年 12 月生效）。该公约综合了以前签订的有关麻醉品管制公约、条约、协定、议定书等，简化和加强了国际上麻醉品的管理机构，将过去的常设中央委员会和毒品监督机构等合并为统一的国际麻醉品管制局，早期条约中的一些条款在本公约中也有所保留，如 1931 年公约中的有关报告制度等。另外，该公约还增加了新的有关吸毒者的治疗和康复的内容，以及经过一定过渡期禁止非医疗目的的吸食传统的鸦片、咀嚼古柯叶、抽吸和使用大麻的内容。公约经过 1972 年《修正 1961 年麻醉品单一公约的议定书》修订后更加充实和完善。

③ 1971 年 2 月签订的《1971 年精神药物公约》（1976 年 8 月

16 日生效）。这是到目前为止另一个主要的国际禁毒公约。公约对以往诸多公约中没有包括进去的精神药物的生产、贸易和使用实行严格管制，并限定了精神药物的范围。20 世纪 60 年代和 70 年代《1961 年麻醉品单一公约》和《1971 年精神药物公约》的签订是人类历史上在禁毒斗争方面国际合作的两大典型例证。

④ 1988 年 12 月 19 日联合国在奥地利维也纳会议的第六次全会上通过《联合国禁止非法贩运麻醉药品和精神药物公约》，1990 年 11 月 1 日生效，也称《维也纳公约》。该公约不仅是国际社会也是联合国制定的第一个惩治跨国洗钱犯罪的国际性法律规范文件，其主要内容有：明确规定毒品洗钱犯罪的概念；明确规定了打击毒品洗钱犯罪的刑法手段和缔约国承担的强制性义务；初步规范了侦查、识别毒品洗钱犯罪案件的国际合作机制等。

（2）《政治宣言》和《全球行动纲领》。1990 年 2 月在纽约召开的联合国第十七届禁毒特别会议通过了《政治宣言》和《全球行动纲领》，并郑重宣布将 20 世纪最后 10 年（1991—2000 年）定为“国际禁毒十年”。要求各国立即开展有效而持续的禁毒斗争，促进《全球行动纲领》的实施。1998 年 6 月，联合国第二次禁毒特别联大通过的《政治宣言》《减少毒品需求指导原则宣言》《在处理毒品问题上加强国际合作》等文件，就加强国际司法合作、控制兴奋剂、减少毒品需求、打击洗钱、铲除非法毒品作物，为全世界建立一个“无毒品世界”制定了跨世纪战略。

三、禁毒国际执法合作国际组织

国际组织作为独立的国际关系主体，是国际社会政治经济发展到一定阶段的产物，是国家间多边关系发展的产物。根据不同标准，可以将禁毒国际执法合作组织划分为全球性、区域性和次区域性的合作组织，主要相关组织有：

（一）国际麻醉品管制局（INCB）

国际麻醉品管制局是根据 1961 年公约于 1968 年建立，是独立的、半司法性质的国际麻醉品管制机关。其宗旨为促进联合国有关毒品公约的履行，促使各国遵守各项条约的有关条款，并为缔约国在此方面的努力提供协助。

INCB 独立于各成员国政府及联合国，由联合国经社理事会选出的 13 名以个人身份任职的专家组成，其中 3 名专家由世界卫生组织推荐的人选中选出，10 名专家由各成员国推荐的人选中选出。成员每任 5 年，可连选连任。INCB 每年至少召开两次常会（目前惯例为每年三次），每次会期 1–3 周。INCB 秘书处现挂靠在毒品和犯罪问题办公室（ODC），负责 INCB 闭会期间的日常事务。中国专家曾多次担任 INCB 委员。

INCB 的职能由相关毒品公约规定，即 1961 年公约（包括 1972 年议定书）、1971 年公约和 1988 年公约，执行下列职能：

1. 对于合法制造、贸易及销售的药品，确保其用途仅为医用和科学研究，并防止流入非法渠道；

2. 对于非法制造和贩运的毒品，找出国内、国际社会管制链中的薄弱环节，并寻求解决方法。

3. 条约监管：负责评估可被用于非法制造毒品的化学品（前体）是否应列入国际管制范围。1961 年公约控制的麻醉品列入“黄色清单”，1971 年公约控制的精神药物列入“绿色清单”，1988 年公约控制的物项列入“红色清单”。各成员国每年需根据公约规定，定期向 INCB 报送统计表，由 INCB 进行汇总并研究国际禁毒趋势、在全球范围内对数据进行核实以便发现和阻止可疑的转让。

如果 INCB 发现有违反条约规定的情况，可要求有关方面作出解释，并向未充分适用条约的政府提出补救措施的建议；若有关方面仍未采取必要措施，则可提请各有关方、麻委会和经社会注意这一事项。作为最后手段，INCB 有权建议当事方停止与违约国的药物进出口业务。

4. 专项行动：为打击毒品前体化学品的非法贩运，INCB 近年来与有关国家政府一道，发起了多项针对特定化学品的国际执法行动，并承担了有关行动的国际联络点。这些行动的核心内容是各国共同对涉及相关敏感化学品的贸易进行层层审查，从而达到阻止有关化学品被出口用于生产毒品的目的。

（1）棱柱行动（Project Prism）。该行动是旨在防止苯丙胺类兴奋剂前体非法转移的国际行动。该行动的对象包括多种化学品，多采取在特定时限内针对特定化学品的行动方式。2004 年，该活动的重点包括：监测黄樟脑的国际贸易；防止含有伪麻黄素的医药制剂的转移；以及查明非法制造 1- 苯基 -2- 丙酮的制药厂的地点。

（2）紫色行动（Operation Purple）。该行动由 INCB 于 1999 年与有关国家政府共同发起，是旨在打击高锰酸钾非法贩运的国际行动。高锰酸钾是用于可卡因非法制造的重要化学品。

参加紫色行动的国家和地区有：阿根廷、奥地利、比利时、玻利维亚、巴西、保加利亚、中国、中国香港特别行政区、哥伦比亚、捷克、厄瓜多尔、德国、希腊、印度、意大利、墨西哥、荷兰、秘鲁、斯洛伐克、斯洛文尼亚、南非、西班牙、乌克兰、英国、美国、乌拉圭和委内瑞拉。

（3）黄玉色行动（Operation Topaz）。该行动由 INCB 于 2001 年与有关国家政府共同发起，是旨在打击醋酸酐非法贩运的国际行动。醋酸酐是一种用于海洛因非法制造的关键化学品。目前，该行动共有 46 个国家或地区参加。

（二）国际刑警组织（INTERPOL）

国际刑警组织是当今全球最大的警务合作国际组织，截至目前共有 190 个成员国，成员国数量仅次于联合国。

国际刑警组织的组织机构主要由四大部门组成，即全体成员大会（General Assembly）、执行委员会（Executive Committee）、总秘书处（General Secretariat）和各成员国中心局（National Central Bureau，NCB）。全体成员大会是最高权力机构，执行委员会在全体成员大会闭会期间行使最高决策权，总秘书处是最高行政机关，各成员国中心局是各成员国参与组织的实体机构。

国际刑警组织执行委员会由全体成员大会从代表中选出，共 13 人，其中执行委员会主席 1 人，任期 4 年；执行委员会副主席 3 人，任期 3 年；执行委员会委员 9 人，任期 3 年。委员按照地理分布从各大洲选出，其名额分配为：亚洲 3 名，非洲 3 名，欧洲 4

名，美洲 3 名。原则上一个大洲不能同时选出两个主席（包括主席与副主席），执行委员会成员不得在同一职位上连选连任。执行委员会每年举行三次例会，主要负责确保全体成员大会及执行委员会的决定贯彻实施，筹备全体成员大会，监督总秘书处工作。

国际刑警组织国家中心局是成员国国内与总秘书处进行联络的专门机构。根据国际刑警组织章程，每个成员国在其国内建立国家中心局作为与总秘书处传输数据信息的法定单位，国家中心局的基础设备和人员配备需要符合国际刑警组织的标准。各成员国一般将中心局设置在其国内的最高警察机构内。

（三）联合国毒品和犯罪问题办公室

联合国毒品和犯罪问题办公室是联合国下属的一个专门协调成员国预防和打击国际性犯罪的部门，总部设在联合国维也纳办事处内。该组织建立于 1997 年，由联合国药物管制规划署（United Nations Drug Control Programme）和国际预防犯罪中心（Centre for International Crime Prevention）合并而成。联合国毒品和犯罪问题办公室在全球 150 多个国家设置了办事处（包括地区办事处、专项办事处、联络办事处等），该组织 90% 以上的预算资金来自各成员国政府的捐款。

当前联合国毒品和犯罪问题办公室主要围绕替代发展、反腐败犯罪、反毒品犯罪、人口贩运犯罪、洗钱犯罪、有组织犯罪、海盗犯罪、恐怖主义犯罪、环境犯罪、伪假药品犯罪、HIV 预防等领域开展工作。当前联合国毒品和犯罪问题办公室的执行主任为 2010 年 7 月 9 日上任的尤里·费多托夫（Yury Fedotov），联合国毒品和犯罪问题办公室的最高指挥机关是执行主任办公室，其下属为行动部、条约部、参谋部和行政部四大业务部门。

由于在组建联合国毒品和犯罪问题办公室时，中国不仅已恢复联合国合法地位，而且已是安理会常任理事国之一，所以我国自然成为该组织的成员国之一。自 2003 年《联合国反腐败公约》制定以来，该办公室一直是在全球范围落实公约效力的关键部门，近年来中国与该办公室的沟通及合作都得到了进一步的加深，在接受新华社记者采访时，费多托夫高度评价中国开展的“猎狐行动”。长期以来，中国与联合国毒品和犯罪问题办公室一直保持良好合作关系。20 世纪 80 年代以来，该组织向中国提供了约 3000 万元人民币援助。中国与其在区域禁毒合作机制中合作较好，如东南亚次区域禁毒合作谅解备忘录以及东盟和中国禁毒合作行动计划等。

（四）欧洲药物与药物成瘾监测中心（EMCDDA）

欧洲药物与药物成瘾监测中心于 1995 年在里斯本成立，是欧盟的一个独立机构。EMCDDA 的成立旨在为欧盟及其成员国提供关于药物和药物滥用形势的全面信息，为政策制定者们提供相关数据和信息，以便更好地服务于禁毒相关法律和战略实施。同时也为禁毒专业人员和相关执行者提供更精确更具体领域的最新研究成果。具体来说，包括以下几个方面：

1. 为社区和欧盟成员国提供在欧洲范围内关于药物和药物成瘾及其后果的“事实、客观、可靠的、对比信息”。

2. 收集、监测和分析关于“毒品新兴市场趋势”的信息，特别是在多种药物使用，以及合法和非法的精神活性物质的联合使用过程中。

3. 提供有关欧盟成员国禁毒“最佳实践”的相关信息，并促进它们之间的交流与合作。

（五）欧洲警察署（EUPOL）

欧洲警察署是欧盟下属执法机构，成立于 1999 年，任务是为欧盟公民创造一个更加安全的环境，职责是支持欧盟成员国预防和打击各种严重的跨国犯罪、有组织犯罪、网络犯罪以及恐怖主义。

作为欧盟的信息网络中心，欧洲警察署利用其工作人员的专业性，以其独特的能力去鉴别和追踪欧洲各国最危险的犯罪分子以及恐怖主义网络。各国执法部门都受益于欧洲警察署的情报分析、综合危险评估、安全的信息网络（SIENA）以及行动协调中心对跨国调查的支持。欧洲警察署的警官没有执法权，但是他们通过收集、分析和评估信息支持成员国执法，并通过一个联通 650 多个执法机构的技术平台来协调行动。

欧洲警察署现有900多人，分别来自警察、边境警察、海关和警卫等不同执法机构。其中包括200名由欧盟成员国、伙伴国家和国际刑警组织借调来的联络官。他们的派驻确保了在个人联系和相互信任基础上开展快速有效的合作。每个欧盟成员国在这里都有一个指定的联络处，它是欧洲警察署与其欧盟成员国有关部门间的一条纽带。

（六）美洲警察组织（AMERIPOL）

美洲警察组织于2007年在哥伦比亚波哥大成立，是一个致力于西半球合作的综合性协调机构。任务是加强在科技、培训和有效交换信息情报方面的警务合作，协调并提高美洲地区执法及相关机构在刑事侦查和司法协助方面的行动能力。总而言之，美洲警察组织的目标就是统一各国警察规则和价值体系，预防和制止本地区的犯罪行为。

美洲警察组织成员包括24个国家和20个观察员组织的30支警察队伍，由董事会领导，并由其选出主席和秘书长。美洲警察组织执行秘书处与各警察机构通过以下四个协调处开展合作：

1. 教育和规则协调处。
2. 信息交流协调处。
3. 技术合作—警务科技协调处。
4. 刑事侦查及司法协助支援协调处。

四、禁毒国际执法合作的意义

新时期加强禁毒国际执法合作是贯彻中央统筹国际国内两个大局的应有之义；是公安工作国际化的必然要求；是公安机关深度参与全球安全治理的重要抓手。

（一）打击跨国犯罪，维护国际社会的安全与稳定

随着全球化进程的不断加快和通信技术的飞速发展，国家之间在政治、经济、文化等领域的交流日益频繁，这也使犯罪分子有机

可乘，从而导致跨国犯罪在全球范围内迅速蔓延。受地理位置、国家关系、法律制度、语言风俗等多方面因素的影响，跨国犯罪的打击难度较大。因此，面对跨国犯罪带来的新挑战，任何一国都不可能独立在本国范围内解决问题，加强国际警务执法合作成为打击跨国犯罪、维护国际社会安全与稳定的必由之路。通过加强各国警察机关之间的合作，可以最大限度地突破空间、法律、语言等方面的制约，形成合力，共同打击跨国刑事犯罪，维护国际社会的安全与稳定。

（二）加强禁毒国际合作交流，提升国际执法水平

通过禁毒国际执法合作，来自不同国家的禁毒执法人员不仅可以在办理案件时实现禁毒相关技术、经验的交流，更可以通过专门的警务友好交流活动，如理论研讨、执法经验交流、人员培训、警用科学技术的开发利用和推广等，相互学习彼此的先进技术与经验，实现优势互补，从而促进国际整体执法水平的提高。另外，长期的国际交流活动有利于各国之间加深了解，扩大共识，从而在案件办理的许多方面达成一致，对进一步推动禁毒国际执法合作大有裨益。

今后我们要进一步改革完善外警培训工作体系，积极倡导以分享为核心的培训新理念，建立更加科学合理的项目设计新模式，推动国际执法培训更加规范和务实高效，更好地服务于国际执法合作工作。

（三）维护我国的国家安全和社会稳定，提升国际地位

近年来，跨国犯罪对我国的危害日益严重，其中恐怖主义犯罪、毒品犯罪、网络犯罪、偷渡犯罪等更是对我国的国家安全和社会稳定造成了严重威胁。境内外“三股势力”相互勾结，大肆进行分裂祖国的活动，呈愈演愈烈之势；毒品犯罪、网络犯罪的国际化趋势加剧，打击难度增大，对公安机关提出了新的挑战；偷渡活动进一步升级，不断向我国内陆地区及周边国家渗透，严重危害了我国的社会秩序和社会稳定。在这种形势下，我国积极开展国际警务

执法合作，通过与大国、周边国家的合作，进一步加强了对跨国犯罪的打击力度，维护了我国的国家安全和社会稳定。2017 年 4 月 5 日至 6 日，上海合作组织成员国安全会议秘书第十二次会议在阿斯塔纳举行，会议中，各方认为在上合组织扩员背景下，成员国应当在打击恐怖主义、分裂主义和极端主义，非法贩运武器、毒品以及应对其他当今安全挑战与威胁方面进一步深化合作、完善协作机制，维护本组织所在地区的安全与稳定。此外，与各国加强禁毒执法合作，不仅有利于维护其他国家的国家安全，维护国际社会的秩序与稳定，也有利于树立我国负责任的大国形象，提升我国的国际地位。

（四）维护我国的经济安全、促进经济发展

随着改革开放的不断深入，我国对外经济往来日益频繁，这在促进经济繁荣的同时，也带来了一些新的安全风险与威胁。例如，一些经济犯罪嫌疑人作案后逃往境外，并将非法占有的巨额国有资产转移到境外，逃避我国法律的制裁，给国家经济造成了不可估量的损失。此外，随着“走出去”战略的实施，走出国门、参与国际交流的公民越来越多，我国的海外利益也在不断增加，如何保障我国国家和公民的海外利益成为公安机关亟待解决的重大问题。

在这种形势下，加强禁毒国际执法合作是解决上述问题、维护我国经济安全的必由之路。自 2014 年公安部开展“猎狐”海外追逃专项行动以来，我国打击经济犯罪的行动取得了丰硕成果。仅 2016 年 5 月至 10 月，我国就从 67 个国家和地区成功抓获各类境外逃犯 634 名，其中涉案金额千万元以上的 205 名，超过 1 亿元的 59 名，为我国挽回了巨大的经济损失。此外，通过打击跨国犯罪，我国有力地震慑了其他国家和地区侵害中国国家和公民利益的犯罪分子，充分展示了中国政府保护海外利益的坚定决心。通过加强国际警务执法合作，我国不仅挽回了巨大的经济损失，更在国内、国际为经济发展营造了安全、稳定的环境，促进了社会主义市场经济的繁荣。

（五）巩固国家间的友好关系，服务外交工作大局

在全球化日益深入的今天，各国加强禁毒国际执法合作不仅是维护本国利益的需要，也已经成为推动国家间友好关系发展的重要方式。消除国界的障碍，拓展禁毒国际执法合作的广度和深度，已经成为各国国家元首和政府首脑会谈中的重要议题之一，并且日益成为各国外交事务中的热点。

五、禁毒国际执法合作发展态势

近年来，随着我国综合国力的提高和国际影响力的不断扩大，禁毒国际执法合作的理念和实践也取得了重大进步。我国的禁毒双边执法合作工作的范围不断扩大，与大国、周边国家的合作领域、合作深度也在不断拓展。此外，我国积极参与区域和全球的禁毒合作组织，大力与其建立合作关系，提升了我国在禁毒合作国际组织中的地位、影响力和话语权，进一步促进了禁毒国际执法合作工作的开展。

进入新时期，我国执法机关应该认真总结经验，进一步增强对国际组织相关资源的利用能力，切实提高我国在其中的话语权和影响力，引领禁毒国际执法合作的发展方向。同时，我们应该加强顶层设计，全面推进重点领域禁毒执法合作，大力拓展合作的广度和深度，建立完善高效的双边和多边合作机制，积极有力地深化务实合作，力求在打击跨国犯罪、服务经济社会发展、配合国家外交大局、保护“一带一路”建设安全等方面发挥更加积极的作用，为维护国家安全和社会稳定做出更大贡献。

（一）执法合作的范围不断扩大

随着“走出去”战略深入推进，我国的海外利益已经成为国家利益的重要内容。本着国家利益发展到哪里，警务保护就跟进到哪里的原则，我国公安机关充分利用禁毒国际合作的渠道解决现实利益保护问题。在一如既往打击传统犯罪的基础上，近年来禁毒国际执法的亮点还有很多。诸如打击人民群众深恶痛绝的电信诈骗犯

罪，不仅有效惩治了犯罪分子，还彰显了我国公安机关敢于亮剑，虽远必诛的能力和自信，树立了良好的国际形象。毋庸置疑的是，随着我国经济崛起的步伐加快，禁毒国际执法合作面临的挑战与日俱增，未来的执法合作必定是全方位的，甚至不可预期。这需要我国公安机关深谋远虑，完善顶层设计，以国际警务执法合作为抓手，加强与世界各国的互信协作。

（二）合作模式更加多样化

为有效化解禁毒国际执法合作中可能遇到的障碍，我国公安机关不断总结成功经验，有针对性地采取灵活多变的合作模式推进与各国的务实合作。在面对没有签署刑事司法协助条约或者适用相关条约时间漫长、程序烦琐的不利情况下，我国公安机关大胆创新，主动与合作国协商，对犯罪嫌疑人进行出入境管理、社会治安违法情况审查、移民资格审查等方面的审核。努力创造遣返、驱逐出境等引渡替代措施的条件以节约执法成本。在已经抓获的 39 名“百名红通”人员中超过半数的犯罪分子通过遣返、劝返等方式迫使其归案，大大提高了境外执法的效率。

（三）深入开展禁毒国际执法培训

为协调禁毒国际执法合作中遇到的问题，统一执法标准，提升禁毒执法人员的能力，国际化培训工作由来已久。通过实地技术协作培训项目提高各成员国打击非法药物、犯罪与恐怖主义的能力；通过调查与分析培训，增进对药物和犯罪问题的了解与认识，丰富政策和行动决策的证据基础；通过规范性工作协助各国批准、执行相关的国际条约，在国内针对药物、犯罪及恐怖主义立法，为条约及理事机构提供秘书处及实质性服务的相关培训。目前国际化培训体系较为成熟，主要有以下三个层面的项目培训。在国际层面，联合国毒品和犯罪问题办公室在总秘书处通过研修班、实践体验等方式向其成员国提供关于禁毒系统和服务资源利用的培训。互联网科技的利用也成为其远程培训的一种重要渠道，主要内容包括了打击有组织犯罪和人口贩运、反腐败、毒品滥用预防、恐怖主义预防等。区域层面的禁毒国际执法培训在20世纪90年代就已经出现，伦敦警察学院是最早开展相关警务执法课程的国际机构。据统计，2008年欧洲警察学院提供85门课程和研讨班，共有来自8个国家的762名讲师为1900多人提供了业务培训。以国家为中心的培训也扮演着越来越重要的作用，如美国禁毒局开展的国际禁毒培训，联邦调查局的国际警务执法学院提供的打击跨国刑事犯罪培训等，还有近20年来我国为东南亚、南亚、非洲、东欧等多个国家和地区开展的禁毒执法培训。

随着我国国际影响力的显著提升，我国公安机关逐渐意识到，参与国际警察培训是增强执法互信、建立合作友谊、扩大执法朋友圈的一条重要途径。自2009年下半年开始，公安部党委启动了一个为期3年的国际化培训项目，将从全国选拔的公安机关优秀领导干部人才送出国门，培养一批能和国际接轨，具有国际化执法管理水平的警务工作者。同时为了承担更多的国际责任，交流宣传我国的执法理念，截至2016年12月我国已邀请相关专家1万多名来华研修，结合外方需求主动提供刑事侦查技术、刑事科学技术、禁毒、大型活动安保等一系列精品培训项目，取得了良好的效果。警察国际化培训工作顺应了当代“和平、发展、合作、共赢”的历史潮流，是一种优质高效的国际警务公共产品，也必然成为今后禁毒国际执法合作的发展趋势。

（四）高层互访成为推动禁毒国际执法合作的关键力量

禁毒国际执法合作在性质上属于中央事权的内容，完善顶层设计是禁毒国际执法合作的动力之源。早在我国加入国际刑警组织之初，禁毒国际执法合作就已经成为双边、多边国家领导人会晤的重要议题。直至今日，国际社会发展面临的挑战有增无减，群体性、突发性、暴力性犯罪成为威胁世界各国国家安全的重要因素，高层互访推动禁毒国际执法合作成为国际警务执法合作中的一大亮点。

2015年9月，习近平主席特使、中共中央政治局委员、中央政法委书记孟建柱率团访美，就与美方关于网络安全执法达成了五点重要共识。同年12月，国务委员、公安部部长郭声琨再次赴华盛顿参加中美打击网络犯罪高级别联合对话，从此网络安全执法合作成为中美合作的新亮点。2016年9月，国务委员、公安部部长郭声琨在河内与越共中央政治局委员、公安部部长苏林举行会谈，并共同主持中越两国公安部合作打击犯罪会议。高层会晤机制还包括新亚欧大陆桥安全走廊国际执法合作机制、湄公河流域执法安全合作机制等。高密度的高层会晤机制的建立有效凝聚了各方共识，深化执法合作互信，已然成为推动禁毒国际执法合作的关键力量。

（五）禁毒国际执法合作与国家外交战略互动更加紧密

当前，大国战略竞争加剧，国际形势体制性、结构性、根本性的变动令人眼花缭乱，国际社会正处于变乱交织的格局之中。另外，中国等新兴国家成为推动引领全球治理变革，冲击西方主导的国际体系的重要力量，国际格局东升西降与当前东稳西乱相叠加。我国前所未有地接近世界舞台中心，从国际规则的接受者走向制定者，任何一个涉及我国的问题特别是执法安全合作问题都有可能被聚焦放大，处理稍有不慎就有可能引发连锁反应成为“中国威胁论”等反华言论的口实甚至引发外交交涉。禁毒国际执法合作自始要服从、服务于我国外交战略的需要，当下比历史上任何时期，国际警务执法合作对国家传统友好外交战略的影响都深远得多。

正是意识到禁毒国际执法合作与外交工作的紧密联系，我国公安机关深入贯彻习近平总书记治国理政新理念、新思维、新战略，努力把禁毒国际执法合作工作打造成巩固友好外交关系的新抓手。2016年我国驻菲律宾警务联络官敏锐察觉到新任菲律宾总统杜特尔特上台后菲方着力打击毒品犯罪的新趋势，故迅速向国内汇报了这一情况。中菲禁毒合作就此展开并迅速扩大成果，成为扭转中菲外交关系的关键环节。禁毒国际执法合作为向世界展示我国改革开放成果提供了视角，成为我国展现大国责任，体现大国担当的重要舞台。中国将乘着全面深化改革的东风，继续为世界的安全与稳定提供中国方案、中国智慧。

第二节　禁毒国际执法合作的基本原则

切实开展禁毒国际执法合作是从根本上解决毒品问题的有效途径，禁毒国际合作应当以各国政府为主体，各国政府应对推进禁毒事业、消除毒害负有首要责任，遵循如下原则。

一、以各国政府为主体的毒品禁止原则

国际社会必须对毒品采取普遍禁止而非合法化的态度。毒品禁止原则是国际禁毒公约各项内容的首要原则，也是国际禁毒公约签订的必要所在。毒品禁止原则是对毒品合法化的直接否定，是国际禁毒公约存在的价值，因此它常常被某些国际禁毒公约开宗明义地表述出来。例如，《联合国禁止非法贩运麻醉药品和精神药物公约》中明确指出："本公约缔约国，深切关注麻醉药品和精神药物的非法生产、需求及贩运的巨大规模和上升趋势，构成了对人类健康和幸福的严重威胁，并对社会的经济、文化及政治基础带来了不利影响，又深切关注麻醉药品和精神药物的非法贩运日益严重地侵蚀着社会的各类群体，特别是在世界许多地区，儿童被当成毒品消费者市场，并被利用进行麻醉药品和精神药物的非法生产、分销和买卖，从而造成严重到无法估量的危害，认识到非法贩运同其他与之有关的、有组织的犯罪活动结合在一起，损害着正当合法的经济，危及各国的稳定、安全和主权。又认识到非法贩运是一种国际性犯罪活动，必须迫切注意并最高度重视对此种活动的取缔，意识到非法贩运可获得巨额利润和财富，从而使跨国犯罪集团能够渗透、污染和腐蚀各级政府机构、合法的商业和金融企业，以及社会各阶层，决心剥夺从事非法贩运者从其犯罪活动中得到的收益，从而消除其从事此类贩运活动的主要刺激因素，希望消除滥用麻醉药品和精神药物问题的根源，包括对此类药品和药物的非法需求以及从非法贩运获得的巨额利润，认为有必要采取措施，监测某些用于制造麻醉药品和精神药物的物质，包括前体、化学品和溶剂，因为这些物质的方便获取，已导致更为大量地秘密制造此类药品和药物，

决心改进国际合作，以制止海上非法贩运，认识到根除非法贩运是所有国家的共同责任，为此，有必要在国际合作范围内采取协调行动。”

二、尊重主权、平等互利原则

国家主权原则是《联合国宪章》的基本原则，自然也应当成为禁毒国际执法合作遵循的普遍原则。主权，即国家主权，它是国家的重要属性，是国家最基本、最主要的权利，并非国际法所赋予，表现为国家在国际法上所固有的独立处理对内对外事务的权力。主权不可分割，不能让予。主权又分为对内最高权、对外独立权和防止侵略的自卫权。所谓对内最高权，是指国家行使最高统治权，国内的一切中央和地方的行政、立法、司法机关都应当服从国家管辖，具体表现为属地优越权和属人优越权。因此，在禁毒国际合作过程中，各国有权排除他国司法机关直接在本国领土上取证或逮捕犯罪嫌疑人，上述司法行为的完成必然依赖于禁毒国际执法合作。所谓对外独立权，是指按照国际法原则，在国际关系中享有独立权，即独立自主地、不受干涉地处理国内、国外一切事务，如国家有权按照自己的意志，根据本国情况，自主地选择社会制度、国家形式，组织自己的政府，制定国家的法律，决定国家的对内对外政策等。目前，不同国家之间关于毒品犯罪的法律规定并不相同，如在某些国家刑罚体系中未设死刑，而在某些国家，毒品犯罪的最高刑罚为死刑，这就为禁毒国际执法合作带来法律障碍。由于不同国家之间的法律存在差异，有时会导致相关国家之间在证据交换、犯罪嫌疑人遣返等方面存在一定的困难。但尊重国家对外事务的独立权必然应当成为禁毒国际执法合作的基础。所谓防止侵略的自卫权，是指国家为了防止外来侵犯而进行国防建设，和在遭受外来侵略和武装攻击时，进行单独或集体自卫的权利。在禁毒国际执法合作中，切不可打着合作的旗号，恶意干涉他国内政，如对毒源地国或毒品生产、消费国采取任何武力行动，或者滥用自卫权。

禁毒国际执法合作必须以《联合国宪章》的宗旨和原则为指导。各国应相互尊重主权，互不干涉内政，在平等互利的基础上加强禁毒努力，确保共同受益。

三、发达国家承担更多义务原则

世界各国之间政治、发展极不均衡，发达国家是主要的毒品消费国，而发展中国家则是主要的毒品生产国。遏制毒品泛滥很大程度上取决于两方面的努力：第一，毒品消费国应当尽力遏制毒品消费，如加强毒品预防和宣传教育等；第二，毒品生产国应当尽量减少毒品生产，如加强对易制毒化学品的行政监管，加大执法打击力度等。在这个链条当中，由于发达国家具有更雄厚的资金和技术力量，所以应当承担起更大的责任，帮助和支持发展中国家的禁毒工作。切不可将禁毒合作政治化，或利用政治力量、武装力量支配、干扰禁毒工作；亦不可对某些贫穷的毒品生产、制造国采取歧视态度。在这一点上，《政治宣言》指出，“我们敦促国际社会增加同发展中国家的经济和技术合作，并促进贸易流通，以支援可行的其他收入方案，如农村综合发展战略下的种植替代作物方案，包括协助推动适当的有效率销售和健全的经济政策，以便消除麻醉药品的非法种植和生产；我们要求国际合作以援助和支持过境国，特别是发展中的过境国，办法是通过一些主管的国际或区域组织，来执行一些适当的技术和财政援助方案，目的是要扩大和加强有效管制和防止非法贩运麻醉品所需的基础结构”。这里明确指出了发达国家对发展中国家的援助，意味着其应当承担更大的责任。

四、广泛参与原则

禁毒工作是一项涉及许多领域的、多种手段综合运用的工作。因此，禁毒国际执法合作也应当扩展到除侦查执法合作外的其他领域，从禁毒宣传与预防教育、禁毒执法培训、情报信息交流、替代种植、康复和预防治疗等领域多方位加强协调和配合。这样才能从根本上禁绝毒品问题，保护世界人民不受毒害，为世界的禁毒事业做出有益贡献。

第三节　禁毒国际执法合作方式

随着世界各国继续坚持“精诚合作、协同配合、资源共享、互利共赢”的方针，不断建立信息通报、跨境救助、通关协作、会晤联系、共同防范和打击跨境犯罪行为等长效执法合作机制，有效维护了双方边境地区社会稳定，禁毒国际执法合作的范围不断扩大，合作模式也呈现多样化趋势，从双边向多边，从区域内向全球合作等更多、更灵活的合作模式不断涌现。具体合作方式概括起来主要有以下几种。

一、情报交流

（一）情报信息

情报信息是现代警务工作的重要元素，其收集、交流与使用是开展犯罪案件侦查活动的必要因素，更是推动禁毒国际执法合作基础建设不可缺少的动力之一。在禁毒国际执法合作中，不同国家的侦查机关之间进行的传递和交换各种犯罪信息是极为重要的，通过这种情报的交流，本国的侦查情报网络能够扩展到更为广阔的空间，为及时全面地掌握各类犯罪情报信息，精准、有效地打击国际性犯罪活动提供有力的保障。

（二）情报信息交换具有的特征

禁毒国际执法合作中情报信息交换具有如下特征：

1. 重要性。犯罪情报信息是毒品案件侦查活动的起点，对于案件侦查活动的开展具有重要意义。在国际执法合作当中，由于法域的不同，执法权力和范围的有限性，跨国获取犯罪情报几乎是不可能的事情。因此，加强禁毒国际执法合作中的情报交换越发重要，为打击跨国犯罪的对策提供依据。

2. 及时性。在禁毒执法活动中获取的信息，如指纹、DNA 等个人信息，这些犯罪信息侦查机关希望在较短的时间内与数据库内的信息进行搜索、比对并确认信息，所以对禁毒国际执法合作中毒品情报信息交换系统的运行速度有较高的要求。例如，国际刑警组织全球警用加密通信网络，会在1‰秒内获取相关信息，为成员国执法人员提供迅捷、准确的信息服务与支持。

3. 功能性。禁毒国际执法合作中毒品情报信息交换系统是为成员国执法人员提供信息服务与支持的，这就要求该系统拥有的数据库可能囊括更多、更广泛的犯罪信息，而且被授权的用户能够随时对信息进行补充和完善。例如，欧盟设在法国斯特拉斯堡的申根中心信息系统是一个巨大的中央数据系统，27个成员国负责提供并更新相关数据信息。

4. 经济性。建立禁毒国际执法合作中毒品情报信息交换系统必须要考虑成本，如果建立一个独立的网络系统，所需资金将是一个惊人的数字，如国际刑警组织拥有遍布全球的190个成员国，根本不可能构建一个独立的信息网络，所以就要借助公共互联网，使用过程中采用加密技术予以保护，以防止信息的泄露，并严格审查用户的资格。

（三）情报信息交流的内容

情报信息交流内容主要包括：各法域刑事犯罪活动的情况、近期突出犯罪类型与犯罪动向、个案线索与侦查进展及结果、新的犯罪形式与手法，各法域内打击犯罪的做法与经验、刑事技术发展与运用等。国际执法合作中的情报信息交流不仅仅局限于传统型的刑事犯罪，如毒品制造、贩卖、走私，普通诈骗及电信诈骗，杀人犯罪等，也有涉及国家经济安全的犯罪，如洗钱、制造假币等，还有涉及国家安全的犯罪，如恐怖主义犯罪等。同时，以组织为主的犯罪案件，比如团伙性、集团性犯罪案件，如黑社会组织、黑社会性质组织、恐怖组织等也有涉及。

二、警务联络官机制

（一）警务联络官概述

1. 警务联络官的概念。警务联络官的设置源于20世纪70年代的欧洲，起始是为了有效地打击毒品犯罪，之后，这种做法逐渐推广到世界范围。警务联络官指一国警察机构派驻到另一个国家或者双方进行固定联系的警官，其主要职能在于跨地域收集犯罪情报，寻求惩治国际性犯罪的执法合作。直至如今，该制度已不仅仅有利于个案的侦破，而且还能使国家间在更广泛的执法领域进行协调和沟通，为各国的国际警务执法合作走向具体化、效益化、机制化提供协作保障。

2. 警务联络官制度在国际范围的发展。从世界范围来看，目前多数国家选择在其驻外使馆中设立警务联络官或设立独立的办事机构的方式与驻在国的警方联络，以便了解驻在国的相关法律规定及警界同行们开展的执法活动，促进双方更加直接与紧密的合作。欧洲既是国际刑警组织这一国际警务合作最主要平台的所在地，还是警务联络官制度的起源地。根据“申根协定”发展起来的欧盟层面的警务合作可谓区域警务合作的典范。伴随跨国犯罪日益强劲的发展势头，两国间互设警务联络官这一更为直接和具体的合作方式越来越受欧洲各国的青睐。

1996 年保加利亚内务部和希腊社会秩序部即签署了联合打击两国边境上的走私、贩毒和恐怖活动的合作协议。依据此协议，双方商定两国之间互派警察常驻各自使馆，以便加强合作和互通情报。美国是向外派驻执法联络官较早的国家，外派联络官的分布面广、数量多、机制也较完备。在开展国际警务合作的联邦警察机构中，仅美国联邦调查局就通过与合作国签订双边协定在全球的美国使领馆共建立了法务专员办公室 61 个，其中美洲地区 11 个，欧洲 9 个，非洲 8 个，中东 9 个，亚洲 12 个，欧亚大陆 12 个，拥有法务专员及助理专员 200 余人。

3. 警务联络官在我国的发展。我国的警务联络官，是指由公安部派驻到我国驻外使领馆，以外交人员身份代表公安部与驻在国（地区）开展警务联络等项工作的公安民警。目前虽然我国已初步构建了全方位、多层次、宽领域的对外警务交流合作格局，但向国外派驻警务联络官这一有效的打击跨国犯罪、开展警务执法合作的手段的发展与西方发达国家相比，仍处于起步阶段。

我国公安部首次对外派驻警务联络官是在1998年5月，向我国驻美国使馆派驻警务联络官（时称缉毒联络官），我国警务联络官项目也自此肇始。2004年，由公安部在国际合作局内设立警务联络官工作处，使外派警务联络官的工作机制得以进一步发展。

（二）警务联络官的职能特性

作为国际警务执法合作网络中重要“纽带”的警务联络官，其首要职能是通过自身在驻在国（地区）的这一有利条件，加强派遣国与驻在国（地区）之间的执法信息交流，加强对国际性犯罪的有效打击，为国家间开展长期、深入和稳定的执法合作提供工作机制上的保障。同时作为外交官的一员，根据《维也纳外交关系公约》的规定，其还享有特定的权利和义务，需履行派遣国所赋予的一定职责和任务。警务联络官身份的特殊性使其在职能方面具有一定的特性。

1. 警务联络官的专职性。警务联络官作为打击跨国犯罪，加强国家间执法合作的一项重要举措，以专职负责国际警务执法合作过程中的沟通、协调与联络工作为其职能核心。例如，保加利亚和希腊两国通过互派警务联络官以获得关于两国边境上的走私、贩毒和恐怖主义的活动情报；我国驻吉尔吉斯斯坦的警务联络官主要就打击“三股势力”与当地警方开展合作，我驻美警务联络官在“开平案件”主犯之一余振东被美方成功遣返回国方面发挥了有力的协调作用。经派出的警务联络官通过发挥自己的语言能力，在充分了解派驻国的刑事司法制度和警察体制的基础上，与外国执法部门联络、交流情报信息、促进案件侦查和相应的司法协助工作的开展，也有助于克服国家间因文化、政策、法律规定不同而导致的认识误解，利于双方构建良好的警务关系。

2. 警务联络官工作方式的直接性。警务联络官是派遣国通过在驻外使领馆中设立的，通过这种方式，这些被派驻在外的职业警官在解决警务问题时，突破了传统的警务合作方式，即借助国际刑警组织、世界警察会议等国际警务合作机构平台的协调和联络功能，相较于这种间接的合作方式而言，警务联络官工作开展，往往是双方国家间执法人员、警方人员直接面对面的接触，情报信息的交流更为通畅，对于应对惩治犯罪这一时效性极强的任务来说，极为有利。同时，相较于两国间通过双边警务合作协议开展的警务执法合作和就特案组建的临时合作模式而言，警务联络官多为长期派驻，可以保障工作的相对稳定和连续性，固定性的岗位设置更容易促成这种直接联络、合作方式的机制化运作。这一专门联系渠道的构建，还可以避免双方因国情不同而可能导致工作中出现误解或盲目性的问题，从而利于双方警务合作机制的长效发展。

3. 警务联络官的双重身份使其职能更为广泛。警务联络官既是专业警官，又是外交官的双重身份，使其职能范围也突破了单一身份的限定而愈加广泛。

从警官职能来说，警务联络官因同为外交人员，多以外交方式解决面对的警务问题。在具体实践中，其工作范围已不仅仅限于侦破案件这一狭义的警务合作范围。伴随国际形势的多极化发展，全球化时代的国际关系已经不再是单纯的政治对抗和军事攻守关系，新安全观的提出表明每个国家所追求的国家安全是一个综合、有机统一的安全观，不仅包括军事安全，同时还有经济安全、政治安全、科技安全、军事安全、文化安全、环境安全。对于警务这一概念的理解，既要突破预防和打击犯罪这一方面内容，还应注重社会管理与服务等诸多方面。因此，警务联络官致力推动的国际警务合作也应包括社会治安服务方面以及就先进的技术和经验而开展的交流与培训等方面。如今，在美国华盛顿即成立有一个由20余国驻美警务联络官组成的非官方联谊组织国际执法联络官协会（ILEA）。通过这一组织，来自世界各个地方的警察机关代表，轮流组织警务交流活动，促进了彼此之间的了解。我国同美国之间的执法合作联合联络小组（JLG），自成立10年来，两国执法机关在这一框架下的交流与合作日臻完善，先后建立了遣返逃犯、打击人口走私、遣返非法移民、打击网络犯罪、打击知识产权犯罪、打击毒品犯罪6个专家组，每年轮流在北京和华盛顿召开一次全体会议和专家组会议。警务联络官也借助自身形象，发挥了民间外交的积极作用，促进了驻在国对自己国家的了解和信任。

从外交人员的职能来说，警务联络官因其自身所具备的警察意识和专业素养，使他们在分析情报信息、评估安全形势等工作中，比一般的外交官更加具有职业敏感性，除了可以有效完成使领馆内部的安全保卫工作和国家领导人出访期间的安全保卫任务外，还在维护海外公民合法权益、打击非法移民等方面做了大量卓有成效的工作。专业警官和外交人员这种复合身份的岗位设置，将两种身份的职能范围进行融合互补，既能有效地推动国家间警务执法合作的进行，又能不断提升一国外交工作的质量，可谓一举两得。

（三）警务联络官制度及禁毒国际执法合作的关系

禁毒国际执法合作是一种跨国界的警察禁毒事务交流，是符合新安全观以合作求安全的思维，并顺应新时期国际警务合作发展需要的一种“直接快捷、务实有效”的合作方式，是国际社会关于禁毒执法合作众多执法实践中的一种，其独特的“警察 + 外交”的直接执法模式是在传统国际警务执法合作方式基础上的创新。其特点体现在：

1. 禁毒国际执法合作的专业指向性。首先，禁毒国际执法合作是以更有效地侦破和惩治跨国界犯罪为旨意所开展的，其具有强烈的专业指向性。它是专门适用于处理涉外涉毒案件的一项国际合作制度，以各国执法机构的共同协作为机制，努力构建一个预防与惩治毒品相关犯罪的网络。正是由于这种专业性，禁毒国际执法合作受政治影响相对较小。无论世界各国政治制度和管理体制有多大差异，对于警务执法机关而言，警察是它们的共同称谓，也是它们相互交往的共同名片。即便在两国关系遇到困难的时期，禁毒执法机关间的合作关系不仅利于国际性毒品犯罪的惩治，而且在一定程度上还有利于缓和政治紧张关系。

其次，经过长期的发展，如今的禁毒国际执法合作已形成了以禁毒国际执法合作组织为主导，多种合作方式并存的立体化专业运行机制。国际刑警组织是开展禁毒国际执法合作的重要机制，经过长期的发展，国际刑警组织在此方面已具备了较为完善和成熟的运作机制，以各成员国的国家中心局为基点，将各国警务工作有效地集结在一起。除了国际刑警组织以外，在国际舞台上活跃的国际警务合作机构还有：西欧警察合作会议、世界警察会议、联合国防止犯罪会议、阿拉伯国家警察会议和国际警察协会等。从全球性到区域性的全面禁毒国际执法合作组织构成，为禁毒国际执法合作的开展构建了一个纵深的专业网络，为各国共同打击犯罪、维护国际社会秩序提供了一个专业化渠道。

2. 禁毒国际执法合作的快速直接性。与国际刑事司法协助相比，禁毒国际执法合作最突出的特性即在于快速直接性。在越来越频繁的国际合作诉求中，加深禁毒国际执法合作已经成为很多国家的共同期望。各国执法部门都致力于优化彼此之间的执法交流与合作，从而有效地预防和打击国际性毒品犯罪。例如，构建从国家级纵深至地区级的更为基层的直接合作，同时对于维护国家边境地区的安全与稳定也发挥了重要作用。除此之外，互派工作组、设置联络官等方式的多样化运用，更加突出了在开展联合侦查、共同办案时突破由他国“代为”行使刑事侦查权的禁毒国际执法合作的快速直接性，由委托办案变为共同办案，共同采取行动，互相支持、互相协助、互相帮助。

3. 禁毒国际执法合作内容的广泛性。禁毒国际执法合作的广泛性主要体现在国际警务合作的内容方面，随着当前国际形势的发展变化，禁毒国际执法合作的内容中关于社会治安方面应发挥越来越重要的作用，而不应仅仅局限于毒品案件的侦破。其内容应不断拓展，尤其是各国执法机关及其人员的培训与交流，这是现代禁毒国际执法合作的一种新形式，因为任何一个国家的执法部门在执法实践中所掌握的技术既各有所长同时也会有一定的短板。所以，国家间互相学习，共同进步，才是应对各类毒品案件、维护国际社会的安全与稳定的有力手段。将执法合作组织作为基本阵营，在平等互利的基础上，可以通过举办培训班、开设专题论坛，提供技术支撑等手段开展国家间禁毒国际执法技术的帮扶合作。跨国界的执法人员交流学习还可以有效地增进各国执法人员之间的了解和信任，为更好地开展合作打下信任基础。

禁毒国际执法合作以其“警务 + 外交”的多样作用，随着国际形势的发展将不断完善，各国间进行合作的范围也越来越广泛和全面。从目前来看，该方式也是较为成功的，而警务联络官制度是其核心内容的体现，推动着禁毒国际执法合作继续向前发展。

三、学术交流与培训

学术交流与培训是禁毒国际执法合作的一项重要内容。联合国禁毒署、国际麻醉品管理局和国际刑警组织等有关国际组织的一项基本职能，就是组织和参加世界各地各种禁毒会议、研究会和培训班，使各国禁毒机构和人员了解世界毒品形势，把握禁毒工作的新动向；促进各国间禁毒经验和感情上的交流，协调禁毒立场；推动禁毒队伍整体素质的提高和禁毒研究工作的深入。

四、国际禁毒司法协助

国际禁毒司法协助，是指不同国家的禁毒机关，根据本国缔结或参加的国际禁毒条约，或者按照互惠原则，彼此相互协助代为进行有关禁毒事务的诉讼行为。其主要内容如下。

1. 毒品犯罪普遍管辖权的适用。国际禁毒公约规定对毒品犯罪适用普遍管辖权原则，主要表现在两个方面：一是缔约国领土范围内发现在国外犯罪的外国人，如果依照该缔约国的法律规定不能予以引渡，而该罪犯又未受到起诉和制裁，应由罪犯所在的该缔约国起诉，不论该缔约国对外国人在外国犯罪是否规定了刑事管辖权；二是缔约国本国国民在国外犯罪，在本国发现，如果该国不能将罪犯予以引渡，而该罪犯又未受到起诉和审判，应由罪犯所在的缔约国（罪犯的本国）起诉，不论该缔约国对其他缔约国的领土是否具有域外管辖权。

2. 毒品犯罪案件侦查协助。毒品犯罪案件侦查协助的范围包括情报信息的交流与合作、调查取证、送达刑事诉讼文书以及移交物证、书证、视听资料等。其中，毒品犯罪案件侦查经常使用的控制下交付手段，是开展禁毒国际合作的一种重要形式，已经被许多国家应用于跨国贩毒案件的侦破中。

（1）调查取证。调查取证，是指相互代为询问证人、被害人、鉴定人，相互委托勘验、检查、鉴定、搜查和扣押，相互代为通知证人、鉴定人出庭等。

（2）送达刑事诉讼文书。送达刑事诉讼文书，是指相互代为送达刑事诉讼过程中制作的各种法律文件和文书，以及与刑事诉讼程序相关的文书或者文字资料，如身份证明、来往信函等。警务合作中送达的刑事诉讼文书主要涉及的是侦查取证方面的文书。

（3）移交物证、书证和视听资料。移交物证、书证和视听资料，是指将与犯罪相联系，能够以其内容证实案件情况和犯罪嫌疑人情况的实物与痕迹，能够以其内容证明案件真实情况的文字、图案等资料，载有与案件相关内容的录像带、录音带等移交给对刑事案件行使管辖权的请求国。

3. 引渡毒品犯罪嫌疑人或被告人。引渡毒品犯罪嫌疑人或被告人是禁毒国际合作的重要目标之一。国际禁毒公约规定了“或引渡或起诉”的原则，即要求各缔约国有责任对条约所规定的毒品犯罪或者提起诉讼，或者选择把被告人引渡到请求国。引渡，是指一国将其境内而被他国指控为犯罪或者已被定罪判刑的人，根据有管辖权国家的请求，在条约或者互惠的基础上，移交给请求国，以便追加其他刑事责任或者执行刑罚的一项制度。

4. 反洗钱领域的协助。反洗钱是国际禁毒斗争的重要环节。《联合国禁止非法贩运麻醉药品和精神药物公约》将毒品利润视为毒品贩运的主要刺激因素和根源之一，深刻地分析了禁毒与反洗钱之间的内在联系，并对毒品犯罪收益的没收作了一系列原则性的规定。

五、联合执法、联合巡逻

联合执法、联合巡逻是近些年出现的国际警务执法合作的新模式之一，以中、老、缅、泰湄公河流域联合巡逻和我国云南省边境地区与周边国家开展的联合扫毒执法为代表。2011 年“10 · 5”惨案发生后，中、老、缅、泰于 2011 年 10 月 31 日签署《湄公河流域执法安全合作工作会议联合声明》，并于2011年12月中旬开始在湄公河流域开展联合执法，以共同维护和保障湄公河流域安全稳定，促进湄公河流域经济社会发展和人员友好往来为目的开展湄公河流域联合执法巡逻。作为中国与周边国家执法合作的新模式，中、老、缅、泰湄公河流域联合执法合作为我国与周边国家开展区域性警务执法合作打开了一扇新的窗户，开创了中国与周边国家跨境安全合作的新模式。

澜沧江－湄公河流经六国，在国际法上属国际水道，在湄公河流域开展跨国巡逻执法显然涉及各沿岸国的领土主权与地域专属管辖权。国际或跨境水道，是指标识、跨越或位于两个或两个以上国家边界的水道。沿岸国仅对位于本国境内的河段享有有限的主权，任一沿岸国均无法在事实或法律上对整个国际水道实施排他性的控制和管辖。各沿岸国在整个可航水道上均享有航行自由，但它们也担负着维护本国境内航道航行安全的义务。在某一国无法单凭本国力量履行上述义务时，相关流域国可经协商一致，采取必要的联合措施，共同保障水道的航行安全。虽然该声明仍为临时性和过渡性的联合声明，但中、老、缅、泰于2011年10月31日签署《湄公河流域执法安全合作工作会议联合声明》是四国在湄公河流域开展联合巡逻执法的法律基础。

截至2019年11月，中、老、缅、泰共进行88次湄公河联合巡逻执法，自2011年四国联巡执法8年来成果丰硕，共同派出执法船艇参加联合巡逻执法行动，派出指挥官共同指挥调度勤务，重点打击湄公河流域涉恐、走私、偷渡、贩毒、贩枪、拐卖人口等跨境违法犯罪活动，全力维护湄公河流域安全稳定。

另外，在共同打击跨境跨国毒品犯罪方面，我国边境省区与周边国家有关地区的执法部门，已从互派观察员观摩对方的扫毒行动，发展到组织力量互相配合行动，成效越来越显著。

【典型案例】2017年12月，在公安部禁毒局的精心组织协调下，在上海、江苏等省市的大力协助配合下，河北省邢台市公安局抽调百余名精干警力，经过3个多月的艰苦侦查，辗转行程上万公里，从美国国土安全部移民海关执法局驻广州办公室通报的一个电话号码入手，抽丝剥茧，顺线延伸侦查，成功破获王某某等人走私芬太尼等毒品案，先后抓获或审查违法犯罪嫌疑人20余名，捣毁芬太尼加工窝点1个、销售网点2个，缴获芬太尼11.9公斤、阿普唑仑等其他毒品19.1公斤，全链条摧毁了一个非法加工、贩卖、走私芬太尼等毒品的犯罪团伙。为牟取暴利，根据美国买家需求，王某某从刘某、蒋某某处购买其非法加工的芬太尼、阿普唑仑等毒品，通过国际快递走私出境。

该案的成功宣判特别是对主犯刘某、蒋某某、杨某、王某某等人的依法审判，充分彰显了中国政府严惩芬太尼类物质犯罪的立场和决心，体现了中国政府一贯秉承的对毒品犯罪“零容忍”态度。此案是中美两国联合成功破获的第一起芬太尼走私案件。侦办中，中国公安部禁毒局与美国国土安全部移民海关执法局始终保持密切沟通协作，及时分享情报信息和交换证据材料。此案的成功侦破，充分体现了中美两国禁毒执法部门良好的合作关系，展现了两国禁毒执法部门合力打击毒品犯罪的坚定决心和高超的侦查技巧，并为今后更广泛的执法合作积累了新的经验。

【思考题】

1. 禁毒国际执法合作的基本原则是什么？
2. 阐述禁毒国际执法合作的法律依据。
3. 举例说明禁毒国际执法合作中的一种合作方式。

参 考 文 献

1. 莫关耀，杜敏菊，李涛，杨九迎．禁毒法学．中国人民公安大学出版社，2014.

2. 胡金野，齐磊．中国共产党禁烟禁毒史．经济科学出版社，2016.

3. 齐雯．中国共产党禁毒史．中共党史出版社，2013.

4. 朱谐汉．鸦片战争史话．社会科学文献出版社，2011.

5. 王金香．中国禁毒史．上海人民出版社，2005.

6. 苏智良．中国毒品史．上海社会科学院出版社，2017.

7. 胡金野，齐磊．中国禁毒史．上海社会科学院出版社，2017.

8. 金伟峰．禁毒法律制度研究．浙江大学出版社，2009.

9. 张正钊，胡锦光．行政法与行政诉讼法（第六版）．中国人民大学出版社，2015.

10. 马才华．行政法与行政诉讼法教程（修订本）．中国人民公安大学出版社，2015.

11.《行政法与行政诉讼法学》编写组．行政法与行政诉讼法学．高等教育出版社，2017.

12. 孙茂利．公安机关办理行政案件程序规定释义与实务指南（2019 年版）．中国人民公安大学出版社，2019.

13. 政治宣言．联合国第十七届特别会议，1990 年 2 月．

14. 全球行动纲领．联合国第十七届特别会议，1990 年 2 月．

15. 人权宣言．

16. 2030 年可持续发展议程．

17. 国际麻醉品管制局（INCB）官网．

18. 联合国毒品和犯罪问题办公室（UNODC）官网.

19. 国际刑警组织（INTERPOL）官网.

20. 欧洲药物与药物成瘾监测中心（EMCDDA）官网.

21. 欧洲警察署（EUPOL）官网.

22. 美洲警察组织（AMERIPOL）官网.

23. 全国人大常委会法制工作委员会刑法室.《中华人民共和国禁毒法》释义及实用指南. 中国民主法制出版社，2017.

24. 黄开诚，李德. 禁毒法. 清华大学出版社，2019.

25. 中国国家禁毒委员会办公室. 中国禁毒报告（2016年、2017年、2018年）.

26. 中华人民共和国行政处罚法

27. 中华人民共和国治安管理处罚法

28. 中华人民共和国禁毒法

29. 中华人民共和国刑法

30. 中华人民共和国刑事诉讼法

31. 麻醉药品和精神药品管理条例

32. 易制毒化学品管理条例

33. 娱乐场所管理条例

34. 最高人民法院《关于审理毒品犯罪案件适用法律若干问题的解释》(2016).

35. 全国部分法院审理毒品犯罪案件工作座谈会纪要，2008.

36. 全国法院毒品犯罪审判工作座谈会纪要，2015.

37. 最高人民检察院、公安部《关于公安机关管辖的刑事案件立案追诉标准的规定（三）》，2012.

38. 联合国禁止非法贩运麻醉药品和精神药品公约

39. 办理毒品犯罪案件适用法律若干问题的意见，2007.

40. 最高人民法院、最高人民检察院、公安部. 办理毒品犯罪案件毒品提取、扣押、称量、取样和送检程序若干问题的规定，2016.

41. 公安部禁毒局. 公安部毒品目标案件的管理规定，2008.

附　　录

中华人民共和国禁毒法

第一章　总则

第一条　为了预防和惩治毒品违法犯罪行为，保护公民身心健康，维护社会秩序，制定本法。

第二条　本法所称毒品，是指鸦片、海洛因、甲基苯丙胺（冰毒）、吗啡、大麻、可卡因，以及国家规定管制的其他能够使人形成瘾癖的麻醉药品和精神药品。

根据医疗、教学、科研的需要，依法可以生产、经营、使用、储存、运输麻醉药品和精神药品。

第三条　禁毒是全社会的共同责任。国家机关、社会团体、企业事业单位以及其他组织和公民，应当依照本法和有关法律的规定，履行禁毒职责或者义务。

第四条　禁毒工作实行预防为主，综合治理，禁种、禁制、禁贩、禁吸并举的方针。

禁毒工作实行政府统一领导，有关部门各负其责，社会广泛参与的工作机制。

第五条　国务院设立国家禁毒委员会，负责组织、协调、指导全国的禁毒工作。

县级以上地方各级人民政府根据禁毒工作的需要，可以设立禁毒委员会，负责组织、协调、指导本行政区域内的禁毒工作。

第六条 县级以上各级人民政府应当将禁毒工作纳入国民经济和社会发展规划，并将禁毒经费列入本级财政预算。

第七条 国家鼓励对禁毒工作的社会捐赠，并依法给予税收优惠。

第八条 国家鼓励开展禁毒科学技术研究，推广先进的缉毒技术、装备和戒毒方法。

第九条 国家鼓励公民举报毒品违法犯罪行为。各级人民政府和有关部门应当对举报人予以保护，对举报有功人员以及在禁毒工作中有突出贡献的单位和个人，给予表彰和奖励。

第十条 国家鼓励志愿人员参与禁毒宣传教育和戒毒社会服务工作。地方各级人民政府应当对志愿人员进行指导、培训，并提供必要的工作条件。

第二章　禁毒宣传教育

第十一条 国家采取各种形式开展全民禁毒宣传教育，普及毒品预防知识，增强公民的禁毒意识，提高公民自觉抵制毒品的能力。

国家鼓励公民、组织开展公益性的禁毒宣传活动。

第十二条 各级人民政府应当经常组织开展多种形式的禁毒宣传教育。

工会、共产主义青年团、妇女联合会应当结合各自工作对象的特点，组织开展禁毒宣传教育。

第十三条 教育行政部门、学校应当将禁毒知识纳入教育、教学内容，对学生进行禁毒宣传教育。公安机关、司法行政部门和卫生行政部门应当予以协助。

第十四条 新闻、出版、文化、广播、电影、电视等有关单位，应当有针对性地面向社会进行禁毒宣传教育。

第十五条 飞机场、火车站、长途汽车站、码头以及旅店、娱乐场所等公共场所的经营者、管理者，负责本场所的禁毒宣传教育，落实禁毒防范措施，预防毒品违法犯罪行为在本场所内发生。

第十六条 国家机关、社会团体、企业事业单位以及其他组织，应当加强对本单位人员的禁毒宣传教育。

第十七条　居民委员会、村民委员会应当协助人民政府以及公安机关等部门，加强禁毒宣传教育，落实禁毒防范措施。

第十八条　未成年人的父母或者其他监护人应当对未成年人进行毒品危害的教育，防止其吸食、注射毒品或者进行其他毒品违法犯罪活动。

第三章　毒品管制

第十九条　国家对麻醉药品药用原植物种植实行管制。禁止非法种植罂粟、古柯植物、大麻植物以及国家规定管制的可以用于提炼加工毒品的其他原植物。禁止走私或者非法买卖、运输、携带、持有未经灭活的毒品原植物种子或者幼苗。

地方各级人民政府发现非法种植毒品原植物的，应当立即采取措施予以制止、铲除。村民委员会、居民委员会发现非法种植毒品原植物的，应当及时予以制止、铲除，并向当地公安机关报告。

第二十条　国家确定的麻醉药品药用原植物种植企业，必须按照国家有关规定种植麻醉药品药用原植物。

国家确定的麻醉药品药用原植物种植企业的提取加工场所，以及国家设立的麻醉药品储存仓库，列为国家重点警戒目标。

未经许可，擅自进入国家确定的麻醉药品药用原植物种植企业的提取加工场所或者国家设立的麻醉药品储存仓库等警戒区域的，由警戒人员责令其立即离开；拒不离开的，强行带离现场。

第二十一条　国家对麻醉药品和精神药品实行管制，对麻醉药品和精神药品的实验研究、生产、经营、使用、储存、运输实行许可和查验制度。

国家对易制毒化学品的生产、经营、购买、运输实行许可制度。

禁止非法生产、买卖、运输、储存、提供、持有、使用麻醉药品、精神药品和易制毒化学品。

第二十二条　国家对麻醉药品、精神药品和易制毒化学品的进口、出口实行许可制度。国务院有关部门应当按照规定的职责，对进口、出口麻醉药品、精神药品和易制毒化学品依法进行管理。禁止走私麻醉药品、精神药品和易制毒化学品。

第二十三条 发生麻醉药品、精神药品和易制毒化学品被盗、被抢、丢失或者其他流入非法渠道的情形，案发单位应当立即采取必要的控制措施，并立即向公安机关报告，同时依照规定向有关主管部门报告。

公安机关接到报告后，或者有证据证明麻醉药品、精神药品和易制毒化学品可能流入非法渠道的，应当及时开展调查，并可以对相关单位采取必要的控制措施。药品监督管理部门、卫生行政部门以及其他有关部门应当配合公安机关开展工作。

第二十四条 禁止非法传授麻醉药品、精神药品和易制毒化学品的制造方法。公安机关接到举报或者发现非法传授麻醉药品、精神药品和易制毒化学品制造方法的，应当及时依法查处。

第二十五条 麻醉药品、精神药品和易制毒化学品管理的具体办法，由国务院规定。

第二十六条 公安机关根据查缉毒品的需要，可以在边境地区、交通要道、口岸以及飞机场、火车站、长途汽车站、码头对来往人员、物品、货物以及交通工具进行毒品和易制毒化学品检查，民航、铁路、交通部门应当予以配合。

海关应当依法加强对进出口岸的人员、物品、货物和运输工具的检查，防止走私毒品和易制毒化学品。

邮政企业应当依法加强对邮件的检查，防止邮寄毒品和非法邮寄易制毒化学品。

第二十七条 娱乐场所应当建立巡查制度，发现娱乐场所内有毒品违法犯罪活动的，应当立即向公安机关报告。

第二十八条 对依法查获的毒品，吸食、注射毒品的用具，毒品违法犯罪的非法所得及其收益，以及直接用于实施毒品违法犯罪行为的本人所有的工具、设备、资金，应当收缴，依照规定处理。

第二十九条 反洗钱行政主管部门应当依法加强对可疑毒品犯罪资金的监测。反洗钱行政主管部门和其他依法负有反洗钱监督管理职责的部门、机构发现涉嫌毒品犯罪的资金流动情况，应当及时向侦查机关报告，并配合侦查机关做好侦查、调查工作。

第三十条　国家建立健全毒品监测和禁毒信息系统，开展毒品监测和禁毒信息的收集、分析、使用、交流工作。

第四章　戒毒措施

第三十一条　国家采取各种措施帮助吸毒人员戒除毒瘾，教育和挽救吸毒人员。

吸毒成瘾人员应当进行戒毒治疗。

吸毒成瘾的认定办法，由国务院卫生行政部门、药品监督管理部门、公安部门规定。

第三十二条　公安机关可以对涉嫌吸毒的人员进行必要的检测，被检测人员应当予以配合；对拒绝接受检测的，经县级以上人民政府公安机关或者其派出机构负责人批准，可以强制检测。

公安机关应当对吸毒人员进行登记。

第三十三条　对吸毒成瘾人员，公安机关可以责令其接受社区戒毒，同时通知吸毒人员户籍所在地或者现居住地的城市街道办事处、乡镇人民政府。社区戒毒的期限为三年。

戒毒人员应当在户籍所在地接受社区戒毒；在户籍所在地以外的现居住地有固定住所的，可以在现居住地接受社区戒毒。

第三十四条　城市街道办事处、乡镇人民政府负责社区戒毒工作。城市街道办事处、乡镇人民政府可以指定有关基层组织，根据戒毒人员本人和家庭情况，与戒毒人员签订社区戒毒协议，落实有针对性的社区戒毒措施。公安机关和司法行政、卫生行政、民政等部门应当对社区戒毒工作提供指导和协助。

城市街道办事处、乡镇人民政府，以及县级人民政府劳动行政部门对无职业且缺乏就业能力的戒毒人员，应当提供必要的职业技能培训、就业指导和就业援助。

第三十五条　接受社区戒毒的戒毒人员应当遵守法律、法规，自觉履行社区戒毒协议，并根据公安机关的要求，定期接受检测。

对违反社区戒毒协议的戒毒人员，参与社区戒毒的工作人员应当进行批评、教育；对严重违反社区戒毒协议或者在社区戒毒期间又吸食、注射毒品的，应当及时向公安机关报告。

第三十六条 吸毒人员可以自行到具有戒毒治疗资质的医疗机构接受戒毒治疗。

设置戒毒医疗机构或者医疗机构从事戒毒治疗业务的，应当符合国务院卫生行政部门规定的条件，报所在地的省、自治区、直辖市人民政府卫生行政部门批准，并报同级公安机关备案。戒毒治疗应当遵守国务院卫生行政部门制定的戒毒治疗规范，接受卫生行政部门的监督检查。

戒毒治疗不得以营利为目的。戒毒治疗的药品、医疗器械和治疗方法不得做广告。戒毒治疗收取费用的，应当按照省、自治区、直辖市人民政府价格主管部门会同卫生行政部门制定的收费标准执行。

第三十七条 医疗机构根据戒毒治疗的需要，可以对接受戒毒治疗的戒毒人员进行身体和所携带物品的检查；对在治疗期间有人身危险的，可以采取必要的临时保护性约束措施。

发现接受戒毒治疗的戒毒人员在治疗期间吸食、注射毒品的，医疗机构应当及时向公安机关报告。

第三十八条 吸毒成瘾人员有下列情形之一的，由县级以上人民政府公安机关作出强制隔离戒毒的决定：

（一）拒绝接受社区戒毒的；

（二）在社区戒毒期间吸食、注射毒品的；

（三）严重违反社区戒毒协议的；

（四）经社区戒毒、强制隔离戒毒后再次吸食、注射毒品的。

对于吸毒成瘾严重，通过社区戒毒难以戒除毒瘾的人员，公安机关可以直接作出强制隔离戒毒的决定。

吸毒成瘾人员自愿接受强制隔离戒毒的，经公安机关同意，可以进入强制隔离戒毒场所戒毒。

第三十九条 怀孕或者正在哺乳自己不满一周岁婴儿的妇女吸毒成瘾的，不适用强制隔离戒毒。不满十六周岁的未成年人吸毒成瘾的，可以不适用强制隔离戒毒。

对依照前款规定不适用强制隔离戒毒的吸毒成瘾人员，依照本法规定进行社区戒毒，由负责社区戒毒工作的城市街道办事处、乡镇人民政府加强帮助、教育和监督，督促落实社区戒毒措施。

第四十条　公安机关对吸毒成瘾人员决定予以强制隔离戒毒的，应当制作强制隔离戒毒决定书，在执行强制隔离戒毒前送达被决定人，并在送达后二十四小时以内通知被决定人的家属、所在单位和户籍所在地公安派出所；被决定人不讲真实姓名、住址，身份不明的，公安机关应当自查清其身份后通知。

被决定人对公安机关作出的强制隔离戒毒决定不服的，可以依法申请行政复议或者提起行政诉讼。

第四十一条　对被决定予以强制隔离戒毒的人员，由作出决定的公安机关送强制隔离戒毒场所执行。

强制隔离戒毒场所的设置、管理体制和经费保障，由国务院规定。

第四十二条　戒毒人员进入强制隔离戒毒场所戒毒时，应当接受对其身体和所携带物品的检查。

第四十三条　强制隔离戒毒场所应当根据戒毒人员吸食、注射毒品的种类及成瘾程度等，对戒毒人员进行有针对性的生理、心理治疗和身体康复训练。

根据戒毒的需要，强制隔离戒毒场所可以组织戒毒人员参加必要的生产劳动，对戒毒人员进行职业技能培训。组织戒毒人员参加生产劳动的，应当支付劳动报酬。

第四十四条　强制隔离戒毒场所应当根据戒毒人员的性别、年龄、患病等情况，对戒毒人员实行分别管理。

强制隔离戒毒场所对有严重残疾或者疾病的戒毒人员，应当给予必要的看护和治疗；对患有传染病的戒毒人员，应当依法采取必要的隔离、治疗措施；对可能发生自伤、自残等情形的戒毒人员，可以采取相应的保护性约束措施。

强制隔离戒毒场所管理人员不得体罚、虐待或者侮辱戒毒人员。

第四十五条　强制隔离戒毒场所应当根据戒毒治疗的需要配备执业医师。强制隔离戒毒场所的执业医师具有麻醉药品和精神药品处方权的，可以按照有关技术规范对戒毒人员使用麻醉药品、精神药品。

卫生行政部门应当加强对强制隔离戒毒场所执业医师的业务指导和监督管理。

第四十六条 戒毒人员的亲属和所在单位或者就读学校的工作人员，可以按照有关规定探访戒毒人员。戒毒人员经强制隔离戒毒场所批准，可以外出探视配偶、直系亲属。

强制隔离戒毒场所管理人员应当对强制隔离戒毒场所以外的人员交给戒毒人员的物品和邮件进行检查，防止夹带毒品。在检查邮件时，应当依法保护戒毒人员的通信自由和通信秘密。

第四十七条 强制隔离戒毒的期限为二年。

执行强制隔离戒毒一年后，经诊断评估，对于戒毒情况良好的戒毒人员，强制隔离戒毒场所可以提出提前解除强制隔离戒毒的意见，报强制隔离戒毒的决定机关批准。

强制隔离戒毒期满前，经诊断评估，对于需要延长戒毒期限的戒毒人员，由强制隔离戒毒场所提出延长戒毒期限的意见，报强制隔离戒毒的决定机关批准。强制隔离戒毒的期限最长可以延长一年。

第四十八条 对于被解除强制隔离戒毒的人员，强制隔离戒毒的决定机关可以责令其接受不超过三年的社区康复。

社区康复参照本法关于社区戒毒的规定实施。

第四十九条 县级以上地方各级人民政府根据戒毒工作的需要，可以开办戒毒康复场所；对社会力量依法开办的公益性戒毒康复场所应当给予扶持，提供必要的便利和帮助。

戒毒人员可以自愿在戒毒康复场所生活、劳动。戒毒康复场所组织戒毒人员参加生产劳动的，应当参照国家劳动用工制度的规定支付劳动报酬。

第五十条 公安机关、司法行政部门对被依法拘留、逮捕、收监执行刑罚以及被依法采取强制性教育措施的吸毒人员，应当给予必要的戒毒治疗。

第五十一条 省、自治区、直辖市人民政府卫生行政部门会同公安机关、药品监督管理部门依照国家有关规定，根据巩固戒毒成果的需要和本行政区域艾滋病流行情况，可以组织开展戒毒药物维持治疗工作。

第五十二条 戒毒人员在入学、就业、享受社会保障等方面不受歧视。有关部门、组织和人员应当在入学、就业、享受社会保障等方面对戒毒人员给予必要的指导和帮助。

第五章　禁毒国际合作

第五十三条　中华人民共和国根据缔结或者参加的国际条约或者按照对等原则，开展禁毒国际合作。

第五十四条　国家禁毒委员会根据国务院授权，负责组织开展禁毒国际合作，履行国际禁毒公约义务。

第五十五条　涉及追究毒品犯罪的司法协助，由司法机关依照有关法律的规定办理。

第五十六条　国务院有关部门应当按照各自职责，加强与有关国家或者地区执法机关以及国际组织的禁毒情报信息交流，依法开展禁毒执法合作。

经国务院公安部门批准，边境地区县级以上人民政府公安机关可以与有关国家或者地区的执法机关开展执法合作。

第五十七条　通过禁毒国际合作破获毒品犯罪案件的，中华人民共和国政府可以与有关国家分享查获的非法所得、由非法所得获得的收益以及供毒品犯罪使用的财物或者财物变卖所得的款项。

第五十八条　国务院有关部门根据国务院授权，可以通过对外援助等渠道，支持有关国家实施毒品原植物替代种植、发展替代产业。

第六章　法律责任

第五十九条　有下列行为之一，构成犯罪的，依法追究刑事责任；尚不构成犯罪的，依法给予治安管理处罚：

（一）走私、贩卖、运输、制造毒品的；

（二）非法持有毒品的；

（三）非法种植毒品原植物的；

（四）非法买卖、运输、携带、持有未经灭活的毒品原植物种子或者幼苗的；

（五）非法传授麻醉药品、精神药品或者易制毒化学品制造方法的；

（六）强迫、引诱、教唆、欺骗他人吸食、注射毒品的；

（七）向他人提供毒品的。

第六十条 有下列行为之一，构成犯罪的，依法追究刑事责任；尚不构成犯罪的，依法给予治安管理处罚：

（一）包庇走私、贩卖、运输、制造毒品的犯罪分子，以及为犯罪分子窝藏、转移、隐瞒毒品或者犯罪所得财物的；

（二）在公安机关查处毒品违法犯罪活动时为违法犯罪行为人通风报信的；

（三）阻碍依法进行毒品检查的；

（四）隐藏、转移、变卖或者损毁司法机关、行政执法机关依法扣押、查封、冻结的涉及毒品违法犯罪活动的财物的。

第六十一条 容留他人吸食、注射毒品或者介绍买卖毒品，构成犯罪的，依法追究刑事责任；尚不构成犯罪的，由公安机关处十日以上十五日以下拘留，可以并处三千元以下罚款；情节较轻的，处五日以下拘留或者五百元以下罚款。

第六十二条 吸食、注射毒品的，依法给予治安管理处罚。吸毒人员主动到公安机关登记或者到有资质的医疗机构接受戒毒治疗的，不予处罚。

第六十三条 在麻醉药品、精神药品的实验研究、生产、经营、使用、储存、运输、进口、出口以及麻醉药品药用原植物种植活动中，违反国家规定，致使麻醉药品、精神药品或者麻醉药品药用原植物流入非法渠道，构成犯罪的，依法追究刑事责任；尚不构成犯罪的，依照有关法律、行政法规的规定给予处罚。

第六十四条 在易制毒化学品的生产、经营、购买、运输或者进口、出口活动中，违反国家规定，致使易制毒化学品流入非法渠道，构成犯罪的，依法追究刑事责任；尚不构成犯罪的，依照有关法律、行政法规的规定给予处罚。

第六十五条 娱乐场所及其从业人员实施毒品违法犯罪行为，或者为进入娱乐场所的人员实施毒品违法犯罪行为提供条件，构成犯罪的，依法追究刑事责任；尚不构成犯罪的，依照有关法律、行政法规的规定给予处罚。

娱乐场所经营管理人员明知场所内发生聚众吸食、注射毒品或者贩毒活动，不向公安机关报告的，依照前款的规定给予处罚。

第六十六条　未经批准，擅自从事戒毒治疗业务的，由卫生行政部门责令停止违法业务活动，没收违法所得和使用的药品、医疗器械等物品；构成犯罪的，依法追究刑事责任。

第六十七条　戒毒医疗机构发现接受戒毒治疗的戒毒人员在治疗期间吸食、注射毒品，不向公安机关报告的，由卫生行政部门责令改正；情节严重的，责令停业整顿。

第六十八条　强制隔离戒毒场所、医疗机构、医师违反规定使用麻醉药品、精神药品，构成犯罪的，依法追究刑事责任；尚不构成犯罪的，依照有关法律、行政法规的规定给予处罚。

第六十九条　公安机关、司法行政部门或者其他有关主管部门的工作人员在禁毒工作中有下列行为之一，构成犯罪的，依法追究刑事责任；尚不构成犯罪的，依法给予处分：

（一）包庇、纵容毒品违法犯罪人员的；

（二）对戒毒人员有体罚、虐待、侮辱等行为的；

（三）挪用、截留、克扣禁毒经费的；

（四）擅自处分查获的毒品和扣押、查封、冻结的涉及毒品违法犯罪活动的财物的。

第七十条　有关单位及其工作人员在入学、就业、享受社会保障等方面歧视戒毒人员的，由教育行政部门、劳动行政部门责令改正；给当事人造成损失的，依法承担赔偿责任。

第七章　附则

第七十一条　本法自 2008 年 6 月 1 日起施行。《全国人民代表大会常务委员会关于禁毒的决定》同时废止。

易制毒化学品管理条例

第一章　总则

第一条　为了加强易制毒化学品管理，规范易制毒化学品的生产、经营、购买、运输和进口、出口行为，防止易制毒化学品被用于制造毒品，维护经济和社会秩序，制定本条例。

第二条　国家对易制毒化学品的生产、经营、购买、运输和进口、出口实行分类管理和许可制度。

易制毒化学品分为三类。第一类是可以用于制毒的主要原料，第二类、第三类是可以用于制毒的化学配剂。易制毒化学品的具体分类和品种，由本条例附表列示。

易制毒化学品的分类和品种需要调整的，由国务院公安部门会同国务院药品监督管理部门、安全生产监督管理部门、商务主管部门、卫生主管部门和海关总署提出方案，报国务院批准。

省、自治区、直辖市人民政府认为有必要在本行政区域内调整分类或者增加本条例规定以外的品种的，应当向国务院公安部门提出，由国务院公安部门会同国务院有关行政主管部门提出方案，报国务院批准。

第三条　国务院公安部门、药品监督管理部门、安全生产监督管理部门、商务主管部门、卫生主管部门、海关总署、价格主管部门、铁路主管部门、交通主管部门、市场监督管理部门、生态环境主管部门在各自的职责范围内，负责全国的易制毒化学品有关管理工作；县级以上地方各级人民政府有关行政主管部门在各自的职责范围内，负责本行政区域内的易制毒化学品有关管理工作。

县级以上地方各级人民政府应当加强对易制毒化学品管理工作的领导，及时协调解决易制毒化学品管理工作中的问题。

第四条　易制毒化学品的产品包装和使用说明书，应当标明产品的名称（含学名和通用名）、化学分子式和成分。

第五条　易制毒化学品的生产、经营、购买、运输和进口、出口，除应当遵守本条例的规定外，属于药品和危险化学品的，还应当遵守法律、其他行政法规对药品和危险化学品的有关规定。

禁止走私或者非法生产、经营、购买、转让、运输易制毒化学品。

禁止使用现金或者实物进行易制毒化学品交易。但是，个人合法购买第一类中的药品类易制毒化学品药品制剂和第三类易制毒化学品的除外。

生产、经营、购买、运输和进口、出口易制毒化学品的单位，应当建立单位内部易制毒化学品管理制度。

第六条　国家鼓励向公安机关等有关行政主管部门举报涉及易制毒化学品的违法行为。接到举报的部门应当为举报者保密。对举报属实的，县级以上人民政府及有关行政主管部门应当给予奖励。

第二章　生产、经营管理

第七条　申请生产第一类易制毒化学品，应当具备下列条件，并经本条例第八条规定的行政主管部门审批，取得生产许可证后，方可进行生产：

（一）属依法登记的化工产品生产企业或者药品生产企业；

（二）有符合国家标准的生产设备、仓储设施和污染物处理设施；

（三）有严格的安全生产管理制度和环境突发事件应急预案；

（四）企业法定代表人和技术、管理人员具有安全生产和易制毒化学品的有关知识，无毒品犯罪记录；

（五）法律、法规、规章规定的其他条件。

申请生产第一类中的药品类易制毒化学品，还应当在仓储场所等重点区域设置电视监控设施以及与公安机关联网的报警装置。

第八条　申请生产第一类中的药品类易制毒化学品的，由省、自治区、直辖市人民政府药品监督管理部门审批；申请生产第一类中的非药品类易制毒化学品的，由省、自治区、直辖市人民政府安全生产监督管理部门审批。

前款规定的行政主管部门应当自收到申请之日起60日内，对申请人提交的申请材料进行审查。对符合规定的，发给生产许可证，或者在企业已经取得的有关生产许可证件上标注；不予许可的，应当书面说明理由。

审查第一类易制毒化学品生产许可申请材料时，根据需要，可以进行实地核查和专家评审。

第九条 申请经营第一类易制毒化学品，应当具备下列条件，并经本条例第十条规定的行政主管部门审批，取得经营许可证后，方可进行经营：

（一）属依法登记的化工产品经营企业或者药品经营企业；

（二）有符合国家规定的经营场所，需要储存、保管易制毒化学品的，还应当有符合国家技术标准的仓储设施；

（三）有易制毒化学品的经营管理制度和健全的销售网络；

（四）企业法定代表人和销售、管理人员具有易制毒化学品的有关知识，无毒品犯罪记录；

（五）法律、法规、规章规定的其他条件。

第十条 申请经营第一类中的药品类易制毒化学品的，由省、自治区、直辖市人民政府药品监督管理部门审批；申请经营第一类中的非药品类易制毒化学品的，由省、自治区、直辖市人民政府安全生产监督管理部门审批。

前款规定的行政主管部门应当自收到申请之日起 30 日内，对申请人提交的申请材料进行审查。对符合规定的，发给经营许可证，或者在企业已经取得的有关经营许可证件上标注；不予许可的，应当书面说明理由。

审查第一类易制毒化学品经营许可申请材料时，根据需要，可以进行实地核查。

第十一条 取得第一类易制毒化学品生产许可或者依照本条例第十三条第一款规定已经履行第二类、第三类易制毒化学品备案手续的生产企业，可以经销自产的易制毒化学品。但是，在厂外设立销售网点经销第一类易制毒化学品的，应当依照本条例的规定取得经营许可。

第一类中的药品类易制毒化学品药品单方制剂，由麻醉药品定点经营企业经销，且不得零售。

第十二条　取得第一类易制毒化学品生产、经营许可的企业，应当凭生产、经营许可证到市场监督管理部门办理经营范围变更登记。未经变更登记，不得进行第一类易制毒化学品的生产、经营。

第一类易制毒化学品生产、经营许可证被依法吊销的，行政主管部门应当自作出吊销决定之日起 5 日内通知市场监督管理部门；被吊销许可证的企业，应当及时到市场监督管理部门办理经营范围变更或者企业注销登记。

第十三条　生产第二类、第三类易制毒化学品的，应当自生产之日起 30 日内，将生产的品种、数量等情况，向所在地的设区的市级人民政府安全生产监督管理部门备案。

经营第二类易制毒化学品的，应当自经营之日起 30 日内，将经营的品种、数量、主要流向等情况，向所在地的设区的市级人民政府安全生产监督管理部门备案；经营第三类易制毒化学品的，应当自经营之日起 30 日内，将经营的品种、数量、主要流向等情况，向所在地的县级人民政府安全生产监督管理部门备案。

前两款规定的行政主管部门应当于收到备案材料的当日发给备案证明。

第三章　购买管理

第十四条　申请购买第一类易制毒化学品，应当提交下列证件，经本条例第十五条规定的行政主管部门审批，取得购买许可证：

（一）经营企业提交企业营业执照和合法使用需要证明；

（二）其他组织提交登记证书（成立批准文件）和合法使用需要证明。

第十五条　申请购买第一类中的药品类易制毒化学品的，由所在地的省、自治区、直辖市人民政府药品监督管理部门审批；申请购买第一类中的非药品类易制毒化学品的，由所在地的省、自治区、直辖市人民政府公安机关审批。

前款规定的行政主管部门应当自收到申请之日起 10 日内，对申请人提交的申请材料和证件进行审查。对符合规定的，发给购买许可证；不予许可的，应当书面说明理由。

审查第一类易制毒化学品购买许可申请材料时，根据需要，可以进行实地核查。

第十六条 持有麻醉药品、第一类精神药品购买印鉴卡的医疗机构购买第一类中的药品类易制毒化学品的，无须申请第一类易制毒化学品购买许可证。

个人不得购买第一类、第二类易制毒化学品。

第十七条 购买第二类、第三类易制毒化学品的，应当在购买前将所需购买的品种、数量，向所在地的县级人民政府公安机关备案。个人自用购买少量高锰酸钾的，无须备案。

第十八条 经营单位销售第一类易制毒化学品时，应当查验购买许可证和经办人的身份证明。对委托代购的，还应当查验购买人持有的委托文书。

经营单位在查验无误、留存上述证明材料的复印件后，方可出售第一类易制毒化学品；发现可疑情况的，应当立即向当地公安机关报告。

第十九条 经营单位应当建立易制毒化学品销售台账，如实记录销售的品种、数量、日期、购买方等情况。销售台账和证明材料复印件应当保存 2 年备查。

第一类易制毒化学品的销售情况，应当自销售之日起 5 日内报当地公安机关备案；第一类易制毒化学品的使用单位，应当建立使用台账，并保存 2 年备查。

第二类、第三类易制毒化学品的销售情况，应当自销售之日起 30 日内报当地公安机关备案。

第四章 运输管理

第二十条 跨设区的市级行政区域（直辖市为跨市界）或者在国务院公安部门确定的禁毒形势严峻的重点地区跨县级行政区域运输第一类易制毒化学品的，由运出地的设区的市级人民政府公安机关审批；运输第二类易制毒化学品的，由运出地的县级人民政府公安机关审批。经审批取得易制毒化学品运输许可证后，方可运输。

运输第三类易制毒化学品的，应当在运输前向运出地的县级人民政府公安机关备案。公安机关应当于收到备案材料的当日发给备案证明。

第二十一条　申请易制毒化学品运输许可，应当提交易制毒化学品的购销合同，货主是企业的，应当提交营业执照；货主是其他组织的，应当提交登记证书（成立批准文件）；货主是个人的，应当提交其个人身份证明。经办人还应当提交本人的身份证明。

公安机关应当自收到第一类易制毒化学品运输许可申请之日起 10 日内，收到第二类易制毒化学品运输许可申请之日起 3 日内，对申请人提交的申请材料进行审查。对符合规定的，发给运输许可证；不予许可的，应当书面说明理由。

审查第一类易制毒化学品运输许可申请材料时，根据需要，可以进行实地核查。

第二十二条　对许可运输第一类易制毒化学品的，发给一次有效的运输许可证。

对许可运输第二类易制毒化学品的，发给 3 个月有效的运输许可证；6 个月内运输安全状况良好的，发给 12 个月有效的运输许可证。

易制毒化学品运输许可证应当载明拟运输的易制毒化学品的品种、数量、运入地、货主及收货人、承运人情况以及运输许可证种类。

第二十三条　运输供教学、科研使用的 100 克以下的麻黄素样品和供医疗机构制剂配方使用的小包装麻黄素以及医疗机构或者麻醉药品经营企业购买麻黄素片剂 6 万片以下、注射剂 1.5 万支以下，货主或者承运人持有依法取得的购买许可证明或者麻醉药品调拨单的，无须申请易制毒化学品运输许可。

第二十四条　接受货主委托运输的，承运人应当查验货主提供的运输许可证或者备案证明，并查验所运货物与运输许可证或者备案证明载明的易制毒化学品品种等情况是否相符；不相符的，不得承运。

运输易制毒化学品，运输人员应当自启运起全程携带运输许可证或者备案证明。公安机关应当在易制毒化学品的运输过程中进行检查。

运输易制毒化学品，应当遵守国家有关货物运输的规定。

第二十五条　因治疗疾病需要，患者、患者近亲属或者患者委托的人凭医疗机构出具的医疗诊断书和本人的身份证明，可以随身携带第一类中的药品类易制毒化学品药品制剂，但是不得超过医用单张处方的最大剂量。

医用单张处方最大剂量，由国务院卫生主管部门规定、公布。

第五章　进口、出口管理

第二十六条　申请进口或者出口易制毒化学品，应当提交下列材料，经国务院商务主管部门或者其委托的省、自治区、直辖市人民政府商务主管部门审批，取得进口或者出口许可证后，方可从事进口、出口活动：

（一）对外贸易经营者备案登记证明复印件；

（二）营业执照副本；

（三）易制毒化学品生产、经营、购买许可证或者备案证明；

（四）进口或者出口合同（协议）副本；

（五）经办人的身份证明。

申请易制毒化学品出口许可的，还应当提交进口方政府主管部门出具的合法使用易制毒化学品的证明或者进口方合法使用的保证文件。

第二十七条　受理易制毒化学品进口、出口申请的商务主管部门应当自收到申请材料之日起20日内，对申请材料进行审查，必要时可以进行实地核查。对符合规定的，发给进口或者出口许可证；不予许可的，应当书面说明理由。

对进口第一类中的药品类易制毒化学品的，有关的商务主管部门在作出许可决定前，应当征得国务院药品监督管理部门的同意。

第二十八条　麻黄素等属于重点监控物品范围的易制毒化学品，由国务院商务主管部门会同国务院有关部门核定的企业进口、出口。

第二十九条　国家对易制毒化学品的进口、出口实行国际核查制度。易制毒化学品国际核查目录及核查的具体办法，由国务院商务主管部门会同国务院公安部门规定、公布。

国际核查所用时间不计算在许可期限之内。

对向毒品制造、贩运情形严重的国家或者地区出口易制毒化学品以及本条例规定品种以外的化学品的，可以在国际核查措施以外实施其他管制措施，具体办法由国务院商务主管部门会同国务院公安部门、海关总署等有关部门规定、公布。

第三十条　进口、出口或者过境、转运、通运易制毒化学品的，应当如实向海关申报，并提交进口或者出口许可证。海关凭许可证办理通关手续。

易制毒化学品在境外与保税区、出口加工区等海关特殊监管区域、保税场所之间进出的，适用前款规定。

易制毒化学品在境内与保税区、出口加工区等海关特殊监管区域、保税场所之间进出的，或者在上述海关特殊监管区域、保税场所之间进出的，无须申请易制毒化学品进口或者出口许可证。

进口第一类中的药品类易制毒化学品，还应当提交药品监督管理部门出具的进口药品通关单。

第三十一条　进出境人员随身携带第一类中的药品类易制毒化学品药品制剂和高锰酸钾，应当以自用且数量合理为限，并接受海关监管。

进出境人员不得随身携带前款规定以外的易制毒化学品。

第六章　监督检查

第三十二条　县级以上人民政府公安机关、负责药品监督管理的部门、安全生产监督管理部门、商务主管部门、卫生主管部门、价格主管部门、铁路主管部门、交通主管部门、市场监督管理部门、生态环境主管部门和海关，应当依照本条例和有关法律、行政法规的规定，在各自的职责范围内，加强对易制毒化学品生产、经营、购买、运输、价格以及进口、出口的监督检查；对非法生产、经营、购买、运输易制毒化学品，或者走私易制毒化学品的行为，依法予以查处。

前款规定的行政主管部门在进行易制毒化学品监督检查时，可以依法查看现场、查阅和复制有关资料、记录有关情况、扣押相关的证据材料和违法物品；必要时，可以临时查封有关场所。

被检查的单位或者个人应当如实提供有关情况和材料、物品，不得拒绝或者隐匿。

第三十三条 对依法收缴、查获的易制毒化学品，应当在省、自治区、直辖市或者设区的市级人民政府公安机关、海关或者生态环境主管部门的监督下，区别易制毒化学品的不同情况进行保管、回收，或者依照环境保护法律、行政法规的有关规定，由有资质的单位在生态环境主管部门的监督下销毁。其中，对收缴、查获的第一类中的药品类易制毒化学品，一律销毁。

易制毒化学品违法单位或者个人无力提供保管、回收或者销毁费用的，保管、回收或者销毁的费用在回收所得中开支，或者在有关行政主管部门的禁毒经费中列支。

第三十四条 易制毒化学品丢失、被盗、被抢的，发案单位应当立即向当地公安机关报告，并同时报告当地的县级人民政府负责药品监督管理的部门、安全生产监督管理部门、商务主管部门或者卫生主管部门。接到报案的公安机关应当及时立案查处，并向上级公安机关报告；有关行政主管部门应当逐级上报并配合公安机关的查处。

第三十五条 有关行政主管部门应当将易制毒化学品许可以及依法吊销许可的情况通报有关公安机关和市场监督管理部门；市场监督管理部门应当将生产、经营易制毒化学品企业依法变更或者注销登记的情况通报有关公安机关和行政主管部门。

第三十六条 生产、经营、购买、运输或者进口、出口易制毒化学品的单位，应当于每年 3 月 31 日前向许可或者备案的行政主管部门和公安机关报告本单位上年度易制毒化学品的生产、经营、购买、运输或者进口、出口情况；有条件的生产、经营、购买、运输或者进口、出口单位，可以与有关行政主管部门建立计算机联网，及时通报有关经营情况。

第三十七条 县级以上人民政府有关行政主管部门应当加强协调合作，建立易制毒化学品管理情况、监督检查情况以及案件处理情况的通报、交流机制。

第七章　法律责任

第三十八条　违反本条例规定，未经许可或者备案擅自生产、经营、购买、运输易制毒化学品，伪造申请材料骗取易制毒化学品生产、经营、购买或者运输许可证，使用他人的或者伪造、变造、失效的许可证生产、经营、购买、运输易制毒化学品的，由公安机关没收非法生产、经营、购买或者运输的易制毒化学品、用于非法生产易制毒化学品的原料以及非法生产、经营、购买或者运输易制毒化学品的设备、工具，处非法生产、经营、购买或者运输的易制毒化学品货值10倍以上20倍以下的罚款，货值的20倍不足1万元的，按1万元罚款；有违法所得的，没收违法所得；有营业执照的，由市场监督管理部门吊销营业执照；构成犯罪的，依法追究刑事责任。

对有前款规定违法行为的单位或者个人，有关行政主管部门可以自作出行政处罚决定之日起3年内，停止受理其易制毒化学品生产、经营、购买、运输或者进口、出口许可申请。

第三十九条　违反本条例规定，走私易制毒化学品的，由海关没收走私的易制毒化学品；有违法所得的，没收违法所得，并依照海关法律、行政法规给予行政处罚；构成犯罪的，依法追究刑事责任。

第四十条　违反本条例规定，有下列行为之一的，由负有监督管理职责的行政主管部门给予警告，责令限期改正，处1万元以上5万元以下的罚款；对违反规定生产、经营、购买的易制毒化学品可以予以没收；逾期不改正的，责令限期停产停业整顿；逾期整顿不合格的，吊销相应的许可证：

（一）易制毒化学品生产、经营、购买、运输或者进口、出口单位未按规定建立安全管理制度的；

（二）将许可证或者备案证明转借他人使用的；

（三）超出许可的品种、数量生产、经营、购买易制毒化学品的；

（四）生产、经营、购买单位不记录或者不如实记录交易情况、不按规定保存交易记录或者不如实、不及时向公安机关和有关行政主管部门备案销售情况的；

（五）易制毒化学品丢失、被盗、被抢后未及时报告，造成严重后果的；

（六）除个人合法购买第一类中的药品类易制毒化学品药品制剂以及第三类易制毒化学品外，使用现金或者实物进行易制毒化学品交易的；

（七）易制毒化学品的产品包装和使用说明书不符合本条例规定要求的；

（八）生产、经营易制毒化学品的单位不如实或者不按时向有关行政主管部门和公安机关报告年度生产、经销和库存等情况的。

企业的易制毒化学品生产经营许可被依法吊销后，未及时到市场监督管理部门办理经营范围变更或者企业注销登记的，依照前款规定，对易制毒化学品予以没收，并处罚款。

第四十一条 运输的易制毒化学品与易制毒化学品运输许可证或者备案证明载明的品种、数量、运入地、货主及收货人、承运人等情况不符，运输许可证种类不当，或者运输人员未全程携带运输许可证或者备案证明的，由公安机关责令停运整改，处5000元以上5万元以下的罚款；有危险物品运输资质的，运输主管部门可以依法吊销其运输资质。

个人携带易制毒化学品不符合品种、数量规定的，没收易制毒化学品，处1000元以上5000元以下的罚款。

第四十二条 生产、经营、购买、运输或者进口、出口易制毒化学品的单位或者个人拒不接受有关行政主管部门监督检查的，由负有监督管理职责的行政主管部门责令改正，对直接负责的主管人员以及其他直接责任人员给予警告；情节严重的，对单位处1万元以上5万元以下的罚款，对直接负责的主管人员以及其他直接责任人员处1000元以上5000元以下的罚款；有违反治安管理行为的，依法给予治安管理处罚；构成犯罪的，依法追究刑事责任。

第四十三条 易制毒化学品行政主管部门工作人员在管理工作中有应当许可而不许可、不应当许可而滥许可，不依法受理备案，以及其他滥用职权、玩忽职守、徇私舞弊行为的，依法给予行政处分；构成犯罪的，依法追究刑事责任。

第八章　附则

第四十四条　易制毒化学品生产、经营、购买、运输和进口、出口许可证，由国务院有关行政主管部门根据各自的职责规定式样并监制。

第四十五条　本条例自2005年11月1日起施行。

本条例施行前已经从事易制毒化学品生产、经营、购买、运输或者进口、出口业务的，应当自本条例施行之日起6个月内，依照本条例的规定重新申请许可。

附表：

易制毒化学品的分类和品种目录

第一类

1．1-苯基-2-丙酮

2．3，4-亚甲基二氧苯基-2-丙酮

3．胡椒醛

4．黄樟素

5．黄樟油

6．异黄樟素

7．N-乙酰邻氨基苯酸

8．邻氨基苯甲酸

9．麦角酸*

10．麦角胺*

11．麦角新碱*

12．麻黄素、伪麻黄素、消旋麻黄素、去甲麻黄素、甲基麻黄素、麻黄浸膏、麻黄浸膏粉等麻黄素类物质*

第二类

1．苯乙酸

2．醋酸酐

3．三氯甲烷

4．乙醚

5．哌啶

第三类

1．甲苯

2．丙酮

3．甲基乙基酮

4．高锰酸钾

5．硫酸

6．盐酸

说明：

一、第一类、第二类所列物质可能存在的盐类，也纳入管制。

二、带有＊标记的品种为第一类中的药品类易制毒化学品，第一类中的药品类易制毒化学品包括原料药及其单方制剂。

云南省禁毒条例

第一章　总则

第一条　为了预防和惩治毒品违法犯罪，保护公民身心健康，维护社会秩序，根据《中华人民共和国禁毒法》《戒毒条例》等有关法律法规，结合本省实际，制定本条例。

第二条　本省行政区域内的禁毒宣传教育、毒品管制、戒毒管理和服务、禁毒国际合作、禁毒保障等工作，适用本条例。

第三条　本条例所称毒品，是指鸦片、海洛因、甲基苯丙胺（冰毒）、吗啡、大麻、可卡因，以及国家规定管制的其他能够使人形成瘾癖的麻醉药品和精神药品。

第四条　禁毒是全社会的共同责任。

禁毒工作实行政府统一领导，坚持源头治理、系统治理、综合治理、依法治理，实行工作责任制。

县级以上人民政府应当将禁毒工作纳入国民经济和社会发展规划，将禁毒经费列入本级财政预算，并纳入综合考核范围。

第五条　县级以上人民政府设立禁毒委员会。禁毒委员会负责组织、协调、指导本行政区域内的禁毒工作，具体履行下列职责：

（一）拟定禁毒工作规划、计划和政策措施；

（二）建立健全禁毒协调合作机制和联席会议、信息共享等制度；

（三）指导、督促禁毒委员会成员单位和下一级政府履行禁毒工作职责，并组织考核；

（四）确定禁毒重点整治地区并督促整治；

（五）组织评估毒情形势，协调解决禁毒工作中的重大问题；

（六）组织制定专门场所、关爱机构、戒毒康复等场所的管理制度和保障措施；

（七）上级禁毒委员会和本级人民政府交办的其他禁毒工作。

禁毒委员会设立办公室，配备工作人员，负责日常工作。

乡镇人民政府、街道办事处根据需要可以设立禁毒工作领导协调机构，履行相应职责。

第六条 禁毒委员会成员单位应当依法履行禁毒职责，向禁毒委员会报告禁毒工作。

公安机关负责毒品查缉，毒品原植物禁种，吸毒人员查处、动态管控，所属强制隔离戒毒场所管理等工作。

司法行政部门负责所属强制隔离戒毒场所管理以及涉毒服刑人员的教育改造等工作。

卫生行政主管部门负责戒毒医疗机构的设置规划和监督管理，指导、支持开展戒毒医疗服务。

财政、民政、教育、市场监管、交通运输、海关、人民银行等有关行政主管部门和单位，按照职责做好禁毒工作。

工会、共青团和妇联应当结合各自工作对象的特点，组织毒品预防教育、社会帮扶、志愿者活动等。

各类开发园区、农场等管委会参照本条例的有关规定，履行禁毒工作职责。

第七条 各级人民政府应当动员社会力量参与禁毒工作，建立政府购买禁毒社会服务工作机制，推动禁毒社会工作者队伍和志愿者队伍建设，并对其进行指导培训，提供必要工作条件。

第八条 县（市、区）及乡镇人民政府、街道办事处应当组织开展无毒社区创建活动，上级人民政府负责组织创建活动的考核工作。

被确定为禁毒重点整治地区的人民政府，应当制定整治方案，定期向上一级人民政府报告整治工作情况。

第九条 鼓励公民举报毒品违法犯罪行为。各级人民政府和有关部门应当对举报人予以保护，对举报有功人员以及在禁毒工作中有突出贡献的单位和个人，按照有关规定给予表彰和奖励。

第二章 禁毒宣传教育

第十条 县级以上人民政府应当建立健全由禁毒委员会组织，各成员单位配合、社会各界广泛参与的禁毒宣传教育工作体系。

第十一条 各级人民政府及其部门应当采取多种形式加强禁毒

宣传工作，普及毒品预防知识，实现禁毒宣传教育全覆盖。

禁毒委员会应当组织编写、制作禁毒知识读本、音像制品、互联网宣传产品等，运用各类媒体对公民进行禁毒宣传教育。

第十二条 县级以上人民政府建立的禁毒教育基地应当免费向社会开放，提供禁毒宣传教育服务。

报刊、广播、电视、网络等公共信息服务单位应当安排宣传版面和时段，免费定期刊登、播放禁毒公益广告和节目。

公共图书馆、阅览室应当提供禁毒宣传教育读物。

各级行政学院、公职人员培训机构应当将禁毒宣传教育列入培训内容。

国家机关、社会团体、企业事业单位等应当定期开展对本单位人员的禁毒宣传教育。

第十三条 教育部门负责对学校禁毒教育工作的组织领导，加强师资培训，督促落实毒品预防教学任务。

学校禁毒教育工作，校长为第一责任人。

学校应当将青少年禁毒教育纳入教学计划，根据每个学龄阶段的学生特点，每学期安排禁毒教育专门课时。

第十四条 学校发现在校学生有吸毒行为的，应当及时报告学校所在地公安机关和教育部门，通知学生家长，并配合有关部门进行帮教，督促戒毒。学校不得以吸毒为由开除未完成义务教育的未成年学生学籍。

第十五条 父母或者其他监护人应当对未成年人进行禁毒教育。家庭成员有吸毒行为的，其他家庭成员应当对其教育和制止，配合有关部门帮助其戒除毒瘾。

第十六条 县级人民政府及其有关部门、乡镇人民政府、街道办事处、村（居）民委员会应当采取措施，加强对村（居）民、流动人口的禁毒宣传教育。鼓励在村规民约中规定禁毒的内容，并督促遵守。

第十七条 铁路、公路、水上、航空、城市轨道交通和邮政、快递等经营单位以及旅馆、洗浴、会所、茶馆、酒吧、歌舞厅、网吧等娱乐服务场所，应当在显著位置设立禁毒警示标识，公布举报方式，开展禁毒宣传。

第十八条 自治州、自治县应当使用国家通用语言文字和当地少数民族语言文字开展禁毒宣传，鼓励开展具有地方民族特色的禁毒宣传教育活动。

第三章 毒品管制

第十九条 禁止非法种植毒品原植物。

乡镇人民政府、街道办事处应当组织公安派出所、村（居）民委员会及有关人员加强巡查，发现非法种植毒品原植物的，立即采取措施予以制止、铲除。

村（居）民委员会发现涉嫌出境参与种植、收割毒品原植物的人员，应当及时劝阻，并报告当地公安机关。

第二十条 禁止走私或者非法买卖、运输、邮寄、携带、持有毒品原植物种子或者幼苗。

禁止在生产经营的食品中添加罂粟壳、罂粟籽、罂粟苗等毒品原植物、种子、幼苗及其制品。

种植、加工工业大麻的单位和个人应当取得相关许可证，不得向未取得加工许可证的单位和个人销售或者提供工业大麻花叶。

第二十一条 卫生、科技、农业等行政主管部门和教学科研、医疗卫生、制药等机构，发现可能用于制造毒品、具有成瘾性且易被滥用的物质，应当及时报告禁毒委员会。省禁毒委员会应当组织评估，必要时报告国家禁毒委员会。

第二十二条 药品监管行政主管部门应当加强对含麻黄碱类复方制剂的检查，及时发现异常销售情况，依法查处违法行为。

药品零售企业应当严格执行含麻黄碱类复方制剂凭处方购买、实名登记、限量销售、专柜专人管理等制度。

药品生产、批发、零售企业发现出售的含麻黄碱类复方制剂被用于非法目的的，或者超过正常医疗需求，大量、多次购买含麻黄碱类复方制剂的，应当立即停止销售并向药品监管行政主管部门或者公安机关报告。

第二十三条 从事旅馆、洗浴、会所、茶馆、酒吧、歌舞厅、网吧等娱乐服务场所的经营者、管理者，应当与公安机关签订禁毒责任书，落实禁毒防范措施，对从业人员进行禁毒培训，在其场所内发现涉毒违法犯罪活动的，应当立即报告公安机关并协助调查取证。

房屋出租人、管理人、物业服务企业发现承租人有涉毒违法犯罪活动的，应当立即报告公安机关。

第二十四条　邮政、寄递、物流等经营单位应当建立寄递实名登记、收寄验视、信息保存以及收寄人员禁毒培训等管理制度，配备必要的检查设备，发现寄递疑似毒品、易制毒化学品等违禁物品的，应当停止运送、寄递，并立即报告公安机关。

公安、交通运输、邮政、工业和信息化等部门应当建立健全禁毒联合检查机制，对邮政、寄递、物流等经营单位执行禁毒管理制度进行检查，对托运、寄递的物品进行抽查。对未严格执行相关管理制度的邮政、寄递、物流等经营单位应当增加检查频次。

第二十五条　寄递、物流、运输、仓储企业应当加强其分支机构、挂靠经营单位的管理。其分支机构、挂靠经营单位违法运输、寄递、仓储毒品或者易制毒化学品的，应当追究企业及其相关人员的法律责任。

第二十六条　任何单位和个人不得制作、发布、传播、转载、链接包含吸毒、制毒、贩毒的方法、技术、工艺、工具、原料来源等违法信息。

各类互联网服务提供者及网络空间的创建者、管理者，应当采取有效措施，防止他人利用互联网、网络空间进行涉毒违法犯罪活动。发现涉毒违法犯罪活动的，应当立即向公安机关报告，并采取停止传播、保存记录等措施。

公安、通信、网络等管理部门应当建立查处网络涉毒行为的协作机制，加强网上涉毒违法信息的监测，依法处理涉毒违法犯罪活动。

第二十七条　公安机关会同有关部门建立健全毒品联防联控机制，需要在口岸、机场、车站、码头以及其他重点区域和交通要道设置查缉点的，应当按照有关规定经批准后方可设置。在查缉地点应当设置警示牌。

公安机关在毒品查缉点对来往人员及其携带的物品、货物以及交通工具等开展毒品和易制毒化学品检查，应当文明执法，规范执法，提高检查效率。被检查的单位和个人应当予以配合。

第二十八条 反洗钱行政主管部门和金融机构应当加强对大额交易和可疑交易的监测，发现涉嫌毒品违法犯罪的资金流动情况，应当向公安机关报告，并配合调查取证。

第二十九条 公安、商务、工业和信息化、市场监管、海关等行政主管部门应当建立易制毒化学品信息共享、流向追溯、责任倒查等制度。

生产、经营、购买、运输和进出口易制毒化学品的单位，应当执行国家有关许可、备案等规定，建立和落实单位内部管理制度。

第三十条 含有麻黄素类物质、麻醉药品、精神药品的易被提取制毒物品的复方制剂，以及尚未纳入国家易制毒化学品管理但易用作制毒原料或者配剂的化学品，由省公安机关会同负责药品监管、安全生产监管的行政主管部门制定管理措施，报省人民政府批准后实施。

第三十一条 易制毒化学品持有者在办理运输、仓储时，应当出示合法来源证明及其相关许可文件。不能出示的，有关单位不得为其提供运输、仓储等服务。

第三十二条 海关在口岸监管区发现可能流入非法渠道的易制毒化学品，应当不予放行，并报告公安机关，由公安机关及时开展调查，调查应当在 1 个月内完成。货物所有人、发货人、收货人和运输人应当配合调查。

第三十三条 乡镇人民政府、街道办事处应当组织对可能用于制毒的出租屋、闲置厂房仓库、养殖场等场所进行排查，发现异常情况的，及时报告公安机关。

第三十四条 县级以上人民政府根据禁毒工作需要，可以设立专门场所。对下列符合指定居所监视居住条件的毒品犯罪嫌疑人，可以指定其在专门场所监视居住：

（一）怀孕、正在哺乳自己不满 1 周岁婴儿的妇女；

（二）患有艾滋病、癌症、尿毒症等传染病、严重疾病的人。

县级以上人民政府应当加强对专门场所的管理和监督，组织财政、卫生、民政等行政主管部门提供医疗卫生服务和救助保障。

第四章　戒毒管理和服务

第三十五条　各级人民政府通过自愿戒毒、社区戒毒、强制隔离戒毒、社区康复等措施依法开展戒毒工作，并对吸毒人员实行分类评估、分级管理、综合干预，纳入社会综治网格化管理，帮助吸毒人员戒除毒瘾，教育和挽救吸毒人员。

第三十六条　公安机关应当对吸毒人员进行普查、登记，实行动态管控。吸毒人员户籍所在地与现居住地不一致的，由现居住地公安机关负责动态管控，户籍所在地公安机关应当予以配合。

第三十七条　乡镇人民政府、街道办事处应当成立社区戒毒（康复）工作领导小组及其办公室，配备与任务相适应的专职工作人员，组成社区戒毒（康复）工作小组，具体实施社区戒毒（康复）措施。

社区戒毒（康复）工作小组由社区民警、专职工作人员、医务人员、志愿者、社会工作者以及社区戒毒（康复）人员的家庭成员等组成。

第三十八条　社区戒毒（康复）工作人员履行下列职责：

（一）针对社区戒毒（康复）人员吸食毒品种类、吸毒成瘾程度等情况制定帮教和戒毒计划，实行动态管控；

（二）督促社区戒毒（康复）人员履行社区戒毒（康复）协议，对其进行禁毒法制宣传教育、劝导和心理辅导，给予帮扶；

（三）协助公安机关对社区戒毒（康复）人员是否吸毒进行检测；

（四）社区戒毒（康复）工作领导小组交办的其他工作。

第三十九条　县级以上人民政府可以在公立医院设立专门区域或者建立专门的戒毒医疗机构，提供戒毒医疗服务，卫生、公安机关等部门应当加强业务指导并给予政策支持。

第四十条　自愿戒毒的人员可以到设有专门区域的公立医院、戒毒医疗机构、戒毒康复场所或者强制隔离戒毒所接受戒毒治疗，并签订和履行自愿戒毒协议。

社区戒毒（康复）人员自愿，经执行地乡镇人民政府、街道办事处同意，可以到戒毒康复场所执行社区戒毒（康复）。

第四十一条 社区戒毒（康复）人员户籍所在地或者现居住地不具备社区戒毒（康复）条件的，执行地乡镇人民政府、街道办事处可以安排其到戒毒康复场所或者戒毒康复人员集中就业基地接受社区戒毒（康复）。

社区戒毒（康复）人员违反社区戒毒（康复）协议但达不到强制隔离戒毒条件的，执行地乡镇人民政府、街道办事处可以将其变更到戒毒康复场所或者戒毒康复人员集中就业基地执行剩余的社区戒毒（康复）期限。

执行地乡镇人民政府、街道办事处将上述人员送交戒毒康复场所或者戒毒康复人员集中就业基地前，应当征求本人或者其父母、其他监护人同意并签订戒毒（康复）协议。同时，将变更等情况及时通报作出社区戒毒（康复）决定的公安机关。

第四十二条 县级以上人民政府根据需要，可以设立关爱机构。对接受社区戒毒（康复）的老、弱、病、残等特殊吸毒人员，执行地乡镇人民政府、街道办事处征求本人或者其父母、其他监护人同意并签订戒毒（康复）协议后，可以送交关爱机构进行集中戒毒（康复）。

第四十三条 吸毒成瘾人员被依法决定强制隔离戒毒的，由作出决定的公安机关送交强制隔离戒毒所执行。强制隔离戒毒所应当依法予以接收。

强制隔离戒毒场所应当开辟专门区域收治病、残吸毒人员，实施分类戒治。

第四十四条 戒毒（康复）人员在戒毒康复场所、关爱机构、强制隔离戒毒场所患病或者自杀、自伤、自残的，戒毒（康复）机构应当及时进行医疗和救治，并通知其亲属，依法妥善处置；戒毒（康复）人员死亡的，戒毒（康复）机构应当立即报告所属主管机关，并通知其亲属、决定机关和有关部门。戒毒（康复）人员亲属对死亡原因有疑议的，可以委托有资质的机构进行鉴定。

第四十五条 对被解除强制隔离戒毒的人员，公安机关应当根据其强制隔离戒毒诊断评估结果，决定是否责令其接受社区康复；但对已强制隔离戒毒 2 次以上的，应当直接作出责令其接受社区康复的决定。

第四十六条　戒毒医疗机构、戒毒康复场所、关爱机构或者强制隔离戒毒所应当按照要求采集戒毒（康复）人员的信息和戒毒治疗情况，定期提供给当地公安机关。

参加药物维持治疗的戒毒（康复）人员，按照国家有关规定执行，其登记和脱失的信息由药物维持治疗机构每月向公安机关备案。

第四十七条　各级人民政府应当对符合条件的戒毒（康复）人员，采取集中就业安置、分散就业安置、提供公益性岗位、鼓励自主创业等方式进行就业帮扶。

县级以上人民政府应当对参与戒毒（康复）人员就业安置的单位和个人以及自主创业的戒毒（康复）人员按照有关规定给予经费补助和税收优惠，支持集中安置基地（点）的建设用地和建设经费。

第四十八条　严禁吸毒后驾驶机动车、船舶、轨道交通工具、航空器等。

交通运输企业应当建立健全驾驶人员涉毒筛查制度，将吸毒筛查纳入驾驶人员体检项目，并主动接受公安机关的监督检查；发现驾驶人员有吸毒行为的，应当责令其立即停止驾驶，并向公安机关报告。

第四十九条　广播影视、网络视听、文艺团体及有关单位依照国家有关规定，对因涉毒行为被公安机关查处未满 3 年或者尚未戒除毒瘾的人员，不得邀请其作为主创人员参与制作广播影视节目或者举办、参与文艺演出；对上述人员作为主创人员参与制作的广播影视节目以及代言的商业广告节目，不予播出，但进行禁毒宣传教育的除外。

第五章　禁毒国际合作

第五十条　省人民政府和边境地区州（市）、县（市、区）人民政府及有关部门可以根据国家相关部门授权依法开展禁毒国际交流与合作，与周边国家、地区建立禁毒合作机制，开展情报交流、案件协查、国际合作研究及培训等活动。

第五十一条　县级以上人民政府及商务、海关等有关行政主管部门应当支持企业依法出境开展毒品原植物替代产业项目，发展替代产业，执行国家在境外开展替代产业的产品依法提供减免税、市场准入和进出口的便利和优惠政策。

第五十二条 各级禁毒委员会应当加强境外毒品原植物替代发展的协调、服务和指导。

第六章 禁毒工作保障

第五十三条 县级以上人民政府应当加强禁毒队伍建设，保障禁毒工作条件。

对存在职业暴露风险的禁毒工作人员应当由其所在单位定期组织专项体检，并为其办理相应的保险；对禁毒工作中牺牲、伤残的人员及家属进行抚恤和优待。

第五十四条 各级人民政府应当根据禁毒工作需要，保障禁毒经费并专款专用，任何单位和个人不得挤占挪用禁毒专项经费。

禁毒警务辅助人员、社区戒毒（康复）专职工作人员的经费实行省、州（市）、县（市、区）三级保障。

第五十五条 县级以上人民政府应当加强禁毒教育基地、戒毒（康复）场所、毒品检查站、禁毒情报中心（站）、毒品实验室等禁毒基础设施建设，并按照有关标准配备禁毒装备。

第五十六条 省禁毒委员会应当会同公安、司法行政、科技、教育、卫生等行政主管部门制定禁毒科研规划，促进禁毒科研成果转化，开发、引进先进禁毒技术、装备和戒毒方法。

禁毒委员会应当推进禁毒信息化建设，建立毒品监测预警平台，完善毒品监测评估和毒情预警通报制度。禁毒委员会成员单位应当向毒品监测预警平台及时、准确地传送本单位与禁毒工作有关的信息和数据。

第五十七条 各级人民政府和有关部门可以通过政府购买服务等方式，购买禁毒宣传、戒毒康复等社会服务；鼓励和引导社会力量参与禁毒工作，支持社会资金参与禁毒公益事业。

第七章 法律责任

第五十八条 违反本条例规定的行为，法律、行政法规已有处罚规定的，从其规定；构成犯罪的，依法追究刑事责任。

第五十九条 各级人民政府和有关部门不履行或者不按照规定履行禁毒工作职责的，由上级机关、主管部门责令限期改正；逾期不改正的，予以通报批评；情节严重的，由有权机关对直接负责的主管人员和其他直接责任人员依法给予处分。

第六十条 在生产经营的食品中添加罂粟壳、罂粟籽、罂粟苗等毒品原植物、种子、幼苗及其制品的，由食品监管行政主管部门给予警告，没收违法所得、违法生产经营的食品和原料，可以处500元以上2000元以下罚款；情节严重的，处2000元以上1万元以下罚款。

第六十一条 药品生产、批发、零售企业发现出售的含麻黄碱类复方制剂被用于非法目的，或者超过正常医疗需求，大量、多次购买含麻黄碱类复方制剂，未立即停止销售并向有关部门报告的，由药品监管行政主管部门予以警告，并处1万元以上3万元以下罚款。

第六十二条 旅馆、洗浴、会所、茶馆、酒吧、歌舞厅、网吧等娱乐服务场所的经营者、管理者，在其场所内发现涉毒违法犯罪活动未报告的，由公安机关对单位处1万元以上3万元以下罚款，对直接负责的主管人员和其他直接责任人员，处5000元以上2万元以下罚款；情节严重的，责令限期停业整顿；处罚后再次发生上述行为的，由有关部门依法吊销许可证。

前款规定的场所限期停业整顿期间，不得变更法定代表人、负责人和企业名称等事项，不得使用该场所地址作为新设立同类场所的住所、经营场所。

第六十三条 房屋出租人、管理人、物业服务企业发现出租房屋内有涉毒违法犯罪活动未报告的，由公安机关对个人按照《中华人民共和国治安管理处罚法》的相关规定予以处罚；对单位予以警告，并处1万元以上3万元以下罚款。

第六十四条 邮政、寄递、物流等经营单位未实行寄递实名登记、收寄验视、信息保存、收寄人员培训等制度，由有关行政主管部门责令改正，予以警告；导致收寄、承运毒品，发生涉毒案件的，处1万元以上3万元以下罚款；情节严重的，可以责令限期停业整顿。

第六十五条 为无法提供合法来源证明及相关许可文件的易制

毒化学品提供运输、仓储等服务的，有违法所得的，由公安机关没收违法所得，并处以违法所得2倍以上5倍以下罚款；无违法所得的，处1万元以上3万元以下罚款。

第六十六条 单位或者个人制作、发布、传播、转载、链接涉毒违法信息的，或者互联网服务提供者及网络空间的创建者、管理者发现他人利用互联网、网络空间进行涉毒违法犯罪活动，未向公安机关报告并采取停止传播、保存记录等措施的，由公安机关予以警告，没收违法所得，对单位处1万元以上3万元以下罚款，对个人处2000元以上5000元以下罚款；情节严重的，对单位处5万元以上15万元以下罚款，对个人处5000元以上1万元以下罚款，对互联网服务提供者可以责令限期停业整顿。

第六十七条 交通运输企业未建立驾驶人员涉毒筛查制度的，由交通管理部门责令改正，逾期不改正的，予以警告，并处5000元以上2万元以下罚款；交通运输企业发现驾驶人员有吸毒行为，未责令其立即停止驾驶并向相关部门报告的，由交通管理部门责令改正，处1万元以上5万元以下罚款；情节严重的，处5万元以上10万元以下罚款，并依法吊销相关许可证。

第六十八条 制作、播出广播影视节目或者举办文艺演出，邀请因涉毒行为被公安机关查处未满3年或者尚未戒除毒瘾的人员作为主创人员的，由文化、广播电视行政主管部门按照职责对邀请方、播出方责令改正，处5万元以上15万元以下罚款。

播出上述人员代言的商业广告节目的，由市场监管行政主管部门责令停止发布广告，处广告费用1倍以上3倍以下罚款。

第八章 附则

第六十九条 本条例自2018年6月1日起施行，2005年3月25日云南省第十届人民代表大会常务委员会第十五次会议通过的《云南省禁毒条例》同时废止。

中华人民共和国刑法（节选）

第二编　分则

第六章　妨害社会管理秩序罪

第七节　走私、贩卖、运输、制造毒品罪

第三百四十七条　【走私、贩卖、运输、制造毒品罪】走私、贩卖、运输、制造毒品，无论数量多少，都应当追究刑事责任，予以刑事处罚。

走私、贩卖、运输、制造毒品，有下列情形之一的，处十五年有期徒刑、无期徒刑或者死刑，并处没收财产：

（一）走私、贩卖、运输、制造鸦片一千克以上、海洛因或者甲基苯丙胺五十克以上或者其他毒品数量大的；

（二）走私、贩卖、运输、制造毒品集团的首要分子；

（三）武装掩护走私、贩卖、运输、制造毒品的；

（四）以暴力抗拒检查、拘留、逮捕，情节严重的；

（五）参与有组织的国际贩毒活动的。

走私、贩卖、运输、制造鸦片二百克以上不满一千克、海洛因或者甲基苯丙胺十克以上不满五十克或者其他毒品数量较大的，处七年以上有期徒刑，并处罚金。

走私、贩卖、运输、制造鸦片不满二百克、海洛因或者甲基苯丙胺不满十克或者其他少量毒品的，处三年以下有期徒刑、拘役或者管制，并处罚金；情节严重的，处三年以上七年以下有期徒刑，并处罚金。

单位犯第二款、第三款、第四款罪的，对单位判处罚金，并对其直接负责的主管人员和其他直接责任人员，依照各该款的规定处罚。

利用、教唆未成年人走私、贩卖、运输、制造毒品，或者向未

成年人出售毒品的，从重处罚。

对多次走私、贩卖、运输、制造毒品，未经处理的，毒品数量累计计算。

第三百四十八条 【非法持有毒品罪】非法持有鸦片一千克以上、海洛因或者甲基苯丙胺五十克以上或者其他毒品数量大的，处七年以上有期徒刑或者无期徒刑，并处罚金；非法持有鸦片二百克以上不满一千克、海洛因或者甲基苯丙胺十克以上不满五十克或者其他毒品数量较大的，处三年以下有期徒刑、拘役或者管制，并处罚金；情节严重的，处三年以上七年以下有期徒刑，并处罚金。

第三百四十九条 【包庇毒品犯罪分子罪】【窝藏、转移、隐瞒毒品、毒赃罪】包庇走私、贩卖、运输、制造毒品的犯罪分子的，为犯罪分子窝藏、转移、隐瞒毒品或者犯罪所得的财物的，处三年以下有期徒刑、拘役或者管制；情节严重的，处三年以上十年以下有期徒刑。

缉毒人员或者其他国家机关工作人员掩护、包庇走私、贩卖、运输、制造毒品的犯罪分子的，依照前款的规定从重处罚。

犯前两款罪，事先通谋的，以走私、贩卖、运输、制造毒品罪的共犯论处。

第三百五十条 【非法生产、买卖、运输制毒物品、走私制毒物品罪】违反国家规定，非法生产、买卖、运输醋酸酐、乙醚、三氯甲烷或者其他用于制造毒品的原料、配剂，或者携带上述物品进出境，情节较重的，处三年以下有期徒刑、拘役或者管制，并处罚金；情节严重的，处三年以上七年以下有期徒刑，并处罚金；情节特别严重的，处七年以上有期徒刑，并处罚金或者没收财产。

明知他人制造毒品而为其生产、买卖、运输前款规定的物品的，以制造毒品罪的共犯论处。

单位犯前两款罪的，对单位判处罚金，并对其直接负责的主管人员和其他直接责任人员，依照前两款的规定处罚。

第三百五十一条 【非法种植毒品原植物罪】非法种植罂粟、大麻等毒品原植物的，一律强制铲除。有下列情形之一的，处五年以下有期徒刑、拘役或者管制，并处罚金：

（一）种植罂粟五百株以上不满三千株或者其他毒品原植物数量较大的；

（二）经公安机关处理后又种植的；

（三）抗拒铲除的。

非法种植罂粟三千株以上或者其他毒品原植物数量大的，处五年以上有期徒刑，并处罚金或者没收财产。

非法种植罂粟或者其他毒品原植物，在收获前自动铲除的，可以免除处罚。

第三百五十二条　【非法买卖、运输、携带、持有毒品原植物种子、幼苗罪】非法买卖、运输、携带、持有未经灭活的罂粟等毒品原植物种子或者幼苗，数量较大的，处三年以下有期徒刑、拘役或者管制，并处或者单处罚金。

第三百五十三条　【引诱、教唆、欺骗他人吸毒罪】引诱、教唆、欺骗他人吸食、注射毒品的，处三年以下有期徒刑、拘役或者管制，并处罚金；情节严重的，处三年以上七年以下有期徒刑，并处罚金。

【强迫他人吸毒罪】强迫他人吸食、注射毒品的，处三年以上十年以下有期徒刑，并处罚金。

引诱、教唆、欺骗或者强迫未成年人吸食、注射毒品的，从重处罚。

第三百五十四条　【容留他人吸毒罪】容留他人吸食、注射毒品的，处三年以下有期徒刑、拘役或者管制，并处罚金。

第三百五十五条　【非法提供麻醉药品、精神药品罪】依法从事生产、运输、管理、使用国家管制的麻醉药品、精神药品的人员，违反国家规定，向吸食、注射毒品的人提供国家规定管制的能够使人形成瘾癖的麻醉药品、精神药品的，处三年以下有期徒刑或者拘役，并处罚金；情节严重的，处三年以上七年以下有期徒刑，并处罚金。向走私、贩卖毒品的犯罪分子或者以牟利为目的，向吸食、注射毒品的人提供国家规定管制的能够使人形成瘾癖的麻醉药品、精神药品的，依照本法第三百四十七条的规定定罪处罚。

单位犯前款罪的，对单位判处罚金，并对其直接负责的主管人员和其他直接责任人员，依照前款的规定处罚。

第三百五十六条 【毒品犯罪的再犯】因走私、贩卖、运输、制造、非法持有毒品罪被判过刑，又犯本节规定之罪的，从重处罚。

第三百五十七条 【毒品的范围及毒品数量的计算】本法所称的毒品，是指鸦片、海洛因、甲基苯丙胺（冰毒）、吗啡、大麻、可卡因以及国家规定管制的其他能够使人形成瘾癖的麻醉药品和精神药品。

毒品的数量以查证属实的走私、贩卖、运输、制造、非法持有毒品的数量计算，不以纯度折算。

中华人民共和国刑事诉讼法（节选）

第六十四条　对于危害国家安全犯罪、恐怖活动犯罪、黑社会性质的组织犯罪、毒品犯罪等案件，证人、鉴定人、被害人因在诉讼中作证，本人或者其近亲属的人身安全面临危险的，人民法院、人民检察院和公安机关应当采取以下一项或者多项保护措施：

（一）不公开真实姓名、住址和工作单位等个人信息；

（二）采取不暴露外貌、真实声音等出庭作证措施；

（三）禁止特定的人员接触证人、鉴定人、被害人及其近亲属；

（四）对人身和住宅采取专门性保护措施；

（五）其他必要的保护措施。

证人、鉴定人、被害人认为因在诉讼中作证，本人或者其近亲属的人身安全面临危险的，可以向人民法院、人民检察院、公安机关请求予以保护。

人民法院、人民检察院、公安机关依法采取保护措施，有关单位和个人应当配合。

第一百五十条　公安机关在立案后，对于危害国家安全犯罪、恐怖活动犯罪、黑社会性质的组织犯罪、重大毒品犯罪或者其他严重危害社会的犯罪案件，根据侦查犯罪的需要，经过严格的批准手续，可以采取技术侦查措施。

人民检察院在立案后，对于利用职权实施的严重侵犯公民人身权利的重大犯罪案件，根据侦查犯罪的需要，经过严格的批准手续，可以采取技术侦查措施，按照规定交有关机关执行。

追捕被通缉或者批准、决定逮捕的在逃的犯罪嫌疑人、被告人，经过批准，可以采取追捕所必需的技术侦查措施。

第一百五十一条　批准决定应当根据侦查犯罪的需要，确定采取技术侦查措施的种类和适用对象。批准决定自签发之日起三个月以内有效。对于不需要继续采取技术侦查措施的，应当及时解除；对于复杂、疑难案件，期限届满仍有必要继续采取技术侦查措施的，经过批准，有效期可以延长，每次不得超过三个月。

第一百五十二条 采取技术侦查措施，必须严格按照批准的措施种类、适用对象和期限执行。

侦查人员对采取技术侦查措施过程中知悉的国家秘密、商业秘密和个人隐私，应当保密；对采取技术侦查措施获取的与案件无关的材料，必须及时销毁。

采取技术侦查措施获取的材料，只能用于对犯罪的侦查、起诉和审判，不得用于其他用途。

公安机关依法采取技术侦查措施，有关单位和个人应当配合，并对有关情况予以保密。

第一百五十三条 为了查明案情，在必要的时候，经公安机关负责人决定，可以由有关人员隐匿其身份实施侦查。但是，不得诱使他人犯罪，不得采用可能危害公共安全或者发生重大人身危险的方法。

对涉及给付毒品等违禁品或者财物的犯罪活动，公安机关根据侦查犯罪的需要，可以依照规定实施控制下交付。

第一百五十四条 依照本节规定采取侦查措施收集的材料在刑事诉讼中可以作为证据使用。如果使用该证据可能危及有关人员的人身安全，或者可能产生其他严重后果的，应当采取不暴露有关人员身份、技术方法等保护措施，必要的时候，可以由审判人员在庭外对证据进行核实。

中华人民共和国治安管理处罚法（节选）

第十一条　办理治安案件所查获的毒品、淫秽物品等违禁品，赌具、赌资，吸食、注射毒品的用具以及直接用于实施违反治安管理行为的本人所有的工具，应当收缴，按照规定处理。

违反治安管理所得的财物，追缴退还被侵害人；没有被侵害人的，登记造册，公开拍卖或者按照国家有关规定处理，所得款项上缴国库。

第七十一条　有下列行为之一的，处十日以上十五日以下拘留，可以并处三千元以下罚款；情节较轻的，处五日以下拘留或者五百元以下罚款：

（一）非法种植罂粟不满五百株或者其他少量毒品原植物的；

（二）非法买卖、运输、携带、持有少量未经灭活的罂粟等毒品原植物种子或者幼苗的；

（三）非法运输、买卖、储存、使用少量罂粟壳的。

有前款第一项行为，在成熟前自行铲除的，不予处罚。

第七十二条　有下列行为之一的，处十日以上十五日以下拘留，可以并处二千元以下罚款；情节较轻的，处五日以下拘留或者五百元以下罚款：

（一）非法持有鸦片不满二百克、海洛因或者甲基苯丙胺不满十克或者其他少量毒品的；

（二）向他人提供毒品的；

（三）吸食、注射毒品的；

（四）胁迫、欺骗医务人员开具麻醉药品、精神药品的。

第七十三条　教唆、引诱、欺骗他人吸食、注射毒品的，处十日以上十五日以下拘留，并处五百元以上二千元以下罚款。

第七十四条　旅馆业、饮食服务业、文化娱乐业、出租汽车业等单位的人员，在公安机关查处吸毒、赌博、卖淫、嫖娼活动时，为违法犯罪行为人通风报信的，处十日以上十五日以下拘留。

后　记

经过近三年的思考、论证、筹备及安排落实，在教材编写组全体成员的共同努力下，《禁毒法学》终于完稿并出版发行。作为首部以广义禁毒法律规范为研究对象的法学教材，编撰过程中凝聚了编写人员的心血，汇聚了禁毒法学研究的成果，体现了理论研究的创新思维，反映了云南警官学院禁毒教学科研团队的实力和水平。

《禁毒法学》以《禁毒法》为基本研究内容，同时对禁毒法基础理论、产生与发展规律，禁毒行政法律、禁毒刑事法律、禁毒国际合作等问题进行系统研究，具有体例新、内容广、应用性强等特点，可作为高校禁毒专业学生、禁毒职能部门及理论研究工作者的学习材料，相信并期待本书的出版发行能够为加强我国禁毒理论研究、指导基层禁毒执法、促进依法禁毒工作全面开展、完善我国禁毒法律体系提供理论依据和智力支持。

《禁毒法学》结构及编写分工如下：导论由马才华、孙学华负责撰写；第一章由黄琪、李光懿、宋珊珊、潘素梅负责撰写；第二章由牛何兰负责撰写；第三章由马靖然、陈青负责撰写；第四章由王萍负责撰写；第五章由骆寒青、陈青负责撰写；第六章由王海珺、刘仁菲、张涛、张洁负责撰写；第七章由杨黎华、郭萍、王建伟负责撰写；第八章由杨志芳负责撰写；第九章由郝薇、白伟负责撰写；第十章由钟华负责撰写，并由钟华负责全书统稿；第十一章由昂钰负责撰写；第十二章由骆寒青、张永晖负责撰写；第十三章由王竞可负责撰写；附录由张蓓负责撰写。

毒品是全球性的灾难也是全人类共同的敌人，打击遏制毒品违法犯罪成为世界人民的共同愿望。我国禁毒工作形势严峻，任重而道远，希望我们付出的努力能够为完善我国禁毒法律体系抛砖引玉，能够为促进依法禁毒全面开展添砖加瓦，能够为探索中国特色的毒品治理之路提供智力支持。

由于编写时间仓促，编者能力有限，本书难免存在错漏之处，敬请同人和读者批评指正。

编写过程中，我们吸纳了部分禁毒理论研究成果，在此一并向有关专家、学者致谢！

《禁毒法学》编写组

2020 年 2 月 9 日